ライプホルツの平等論

Die Gleichheit vor dem Gesetz
Eine Studie auf rechtsgleichender
und rechtsphilosophischer Grundlage
von
Gerhard Leibholz

ゲーアハルト・ライプホルツ（著）
初宿正典・柴田尭史（訳）

成文堂

訳者まえがき

　本訳書は，ゲーアハルト・ライプホルツの『法律の前の平等——比較法的および法哲学的基礎に基づく研究——』(増補第 2 版〔1959年〕) (*Gerhard Leibholz*, Die Gleichheit vor dem Gesetz. Eine Studie auf rechtsvergleichender und rechtsphilosophischer Grundlage, 2. durch eine Reihe ergänzender Beiträge erweiterte Auflage, C. H. Beck'sche Verlagsbuchhandlung / München und Berlin 1959) の全訳である。原典は，もともとは，1924年に指導教授ハイリンヒ・トリーペル (*Heinrich Triepel*, 1868-1946) の下でベルリーン大学に提出した法学博士論文で，翌1925年にベルリーンの Liepmann 社から，ハインリヒ・トリーペル，エーリヒ・カウフマン，ルードルフ・スメントの編集になるシリーズである Öffentlichrechtliche Abhandlungen の第 6 冊として，モノグラフィーとして出版されたものである。この1925年の初版は全161頁からなっていたが，本訳書の原典である第 2 版は，著者がその後に発表した論文，判例評釈，書評などを第Ⅳ部として増補して，全265頁からなる書物として，ミュンヒェンの C. H. Beck 社から出版されたものである(本訳書 155 頁注(1)も参照。このような経緯もあってであろうが，たとえば「第 2 版のまえがき」の原注中で，本書第Ⅳ部中の箇所をリファーさせる場合に，「上記の論文」(die obige Abhandlung) と表記している箇所がいくつかあり，また逆に第Ⅳ部(第 2 版での増補部分)で本書第Ⅰ部から第Ⅲ部(初版からの部分)までの箇所をリファーさせる場合に，「詳しくは Leibholz, Die Gleichheit, 1925, S. 72 ff. 参照。」といった表記をしている箇所が随所に見られる。これらの箇所については，本訳書では「本書○○頁」のごとく表記して，リファーすべき箇所ないし頁を明示した)。

　著者ゲーアハルト・ライプホルツ (*Hermann Gerhard Leibholz*, 1901. 11. 15 – 1982. 2. 19) は，1901年11月15日に実業家の父ウィリアム (*William Leibholz*, 1868-1933) の 3 人の息子のうちの次男として，ベルリーンのシャルロッテンブルクで生まれた。父は当時のドイツ民主党 DDP 党員で，ベルリーン＝ヴィル

マースドルフの議員もしていた。この父は，ユダヤ人の血を引いていたが，子どもたちにはみな福音主義教会の洗礼を受けさせた。

ゲーアハルトは，1919年6月からハイデルベルク大学で哲学，法学，政治経済学の研究を開始し，1921年7月には『フィヒテと民主主義思想』(Fichte und der demokratische Gedanke. Ein Beitrag zur Staatslehre.)で哲学博士号を取得(指導教授は Richard Thoma, 1874-1957)，続いてその3年後の1924年12月には，『法律の前の平等』で今度は法学博士号を取得する(この時の指導教授は上記のトリーペルであり，そのためもあってか，ライプホルツは著作の中でよくトリーペルを引用している)。この法学博士号取得論文が，本訳書の元になった1925年出版の『法律の前の平等』で，原典には「比較法的及び法哲学的基礎に基づく研究」という副題が付けられて，母ニーナ(Nina Leibholz, geb. Netter, 1874-1922)に捧げられている。

この論文は，ヴァイマル〔ライヒ〕憲法第109条の規定する「法律の前の平等」(die Gleichheit vor dem Gesetz)という条項に関する当時のドイツの通説に真っ向から立ち向かったものであり，『代表論』(1929年)や『民主制論』(1951年)と並んで，ライプホルツの主著の一つと言えるものである。《平等条項》(Gleichheitssatz)に関する当時の通説は，ゲーアハルト・アンシュッツ(Gerhard Anschütz, 1867-1948)等を代表とするいわゆる立法者非拘束説，つまり，法律の前の平等を定めるヴァイマル憲法第109条は，行政および裁判における法律の《適用》の場面でのみ当てはまるものだとする学説であったが，ライプホルツは，同条項の意義を，国家権力による《恣意》(Willkür)の禁止であると解し，恣意の禁止としての平等原則は，それが行政権や司法権を拘束することは当然として，しかのみならず，立法者(法定立機関)の恣意的な立法行為をも禁止しているのだとする新しい学説を打ち出したのであった(熊田道彦氏の一連の研究を参照)。わが国でも，従前は，日本国憲法第14条第1項の定める「法の下の平等」の規定が立法者を拘束するかどうかについて，学説が分かれて長らく対立していたことは，もはや旧聞に属するといってもよい。

ドイツの現行憲法である基本法は，その第1条第3項で，この基本法の保障する「以下の基本権は，直接に適用される法として，立法，執行権及び裁

判を拘束する。」と規定しており，第3条第1項にいう「法律の前の平等」の原則が，執行権・裁判権のみならず立法権をも拘束する旨が明文で定められていることも周知のことである。この規定の成立にライプホルツの学説が直接に影響したかどうかは別として，先に述べた1925年のライプホルツの『平等論』が，それまでのドイツの通説を凌駕して今日に至っていることは疑いがなかろう。

　ユダヤ人の血を引くライプホルツの波乱に満ちた生涯と，その学者また連邦憲法裁判所裁判官としての活躍等の概略については，すでにわが国でも多くの文献で紹介されているので，ここでは屋上屋を架すことはしない（この辺りの事情については，とりあえず初宿『カール・シュミットと五人のユダヤ人法学者』（成文堂，2017年）およびザビーネ・ライプホルツ＝ボンヘッファー＆ゲーアハルト・ライプホルツ著／初宿訳『ボンヘッファー家の運命』（新教出版社，1985年）を参照されたい）。訳者（初宿）は，裁判官と大学教授の職を終えた（1972年）後にゲッティンゲンで悠々自適の穏やかな余生を過ごしていたライプホルツからその自宅に幾度か招かれたことがある。そういう個人的な思い入れも多少ないわけではないが，それ以上に，ライプホルツの『平等論』は，その主張の概観についてはわが国でもすでに多くの論者によってなされていたとはいえ，その全体像は知られていなかったように思われ，かねてよりその全貌をわが国の学界に提示したいと願っていた。この度，よき共訳者を得て，ようやく長年の願いを叶えることができて，安堵の念を禁じ得ない。

　実際の邦訳作業は，第Ⅰ部から第Ⅲ部までと第Ⅳ部第2章を柴田が下訳し，残りの部分を初宿が下訳をした上，原稿段階で相互に原稿の電子ファイルをE-Mailでやりとりをしてチェックしあい，最終段階においては熱海で2泊3日の合宿をして調整し確認して完成したものである。その意味で本訳書は，実質的にも，文字どおりの共訳である。本訳書が，憲法，とりわけ《平等》の問題に何がしかの関心をもつ諸賢氏を含めて，多くの読者に迎えられることを切に望むものである。

最後になったが，本訳書の出版に当たっては，書籍出版事情の今日的状況の中で，これを快くお引き受け下さり，いつもながらのご高配をいただいたことに対し，成文堂の阿部成一社長と同編集部の飯村晃弘氏に心から感謝を申し上げるとともに，脚注中に登場するイタリア語につき，ご助力をいただいた田近肇教授(近畿大学)にも，この場を借りてお礼申し上げる。

2019年春

　　　　　　　　　　　　　　　　　　　　　　訳者を代表して　初　宿　正　典

第 2 版のまえがき

　本書の初版は，1925年[1]に出版されたが，長年絶版になっていた。当時，本書で詳細に論じた問題は，ドイツの国法学において活発な意見がたたかわされる対象となった。この論争は，国法学自体の基盤に触れるものであり，国法学における当時の方法論についての歯に衣着せぬ論争を爆発させた。そればかりか，本書において示されているように，すでにヴァイマル憲法の下での最高裁判所[訳注]による裁判も，この論争の影響から免れることはできなかったのである。

　ボン基本法の支配の下では，基本法自体が，立法者は直接に法命題によって基本権に義務づけられる旨を規定し（基本法第1条第3項），判例も国法学も，一世代前に成し遂げられた結果とその認識を受け継がせすればよかったのであり，その限りで，状況は根本的に変化した。ヴァイマル憲法の下でも，またその後もなお活発に議論され，熱列に論争されていたことが，今日では，理論と実務の——なおいっそう拡がる可能性もあるとはいえ——確固たる財産と見なすことができるのである。

　特に，今日，〔連邦と各ラントの〕憲法裁判所と連邦の上級裁判所の指導下にあるドイツの裁判は，——筆者の見方が正しければ——立法者の自由裁量には，法律を執行するに際しての行政官庁の自由裁量よりもはるかに広い余地があるとはいえ，決して限界がないわけではない，という見解を，異口同音に認めてきた。平等条項の観点に基づけば，憲法によって，自由裁量が裁量の濫用となり，それと同時に恣意になる場合には，立法者の自由裁量にも限界がある[1a]。その限りで，連邦憲法裁判所の判例によれば，平等条項

---

(1)　Triepel-E. Kaufmann-Smend (hrsg.), Öffentlich-rechtliche Abhandlungen, Heft 6.
〔訳注〕　ここにいう「最高裁判所」（höchste Gerichtshöfe/höchstrichterlich）というのは，固有名詞としての最高裁判所の意ではなく，憲法裁判所，国事裁判所，上級行政裁判所等々の裁判所のことである。
(1a)　これについては，例えば，BVerfGE Bd. 2, 280; 3, 135 f.; 3, 337; 4, 18 f. よく考えてみると，この条項は，憲法をも超越する高い重要性をもつものであって，憲法制定者によ

は，恣意の禁止を内容として含んでいる。すなわち，「本質的に平等なものを恣意的に不平等に取り扱うことも，本質的に不平等なものを恣意的に平等に取り扱うことも[2]してはならない」という要請に他ならない。

しかし，平等条項を侵害する立法者のそのような恣意を語りうるのは，連邦憲法裁判所によれば，「法律による別異取扱い（Differenzierung）または平等取扱いについて，事物の本性から生じる合理的な理由，あるいは事柄に則して（sachlich）納得のいくその他の理由が見出されない場合[3][4][5]」のみであ

っても削除されえないものなのである。この問題についてここで詳細に検討することはできないが，これについては，本書〔の該当箇所〕，および連邦通常裁判所の判例（BGH i. ZS. Bd. 11 Anhang S. 64, 84 f.）を見よ。

[2] BVerfGE Bd. 4 S.155.「平等条項は，本質的に平等なものが不平等に取り扱われることのみを禁止しているのであって，それに対して，本質的に平等なものが，現に存在している不平等に応じて，不平等に取り扱われることまでは禁止していない」（BVerfGE, Bd. 1. S. 52）という命題は，この裁判によって訂正された。

[3] 例えばBVefGE Bd. 1 S. 52（西南ドイツ判決）はそのような趣旨の判示をしている。これと同旨のものとして，BVerfGE Bd. 1 S. 247; Bd. 3 S. 136; 4, 356; Bd. 7 S. 305, 315, 318. それ以前にもすでに，バイエルン憲法裁判所の1948年10月15日の原則的な判決（VGHE Bd. 1 S. 79）は，次のような場合には，平等条項に含まれている恣意の禁止の意味における恣意があると判示している。すなわち，「事物の本性からして，また正義の観点に立てば，明らかに同等の取扱いが必要とされるべき事情が同等に存在しているのに，十分な実質的な理由もなく，また正義の理念に十分に一致してもいないのに，不平等に取り扱われる」場合である。バイエルン憲法裁判所のこの判決については，特にヴィントリヒの論文（*Wintrich*, in Recht, Staat und Wirtschaft, Bd. 4 [1953] S. 148-156）がある。連邦通常裁判所の憲法に関する提示文書において，同裁判所は同じ趣旨のことを判示した。例えば，BGHE Bd. 11 Anhang S. 58 f. およびその他の例証をしている Bd. 13 Anhang S. 312 f. を参照。平等条項に関する連邦社会裁判所の裁判については，例えば，*Bogs*, Sozialpolitik, Arbeits- u. Sozialrecht i. d. Festschrift für F. Sitzler, 1956, S. 346 f. がある。

[4] このような言い換えの意味における，初期の裁判における実務上の用例は，Jahrbuch d. öffentl. Rechts に公表された連邦憲法裁判所の裁判に関する諸報告で示されている。*Federer*, JÖR Bd. 3 S. 28 f.; *B. Wolff*, JÖR Bd. 7 S. 116 ff. 各ラント憲法裁判所の判例については，*Bachof-Jesch*, JÖR Bd. 6 S. 77 ff.

さらに，同旨のこと判示する例として，例えば，BVerfGE Bd. 4 S. 356 f. は，「立法者が，積極的に政治活動を行う人物の名誉をより強く危険にさらし，その危険から生じるより強い刑事政策上の保護の必要性を，相当重い最低刑（刑法典 §187a）によって考慮に入れる場合には，それは事柄に則して正当化され，恣意的とは言えない」と判示している。

同旨のものとして，例えば，BVerfGE Bd. 6 S. 299 は，スイスにおけるドイツの財産価値に関するドイツ連邦共和国とスイス連邦との間の1952年8月26日の協定に基づいて支払われるべき代替財産補償金は，対応する国内財産に割り当てられる戦時負担調整金より高額である限度で，「事柄に則して正当化され」，それゆえ恣意的ではない，としているのを参照。さらに，例えば，BVerfGE Bd. 6 S. 222. しかし他方で，例えば，BVerfGE

る。とりわけ，平等条項を侵害するそのような恣意は，次のような場合には，そもそも存在しない。すなわち，「立法者が，ある特定の生活領域を規律するにあたって，生活関係の事実上の相違のすべての点をひとつひとつ考慮しているわけではないような場合である。決定的なことはむしろ，正義の思想に一致した考察方法にとっては，事実上の不平等が，その時々に考察さ

 Bd. 6 S. 289 ff.〔は結論を異にする。〕
  また，例えば，基本法第131条に関わる者の法関係の規律に関する1951年5月11日法律の§1462に基づいて，連邦の領域外にいる雇用主を戦時負担調整金の支払いに協力させることは，「事柄に則して是認でき」，それゆえ「恣意的な」規律，すなわち，「事柄に則して是認できる観点では決して正当化されない」規律ではないと説示された。BVerfGE 7, 318を参照。さらに，例えば，BVerfGE 7, 329。
  ごく最近になって，連邦憲法裁判所が，恣意的ではなく，「事柄に則して十分に正当化される」と判断したのは，失業扶助のために失業者の審査が必要である場合，婚姻と類似の共同体のパートナーの収入と財産も，配偶者の収入と財産と同様に考慮されるべきだとされていることである。1958年12月16日の決定——1 BvL 3/57, 1 BvL 4/57 および 1 BvL 8/58〔=BVerfGE 9, 20〕を参照。同様に，〔連邦憲法〕裁判所が恣意的ではないと説示したのは，所得税法§21第2項によれば，自己の持ち家における居住部の利用益は所得に算入されるのに，他の家財は所得に算入されないことである。また〔連邦憲法〕裁判所の同じ決定の中で，債務利子の控除を1937年1月26日発布の命令の〔住居の利用価値に関する〕§2第1項の意味における地代の程度に制約することは，恣意的な規律ではない，と判断された。連邦憲法裁判所の1958年12月3日の決定(1 BvR 488/57〔=BVerfGE 9, 3〕)を参照。
(5) 恣意の概念のこのような言い回しは，例外法律と例外裁判所とについて内容的に詳細に規定することにとっても，決定的な重みがある。例えば，何らかの別異に取り扱っている法律が，平等条項に含まれている恣意の禁止を侵害するために，憲法違反であるならば，この法律は，例外法律(例えばヴァイマル憲法第128条第2項)と称することができるし，この法律が同時に，一の裁判所の管轄権について，諸裁判所のもつ法律上の管轄権とは異なる一裁判所の管轄権を根拠づけるならば，このような法律は例外裁判所の管轄権を根拠づける法律と称することができる。もっとも，連邦憲法裁判所は，これまで，通説の意味における例外裁判所の内容上の釈義に固執してきた。通説によれば，例外裁判所というものは，裁判所がそれぞれの具体的または個別的な事例に判断を下す権限を備えていることをつねに前提としている。BVerfGE 3 S. 223, および1958年6月10日の決定(2 BvF 1/56〔=BVerfGE 8, 174〕)を参照。しかし，抽象的・一般的な事例に判断を下す例外裁判所も存在する。これらの事例については，本書(95-96頁，176頁註62)を参照。通説の立場と連邦憲法裁判所の比較的初期の裁判の立場からすれば，これらの事例において重要なのは，平等条項と相いれない特別裁判所なのである。しかし実際には，特別裁判所は——特別法とは違って——平等条項に反する。特別裁判所は，平等条項に抵触するのであり，実のところ例外裁判所なのである。このことは，憲法理論上および憲法体系上の内的な関連全体から，またそれと同時に，これらの規定が拠って立つ憲法上の関連全体からも明らかとなる。例外裁判所の概念は，最近では，平等条項自体と同様に，閉じられた定式化にはあまり馴染まない。

れることになる文脈の中で，立法者が規律するにあたってその不平等を考慮しなければならないほど非常に重要だと言えるかどうかである(6)。」同様に，「立法者が，その自由裁量の枠の内で具体的事例におけるいくつかの正義に適った解決策の中から《最も合目的的に》，《最も合理的に》，あるいは《最も正義に適った》選択をしなかった」としても，それだけではまだ立法者の恣意について語ることはできないのであって，「法律上のある規定について，事柄に則した理由が見出されえない場合にはじめて(7)」立法者の恣意について語ることができるのである。この場合，事柄に則した理由というのは，個々の場合には，正義の考慮に基づく場合もありうるであろうし，法的安定性の考量に基づく場合もありうるであろう(8)。

　さらに，ある規範を解釈する際に，その規範の中に表現されている「立法者の客観的な意思」のみがつねに重要なのであれば(8a)，この関連においては，「客観的な意味における恣意」はこの文脈において理解しなければならない。つまり，「秩序づけられるべき立法の対象に関して規律が事実上およ

---

(6)　BVerfGE Bd. 1 S. 276 および Bd. 2 S. 119（強調は筆者）。最近の判例のうちで例を挙げれば，例えば連邦憲法裁判所の1958年12月3日の決定（1 BvR 488/57〔＝BVerfGE 9, 3〕）も同じ趣旨である。この決定によれば，秩序づけられるべき生活関係のどのような諸要素が，それらを法の中で平等に取り扱い，あるいは区別して取り扱うかに関して決定的なものだと立法者が判断するかを決定するのは，「立法者の裁量に属する事項である」。これより前の判例として，さらに BVerfGE Bd. 6 S. 280 も参照。

(7)　BVerfGE Bd. 4 S. 155. これより前の判例として，例えば，BVerfGE Bd. 3 S. 135 f., S. 182 も参照。この判決ではさらに，次のように判示されている。すなわち，「連邦憲法裁判所は，そのような（より正義に適った）解決策がありえたのか，を決定してはならないのであり，決定しなければならないことはただ，その解決策が平等条項を実現するために唯一のありうる解決策であり，その結果，同じく立法者によってなされる他のどの規律も拒否されなければならなかったのかどうか，ということである。それに対して，立法者によって選ばれた解決策が平等条項となお両立しているならば，これとは別の解決策のほうがより正義に適った，より合理的な解決策であったかどうか，あるいはさらに，平等条項にいっそう適合したものであったのかどうか，ということは重要ではない。」これと同旨のものとして，BVerfGE Bd. 4 S. 357. すでに先に言及したバイエルン憲法裁判所の1948年10月15日の原則的判決も同旨。

(8)　BVerfGE Bd. 7 S. 197 を参照。

(8a)　連邦憲法裁判所が「立法者の客観的な意思」を詳細に内容面から別の言葉で言い直した意味においてである。特に BVerfGE Bd. 1 S. 312 を参照。これ以外の典拠については Federer a. a. O. S. 18 f. に示されている。

び一義的な不適切性を明らかに生じさせる」意味においてである⁽⁹⁾。しかも，法律自体がまとっている法律という形式が重要なのではない。「ある法律が，その文言において不平等な取扱いを避け，その通用範囲を一般的で抽象的な言い回しで表現していても，次の場合には平等条項と相容れない。すなわち，その法律の実務的な効果からすれば明らかな不平等が生じ，しかもこの不平等な効果が，元を正せばほかならぬ法的な形成の仕方にある，と言える場合である。外形ではなく，実体法の内容が決定的なのである⁽¹⁰⁾。」

〔各ラントの〕憲法裁判所は，自身による「独自の，政治的に事態に則した考量を，立法者による，それとは異なった，政治的に事態に則した考慮に取って替える⁽¹¹⁾」ことを拒否し，そうすることによって，これらの憲法裁判所は，同時にまた次のテーゼが基本的に正しかったことを確認した。すなわち，平等条項という視点から見ても，裁判官の審査権は「立法者と裁判官の間に存在する所与の秩序」を覆し，それと同時に「現代国家の，性格を規定する(artbestimmend)傾向」(リヒャルト=トーマ)〔訳注〕を覆すのには適切ではない，というテーゼである。このような傾向からすれば，裁判官には，「法律を，いわば議決するようなこと」が禁じられており，立法者には，法律の具える正義，合理性，合目的性，および必要性について真剣に議論できさえすれば，その限りで，最終的で決定的な判断を下すことは，立法者に留保されている。連邦憲法裁判所は，立法者に可能な限り形成の余地を確保するために，さらに次のようにはっきりと強調した。すなわち，平等条項に明らかに

---

(9) BVerfGE Bd. 4 S. 155. これより前にもすでに BVerfGE Bd. 2 S. 281 に見られる判示。

(10) BVerfGE Bd. 8 S. 51, 64 における言い回し。これについては，本書 248 頁を参照。それによれば，外面上は恣意的に異なる取扱いを避け，抽象的で一般的な言い回しを用いている法律も，「法律の実務上の効果からしてそれが政治的に遍った，そして同時に恣意的性格のものであることが露呈すれば，やはりその法律は平等条項と矛盾するのである。形式的な平等ではなく，実質的平等かどうかが，決定要素なのである。」さらに，〔このことに〕対応する指摘としては，本書 85 頁，103-104 頁，172-173 頁，221-222 頁を参照。

(11) 詳細の典拠は，本書 262-263 頁および *Bachof-Jesch* a. a. O. 77.

〔訳注〕ライプホルツはここでは出典を挙げずに引用しているが，この引用の出典は，*Richard Thoma*, Grundrechte und Polizeigewalt, in: Heinrich Triepel (Hrsg.), Verwaltungsrechtliche Abhandlungen. Festgabe zur Feier des fünfzigjährigen Bestehens des Preußischen Oberverwaltungsgerichts. 1925, S. 223 (*Horst Dreier* [Hrsg.], Rechtsstaat – Demokratie – Grundrechte, 2008, S. 160) である。

抵触することになって，特定の人的集団に負担を課し，または特権を付与することになり，それゆえ無効と宣言されざるをえない法律によって，裁判所が，立法者の自由な形成の領域に介入し，独創的な解釈によって法律を補完する権限が与えられるようなことはない，ということである[12]。

平等条項に含まれている恣意の禁止は，個別的に，憲法によってその内容が詳細に具体化されることもある。このことに関連して，連邦憲法裁判所自身が，連邦通常裁判所と一致して，一般的平等条項をこのような方法で詳細に具体化している基本法の一連の規定を指摘したことがある[13]。このことに関連しては，とりわけ第3条第2項と第3項が裁判においてとくに重要となった。この規定は，将来において法律が「性別，生まれ，人種，言語，故郷，及び家柄，信仰，宗教上又は政治上の見解」を理由として別異に取り扱われる可能性を憲法上否定している。同様に，選挙権の平等に関する条項は，一般的平等条項の具体的な適用事例の一つにすぎない[14]。これと同じことは，基本法第21条第1項によって補足的に憲法上保障されている政党の機会の平等という原則についても当てはまる[14a]。

一般的平等条項がこのように具体化されることによって，基本法の諸々の特別規定〔第6条第5項，第9条第3項，第28条第1項〕で列挙されている基準に基づく別異取扱いは，憲法上不可能になる[15]。とはいえ，これらの具体化は同時につねに特定の方向に向けて一般的平等条項を定式化しているために，一般的平等条項とその具体化には内的な関連性があることが，これらのような別異取扱いの禁止の明白で内在的な限界の中に示されている。つまり，最近では，今度はひるがえって，一般的平等条項のほうが，ある種の限界状況においては，一般的な別異取扱いの禁止を持ち上げるのである。その限りでは，一般的平等条項は，その独自の憲法による具体化と定式化と，いわば重なっていると言ってもよい。そのようにしてのみ，例えば，連邦憲法

---

(12) BVerfGE Bd. 8 S. 28 f., 37.
(13) 例えば，BVerfGE Bd. 3 S. 240 および BGHE Bd. 11 S. 59 を参照。
(14) 例えば，BVerfGE Bd. 4 S. 39; Bd. 6 S. 84.
(14a) ごく最近のものとして BVerfGE Bd. 7 S. 107 がこのように判示しているのは，まったく正当である。
(15) BVerfGE Bd. 3 S. 240; BVerfGE Bd. 6 S. 280.

裁判所にとって，家族法のような領域(例えば，妊産婦の保護)において，「それぞれの生活関係の性質に基づく客観的な，あるいは機能的な(分業的な)区別を法的に重大なものとし，一種の特別な法的規律が許されているもの，あるいはそれどころか必要なもの」と宣言することができたのである[16]。こうした理由からのみ，女性に有利な労働時間制限も基本法第3条第2項および第3項と両立しうるものと宣言され[17]，同性愛の領域において性別を区別して法的に取り扱うことが許される，と考えられたのである[18]。

　一般的平等条項が基本法制定者によって個別に《具体化》されることが可能であるのと同様に，裁判が，平等条項に含まれ，それに組み込まれている法原理から一定の一般的な原則を発展させることも可能である。立法と法適用の権限をもつ諸機関は，これらの原則に拘束され，今後創出されうる規範をこれらの諸原則に合わせること，または，現に存在している規範内容をそれらの諸原則にしたがって評価判断することができる地位に置かれるのである。例えば連邦憲法裁判所第一法廷が，一般的平等条項からヴァイマル憲法第134条に含まれていた租税公平の原則を展開したのは，この趣旨においてであった[19]。

　これらの一般原則は，連邦憲法裁判所によって，法律がひょっとすると含んでいるかもしれない恣意的な内容を審査するために発展されたものであり，これらの一般原則は，このようなことがありうる限りで，特に，裁判による行為が平等条項と一致するかどうか，を審査するためにも適用される。ここからは，例えば，裁判官による判断も，それらが「明らかな他事考量」

---

(16)　BVerfGE Bd. 3 S. 242. (強調は著者) これと同じ趣旨のものとして，多くの文献から一例を挙げれば，例えば Beitzke, Gleichheit von Mann und Frau in Neumann-Nipperdey-Scheuner, Grundrechte Bd. 2 (1954) S. 199 ff.; insbesondere S. 208 f.
　さらに，連邦憲法裁判所は，BVerfGE Bd. 6 S. 71 f. において次のような見解を主張した。すなわち，「法秩序と社会秩序の特定の領域について憲法制定者による価値決定が明文化されており，もはや，一般的平等条項(基本法第3条第1項)の観点に基づいて審査する余地がまったくないとされる原則規範も存在する。」これについては，ここでの関連において，より詳しく立場を決すべきではない。
(17)　BVerfGE Bd. 5 S. 12.
(18)　BVerfGE Bd. 6 S. 422 f.
(19)　例えば，BVerfGE Bd. 6 S. 70. この相互に絡み合った一連の問題については，本書156-157頁，187-188頁，198-199頁，256-257頁を参照。

に基づいているならば，この平等条項と抵触することがあることが明らかになる[20]。

平等条項についての裁判によって最近の十年の経過の中で展開されてきたこれらの原則・指導原理は，ここではその断片的な概略しか示すことができないが，これによって分かることは，裁判が形式の上でも内容の上も本書の理論上の基本構想とほぼ完全に一致する，ということである。しかのみならず，さらに，裁判が国法学の今日の通説に一致していることも分かる[21]。

もっとも，最近の文献の中にも，今日でもなお，恣意概念は裁判の対象となりうる概念ではない，といった指摘をすることによって，裁判と本書と一致して平等条項から詳細に展開された諸原則とが，基本的に正しいかどうかは疑問視せざるをえない，と考える意見には事欠かない[22]。

たしかに，「まえがき」というものは，当然のことながら，こうした試みの意義を正当に評価できる方法でこうした批判的な意見を検討するのにふさわしい場所ではない。

しかしそうだとしても，ここでの関連では，次のことぐらいは言うことが許されるであろう。すなわち，これらの批判者は，彼らが文献の中で試みたように，実際には，恣意概念を詳細に理論的に分析し別の言葉で表現し直す

---

[20] 連邦税財務裁判所が裁判判決への自己拘束の原則を無視した事例において，連邦憲法裁判所はこのような侵害を否定した。これについては，BVerfGE Bd. 4 S. 6 および本書159頁以下。

[21] この点につき詳しくは，Die Gleichheit vor dem Gesetz und das Bonner Grundgesetz, 1951〔本書第Ⅳ部第6章〕の典拠を見よ。その後の文献としては，例えば，*Giese*, Grundgesetz für die Bundesrepublik Deutschland 4. Aufl. 1955 S. 16; *R. Marcic*, Vom Gesetzesstaat zum Richterstaat 1957 S. 381 f.; *Maunz*, Deutsches Staatsrecht 8. Aufl. 1958 S. 102 ff.; *v. Mangoldt-Klein*, Das Bonner Grundgesetz 2. Aufl. 1957 Bd. 1 S. 198 ff.; *Hamann*, Das Grundgesetz 1956 S. 88 ff. 特に *W. Geiger*, Der Gleichheitssatz und der Gesetzgeber, in: staats- u. verwaltungsrechtlichen Beiträgen, herausgegeben von der Hochschule f. Verwaltungswissenschaft Speyer 1957 S. 167-180 を見よ。――さらに，*Leibholz*, Equality as a principle in German and Swiss Constitutional law, Journal of Public law, III (1954) S. 156 ff. および *Taylor-Cole* in Journal of Politics Band 20, 1958, S. 295 f. も参照。

[22] 同旨のものとして特に，*Ipsen*, Gleichheit in Neumann-Nipperdey-Scheuner, Die Grundrechte 2. Band (1954) S. 111-198 insbes. S. 156 ff. さらに *K. Hesse*, Archiv des öffentl. Rechts Band 77 (1951/52) insbes. S. 170 ff.; *R. Thoma*, Deutsches Verwaltungsblatt 1951 S. 457 ff.; *W. Zeidler*, Öffentliche Verwaltung, 1952 S. 4 ff. および W. ベッケンフェルデの博士論文（*W. Böckenförde*, Der allgemeine Gleichheitssatz und die Aufgabe des Richters, 1957）も参照。

ことに，十分には取り組んでこなかったのであり，その点にこうした批判者の疑義には欠点があるということである。つまり，これらの批判者は，大筋において，20年代にすでにさまざまな方面から当時の《新》学説に対して主張されてきていた疑義を繰りかえすことしかしていないのである。その際，見過ごされているのは，あの当時すでに，民族社会主義体制によって法治国家が廃棄されてしまうまで，これらの反論に批判的に対応する試みがなされていたということである。国法学は，たしかに，ボン基本法に関する文献を極めて良心的に完璧に記録し確認しようと努めてはいるが，ヴァイマル憲法に関するもろもろの議論対立から，――これらが相互に複雑に絡み合った一連の問題を対象としていた限りにおいても――，そもそも何らかの知見を得ていたとしてもきわめて不十分な知見しか得ていないのであり，本書の著者には，まさにこのことこそ，われわれの時代を特徴づけているものにほかならないように思われるのである。だからこそ，たいていはヴァイマル憲法下で世に問うたいくつかの論稿を本書の新版に追加することは，決して理由のない企てではないと思料した次第である。これらの論稿においては，平等条項に関する裁判と支配的学説に対して今日改めて主張されているもろもろの疑義に立ち向かって，そうした反駁を論破することが試みられているからである。

　その他の点でも，批判者が懸念したような帰結は憲法実務において生じなかったこと，とりわけ，立法と裁判の関係が基本的な点では変化せず，議会が今日においてもなお，依然として立法手続の主(ぬし)であり続けたのであり，著者にとっては，このことも，平等条項の観点からみて裁判官の審査権から生じるもろもろの帰結を，批判者たちが本当に釣り合いのとれた評価をしていないことの証左であるように思われるのである。

　加えて，批判者たち自身が，自己の目標を設定するにあたって分裂していることも考慮されなければならない。幾人かの著者は，今日でもなお，平等条項は立法者を拘束しない，という意見であるのに対して，大多数の批判者は，立法者による平等条項の拘束それ自体はもはや疑問視していない。しかし，これらの批判者は，判例や本書の趣旨とは異なって，平等条項を内容的に確定しなければならない，と信じている。けれども，こうした努力の経過

の中で示されるのは，平等条項をより利用可能なように内容的に別の言葉で表現し直すことになるような試みをしようとすれば，批判者自身の側では，排除しなければならならないと信じているはずの恣意概念を排除することができず，この概念を，いわば《裏口》からこっそりと再び採り入れざるを得なくなる，ということである。文献においてこの方向でなされた最も重要な試みであるハンス=ペーター・イプセンの試みは，この内的な矛盾を極めてはっきりと示している。一方で，「恣意の禁止という意味における平等は，裁判の対象となりえないカテゴリー」と称され[23]，それゆえ裁判と本書とによって主張された基本構想は，否定的に低く評価されるが，他方で，著者のイプセンは次のような結論に至っている。すなわち，「民主制原理，法治国家原理，基本法上の権力分立原理，社会国家原理，連邦国家原理といった原理が，憲法体制に違反し，まさしく原理に関わる方法と強度で，（立法者の）規範化行為によって侵害される」限りで，立法者の恣意をコントロールすることは，依然として不可欠である[24]。

　それはそれとして——いずれにせよ，行政裁判が拡張され，一般条項が導入され，また，規範統制と憲法異議が取り入れられたことによって憲法裁判が拡大した結果として，平等条項は今日，驚嘆すべき憲法上の格別の意義を獲得した。しかし，この意義は，次の点にあるわけではない。すなわち，相当多くの数の法律が平等条項と抵触するという理由でこれまで無効と宣言されてきたという点，あるいは，将来には相当多くの数の法律が同様の抵触を

---

(23)　例えば，A. a. O. S. 156.
(24)　S. 183. この矛盾を度外視するとしても，次のことは依然として理解しがたい。すなわち，民主制原理，法治国家原理，社会国家原理といった原理が無制約に裁判の対象となりえ，裁判官によって適用されうるとされるならば，なぜ恣意の概念が実務において裁判の対象となりえないとされるのか，である。
　　ところで，イプセンによれば，恣意のコントロールも，基本法第3条第2項，第3項の枠組みの外で可能である。そのようにイプセンの前掲書を読むことができるとしても——他の行為の状態（Tatumstände）のみが，比較の対象でなければならない。「ここでは，平等条項について発展した恣意の概念の要素は，それら独自の機能を持ち」，「公権力が，事物の本性から生じる事項的に納得のいく理由からして合理的に比較の要件の要素を上述のように選択し，評価し，測定したのか，あるいは，比較の要件が，恣意的に形成されたのか」を審査できる（185，186頁）。この事情では，どのようにイプセンが判例と本書への根本的な批判を本当に維持しようとしているのか，は理解しがたい。ヘッセ・前掲書についての詳説は，例えば，本書258頁注(56)を参照。

理由として無効と宣言されるだろうという見込みがあるという点である。立法者による平等条項の侵害があると主張して，平等条項がそんなに頻繁に援用されても，実際には，平等条項に抵触するとして無効と宣言された法律の数が増加できたわけではなかったのである。むしろ，平等条項のもつ憲法上の重要な意義は，法律といえども，そこに潜在的に恣意に基づく内容が含まれているかどうかを審査されることがある，という可能性にある。これが可能であることによって，平等条項は，事実，非常に高い現実的な意義を与えられることになる。つまり，立法行為が平等条項に含まれた恣意の禁止と抵触するならば，そのような《法律》はまた同時に法治国家原理も侵害することになる，という点にも，この可能性は示される。なぜなら，法治国家原理は最小限の実質的正義の内容を前提とするが，この最小限は，立法者が何らかの恣意的行為をしても，立証できないからである。その限りで，平等条項と法治国家原理は，極めて密接に関連しており，それどころか——こう付け加えてもよければ——，さらに平等条項と実質的法律概念も，極めて密接に関連しているのである。のみならず，最後に，平等条項は，補足的で教育的な（エドゥカトーリッシュ）機能を果たし，そしてその限りで補足的・統合的機能を果たすといえる。

　わが国の憲法体制の枠組みにおいて平等条項が占めている基本的意義からして，また例えばスイス，オーストリア，およびイタリア[25]の憲法体制において平等条項が占めている基本的な意義からしても，本書の初版の内容をまったく変更せずに復刻し，これと同じ対象に取り組んだ，その後に公表し

---

[25]　イタリアの憲法裁判所の平等条項に関する裁判からの例としては，1957年1月16日の基本的判決(Raccolta Ufficiale delle Sentenze e Orninanze della Corte Costituzionale vol. II p. 27)〔下記訳注〕を参照。すなわち，「この原理は，立法者が異なると判断する状況を規律するために異なる規範を定め，法的規律を社会生活の多様な側面に適したものにすることができないという意味で理解されるものではない。しかし，主観的および客観的諸条件が等しい場合——法的規範はこの主観的および客観的諸条件とその適用を通じて関係することになるのであるが——には，この同じ原理は，各人に対し取扱いの平等を保障しなくてはならない。規律されるべき関係の主体が置かれている状況の違いの重要性の評価は，憲法第3条第1項において定められた制限の遵守を除き，立法者の裁量に留保されざるをえない。」
〔訳注〕　この引用文献はイタリアの憲法裁判所公式判例集であるが，1957年1月16日の判決は5件あって，ここで引用されているのはそのうちの第3号である。

た一連の比較的短い論稿によって補完することによって，平等条項の理論的な根拠づけを改めて学問上の議論の俎上に上せることが正当化されよう。この増補した形で本書を復刻することに親切にも賛同して下さったご厚意に対し，出版社ベックに心からの感謝の意を表さなければならない。

　1958年12月23日，ゲッティンゲン／カールスルーエにて
G. ライプホルツ

初版のまえがき

　わが国の国家制度が安定した後には，非常に盛んに議論された基本権を詳細に学問的に探究する対象にすることも，おのずと正当化される。ライヒ憲法〔ヴァイマル憲法〕第2編の頂点に据えているのが，すべてのドイツ人は法律の前に平等であるという命題である。この命題がこのように外形的に強調されていることは，その中に含まれているものの重要性に対応するものである。これを明らかにすることが，何よりも本書の課題である。

　平等条項が内容的に簡明であることは，まず第一に，現在通用しているわが国の憲法にとって重要であって，ライヒ憲法の法治国家的全体構造に決定的に参与するものこそ，憲法第109条第1項なのである。さらに，例えば周辺国と継承国〔訳注〕におけるように，平等条項が同様に憲法典に盛り込まれている国々の国家法にとっても重要である。その上，この規範を別の言葉で詳細に表現することは，例えばたいていの少数者保護条約のように，平等条項が条約内容の構成部分とされ，そして同時に個々の国際法の条項にまで高められている少数者の権利にとっても重要なことである。そして最後に，平等概念を分析することからは，同時に，連邦国家法における支分邦間の平等という問題にとって重大な帰結が生じるため，この問題も本書の考察の範囲に含められている。

　平等概念を解明することは，私の考えによれば，法哲学的な基礎づけなくしては絶対にできない。この作業の対象の枠内では，基本的諸概念を暗示的に素描しさえすればよかったと言えるとしても，やはり少なくとも，今日においてもなお法学に瀰漫している形式主義と対決することがどうしても必要であることが明らかとなった。その際に私は，実質的な法価値観から出発することを目指して努力した。

〔訳注〕「周辺国」は，本書では，スイス，フランス，アメリカのこと。「継承国」は，オーストリア・ハンガリー二重帝国崩壊後に成立した，オーストリア共和国，チェコ・スロヴァキア，セルビアなどの諸国のことを意味する。

「平等」に関する著書というものは，どんなものであれ，際限のない議論にのめりこんでしまう危険がある。それというのも，自由と平等という思想が世界を揺り動かすほど重要な力であって，諸国民の歴史と文化の中で何世紀にもわたって常に新しい形でその力を発揮してきたこと，そしてわれわれは今日においてもなおそれらの力の表れ(ツァイヒェン)の下で生きていることは，理由のないことではないからである。それゆえ，私は，平等概念の法律学的な内容の探究に限定したにもかかわらず，やはり本書の特徴が断片的なものにとどまっていることを十分に自覚しており，本書に論じたりない点や繁簡よろしきを得ない点があるとすれば，読者諸賢のご寛恕をお願いしたい。ご訂正いただける箇所やご示唆いただけることがあり，また私が見過ごしている文献，特に外国の文献についてご指摘いただくことがあれば，いつでもありがたくお受けしたいと思う。

最後になったが，この論文集の編集者の皆さんがこの拙著を本シリーズに加えて下さったことに対し，ならびに，わが敬愛する恩師であるトリーペル教授が，本書のことを何度も奨励をして下さり，本書に好意的な関心を寄せて下さったことに対しても，心からお礼申し上げる次第である〔訳注〕。

　　ベルリーン＝グリューネヴァルトにて，1925年1月2日
　　　　　　　　　　　　　　　　　　　　ゲーアハルト・ライプホルツ

〔訳注〕　第2版には「初版のまえがきから」として，そのうち最初の2段落のみが再録されているが，翻訳にあたっては，本書の初版に拠って，その「まえがき」を全訳した。

目　次

訳者まえがき……………………………………………………………… i
第 2 版のまえがき………………………………………………………… v
初版のまえがき………………………………………………………… xvii
目次…………………………………………………………………… xix
凡例…………………………………………………………………… xxi

序…………………………………………………………………………1

第Ⅰ部　現代民主制と平等概念…………………………………………5

第Ⅱ部　法律の前の平等………………………………………………19
第 1 章　平等条項の通用範囲…………………………………………19
第 2 章　平等概念の規定………………………………………………28
　第 1 節　批判的検討………………………………………………28
　第 2 節　法理念と法概念…………………………………………44
　第 3 節　平等保障の実質的内実…………………………………63
　第 4 節　恣意概念の詳細な画定…………………………………80
第 3 章　ライヒ憲法における権利保護の保障………………………108
　第 1 節　第109条第 1 項が保障する個人の主観的公権………108
　第 2 節　法適用に対する個人の保護……………………………111
　第 3 節　立法に対する個人の保護………………………………116
第 4 章　オーストリア国家法についての検討の意義………………123

第Ⅲ部　連邦国家法における支分邦の平等に関する問題…………127
　連邦国家概念に関する補論………………………………………127
　第 1 節　連邦主義的機関を形成する際の絶対的平等の原理と
　　　　　相対的平等の原理………………………………………133

第2節　ライヒ立法の制限としての平等原理..143
　第3節　支分邦の留保権の存在に対する実務的な帰結..........................150

第Ⅳ部　法律の前の平等についての補論..155
　第1章　1923年5月18日のスイス連邦裁判所の判決についてのコメント...155
　第2章　法律の前の平等..159
　　　　　──ヴァイマル・ライヒ憲法第109条1項の解釈についての補論──
　第3章　法律の前の平等..191
　第4章　最高裁判所の裁判と平等条項..200
　第5章　さまざまな憲法の中で明文化されている，すべての人が法律
　　　　　の前に平等であるとする原則は，達成することのできる主観的
　　　　　権利を根拠づけるか？..216
　第6章　法律の前の平等とボン基本法..240

【附　録】参考条文..265
【引用／参照文献】..279
ゲーアハルト・ライプホルツ著作目録..282
事項索引..309
人名索引..315

凡　例

1　（　）内はすべて原著で用いられているものであり，〔　〕は訳者が補足したものである。また，〈　〉は訳者が便宜上つけたものである。
2　条文の引用等の明らかな誤りは訂正したが，原典で引用・参照されている文献の人名表記，雑誌の巻号などの誤りは，逐一は追跡できないものも含まれていることもあり，やむをえず原典のままに表記した箇所がある。
3　欧文の原注における雑誌・新聞等の省略（Abkürzung）の仕方は，今日のそれとは異なるところがあるが，原則として，原典のままとした＊。
4　訳出にあたって参照・引用した邦語文献については，本書の末尾に一覧を示した。
5　本書で引用されている各国の憲法の条文については，参考のために，できる限り，本書の末尾に附録として邦訳を掲げた。
6　二倍ダッシュ（──）については，原著で用いられているものの他，訳者が適宜用いたところもある。
7　本文中の隔字体（Sperrdruck）は傍点で示し，本文および脚注の著者名の隔字体は，脚注ではイタリックとした。
8　本文中で著書名が引用されている場合，原文に引用符がない場合でも，訳出にあたって『　』を補った。
9　原注の表記，とくに引用文献は，翻訳の都合上，変更している場合がある。
10　原典では，「第２版のまえがき」などの一部を除き，脚注はページごとに注番号が始まるが，翻訳にあたっては，章ごとの通し番号に変更した。また，第４部第４章から第６章までは，本文中に多くの文献の引用があるが，読みやすさと全体の統一感から，脚注方式に改めた。
11　文脈に応じて Reich は，「ライヒ」「帝国」「国」と，また Staat は，「国家」「支分邦」「州」と訳し分けた。
12　Staat, Gliedstaat, Einzelstaat は，連邦制がテーマとなっている場合には，統一して「支分邦」と訳した。
13　Satz は，「条項」，「命題」と訳した。
14　Recht は，文脈に応じて「法」，「権利」，「権限」，「…権」等々と訳し分けた。
15　ヴァイマル憲法下の Reichsrat は，これまで一般に「ライヒ参議院」と訳されてきたが，二院制を想起させる「参議院」という訳語を避け，「ライヒ参議会」とした。ただし，ビスマルク憲法下の Bundesrat は，従来どおり「連邦参議院」

とした。この点についてはさしあたり，初宿正典（訳）『ドイツ連邦共和国基本法──全訳と第62回改正までの全経過──』（信山社，2018年）ⅰ～ⅱ頁を参照。

*　脚注で頻出する Archiv des öffentlichen Rechts（略称は AöR）には，タイトルや巻号数の表記に以下のような変遷がある。①当初は Archiv *für öffentliches* Recht というタイトル名で，*Paul Laband* と *Felix Stoerk* の編集で1886年に創刊され，年1回ずつ刊行されていた。途中 Bd. 14（1899年）からは，編者に *Otto Mayer* が加わり，さらに1908年からは，編者が *G. Jellinek, P. Laband, O. Mayer, Robert Piloty* に替わっている（Bd, 26, 1910まで）。②ところが，Bd. 27（1911）以降は Archiv *des öffentlichen Rechts* というタイトルに変更されて，今日に至っている。ちなみにこの Bd. 27には，同年に死去した *Jellinek* もまだ編者として名前が上がっている。この時期からはほぼ年２回刊行されるようになっている（もっともそれ以前でも，1907年と1909年には２回ずつ刊行されており，その代わりに1904年には刊行されていない）。Bd. 30（1913）は，*O. Mayer* と *R. Piloty* の編集で Bd. 25までの総索引として Archiv des öffentlichen Rechts. Register Band 1-25（bearbeitet von Hans Kliebert）が刊行され，Bd. 28（1912年）からは上記の *Laband, Mayer, Piloty* の3人の編集になったが，Bd. 39（1920）では，*Laband* と *Stoerk* は創刊者として挙げられ（この表記はしばらく続く），編者として *O. Mayer, Albrecht Mendelssohn Barthodly, R. Piloty, Heinrich Triepel*，それに，編集助手（Redaktionssekretär）として *Otto Koellreutter* が加わっている。続く Bd. 40（1921）以降は *O. Mayer* が抜けて，その代わりに *Koellreutter* も編者に加わり，これら４人の編集体制がしばらく続く。③ところで，実はこの Bd. 40 からは新シリーズ（Neue Folge=略称 N. F.）となっており，この Bd. 40（=N. F. Bd. 1）のみにはその表記がないが，続く Bd. 41（1921）以降は 41. Band. Der neuen Folge 2. Band というような巻数の併記がなされ，1963年の 88. Bd.（49. Band der Neuen Folge）まで，このような表記が見られるが，④次の Bd. 89 からはこの N. F. の併記がなくなって刊行当初からの通し番号で今日にまで至っている。この間，編者は次々と替わっており，最新の Bd. 142（2017）では，季刊（年４号）で Archiv des öffentlichen Rechts（AöR）. In Verbindung mit *Peter Badura, Rüdiger Breuer, Horst Ehmke, Jochen Abr. Frowein, Peter Häberle, Peter Lerche, Gerhard Robbers*, Herausgegeben von *Udo Di Fabio, Martin Eifert* und *Peter M. Huber* という表記になっている。

　本訳書の中でライプホルツはしばしばこの雑誌から引用し，またライプホルツ自身も同誌に寄稿しているが，Archiv d. öffentl. Rechts と表記すべきところを Archiv f. öffentl. Recht と表記している箇所があり，また N. F. の表記がない個所もあるが，明らかな巻 / 号 / 頁等の誤りが確認できた場合以外は，略記の仕方も含めてすべて著者の表記に従っている。

序

　現代国家は，国民という思想に依拠しており，この思想によってこれまでの数世紀の国家類型とは正反対のものになった。現代のたいていの代表民主制においては，国民国家における生(レーベン)の要点は——例えば1919年8月11日のドイツ・ライヒ憲法によるそれについても言えることであるが——，議会にあり，そこには，ライヒ最高機関として非常に多くの権力的権能が集中している。しかし，全政治権力が多数の人々に委ねられると言ってもよいほどの事実によって，法思想を維持するための確実な保障が創出されるわけではない。というのは，議会にも，絶対主義への衝動は無縁ではないからである[1]。それゆえ，憲法からしても，議会による，あるいはもっと適切な言い方をすれば，優勢な多数派による，そのような営々たる営みに，場合によっては何らかの制限を設ける留保(カウテーレン)が存在するのか，という問いにも，決して根拠がないわけではない。議会政的体制の時代の下で個人の自由(リベルタス)と国家の統治権(インペリウム)の間の闘争がなされているとき，重要なのは，個人と同様におよそ少数者を全能の立法機関による侵害から守ることができる保障だけである。

　ここで第一に問題となるのは，ライヒ憲法第2部において列挙される基本権である。基本権の機能は，議会民主制においては，例えば制限的立憲君主制における機能とは根本的に異なっている。その結果，個人にとって価値の高いこれらの規定の意味と内容を解釈する際には，意識的であれ無意識であれ存在する次のような営みは，原則として排斥されなければならない。すなわち，真剣な検討もせずに，これらの規定の中に，可能な限り，法的な効果・スローガンや定型句を伴わない一般原則のみを見ようとし，そうすることによって，基本権には内容も価値もないことが証明されたものと考えよう

---

(1) モンテスキユーは「およそ権力を有する人間がそれを濫用しがちなことは，万古不易の経験である。彼は制限に出会うまで進む。」と言っている (*Montesquieu, De l'esprit des loix*, Genf 1749, libre XI, Chap. 4)。

とすることである[2]。こうした判断はむしろ，規範自体から生じる意味と目的をわが国の全憲法体制と一致した形で確定することが不可能で，解釈という方法論上許された補助手段がすべて使い尽くされているときに，初めて可能なのである。その際には同時に，解釈されるべき規範は，その成立史の偶然性から解放されなければならない。なぜなら，〔成立史の〕この拘束から解放されることによってだけ，個々の規範を個別規定として，またひとつの法体系全体の部分として規定することが可能となるからである。

　ライヒ憲法第109条第１項は，すべてのドイツ人は法律の前に平等であることを宣言しているが，この規定は根本的な重要性を有しており，この例を手掛かりにすれば，基本権が，より詳しい分析をする際にいかに問題を孕んでいるのかが実証されうることを明らかにしたいと思う。

　歴史的に見ると，今日ヨーロッパ大陸においてよく見られる定式での平等条項は，まず最初は――それもアメリカ〔の諸州〕の権利章典による影響を受けて――フランス革命の時代に現れ[3]，その後この時点から現在に至る

---

(2)　例えば，また基本権全般について，*Finger*, Das Staatsrecht des Deutschen Reiches, 1923, S. 94; *v. Freytagh-Loringhoven*, Die Weimarer Verfassung in Lehre und Wirklichkeit, 1924, S. 291 はそういう趣旨である。――少数者保護にとって基本権がもつ意義という点で基本権を著しく低く評価するものとして，最近では，*Morstein-Marx*, Beiträge zum Problem des parlamentarischen Minderheitenschutzes, in den Abhandl. u. Mitt. a. d. Sem. f. öff. Recht 1924, Heft 12, S. 41 f.

(3)　「独立宣言」においてはすでに，「すべての人は平等に造され」と謳われているし，1780年のマサチューセッツ憲法でも同様に，その「権利の宣言」第１条において，「すべての人は自由かつ平等に生まれ」と謳われている。これに対して，1776年のヴァージニア権利章典とペンシルヴァニア憲法においては，平等(equal)の語は，自由を詳しく規定するためにのみ用いられていて，「すべての人は生来等しく自由である(equally free)」とされている。これと類似した規定の仕方で，合衆国の各州の憲法すべてが，市民の平等を保障している。この点については，*Stimson*, Federal and State Constitutions of the United States, 1908, III, §11 参照。そこでは註２で，それ以前のイングランドの憲法におけるこの条項の成立史に関する詳細な指摘もなされている。合衆国憲法自体によって保障されている保護については，本書の後述 25-26 頁の本文を見よ。――のちに1791年フランス憲法の構成部分になった1789年の「人及び市民の権利宣言」の第１条では，「権利において平等」(égaux en droits)という言い回しが用いられる。さらに重要なのが第６条で，そこでは，「法律は，保護を与える場合にも，処罰を加える場合にも，すべての者に対して同一(la même)でなければならない。」とされている。この定式化は，1793年のジャコバン憲法(人権宣言第４条)，1795年の執政憲法(人権宣言第３条)，および1826年のポルトガル憲法第145条§12においても再び見られる。

　管見に属する限り，ヨーロッパ大陸で最初に法律の前(devant la loi)の平等が語られて

まで，ヨーロッパの内外を問わず多くの憲法典の文言中に採用されていったものである。この条項は，わが国では，憲法上の基盤が決定的に変化したことによって意義の変化を被った。この変容は，支配的なドイツの国法学によっても実務によってもまだ十分に認識も評価もされていないため，本書でこの変容をはっきりさせることが何よりも重要である。

いるのは，1793年のフランス共和国憲法第１条第３項である。同様の規定としては，1818年のバイエルン憲法の前文，1814年のフランスの憲法シャルト§１，1830年の憲法シャルト第１条，1820年のヘッセン大公国憲法第18条，1831年のベルギー憲法第６条，1848年のサルデーニア王国基本憲章第24条——この憲章は1870年10月９日の王令以降はイタリア王国の憲章として通用している。さらに，1849年のフランクフルト＝ライヒ憲法137条，1849年のオーストリアの基本権§27，1850年のプロイセン憲法第４条，1850年のいわゆるエアフルト連合の憲法草案第135条，1852年のオルデンブルク大公国修正国家基本法第31条§１，1894年に公布された1854年の自由ハンザ都市ブレーメン憲法§17，1863年のギリシア憲法第３条，1866年のルーマニア憲法10条，1867年の国民の一般的権利に関するオーストリア国家基本法第２条，1867年の長兄ロイス〔侯国〕憲法§24，最初は1848年，その後1868年のルクセンブルク憲法第11条第２項，1874年のスイス連邦憲法第４条(1848年以前は各カントン憲法に含まれていた)，1871年のコスタリカ憲法第25条，1876年のトルコ憲法第17条，1889年のハイチ憲法第13条，1891年のブラジル憲法第72条§２，1901年のキューバ憲法第11条，1901年のセルビア憲法第25条，1905年のモンテネグロ憲法第196条，1904年のパナマ憲法第16条，1919年の自由国バイエルン憲法§15第１項，1919年の自由国オルデンブルク憲法§４，1919年のバーデンの憲法に関する法律§９，1920年の自由国メークレンブルク＝シュヴェーリン憲法§４，1920年の自由国ダンツィヒ憲法§72，1920年のチェコ・スロヴァキア共和国憲法§128第１項，1921年のセルビア＝クロアチア＝スロヴェニア王国憲法第４条，1920年のオーストリア共和国連邦憲法第７条，1919年のフィンランド憲法§５，1920年のエストニア憲法§６，1921年のポーランド憲法第96条，1922年のラトヴィア憲法§82，1924年のトルコ憲法法律§69。——現在のライヒ憲法と同様のものとして，プロイス草案§18，政府草案第28条，憲法委員会草案第108条がある。

第Ⅰ部
現代民主制と平等概念

　平等概念は，それ自体，別の関連ですでに決定的な役割を果たしている[1]。すなわちそれは，現代の国際社会(Staatenwelt)を支配している組織類型である民主制(Demokratie)を基礎づける際においてである。

　民主主義(Demokratismus)に至る発展は不可避なものである。この発展は，――例えば，古代の国家形態論の図式主義の意味において――例えば，必然的に共和制の国制形態のような，ある特定の国制形態と結びつくことを必要とするわけでもないし，何らかの確固とした統治体制を前提ともしない。むしろ，確固たる統治体制は，議会制の形態をとることもあれば，国家の個々の作用の原則的な分離に依拠することもありうる。その結果，いずれにせよ，民主制と議会制は，必ずしも相互に結びつくわけではない[2]。結局，民主制の原理が外へ向かって現出する諸形態も，時代が経過するうちに姿を変えることがある。それゆえ，議会代表制の原理は，今日なお，国々の憲法

---

[1] これについては，トーマの優れた論攷(Thoma, Der Begriff der modernen Demokratie in seinem Verhältnis zum Staatsbegriff in den Hauptproblemen der Soziologie, Erinnerungsgabe für Max Weber Bd. 2, S. 39 ff.)を参照。本書での研究にとって，この論攷で重要なのは，もっぱら民主制の形式概念であって，民主制の価値が内容的にそもそも把握可能かどうか，また，民主制をそのイデオロギーによる正当化から《一連の同一性》として定義することが正しいかどうか(C. Schmitt, Die geistesgeschichtliche Lage des heutigen Parlamentarismus, 1923, S. 13 ff. を参照。これについては，Thoma, Zur Ideologie des Parlamentarismus und der Diktatur in Archiv. f. Soz.-Wiss. u. Soz.-Pol. Bd. 53, S. 212 f. も参照)，は，ここでの研究にとっては重要でないので，ここでは触れないでおく。
[2] 国家形態を分類するための決定的な基準と呼ばれるものが，統合という要因のもつ特性である――より動態的・弁証法的な性質(議会制)においてか，それとも，より静態的な性質(君主制，民主制)においてか――ということになれば，Smend, Die politische Gewalt im Verfassungsstaat und das Problem der Staatsform in der Festgabe für Kahl 1923, S. 21 f. は，おそらく根本的に〔結論を〕異にすると言えよう。

実務においても優勢であるとはいえ，プレビシット的な国民の諸力をよりいっそう考慮に入れ，それを利用可能にすることに有利な方向へ，あるいは，議会を原則として維持しつつも，むしろもっと職能身分的な基盤にもとづいて生じる発展に有利な方向へ後退することもありうるのである。こうした動きは，憲法に基づく諸国民の生活の中でますます強く出現して，対立する目標を追求する野党も，これを共に支えるようになる。しかし，民主主義それ自体，つまりこれが一貫して通用していることは，偶然的現象のこの違いによって疑問視されることはないし，それによって，民主主義の自己基盤である自由と平等が疑問視されることもないのである。

〔自由と平等という〕これら2つの概念の相互関係は，自然法の要請によって影響を受けた民主制の用語法においては，しばしば一般に，相互に調和的なものとして両立しうると考えられるが，実際には，まったくもって複雑な関係にある。

平等が自由とは親和的であるか否か，という問いを研究する場合，方法論的にはさまざまなやりかたが可能である。自由と平等の相互関係が明らかになる《事実上の》諸関係を踏まえて研究する経験的社会学の立場から，何らかの意味での確認ができれば，それで満足することも可能である。あるいは，規範的な立場から出発して，当為を根拠として，自由と平等の綜合（ズュンテーゼ）を基礎づけられることも，場合によっては，できるのではないかと問うこともできる。そして，この後者の立場は，倫理的・法的（エーティシュ）な考察に行き着く。——こうした方法と引き換えに，ここでは，次の2つの点は論じないでおくこととする。すなわち，——時代と場所はさまざまでも——憲法に基づくそれぞれの国民の生活において実現されて現に存在している自由と平等の結びつき，ならびに，相対立する世界観（自由主義，民主主義，等々）によって支えられ，政党によって異なる，これらの要請を実現するための態度である。

心理学的には，自由と平等を求める営みは，既存の諸権力が人格を否定することに反抗して人間が独自の価値を自覚するようになるかどうかどうかによって条件づけられている。したがって，社会的団体の存在は，所与のものとして前提とされる。——しかし，この営みは，一般的な教育・文化の水準

が上がって，これまでの統治形態が臣民を内面的に拘束する権威を有していたことを否認する状態にまで達したときに初めて，単に一時的にだけではなく，根本的に重要なものとなるのである。

　自由を求める営みは，それが成立した理由からすると，消極的な性質のものである。それは，個別的存在の他律(ヘテロノミー)，つまり外的な諸要因によって規定されることを拒否する。自由概念の内容を規定するにあたっても，このような消極的なやりかたでこの概念を限定すれば，平等概念は，否定という点で同一であるということの中にすべての人が平等であることの根拠となる契機(3)があると見る場合には，自由概念と結びつけることができる。このような見方からすれば，あらゆる形での自由の中に平等が内在することとなろう。これら両概念をこのように結びつけて整序することも，たしかに論理的には考えられるが，それは極めて形式的で無内容なものであり，したがって無価値である。——しかし，平等の要請を実質的に捉えて，現存する事実上の区別を除去し，すべての人間を「平等なものにし」ようとする努力だと解する場合でも，自由と平等とを結びつける可能性は存在する。つまり，〔その場合には〕自由は，その傾向からして，既存の拘束を除去する方向で純粋に消極的に規定されてはいるが，財や権利などが平等に配分されることを通じて積極的に補完されることとなる。

　しかしこの措定も正しくないと言えるのは，その依拠するところからすると，自由概念が許されない方法で純粋に消極的に規定されることになるためである。というのは，実際には人間は，ただ単に《何か》から自由でありたいだけでなく，同時にその生を自由に形成したいと思う存在だからである。しかし，自己の自由を実現することは，他者の自由を犠牲にすることでしか可能でなく，自己の個性が優先されることによって，反社会的な君主道徳に立ち至るが，人間の平等はこのような道徳とは折り合いえない(4)。個性の

---

(3)　例えば，*Simmel*, Soziologie, 1908, S. 219 はそう述べる。自然法も，自然的な平等を自由概念からの論理的な帰結としてしばしば理解しているのは，この趣旨においてである。例えば，*Thomasius*, Institutiones jurisprudentiae divinae lib. II, cap. 3, §22 を参照。「何人にも他者に優越する権力が認められない限り……で，人間は生まれながら平等である。」

(4)　例えば，*Bouglé*, Les idées égalitaires, 1899, S. 231 も，「平等主義(l'égalitarisme)は，自

形は，内容的にはたしかにさまざまであるとはいえ《各》人に認められるものであるから，そこに平等の基体(ズブストラート)を見ようとすることは，それはそれまた形式的であり，明快な説明ではない。社会学的に見ると，自由と平等の原理を——いずれにせよ，単に形式的な概念なしに——互いに結びつける可能性は，実際にはまったく存在しないのである(5)。

　もっとも，これら両原理の対立を架橋することは，感覚的には思考可能である。つまり，政治的な団体において平等概念が表出される形態は，例えば現代民主制においてそうであるのと同様に，個人の自由権としての普通・平等選挙権だと《感じられる》場合である。各個人は，投票権を通じて国家意思の形成に参加するのであるが，同時に自由の意識と感覚，言い換えれば，およそ自分自身の意思にも従っているのだという意識と感覚を持つ。自由概念がアングロ＝サクソンの民主制国家においては，この趣旨において一つの役割を果たしていることは，周知のとおりである。こうして，イングランドでは，自身が法律に内面的に拘束されていると《感じる》ことがないならば，誰も法律を遵守する必要がない。しかし，事実として法律が通用しているのは，人間が本質的に平等なものにできているためである(6)。そして，

　　由主義(libéralisme)が拒絶する多くの規制を要求する。」と述べている。
(5)　平等のもつ社会学上の問題について詳しくは，*Roffenstein* in Schmollers Jahrbuch 1921, Bd. 45, S. 67 ff. を参照。私の考えでは，これら両原理を綜合しようとするケルゼンの最近の試み(*Kelsen*, Von Wesen und Wert der Demokratie, 1920, S. 4 ff.)も失敗に終わっている。ケルゼンによれば，本来消極的な自由の要請が，それに同様に消極的に考えられている平等の要請が組み入れられ，政治事象になることによって条件づけられた変形プロセスの下に置かれる。このプロセスからは，結果として他の拡大された形での自由の原理が生じる。この原理の構成部分は，ここではおよそ《積極的》には，自己の意思，あるいは端的に意思の自律によって政治における生が規定されることである。しかし，事実としては，自由を求める本能は，すでにその自然状態において，徹頭徹尾，自己法則に向けられており，そうなれば何らかの特別な《転化》を措定することは，初めから不要である。さらに，平等という思考は，まったくもって消極的な内容をもつものではなく，この前提が正しいと仮定したところで，消極的なままである平等という思考が純化されたゆえにもはや消極的ではない自由の内容とどのように結びつけられうるのか，は明らかではない。ただし，このことによって，形式的で自明なことすら語られていない。おそらく政治的な自由の概念を掲げるときには，同時にその倫理的な内容が考えられており，その際，異なった方法の適用から生じる概念の内容的な区別は考慮されていなかったのである(この点についてはさらに後述するところを見よ)。
(6)　このように考えるものとして，*Dibelius*, England, 1923, Bd. 2, S. 207; Bd. 1, S. 199 も参照。

アメリカ合衆国について，ブライス[7]は，国民が感覚的に法律を自分たちが創ったものだと見なし，だからこそ法律に従っているのだという点がまさしく強みである，と賞賛している。いわゆる政治的な自由権のことが語られるときの用語法も，これと同じ方向で働いている。すなわち，これらの自由権は，──ゲーオルク・イェリネクの地位理論によれば[8]──一段と高められた能動的市民権（Zivität）の状態において通用力を持つに至り，民主制における平等選挙権もそれらの自由権の一つとみなされるのである[9]。

しかし，それだけではない。さらに次の点も付け加えておかなければならない。つまり，内容的には，自由と平等の原理は──そしてこのことは，民主制のイデオロギーにとって特に重要な点であるが──，《現実的なるもの》によって尽くされるものではないということであり，これらの原理は，所与のものでは決してなく，むしろ課題とされているもの，つまり《実現》されなければならないものだということである。

倫理的な自由概念（ジットリヒ）は，外的な作用を否定することを別とすれば，同様に際限のない自己法則の定立を要求する──しかし，経験的＝衝動的で，果てはアナキーにまで至る自由とは異なり，倫理的な自由は，実質的に規定された個人的な意思の目標には拘束されておらず，一般的に通用することを要求する一つの法則によって拘束されており，この法則は，その確実さをそれ自身の中に，つまりひとりひとりの人間の良心の中に備えているのである。この法則が，定言命法に他ならない。我がなすべき行動については，人間性（メンシュハイト）は，〔行動を〕動機づけるものと考えられる。この人間性は，その目標が必然的には実現可能ではない結果として，自己自身に対して義務規範を設定することだけに限らざるを得ず，その目的を実現するための仲介役としては良心が用いられることになる。かくして個人は，良心を通じて同時に最高の共同体秩序，すなわち，ジンメルが定式化したように，《最大限の一般性》の中に組み込まれるのである。人間性が要請するものは，個々人の自分自身に

---

[7] *Bryce*, The American Commonwealth 1891 II, S. 475.
[8] *G. Jellinek*, System der subjektiven öffentlichen Rechte, 1905, S. 94 ff., 136 ff.
[9] 例えば，*Starosolskyi*, Das Majoritätsprinzip, Wiener staatsw. Studien 1916, S. 84 ff., insbes. S. 97.

対する義務になる。そうなれば，自由が真に倫理的であるのは，自由が，共同体に関連づけられ，良心によって保証された法則に適合している場合のみである(10)。したがって，定言命法は形式主義だとして非常によく非難されるが，この定言命法こそ，その内容が柔軟であるための諸前提を創出するものなのである——もとより，この〔自由の〕原理によって，倫理的な価値のすべてが十全に把握されるわけではないが。しかし，この点についてはここでは示唆するだけに留め，詳説することはできない。

上に述べたことからすると，あらゆる理性的な存在者(ヴェーゼン)は，それ自身のために要求する自由が他の同等の存在者にもあることを前提としなければならない，ということになる。というのは，自己の人格のために自由を無条件に要求することによって，私はこの要求の普遍妥当性を承認するのだからである。そうでなければ，内容的に全法則性を要求する倫理的原理は，自己否定されることになる。しかし，格率(マクシーメ)が無条件に通用することを私が承認するならば，私は，意志的(ヴィルキューリヒ)に，特定の人または特定の人的集団に有利にまたは不利になるような例外扱いをすることはできないし，そうしたところで，倫理的な原理の絶対性に再び矛盾することはない。「こうして，私たちは，意思をもつ理性的な存在者のおのおのに，彼だけがその下で活動する自由の理念をも，必然的に貸与しなければならない，ということになる(11)。」それによって，自由は，平等な合法則性においてすべての人間に通用する活動を創り出し，そして，自由によって，法則をもった比較抑制の基礎の上に，はじめて個人の特別化が許されるのである。こうして，平等概念も，倫理的(エーティシュ)に基礎づけられているのであり，この概念の原理は，各人が自己決定の平等な機会を持っているということにあり，また，自己の具体的な個性(インディヴィドゥアリテート)を自律的に，普遍的に妥当する合法則性の趣旨に沿って規定するよう等しく倫理的に義務づけられているのだということを，自身の中で感じなければなら

---

(10) フィヒテの体系における自由の概念の再編成とその意義については，例えば，*Rickert*, Die philosophischen Grundlagen des Fichteschen Sozialismus, Logos Bd. 11, S. 165 f.; *Leibholz*, Fichte und der demokratische Gedanke, 1921, S. 19 f., 53 f. および同書で挙げられた文献を参照。

(11) この点については，*Kant*, Grundlegung zur Metaphysik der Sitten, Ausgabe der Kgl. preuß. Akademie der Wissenschaften 1903, Bd. 4., den 3. Abschnitt, S. 447 ff. を見よ。

ない，ということにある。私見によれば，機械論的に併存しているこれら二つの要請を一つの統一へと結合することが可能であるというのは，この趣旨においてである。そして，――文献の中ではしばしばまったく別の意味で登場するが――，事実，例えばオーリウ(12)の言い方を用いるなら，「自由の理念は平等の理念を導く」のだと言うことができる。

　経験によって，人間の価値はさまざまであることが確実に示されるのだということ，つまり，大部分の人間は――意識するとしないとに拘らず――この倫理法則によって規定されるのだということによっても，先に述べた結びつきは，疑問視されることはない。というのは，存在という事実からは，〔人間が〕為すべきある特定の行動についての何らかの帰結を導き出すことができないからである。自由と平等の原理が，経験知(エンピリー)をもってすれば，いつかは，あるべき方法で実現されうるのかどうかは，学問的には解決できない問いであって，この問いに対する答えは，自明のこととして仮定することはできても，証明することはできない。進歩の思想と結びつけることによってしか，この問いを肯定することは考えられないのであり，カントは，神の概念を導入することでこの問いを肯定できたのである(13)。この思考こそが，私の考えでは，歴史的・心理学的な認識が否定せざるをえない問いであり，また，生の意味を肯定することに反対する問いなのである。というのは，進歩的な経験知が倫理的な課題と重なって一致している状態は，結局は，生をすべて崩壊させ否定することを意味するからである。

　そうなると，二律背反が存在しつづけるのである。すなわち私は，不可能を可能に，かつ，理念のために物的な存在を犠牲にすることとなるようなひとつの法則が現実化されることを要請する，ということである――この要請を最終的に実現することは不可能であるという認識にもかかわらず，あるいはひょっとすると，この認識のために，と言った方がよいかもしれないが。ここには論理的には何の矛盾も存在しないが，それは，存在と当為は，ともに生の全体性によって包括されるものであるとしても，その根拠づけにおい

---

(12)　*Hauriou*, Principes de Droit public, 1910, S. 564 Anm. 2.
(13)　このことについて詳しくは，*E. Cassirer*, Kants Leben und Lehre, 1921, S. 280 ff.

ては実質的に完全に異質な領域の事柄だからである。

　このように倫理的な観点の下で行われる自由と平等の相互関係の考察と密接な関連にあるのが、法的な考察であり、この考察も同様に、自由と平等という二つの概念を相互に結びつけることができる。というのは、法というものを、自由のみによって規定することはできないからである。法は、必然的に、その概念中にひとつの原理がすでに存在していることを前提とせざるをえないのであって、この原理によって自由が制約され、万一起こりうる利害対立はこの原理にしたがって調整することができるのである。法にこのための規準をもたらすのが、個人の自由領域を相互に境界づける平等の原理である。自由はここでは平等を前提してのみ存立しうるのである[14]。この意味では、自由というものは、例えば1789年の権利宣言第4条[15]において見られるように、共に生きる人間の自由によって規定される、と定義してもよい。この条文からすれば、各人は同じ程度の自由を駆使できるのであるがゆえに、人間は法的にも平等なのである[16]。そして、だからこそカントも、法論の形而上学的基礎[17]において、平等を同時に自由によって規定されるものとして考察できたのである。——もとよりカントは、さらに強く自然法の影響を受けた定式化をしていて[18]、平等は、「自分のほうでも同じように他人たちを拘束する限度以上に他人たちによって拘束されないという独立性」と規定されているが[19]。しかしいずれにせよ、法的な綜合と倫理的な

---

[14] フリース（Fries）とネルソン（Nelson）の法論における自由と平等の原理の結びつきについて詳しくは、Gysin, Die Lehre vom Naturrecht bei Leonard Nelson und das Naturrecht der Aufklärung, 1924, S. 130 ff. を見よ。
[15] 「自由とは、他人を害しないすべてのことをなしうることにある。したがって、各人の自然的諸権利の行使は、社会の他の構成員にこれらと同一の権利の享受を確保すること以外の限界をもたない。」
[16] これについては、Romagnosi, Che cosa è egualianza, in Op. ediz del Giorgi Vol. III, §641 を参照。
[17] Herausgeg. von E. Cassirer, Bd. 7, S. 39.
[18] 例えば、Wolff, Jus naturae I, §95 ; Hobbes, De cive Cap. 3, §14 を参照。
[19] 19世紀後半以降のロシアの法哲学も、自由の原理と平等の原理の対立の止揚を追求した。例えば、ヴラディミル・ソロヴィエフを想起されたい。ソロヴィエフは、その著書（Wladimir Ssolowjew, Kritik der abstrakten Prinzipien, russ. S. W. Bd. 2, S. 147 ff.）において、自由という個人主義的要素を平等という共同体的要素と結びつけることによっ

綜合との区別が残されていることは，まったく明らかであって，ここでは，平等が単に前提とされるにすぎないのは，各個人にとって内容的にさまざまな自由を発展することができるためである。それに対して，この前提では，諸々の矛盾を調整するために自由と平等を法的に結びつけることによって，同時に，諸権利の平等が確認されることになる。

こうして今や自由と平等が，現代民主制において国家の全体性に関連づけられることによって，これらの二つの概念は，まったく一定した特徴を獲得する。一方で自由概念は，憲法政策上，すべての権力が導き出される最高権力としての国民主権の中に表出されている[20]のに対して，他方の平等概念は，政治的諸権利の一般性と平等の中にその形式的な表現を得るのである。そうなれば，国家全体の個々の構成部分に価値の相違があることを別とすれば，各々の投票は平等に評価される。こう言ったからといって，平等の概念が必然的に民主制にしか結びつきえない，というわけではない。貴族制においても，平等の原理は，内容からすると特定の人的集団に限定されていたとはいえ，ときには通用していた。例えば，ドイツの都市共和国を考えさえす

て，法をまさに自由と平等の綜合として定義している。この点について詳しくは，*Gurwitsch* in Philosophie und Recht Bd. 2, S. 95 ff.

[20] 自由概念は，ここでは検討しない。現在では，諸個人が結びついて大きな国民の団体が形成されたことの結果として，自由の要請に具わっていた元来はまったく個人主義的な傾向は，著しく弱まっている。自由は，実質的には，国民からなる全体について，つまり，主権的と称される国家について，主張される。そうすることによって，他の国民国家が自国の意思形成に影響を及ぼすことが拒否されると同時に，自国のために自決権が要求されるのだとされる。その際，自由思想が非常に強く国家に投影されることになる結果，個々人の人格的自由が国家権力によってしばしば圧殺される虞がある。このように国家思想があまりにも強くなりすぎるのを防ぐために，周知のように，たいていの国家においては，個人の自由権が憲法典において保障されている。しかし，自由概念をこのように変形させることは，民主制に特殊なものではなく（同旨のものとして *Kelsen*, a. a. O. S. 10 ff.)，むしろ，もっぱら国民的な思想に起因するものと見るべきであり，例えば，1850年のプロイセン憲法とも，また同様に1919年のヴァイマル憲法とも調和しうる思想である。

それに加えて，平等思想も，国家に統一された国民（ナツィオーン）に関連づけられる。とはいえ，自然科学における量的な平等とか，歴史上の事実判断といった意味においてではなく，法的な要請の意味においてであって，この法的要請は，国際法においては，国家が平等であるという命題を実定法上肯定するという点に表わされていた。このことについて詳しくは，後述134-135頁を見よ。同じ見解として，*Renner*, Das Selbstbestimmungsrecht der Nationen, 1918, S. 147 ff.

れば十分である。そこでは，〔投票の〕権利を与えられた集団に属する人々は，絶対的に平等な権利を有していたのである。

現代民主制にとって何が固有のことかといえば，それは，平等思想の一般化である。この発展は歴史上必然的なことであり，そこに現出するのは，自らを急進化させるという，平等概念に内在的な傾向である。そして，この傾向は，平等思想のもつ抽象的な基本的立場に依拠している[21]。

自然状態の人間，人間の概念，人格，「人格の至高の尊厳」は，一体のもの，一般に拘束するもの，平等なものである。それに対して，個人の経験的な差異は，平等思想が意識される前に存在しているものと考えざるをえないから，まったく影が薄い。この説のもつ魅力的な力は，この思想を大胆に貫徹する点，またそれが簡潔かつ明快である点[22]にある[23]。

この思想は，——ストア派的な人間性の理念によって先鞭をつけられ，ヘレニズムの哲学的な神話の影響を受けつつ——キリスト教によって非常に重く受け止められた[24]。この思想は，学説彙纂の中にも再び見られ[25]，ホッブズによって新たな生命を吹き込まれ，クリスティアン・ヴォルフによってさらに形成され，その後，特に18世紀中期と末期のフランスの文献(ヴォ

---

(21) この点については例えば以下のものを参照。*Simmel*, Über soziale Differenzierung, Bd. 10 der staats- und sozialwissensch. Forsch., herausg. von *Schmoller*, S. 56 ff.; *L. v. Stein*, Handbuch der Verwaltungslehre, 1876, S. 742 f.; *L. v. Stein*, Geschichte der sozialen Bewegung, der Begriff der Gesellschaft, 1921, Bd. 1, S. 171 ff.; *Duguit*, Traité de Droit Constitutionnel, 1923, Bd. 3, S. 583; *Bryce*, Modern Democracies, 1921, Bd. 1, S. 69 ff. (deutsche Übersetzung von Löwenstein und Mendelssohn-Bartholdy 1923, Bd. 1, S. 64 ff.); *Hauriou*, Précis de Droit Constitutionnel, 1923, S. 105. 自然法論者で言えば，例えば，*Pufendorf*, De jure naturae et gentium, lib. III, c. 2, §1.

(22) *Tocqueville*, De la Démokratie en Amérique, 1888, Bd. 1, S. 287 も参照。「世の中ではいつも，誤謬だが明晰，簡明な観念のほうが，真実でも複雑な観念より大きな力をもつであろう。」

(23) この抽象的な人格概念と平等概念は，ときおり，例えばフリースがその主著(*Fries*, Philosophische Rechtslehre)の中で行っていたように，法の基本原理に関して説明されていた。

(24) すべての人間は神の前に平等である，という観念も，このことに遡る。このことについては，ボワの詳述を参照。*H. Bois*, La Démocratie et l'Evangile in "Les Démocratie modernes", 1921, S. 57 f., insbes. S. 88 f.

(25) 例えば，*Ulpian*, fr. 32, Dig. 50, 17.

ルテール，エルヴェスィユス，ルソー[(26)]）において，古典的でみごとな形で提示されたのであった。この哲学は，同じ時代に展開した急進的な経済理論，例えばトマス・モアやカンパネッラの共産主義的ユートピアに倣って，モレリとかマブリーなどといった人物によって主張された理論と直接的な相互関係にある。「平等者の宣言」（Manifeste des Egaux）[訳注]に特に明らかに表現されるに至ったこうした極端に平等主義的な（egalitär）要請を，バブーフが，フランス革命の後半において[(27)]，その「平等者の社会」（Société des Egaux）をもって現実に移そうとしたが，徒労に終わったことは，周知のとおりである。それに続くサン・シモン主義者たちによって意識的に拒否された[(28)]この理念は，その後，19世紀中葉，キリスト教に依拠して友愛的平等の現実化を求めた[(29)]，いわゆるキリスト教社会理論において，再び息を吹き返すことになる。これらと似たり寄ったりのイデオロギーは，今日でもなお，この空想的社会主義と無縁ではないのである。

　それゆえ，普通・平等選挙法は，それが単純で絶対的であることによって，〔他事を〕より衡量する複数選挙法に勝っている。複数選挙法は，ある程度複雑であることは別としても，満足のゆく帰結を導くわけでもない[(30)]。

---

(26)　例えば，*Voltaire*, Penséese sur l'administration publique, 1753 ; *Helvetius*, De l'Esprit, 1758; *Rousseau*, Discours sur l'origine de l'inégalité parmi les hommes (Oeuvr. Ed. Musset Pathay, Paris 1823-26, t. II) を参照.

〔訳注〕　シルヴァン・マレシャル（*Sylvain Maréchall*）がバブーフ（*Gracchus Babeuf*）ともに1801年に書いたパンフレット。

(27)　さらに，*C. v. Richter*, Staats- und Gesellschaftsrecht der Französischen Revolution, 1865, Bd. 1, S. 196 ff.; *Philippowich*, Grundriß der politischen Ökonomie, 1916, Bd. 1, S. 448 f. を参照。特にフランス革命における平等思想の変遷については，*Brunet*, Le principe d'égalité, 1910, S. 57 f.

(28)　例えば，*Sain-Simon*, Le système industrial, Oeuvres VI, S. 17 Anm. を参照。

(29)　このことについて詳しくは，*Gide/Rist*, Geschichte der volkswirtschaftlichen Lehrmeinungen (übersetzt von F. Oppenhimer), 1921, S. 529 ff.

(30)　それというのも，複数選挙法は，財産に基づく選挙法（Zensuswahlrecht）であるか，そうでなければ，個々の文化の担い手としての価値にしたがって選挙権を等級づけようとするかであるので，この確定は，数学的な計算と親和的ではないからである。つまり，「質と量の間の一致，弁証法的な結論（raisonnement）と数学的な結果（conclusion）の間の一致」の完全な「不足」（manque）が存在するからである（このように述べるものとして，*Boutmy*, Études sociologiques, 1907, S. 105）。しかし，普通選挙法だと評価されるメルクマールにしたがって選挙権が等級づけられるならば，一票または二票が付加されるこ

他方で，この形式的な要素は，外からたやすく認識できるにもかかわらず，ここですでに，平等概念がもつ問題点があることは見紛うべくもない。というのは，この概念を完全に過激化することは，――そして，平等思想の狂信的な支持者たちもこのことは悟っているのであるが――どんな極端な民主制においてさえできはしないからである。必然的につねに，自然的な相違を考慮しなければならないかもしれないし，ある種の住民グループ(例えば未成年者，精神的障害を有する者)は，選挙権の行使から排除されているかもしれない。その結果，平等概念から考察すると，およそ一国民を民主的に組織化しようとする限り，それはいつもその国民の一部のみに限られたものなのかもしれない。

では，選挙法が普通かつ平等な選挙法であるのか，またそれによって国家の民主的性格は維持されているのか，ということについて説明することができる規準は何であるということになるのだろうか？　ルソーは，『社会契約論』[31]において，民主制(もとより直接民主制のみであるが)を規定するメルクマールを絶対的な規準である有権者の数に係らしめている。すなわち，「民主制は，人民全体を包括することもできれば，またその半数にまで縮小することもできる」。この命題の実際上の帰結はといえば，例えば，ソヴィエト＝ロシアでは国籍保持者の半分以上が選挙権を行使できるのだから，ソヴィエト＝ロシアも民主国家だと称されることであろう。いやそれどころか，ソヴィエトでは，比率からすれば数の上では，例えばフランスやドイツ・ライヒよりも多い数の住民が投票権を有する，ということさえありうる。つまり，数字上の差が，特定の人的集団が選挙権から排除されることによって条件づけられているため，他の規定によって，例えばソヴィエト＝ロシアにおけるように，選挙年齢を引き下げることによって，調整されているときである。このような結果は明らかに無意味であり，それは，平等原理の中身(ベシュタント)，

とによって，現実の付加価値が正当に評価されないことになる。加うるに，それ以外の市民が不利に扱われているという感情をもち，知識の違い，あるいはまたせいぜい教育の違いに従って区別することさえ，なお公民のさまざまな価値に分類することを正当化しない，と主張することも，あながち根拠のないものではない。これと一致する見解として，Bryce, Modern Democracies, Bd. 1, S. 72 (deutsche Übersetzung a. a. O. S. 67).

(31)　3. Buch Kap. III, S. 144, Leipzig 1796.

そしてそれと同時に，民主制の存在(エクジステンツ)を決定することになる，ひとつの絶対的な規準が導入される，という事実の帰結である。絶対的な規準などというものは，民主制を構成している諸要素をつねに新たな形態へと押し進める歴史的な発展過程を正当に評価しえないがゆえに，決して，想定可能な結果を導き出しえないであろう。したがって，平等概念がつねに変化を受けており，古典的な民主制における平等概念の実際上の変容が現代の民主制における変容とは別のものであるのならば，平等原理にとっての決定的な規準は，――そもそもそんな規準が得られるとしても――何らかの帰納的な考察方法によってしか得ることはできないものであり，それによって求められるのは単に相対的な有効性だけである。つまり，そのような基準は，その基礎となっている，時間的にも場所的にも限定された前提の下でしか通用しないのである。

現代民主制にとって決定的に重要なのは，能動的市民権（Aktivbürgerschaft）は個別の公民が何らか特定の階級や社会階層に所属しているかどうかに係らしめられてはならない，ということである。民主制は，トーマ[32]の定式化によると，「下層階級の政治的な解放」である。この考えによれば，〔一方で，〕大きな住民集団が能動的市民権を認められていなくても，公民の区分が，単に，社会的に決定された動機に帰されるわけではない――例えば信条上の考慮とか厳しい教育上の要請に基づいてなされているわけではない――以上は，それもなお一種の民主制だ，と言わなくてはならなくなるのではないか。また他方で，選挙権自体を行使するための権能が拡大され（婦人参政権，選挙年齢の引き下げ等々），例えばドイツ共済住居法と扶助義務に関する命令[33]の意味における《要援助》に該当するような人々だけが能動的市民権から排除されていたとしても，国家の民主制の構造は否定されるものとされることになるのではないか。

そのように規準が理論的に先鋭化されることによって，その規準が維持できなくなり，平等概念の矛盾が論証される可能性は，自然科学的ではないあ

---

(32) A. a. O. S. 43.
(33) 1924年2月13日公布の命令（RGBl. I, S. 100）。

らゆる帰納的な概念形成には付きものである。平等概念を内容的に規定する際に現在その拠りどころとなっている歴史的な諸前提がなくなってしまったり，あるいは理論上それらの前提が無視されたりすれば，平等概念それ自体も変容することになることは，自明のことであり，このことはすでに先に示唆したとおりである。またこの場合，帰納的な研究に基づいて今日では決定的な決め手と見なされている規準，つまり能動的市民権を与える際には諸個人の社会的な遂行能力を度外視することも，何か別の規準に席を譲らざるをえなくなる。しかし，それまでは，このメルクマールは，その通用力を，しかも無制限に持ち続けるのである。

　この数世紀のあいだ，ヨーロッパの国々の内部で，またこれらの国々の間で繰り広げられた憲法政策上のたたかいは，このような発展によって特徴づけられる。すなわち，権威主義的な統治権力からその力を奪い取り，その代わりに，これまで政治的には表舞台には出ていなかった，社会的に抑圧された諸階層をいっそう強力に動員し，これらの階層を国家の意思形成に参加させるという孜々営々たる努力によってである。そして，そうした長いたたかいが終結して，革命の要請したことが広範に実現されるに至った後には，そうしたたたかいの，問題がないわけではない目標が，実体的な要素として，平等概念の，またそれと同時に現代民主制の，内容に入り込んでくるのも無理からぬことである。

　ただ，本書との関連で，政治的な平等概念について述べることはこれぐらいに留めるべきであろう。この政治的な平等概念は，極端に拡張する方向で作用を及ぼす傾向がある。それゆえ，この概念を抑制しつつ制約することが不可欠であるが，他方で，その限界づけのための絶対的に確実な規準を発見することができないこともある。むしろ，平等概念の実質的な中身は，単に相対的な通用力しかもっていないし，しかも概念の内容からして変わりやすい不安定なものである。そしてこのことを認識することは，価値のあることであり，留意しておくべきことである。

第Ⅱ部
法律の前の平等

第1章　平等条項の通用範囲

　そもそも「すべてのドイツ人は法律の前に平等である」という条項に考慮が払われる場合でも、この条項の意義はやはり、多くの論者によれば、以前と同様に今日においてもなお、例えば1850年のプロイセン憲法を根拠として、次の点に尽きるとされる。すなわち、広義における執行、つまり裁判官と行政官吏は、法律に拘束されており、人の外見を考慮することなく法律に同等の通用力を付与するよう要請されている、ということである[1]。法律《による》平等ではなく、法律の《前の》平等、つまり、法適用の権限をもつ機関の前の平等が、〔ライヒ憲法第109条〕第1項によって憲法上保障されているのであって——同憲法第109条の〔第2項以下の〕後続規定が、一定の制限内において法的平等の思想をみずから現実化させているのと対照的であ

---

[1]　例えば、*Anschütz*, Kommentar zur RV. 1921, zu Art. 109 S. 189; *Giese*, Die Verfassung des Deutschen Reiches, 1919, S. 296; Grundriß des neuen Reichsstaatsrechts, 1921, S. 157; *Hubrich*, Das demokratische Verfassungsrecht, 1921, S. 200; *Morstein-Marx*, Hanseatische Rechtszeitschr. Bd. 6, S. 836 ff.; *Stier-Somlo*, Das preußische Verfassungsrecht, 1922, S. 108; Reichs- und Landesstaatsrecht, 1924, S. 440; *Riezler*, Das Rechtsgefühl, 1921, S. 96 ff. などはそう解している。ライヒ経済裁判所の一つの判決も同旨である、Jur. W. 1922, S. 1695.——このことについて、〔ドイツ〕革命以前の浩瀚な文献の中からは、例えば、*Treitschke*, Politik, 1918, Bd. 1, S. 167, 188; Bd. 2, S. 415; *Rönne-Zorn*, Staatsrecht der preußischen Monarchie 1906, Bd. 2, S. 3 f. を参照。

る，というのである。

　このように解釈したとしても，一体どういう意味と目的とが平等条項と結び付けられるとされているのかは，直ちには明らかではない。というのは，《平等な》法適用ということをそれ自体として語りうるのは，一般的に，同種の事実に同一の法規範が適用され，しかもこのような適用の仕方をしても法秩序の統一性の要請が充足される場合だけだからである。この意味では，法適用の平等という原理は，法適用が法律と内容上一致していることの憲法上の保障，あるいはもっと端的に言えば，法適用の《法的正当性》(Rechts-richtigkeit)の保障を目指すものにほかならない，と言えよう。

　しかしやはり，第109条の命題はどうみてもそのように理解すべきではなかろう。むしろ直観的には，例えば，裁判官や行政官吏が，意識的に法規範から逸脱する，あるいは法規範をそもそも適用しない，または自身が自由に行使できる裁量権を濫用する，といった事例が考えられる。その場合，これらの事例では個人は，本人自身に存する理由によって，その他の多くの個人に比べて不利に，あるいはそうではなくても，少なくとも，その他の多くの個人と異なる取扱いを受けることになる。しかし，そうなれば，きわめて多くの問いが依然として解明されておらず，それらの問いの一部はまだ切り出されすらしていない。〔しかし，〕これらの問いはすべて，憲法違反と宣言された事実のかなり詳しい見取り図に関わるものばかりである。例えば，ある判決は，たしかに人に向けられた特定の動機によって支えられてはいるが，その動機がその内容からして客観的に正当化されたものであることが実証されるような場合，どのように考えるべきであろうか？　さらに，客観的に見れば高権行為が職権濫用であるとわかっても，主観的な決断は意識的には恣意的なものではないような場合はどうであろうか？　しかも〔他にも〕多くの問いがあるのであり，それらについては，以下で，それぞれの文脈においてさらに詳しく論じることとする。

　このようにして，第109条における命題の意味はまだ確かにされていないということになれば，実務上も，通例の解釈で追求される目的は何なのかはっきりしない。というのは，法秩序の通用を阻害するそのような官庁の行動を防ぐために，いくつかの留保条項(カウテルン)がすでに存在しているからである。こう

した留保条項は，——そしてこのことは十分に知られていることであるが——懲戒，刑事法，そして民事法の分野にあり，現実的にはまったく差し迫った危険がない上述の状況に対しては十分な調整方法である。

しかし，こうした安全策は，それ自体としては，自由裁量の広い分野にも通用する(2)。〔ただ〕この分野，つまり，主に，自由裁量が特別な役割を果たす行政法の分野においても，平等条項を準用することによって補完できるような欠缺がなお残存していると想定されるとすれば，それは正しくない。というのは，自由裁量といえども，法律の権威の下にあるのであって，法律の規範によって画された制限の中でのみその本領を発揮するのだからである。自由裁量に画された外的な制限を越えることが認められないのと同様に，自由裁量の内的な限界を無視することも認められていないとするのが，理論と実務における通説(3)であるのは当然のことである。むしろ，裁量の濫用は，裁量の踰越と同様に，許されないのである(4)。この場合には，自由裁量に画されたこのような限界が遵守されているのかどうかを確定することは，独立の法的問題として，裁判所の審査に服している。もとより，この

---

(2) この場合，依然としてまったく決まっていないのは，そもそも，法律による覊束と裁量，また同じく裁量といっても，例えば官庁の覊束裁量と自由裁量とを区別することができるのかどうか，そしてそのような場合になれば，官庁によるこれらの異なった活動の形態の間に，どのようにすれば概念上この境界を引くことができるのか，という問題である。この問題についての文献は豊富にあるのに，いまだに問題が十分には解明されていないのは，基礎に置かれるべき前提についての一致が得られえないからである。私見によれば，詰まるところ量的な区別だけが問題なのであり，対立は相対的なものにすぎないのである。*Herrnritt*, Grundlehren des Verwaltungsrechts, 1921, S. 298，および *Bernatzik*, Rechtsprechung und materielle Rechtskraft, 1886, S. 37 f. も見よ。いずれにせよ，ここでの関連では，この区別が内的に正当化できないと認められる事例について，自由裁量行為という語で理解されているのは段階的に見れば単に周辺的な，つまり内容的に詳細に規定しにくい法律の覊束によって特徴づけられているようなものなのである。文献としては，例えば，*v. Laun*, Das freie Ermessen und seine Grenzen, 1910（これにはその他の文献が挙げられている）および，„Zum Problem des freien Ermessen" in der Festgabe für Zitelmann, 1913; *W. Jellinek*, Gesetz, Gsetzesanwendung und Zweckmäßigkeitserwägung, 1913, S. 89 ff., 190 ff.; *Bühler*, Die subjektiven öffentlichen Rechte und ihr Schutz in der deutschen Verwaltungsrechtsprechung, 1914, S. 21 f. を参照。

(3) 例えば，*Fleiner*, Institutionen des deutschen Verwaltungsrechts, 1919, S. 89 ff. は，*v. Laun*, a. a. O. S. 175 ff. にならってそう解している。

(4) すでに，*R. Gneist*, Der Rechtsstaat und die Verwaltungsgerichte in Deutschland, 1879, S. 272. なおこの点について詳しくは，後述 80-81 頁も参照。

場合にも，犯罪や懲戒などに関わる責任を負っている官吏の追及がなされる可能性があることはまったく別問題としても。

しかし，自由裁量が用いられる際に，法的平等の原則に注意が払われなければ，例えば，ある市民が，事実上の事情は同じであるのにその他の市民たちとは異なる取扱いを受けるような場合には，つねに裁量濫用が問題となる。このことは，内容の点で異なった二つの裁判が下されたり，そのような二つの処分が発せられるような事例にだけ問題になるのではなく，次の事例にとっても重要である。すなわち，合目的性の考慮に気を取られて官庁が，事実が同じ二つの事例の一方では対応措置をしながら，もう一方の事例ではそれをしなかった場合である[5]。例えば，二人の隣人がまったく同じ方法でその土地に有刺鉄線を巡らすとする。ところが警察署は，この囲いは通行人にとって危険だと見なして，一方の者には警察違反の状態を除去するよう求めたのに対して，もう一方の者は除去を求められないままである。この事例では，処分によって〔有刺鉄線の除去の〕負担を受けた者は，官庁がその裁量を義務に従って行使しなかった，と正当に主張することができる[6]。

行政の自由裁量が拘束されていることは，現代の租税法における法的平等の条項を見ればまったくもって明らかになることである——例えば，いわゆる苛酷条項[7]，あるいは，租税請求権を行使する際の税務官庁の広範な裁量権限を考えればよい[8]——，租税法においては，例えばライヒ租税通則法のような法律は，すべての納税義務者を平等に取り扱うべきことを明文で

---

[5] 別の観方をするものとして *v. Brauchitsch*, Verwaltungsgesetze, bearb. von Genzmer, 1918, Bd. 1 zu §127 LVG., S. 246.
[6] 個々のラントの行政実務から例証するものとして，*Fleiner*, Institutionen a. a. O. S. 131, Anm. 23, および *W. Jellinek*, Gesetzesanwendung a. a. O. S. 325 Anm. 13.
[7] 例えば，所得税法 §26第2項では，税務官庁に特定の要件の下で債務者の納税額を減額または全額免除することがありうる。
[8] 例えば，疑わしい場合には，税務官庁の裁量によって，納税義務者に納税申告書の提出を義務付けること(ライヒ租税通則法 §169第2文)，または，異議申立てがなされた税額査定の執行を事情によっては停止すること(ライヒ租税通則法(§235)について，決定がなされるのである。また，租税犯罪の案件を検察庁に通報することも，税務官庁の裁量のうちにあることもしばしばである(ライヒ租税通則法 §§391, 411)。さらに別の事例は，*Hensel*, Steuerrecht, 1924 in der Enzyklopädie der Rechtswissenschaft, herausgeg. von Kohlrausch-Kaskel に出ている。

規定している[9]。

　ここまでに述べたことからすれば，自由裁量の分野にとっても，すべてのドイツ人の平等を取り扱っている条項の通例の解釈によって，革命以前の憲法の下ですでに存在していた法的現状にお墨付きを与えられているにすぎない，ということになる。もしこのことが正しいのだとすると，第109条第1項は，むしろ，ライヒ憲法の〔諸規定の〕うちで特段に新しい意味内容を欠く宣言の一つに数えるのが正当だ，ということになるであろう。

　しかし，平等条項の内容が，法適用，つまり，司法と行政〔のみ〕に限定されるとすることは，現在ではもはや正当ではない。むしろ，第109条第1項は，直接的に立法者という名宛人にも向けられているのである[10]。

　とりわけ基本権の成立史を繙けば，このような想定をすることができる。行政による恣意行為からだけでなく，立法者によるそれからも個人を保護するという，すでにはっきりと見られる傾向[11]においてもたらされたように，この見解は，憲法上の一連の規定が現に存在することによって確認されるのであり，これらの規定には，時宜に適った法，しかも，立法者をも拘束する法が含まれていることは疑いの余地がない[12]。例えば，ライヒ憲法第110条第2項において，当該ラントに属していないライヒ国籍保有者は公民としての権利においても当該ラント民（Einheimische）と同権であるとし[13]，

---

(9)　例えば，§24 Abs. 2 und §13 RAO を見よ。
(10)　すでに，*Hatschek*, Deutsches und preußisches Staatsrecht, 1922, Bd. 1. S. 196, および Reichsstaatsrecht, 1923, S. 116 ; *Nawiasky*, Bayerisches Verfassungsrecht, 1923, S. 261 はそう解している。またどうやら *v. Jagemann*, DJZ, 1924, Sp. 429 もそう解しているように見える。しかしとりわけ，法律鑑定意見である *Triepel*, Goldbilanzenverordnung und Vorzugsaktien, 1924 の S. 26-32 には，平等条項の詳しい分析も含まれている。そして最後に，エーリヒ．カウフマンによって触発されてドイツ政府が鑑定のために常設国際裁判所に提出した，ポーランドにおけるドイツ人入植者と賃借人に関する問題についての覚書（1923年）25頁。
(11)　ライヒ憲法第3〔5〕草案107条，および *Düringer*, Ermächtigungsgesetz und Verfassung in der Voss. Ztg. vom 9. Januar 1924 を参照。
(12)　立法者が憲法に拘束されることは，今日ではおそらく異論のないところである。*Verdroß*, Zum Problem der Rechtsunterworfenheit des Gesetzgebers, Jur. Bl. 1916, S. 471 f. および同頁注8で引用されている文献を参照。
(13)　例えば，*Anschütz*, RV. a. a. O. S. 187 を参照。

第129条第1項において、官吏の既得権が保障されており(14)、第153条によれば、公用収用は公共の福祉のためにのみ行われることができるとしている(15)。これらすべての事例においては、行政だけではなく、立法も、〔これらの規定に〕拘束されており、そしてこれらの規定と抵触するライヒ法律は憲法に違反するのである。

解釈にとって決定的なのは、つねに、文言と結びつけられるべき個々の規定の趣旨である。第109条第1項の場合、この趣旨からして、通説は支持されない。というのは、通説からすれば、法律はそれが適用される前からすでに存在しているのだという観念が、必然的に平等条項と結びつけられざるをえないからである。《法律の前に》という文言が、法律《に鑑みて》ということと読み替えられるのである(16)。しかし、ほかでもないこの文言を援用して、重点を《前に》という短い語におけば、この語は、立法者が〈規範の規範〉(Normensnorm)たる憲法によって拘束されていることを意味する。その限りでは、平等というものは、あらゆる法律に内在している前提だと考えてよい。この前提が法律の《中に》確保されていれば、平等も、法律の《前に》実現されている。そうなれば、この命題は、法律の中に言葉として表れている法(レヒト)の前の平等を意味することとなり(17)、またこの場合、法律は形式的な意味ではなく実質的な意味で理解されるのであるから、およそ何らかの対立する規定がないときは、この命題は、法を定立するあらゆる権力、それも、ライヒだけでなく個々のラントのあらゆる法定立権力の行使にも関わる。手短に言えば、ライヒ憲法第109条第1項の意味における法律とは、あらゆる法規範のことなのである。その結果、法律の前の平等とは、すべての現象形態における法によって平等に評価することを意味することになる(18)。

---

(14) 例えば、Entsch. D. RG. in Zivils. Bd. 104, S. 61 を参照。
(15) 例えば、多くの事例のうち一例を挙げれば、Entsch. D. RG. In Zivils. Bd. 102, S. 165 を参照。
(16) *Anschütz*, Kommentar zur Verfassungsurkunde für den preußischen Staat vom 31. Januar 1850, 1912, Bd. 1. S. 108 はそう解している。
(17) 法律の《中の》平等を求める見解としては、例えば、*Wendt*, Freiheit und Gleichheit im bürgerlichen Recht, 1903, S. 5 もある。さらに、*Endemann* in den Annalen des Deutschen Reichs, 1874, S. 419 も参照。
(18) しかし、カール・シュミット(*Carl Schmitt*, Der Wert des Staates und die Bedeutung des

平等の規定をこのような趣旨で理解することができることは，ドイツ以外の国々の学説と実務で証明されている。これらの国々とは，ほかでもないアメリカ合衆国とスイス連邦である。これらの国々は，その連邦国家という国家構造によって，ドイツ・ライヒのそれと類似しているところがあることが明らかとなる。これらの国々では，それぞれに独自の国家的個性を維持しながらも，平等条項は非常に実務上，しかも——以下で示すように——内容の点でも全く同じように重視されるのである。これらの国の裁判では，立法者によってもこの条項が守られているかどうかについて，実務において絶えず監視されているのである——対国家間実務においては，すでに他の文脈においても〔平等条項の〕影響があったという事実もある[19]。

　スイスでは，1874年まで連邦議会がローザンヌにあり，その後は連邦裁判所が同地に置かれていた。そして連邦裁判所は，この時点以降，ライヒ憲法第109条と同一の文言をもつ連邦憲法第4条を用いて，判例を発展させてきた[20]。そして，アメリカ合衆国では，各州の最高裁判所とならんで，特に

　Einzelnen, 1914, S. 2/3)の論述に従うことを余儀なくされるわけではない。それというのも，シュミットは，すべての者が法の前に平等であるという命題について先に本文で述べた趣旨から，次のような帰結を導き出す。すなわち，《法，国家，および個人》という一続きの並びのうちで，個人は，法と国家の任務を《法を実現すること》だと捉えるためには，完全に消えなければならず，それによって，個人は，単に対象として，国家によって実現されるべき規範化の客体と見なされるにすぎないこととなるが，私見によれば，このような帰結は証明されていない。本書108頁の注(2)も参照。

(19)　例えば，1922年5月15日のオーバーシュレージエンに関するドイツとポーランドの協定第75条第2項(RGBl. II, S. 238 f.)を参照。本条では，とりわけ次のように謳われている。すなわち，「立法と行政による処分は，少数派に属する在留邦人に対していかなる別異の取扱いもできない。」

(20)　スイスについては，スイス連邦裁判所の基本的な判決(Bd. 6, S. 178)を見よ。すなわち，「第4条で規定された……原理は，基本法律的な規範として……国の官庁による立法的活動にとっても基準となるものである。この原理によって，法律をすべての市民に平等に適用することが要請されるのと同様に，立法者がすべての市民を平等に取り扱うことも，要請されるのである。」

　第4条にそのような包括的な意味が認められ，同条がまさにスイスの憲法生活における《不可欠の匡正手段》と称することができるという事実から，次のように結論づけることが許される。すなわち，スイスにおいても，連邦はカントンに対してきちんと計画的に準備された監督権力を持っているにもかかわらず，個人の諸権利のために国家権力を制約しようとする，時代を越えて受け継がれてきた観念が，連綿と生き続けている，ということである。これまで連邦裁判所による審査から除外されてきた連邦法律もこの連邦裁判所のコントロールの下に置くことを目している，今日なお現に存在する趨勢

合衆国連邦最高裁判所が，たいていは各州の憲法においても文言上保障された平等原理が守られているどうかについて監視してきたし，今日でもなお監視しつづけている。その決定的な転換点となったのは1868年で，この年に修正第14条が採択され，その第1項で保障された権利は，もはや単に連邦によってだけでなく，州によっても保障されることとされたのである。本案によれば[21]，ここで問題となっている条項——連邦最高裁判所による裁判はこの点に集中しているのであるが——が求めていることは，「また，〔州は，〕その権限内にあるいかなる者にも法の平等保護を拒んではならない」[22]ということである。この条項は，元来は，修正第15条と同様に，黒色人種の解放によって引き起こされた法状態を公認することを規定したものにすぎない[23]。ようやくこの条項は次第次第に，今日に至るまで合衆国の憲法生活において継続的に影響する意義を持つようになったのであった。この条項は，今では，単に「法の平等保護」を保障するだけではなく，「平等な法による保護を保障するもの」[24]でもあり，かつ，立法府を含むすべての国家

も，上に述べたことを証左している。
[21] この点に関する裁判は，部分的には，《法の適正手続》と修正第14条においても保障された《特権及び免除特権》についての判例の中に存在する。この点については，さらに下記 95-96 頁。United States Reports の判例の索引には，「法の平等保護」(equal protection of laws)という見出し語は，独立した項目として挙げられてはいないことがしばしばで，これらの判例はこの場合には《憲法》という見出し語で見つけることができる。
[22] J. Story, Commentaries on the Constitution of the United States, 1891, Bd. 2, §1960 によれば，この命題は，「すべての者は法の前に平等である，という重要な原理の正式な宣言」にほかならないとされる。
[23] v. Holst, Das Staatsrecht der Vereinigten Staaten von Amerika, 1885, S. 135-136; Freund, Das öffentliche Recht der Vereinigten Staaten von Amerika, 1911, S. 55 を参照。さらに，例えば，1873年の Slaughter-House Cases 16 Wallace (83 U. St. Rep.) 36 が有名である (Thayer, Cases on Constitutional Law, 1895, Bd. 1, S. 516 では引用もされている)。この判決では，とりわけ以下のように判示されている。「州による行為が，差別の方法で，階級の一つとしての黒人，あるいは人種であるという理由で，黒人に向けられているわけではない場合に，はたしてこのような行為も，この条項の範囲の中に入ると考えられるのかどうか，われわれは極めて疑わしいと思っている。この規定が上述した人種と上述のような非常事態のための条項であることは非常に明らかであるので，他の何らかの事例にこの条項を適用するためには，何か〔差別であることが〕はっきりした事例が必要であろう。」
[24] 非常によく引用されるのは，例えば，Yick Wo v. Hopkins 118 U. St. Rep. 356, 369.

機関に制限を加えるものなのである(25)。

　いずれにせよ，立法者は平等条項に拘束されているのだという，この帰結は，合目的性考慮によって利益衡量がなされるときには，議会制的統治体制であっても何らかの議会絶対主義の可能性がまったく排除されているとは考えられないと思う論者からも，主観的には歓迎されるであろう。というのは，この場合に，まさしく民主制を純化するためにこそ，個人の利益のために存在する諸権利にも詳細に境界が定められることが重要なのだからである。そうなれば，この問題は，結局のところ，個人は国家の中に具現された国民共同体とどういう関係にあるのかという問題に行きつくのであるが，この大きな複合した問題について，ここで検討することはできない。

---

(25) このことを明確に判示している事例としては，例えば，Scott v. McNeal 154 U. St. Rep. 34, 45 ; Neal v. Delaware 103 U. St. Rep. 370, 392 がある。

第2章　平等概念の規定

第1節　批判的検討

　本書の研究の中心にあるのは，今や次のような問いである。すなわち，第109条第1項の意味での平等概念は内容的に詳しく規定されうるのかどうかということと，平等思想の実現に結びつけられた意味は，やはり通常一般に承認されるものよりももっと深いものではないのかということである。これらの問いが肯定されるときにのみ，次のことが内的に正当化されるのだろう。すなわち，上の規範をただ単に，これまで効力を持っていた個人のもろもろの制約に対する否定——歴史的にはそのように正当化されるのだが——としてのみ捉える[1]のではなく，この規範に法秩序全体にとっての一般的な意義を承認する，ということである。

　いずれにせよ，平等概念が，フランス人のいう数学的平等 (égalité mathématique) の意味で，何らか量的なものとして理解することはできず，またそうすることは許されないということは，十分に確かである[2]。このような平等概念が基本権の根底にないことは，憲法がきわめて明確に示している。例えば，課税にはそもそも三とおりのやり方がなされていることを考えてみ

---

[1] 例えば，*Seydel*, Bayerisches Staatsrecht, 1896, Bd. 1, S. 304 もそう解している。——スイスにおける平等思想の発展は，依然として，特に，フォークト職，いわゆる臣民の土地に対するカントンの支配権限と，小都市と農村に対する大都市の支配権限とが同時に廃止されたことによって，特徴づけられている。この点についての詳細は，例えば，*Bluntschli*, Geschichte des schweizerischen Bundesrechts, 1875, Bd. 1, S. 12 ff.; *E. Curti*, Das Prinzip der Gleichheit vor dem Gesetz, 1888, S. 16 ff.; *A. Heusler*, Schweizerische Verfassungsgeschichte, 1920, S. 181 ff., 289 ff.

[2] それとともに，民主制の原理も，多くの者が信じているような「量的な平等」を要請しているわけではない。そのように解している多くの事例のうちの例として，例えば，*Rehm*, Allgemeine Staatslehre, 1890, S. 282, および特に最近では，*Binder*, Philosophie des Rechts, 1925, S. 300 f. を参照。これとは反対の見解として，例えば，*Rich. Schmidt*, Staatskunde, 1924, S. 20 f.

さえすればよい。つまり、〔第一に〕財産の多さや所得の高さに関わりなく同じ金額を納税する義務に服する、という趣旨で実施することもできるし、あるいは〔第二に〕、納税義務は超過所得や財産の多さに対応して比例するように段階的に納税義務を課す、という趣旨で実施することもできるし、あるいはまた〔第三に〕――このやり方が通常であるが――、〔財産や収入に〕一定の額があれば、納税義務のある金額のパーセンテージが増える、という趣旨でも実施することができる。量的な平等は、第一の事例でしか純粋には実施されておらず、形式論理的に言えば第二の徴税方法も正当化できるが、これに対して、実務においてもっぱら慣例になっていて、ライヒ憲法第134条[3]によっても承認されている第三のやり方の課税[4]の場合には、平等概念を厳格に形式的に把握することは不可能である。さらに、憲法によって――これに対応して、他の諸国の憲法典にも当然に当てはまることであるが――年齢と性別での自然的な区別は考慮されなければならないのもこのゆえであり、それゆえ、〔特定の〕人的集団全体を、例えば選挙権の行使や兵役の義務等々から除外することは、正当化されるのである。

ここでは、民主制を支配している指導者選出の原理も想起されたい。この原理は、たしかに公職に就任する理念上の平等な機会をすべての市民に保障してはいるが、他方で、個人の一定の事実的な資格認定がなされるという前提の下においてしか保障していないのである[5]（ライヒ憲法第128条）。結局

---

(3) この規定をこれ以外の意味で理解されることは許されない。Entsch. d. RG. in Zivils. Bd. 107, S. 377 を参照。第134条についてはさらに、*E. Becker* in „Hamburger Rechtsfragen" 1924, Heft 2, S. 13 も参照。

(4) すでに1789年の「人および市民の権利宣言」第6条（「その能力（capacité）に従い」）および第13条（「その能力（facultés）に応じて」）がこの趣旨である。この租税の前での平等（L'égalité devant l'impôt）について詳しくは、*Esmein*, Éléments de Droit Constitutionnel français et comparé, 1921, Bd. 2, S. 527 ff.; *Brunet*, Le principe d'égalité, S. 206 f.; *Duguit*, Traité a. a. O. Bd. 3, S. 589 ff. およびそこで挙げられている文献目録を参照。

同じ原理が、すべての文化国家の租税立法の基礎となっており、スイスについても（Entsch. d. Schweiz. Bundesger. Bd. 37, S. 483）、また合衆国についても、平等原理と矛盾するものと考えられていない。Bells Cap and Railroad Co. v. Pennsylvania 134 U. St. Rep. 232（引用は、*Thayer*, Cases a. a. O. Bd. 2, 1407 ff. による）が、「修正第14条は、租税の平等という鉄則の採用を連邦に強制することを意図していたわけではない」と判示しているのを参照。さらに例えば、Giozza v. Tiermann 148 U. St. Rep. 657, 662 も参照。

(5) もとより、単なる理論上の要請であるのが通例である。まさに民主制は、それ自身

30　第Ⅱ部　法律の前の平等

のところ，そもそも，「法律の定める基準により」，あるいはこれと類似の言い回しで，個々の公民に権利を付与し義務を課す旨を宣言している憲法の諸規定すべてがこれと関連するのである。こういった事例をさらに増やそうと思えば簡単に増やすことができるが，いずれにせよ，先に挙げた事例からだけでも確実にわかることは，ドイツ・ライヒ憲法が，他の国家の基本法律〔訳注〕がそうであるのと同様に(6)，機械的な平等の貫徹を要請してはおらず，むしろ，実際には人間の生に必然的に伴っているもろもろの差異を考慮し(7)，それらの差異を内在的な構成部分としてライヒ憲法の法秩序の意味内容に取り入れたのだということである。

はたせるかな，法的平等に関する条項が直接実務的な意義を持っている諸国家の実務も学説も，平等概念を詳しく規定し定式化するにあたって，上記

のうちに次のような危険を孕んでいる——しかし今ではもはやその危険はないが (Spann, Der wahre Staat, 1921, S. 115 はあまりにも大仰すぎる)——すなわち，精神的で知的な態度からして指導者になる資質をもった人間が，大衆に自己の意思を示唆する政党のアジテーターに屈服する危険である。これと異なる見解として，Kelsen, Demokratie a. a. O. S. 29. また，あまりにも美化しすぎている見解として，Steffen, Das Problem der Demokratie, 1917, S. 104 ff. 議会民主制における指導者の選出についての基本的な文献として，Max Weber, Parlament und Regierung im neugeordneten Deutschland, 1917, Ges. politische Schriften 1921, insbes. S. 201 ff. また指導者と大衆については，Wieser, Archiv. f. Rechts- u. Wirtschaftsphilos. Bd. 17, S. 474 f. 比例選挙と指導者の選出については，Smend, Die Verschiebung der konstitutionellen Ordnung durch die Verhältniswahl in der Festgabe für Bergbohm 1919, S. 283.

〔訳注〕　本書のうち，戦後に書かれた「第2版のまえがき」および第6章以外で用いられる「基本法律」(Grundgesetz)は，戦後のドイツの憲法典(基本法)の意味ではない。

(6)　この点についてはこれ以上詳説する必要はない。例えば，BGE. Bd. 6, S. 172 ff. が次のように述べているのはそういう趣旨である。「立法者が何らの区別もすることなくすべての市民を一つの同じ法ルールに服させる，という要請は，合目的的でないだけでなく，正義に適ってもおいないし完全には貫徹できない要請であって，平等の宣言にはこのような要請はなく，……自然的で法的な区別が表現されることはありうる。」さらに，Magoun v. Illinois Trust and Savings Bank 170 U. St. Rep. 283, 293 を参照。この判決では，平等原理が「目的としている対象において，あるいは運用されるべき領域によって限定されている立法を禁止するわけではない」ことが，当然のこととして指摘される。Hayes v. Missouri 120 U. St. Rep. 68, 71 も参照。

(7)　ヴァイマルの国民議会におけるクヴァルク議員の演説(Sten. Berichte Sp. 1565)，さらに，E. Vermeil, La constitution de Weimar et le principe de la Démocratie Allemande, 1923, S. 215-216 も見よ。フランクフルトのパウル教会における興味深い討論については，Curti, Gleichheit a. a. O. S. 3 ff. のまとめを見よ。プロイセンの国民議会におけるさまざまな見解については，Anschütz, Preußische Verfassungsurkunde a. a. O. S. 109 を見よ。

の事実を正当に評価しようと努力しているのである。

　学説において主張されている一つの方向は，次のようなやり方をしている。この方向は，フランス革命の平等（égalité）の意味で，平等それ自体を純粋に量的なものとして理解する。この意味における平等は，すべての事実上の差異から，それらの法的な有意性を取り去って止揚しようとする。しかし，そのように釈義された平等概念は，法律学（ユリスティッシュ）において利用可能とは思われないので，同時に，さまざまな性質の例外によって平等概念が内容的に狭められ，それらの例外は平等概念に本質的なものなのだと称されるのである。そして，そうなれば，これらの見解に違いが生じるのは，次の点についてのみだということになる。すなわち，こうした疑わしい制約がどの点にあるとされるのか，それらはどのようにすれば確定できるのか，そしてどうすればそれらを定式化することが可能なのか，という点である。

　例えばリュッティマン[8]は，平等概念を精密化するにあたって，彼が権利能力と同一視している法的平等の例外を，次の場合にのみ認めようとする。すなわち，「これらの例外が，例えば，女性は公的な機能を行使する能力がないとする規定のように，憲法自体の中に規定されている場合，あるいは，合衆国憲法が採択される以前にすでに存在し，それらの許容性に関していわば意見の相違が存在しないほど国民の〈権利=法〉（レヒト）感覚に一致している場合である。」このように定義しても，内容上明らかでない[9]のは，例えば，裁判官による不平等な取扱いがなされて，当事者の主張や証拠調べが意図的に不当に評価されたりした場合に，まさしく，個人の権利能力の何らかの侵害があると語ることはどうすればできるのか，ということである。もとより，ここでの権利能力というのが，これまで一般に用いられているのとは別の，しかもリュッティマン自身も詳しく説明してはいない意味で理解されることはさて措くとしてもである。そもそも明らかにされていないのは，なぜ平等の要請がほかでもない権利能力のひとつの帰結として考えられなけれ

---

(8) *Rüttimann*, Das nordamerikanische Bundesstaatsrecht verglichen mit den politischen Einrichtungen der Schweiz, 1872, Abt. I, Bd. 2, §§478, 479.
(9) *Blumer-Morel*, Handbuch des schweizerischen Bundesstaatsrechts, 1877, Bd. 1, S. 289 ff. も疑義を呈していた。

ばならないのか，そしてなぜこの事実と法的平等が結びつくべきだとされるのか，である。所詮この定義も，国民の〈権利＝法〉感情だというときにどういうものが理解されるべきなのかを別の言葉で詳しく言い換えなければ，原則を破るほとんどすべての措置が，〈権利＝法〉感情によって正当化される例外だとみなされる可能性がある限り，あまりにも漠然として不確定である。

　この後者の疑念は，クルティ[10]とジルバーナーゲル[11]の同種の方法論による定義にも当てはまる。

　クルティが原則についての例外を正当化できると考えるのは，この例外が直接的に憲法によって宣言され，あるいは間接的に憲法を事案に即して拡張することによって許容されるものと説明される場合である。〔しかし〕このような規定の仕方もあまりにも狭すぎる。というのは，法律の中にも——例えば，支分邦がその専属的立法権限に基づいて公布するような法律を考えてみれば——，市民をさまざまな基準で測る法律もあれば，それどころか，論理的な擬制を施すまでもなく，やはり憲法法律を実施する法律だと考えるわけにはいかない法律もあるからである[12]。

　ジルバーナーゲルも，法的平等は原則ではあるが，例外も許されている，というように〔平等の〕概念を表現している。けれども，これらの例外が広く行きわたるのは，それらを客観的に根拠づけることができる場合のみだとされる。そして，このことが個々の国家制度において当てはまるのは，そうした例外が，連邦法，事物の本性，一般的な法観念，およびやむを得ない公益に基づいている場合であるとされる[13]。このジルバーナーゲルの場合でも，平等概念を表現するために用いられている基準は，あまりにも伸縮性が

---

(10)　*Curti*, Gleichheit a. a. O. S. 121.
(11)　*Silbernagel*, Die Gleichheit vor dem Gesetz, Zeitschr. f. schweiz. Recht, N. F., Bd. 21, S. 90ff., 103.
(12)　*Burckhardt*, Kommentar zur schweizerischen Bundesverfassung von 1874, 1914, S. 69 もそう解している。
(13)　最後に，これらと同様の例として，*Carrard*, Zeitschr. f. schweiz. Recht, N. F., Bd. 5, S. 637 も挙げられる。カラールの説明によれば，平等は，「連邦憲法の規定」，「カントンと地方自治体の自律の原理」，「法の実現の状況」，また租税に関しては「実務上の秩序の状況」に限界がある。

ありすぎ，一般的すぎるので，そもそもこれらの事項でどういうことが理解されるべきなのかを，もっと詳しく規定しなければ，これだけでは使い物にならないように思われる。

ここまでに言及してきたこれらの学説には，根本的に方法論に関わる疑義が投げかけられる。平等概念を詳しく規定しようとするこれまでの試みに共通しているのは，抽象的な原理を基礎に置いていることである。この原理が実務において貫徹できないことの結果，この原理が通用するのを妨げている例外にすべての重点が向けられざるをえないことになる。そうなれば，これらの例外は，この原理を制約するはめになり，いやそれどころか実際には完全に廃棄してしまうことにもなりかねないのである。このようなやり方が方法論として疑義があるのは，この原理に付与される意義が当然のこととして認められれば，例外は，原則として原理違反となるからである。他方で，これらの例外が，いずれにせよ基本的思考からすれば内的には理由のあるものであるならば――これらの場合もそうであるが――，その基礎となっている原理それ自体が，その抽象的な一般性の点で間違っていることになる。というのは，事実的状況から，すなわち，帰納的に得られた諸概念と 生（レーベン）の間には何の対立関係もないからである。このような概念によって一つの原理が取り込まれながら，その原理が生に転換されないというのであれば，それらの概念は，そのことによって，不十分なものであって理論的に誤った演繹であることの証左である。したがって，外見上は原理の本質に矛盾しているように見える事実上の諸現象は，概念を法的に大いに重要な意義があるものとして把握しうるためには，その概念それ自体の中にどうにかして取り込む工夫をしなければならないのである。

このような試みは，フランス行政法でも功を奏さなかった。すなわち，フランス行政法は，どのような要件があれば行政の介入に対する賠償がなされなければならないのか，という問いに際して，平等概念の解明を目指す努力をしてきた[14]。つまり，――すでに個々の法律自体において規範化された

---

(14) この点については，*G. Jèze*, Das Verwaltungsrecht der französischen Republik, 1913, S. 425 ff. 参照。ちなみにフランスにおいては，平等は，個々の特別法律においてしか保障

事例は別として——行政に賠償義務を負わせることが公平性から要請される場合には，原則として賠償義務が根拠づけられるとされるのである。コンセイユ・デタの判例によれば，公的負担が不平等に分担される場合が，主としてこれに当たる[15]。しかし，このことが話題になりうるのは，事実状況を充足するために全部充足されていなければならない[16]次のような諸要件の下でのみである。すなわち，損害を伴う介入が，個々人の範囲を画定できる特定の人的グループのみに関わるものである場合に限られ，かつ，この介入がさらに《通常ならざる》状況の下で行われ[17]，《正当化しえない》ものであることが立証されなければならない，という要件である。

　たとえこういった限定が，実務において，妥当な結果に至ったとしても，立てられた基準は，いずれにせよ，概念として満足のいくものではない。以下では，ひとりの人，あるいは個人として特定可能な複数の人に向けられた措置であっても，必ずしも平等の要請と矛盾するものが含まれている必要はない，ということを示すこととしよう。さらに，判例は，《何によって》通常のものが通常でないものから区別されるのか，両者をどのように区切ることができるのか，そして介入が通常のものと称しうるのはいつなのか，を判示していない。第三のメルクマール，すなわち，損害を与えることが《正当

されていない。というのは，平等原理を宣言している権利宣言は，法律としての効力を有していないからである（もっとも，異論はあるが）。——

　平等原則は，越権訴訟の場合に，間接的にしか，つまり，平等原則の侵害の結果として，例えば，法律違反や権力の濫用を根拠づけることができる場合に限ってしか，役割を果たさない。後者の権力濫用については，さらに〔本書〕82-83頁。例えば，行政が，規則において平等原理を承認したとして——例えば，特定の《政府系の高等専門学校》の入学条件を考えてみればよい——，そしてそのとき，ひとりの入学候補者が《もっぱらその人種や宗教が原因で》規則に反して入学が認められないとするならば，平等を侵害するそのような決定に対しては，首尾よく攻撃可能であろう。この点については，*Hauriou*, Principes de droit public, S. 566, およびこの問題全体について詳しくは，*Brunet*, Le principe d'égalité, S. 142 f.

(15) 不当利得の事例と，行政官吏による瑕疵ある行動についての事例は，本書での関心事ではないので，論じないでおく。

(16) これについては，*Lefébure*, Recueil des arrêts du Conseil d'État et du tribunal de conflits S. 141, およびジェズの註釈（*Jèze*, Revue du droit public 1910, S. 73）の付いた趣旨におけるコンセイユ・デタの1909年2月5日判決を見よ。

(17) *Cahen*, Recueil des arrêts du Conseil d'État et du tribunal de conflits S. 80 の趣旨におけるコンセイユ・デタの1904年2月5日判決を見よ。

化できないということ》は，ジェーズ自身によって次のように，まったく同語反復的に定義される。すなわち，介入が「理由のあるものとされるのは，当該の人が，損害の負担が正当化される状況にある場合である」[18]。要するに，正当化されない措置は，正当化できないのである。このメルクマールを用いて何らか実り多い作業というのも，それ自体としては考えられないわけではない。ただ，〔そのためには〕このメルクマールをさらに詳しく規定する試みがなされなければならないであろう。このような技が功を奏しても，それ以上に整合的に考えられうる基準を立てることは，無駄であることが明らかになるであろう。そうなれば，これらの基準は，ようやくそれら全体として，行政の賠償義務を根拠づけるものとなろう。というのも，介入が《正当化されない》であれば，その介入が通常の状況の下で行われるのか異常な状況の下で行われるのか，特定の人々にのみ向けられているのか，それどころか数の上で広範な人的グループに向けられているのか，というようなことは何の役割も果たさないからである。けれども，このように，満足のいく統一的な概念規定をしようとする試みがなされたことは，管見に属する限り，今まで一度もなかった。

　もとより，平等概念を統一的に定義する道は，方法論としては私見では正しい道ではあり，文献の上ではすでにさまざまに進められてきた。文献の中では，——それもすでにプラトーンとアリストテレース以来——平等概念はもっぱら比例的平等として理解されるべきだとする帰結に至るのが通例である。そこで顧慮されるのは人間の現実の不平等であり，要求されるのは諸々の権利や義務を配分するにあたって適用されるべき基準の平等のみなのである。このような比例性重視の考え方は，周知のとおり，ほぼすべての法領域で一定の役割を果たしている[19]。その点で，この考え方からすれば，人間

---

[18] A. a. O. S. 427. このような正当化の根拠として実務で機能しているのは，例えば，不可抗力，賠償の放棄，利益の調整〔の場合〕である。

[19] 例えば，国際法においては，いわゆる《勢力の均衡》で，国家法においては，政治的な選挙法の形成とか，議会によって設置される諸委員会のメンバーの配分をする際の各会派の勢力関係の考慮では，1923年2月17日のライヒ議会議事規則§9 (RGBl. II, S. 102)，刑法においては，応報概念で，そして破産法においては，債権者の満足に資する配当という基準で，役割を果たしている。

は互いに本質的に平等であるから，その限りで，立法者による平等な法的取扱いを求める権利も有することになる。それに対して，人間が持つ個人的な特性で何らかの差異が根拠づけられるならば，事物の本質に根拠づけられるもろもろの不平等も，問題の当該テーマを法律で規律する際に考慮されなければならない。「ある法律が適用の上で不平等があっても，やはりその法律は平等の保護を与えているのだ」[20]と主張されるとしても，そこには何の矛盾もない。現実においては，人々を区別する規範は，ほかでもない平等思想の表現としてその姿を現わすのである[21]。

平等概念は，アメリカの裁判所の判例においても，時折このような趣旨で用いられ[22]，同様のことは，スイス連邦裁判所の判決[23]においても——もとより今日では表現の仕方は穏やかではあるとはいえ——見られる。前提が同じであれば，同じ取扱いが立法者によっても保障されるのであり，しかも，前提が同じだということが言えるのは，事実上の状況が類似している場合である。その結果，平等といっても，さまざまな規範化が容認されるが，とはいえそれは事実上の状況がさまざまな場合に限られることはいうまでも

---

(20) Connolly v. Union Sewer Pipe Co. 184 U. St. Rep. 540, 566.
(21) 以下のものを参照。例えば，*Platon*, Gesetz VI, 757; *Aristoteles*, Politik III, 1280a, 1282b, V 1301a. 自然法哲学の文献では，例えば，*Hugo*, Lehrbuch des Naturrechts, 1799, § 153 ff.; *Held*, Staat und Gesellschaft III, 1865, S. 482 ff.; *Walker*, Introduction to American Law 1874, S. 178; *Bluntschli*, Allgemeines Staatsrecht, 1876, S. 648; *G. Jellinek*, System a. a. O. S. 84; *Blumer*, Handbuch des schweizerischen Bundesstaatsrechts, 1863, Bd. 1, S. 220; *Kaiser*, Schweizerisches Staatsrecht, 1858, Bd. 1. S. 147; *Ulbrich*, Das Staatsrecht der österreichisch-ungarischen Monarchie, 1884, S. 38; *L. Weber* in der Zeitschr. Des Bernischen Juristenvereins Bd. 23, S. 319; *Lasson*, System der Rechtsphilosophie, 1882, S. 376 ff.; *Brunet*, La principe d'égalité, S. 169 f.; *Wendt*, Freiheit und Gleichheit a. a. O. S. 5; *Richardt Schmidt*, Allgemeine Staatslehre, 1901, Bd. 1, S. 190; *Orlando*, Principii di Dritto Costituzionale, 1920, S. 279; *Duguit*, Traité a. a. O. Bd. 3, S. 585; *E. Huber*, Recht und Rechtsverwirklichung, 1921, S. 56 f.
　また，国家学における民主主義論の理論的な基礎をその発展史から概観する際にも看取できるように，平等の思想は，自然的なもろもろの差異を維持するという意味で理解される。この点については，*Menzel*, Demokratie und Weltanschauung, Zeitschr. f. öffentli. Recht 1912, S. 705 ff. を見よ。
(22) Missouri v. Lewis 101 U. St. Rep. 22, 31; Connolly v. Union Sever Pipe Co. 184 U. St. Rep. 540, 559; Hayes v. Missouri 120 U. St. Rep. 68, 71; Barbier v. Connolly 113 U. St. Rep. 27, 31 を参照。
(23) 例えば，Bundesblatt der schweiz. Eidgenossenschaft 1850, I, S. 269 ff.; 1861, II, S. 348 f.; 1864, III, S. 80 ff.; 1866, I, S. 81 ff.; 1871, III, S. 394 を見よ。

ない(24)。

　このような〔平等の〕表現にも，種々の反論がなされる。一方で，よく考えてみると，生活において絶対的に同じような事実状況〔タートベシュタント〕などというものは決してない，ということは確かであって，事情は現実には，相互に極めて類似しているとはいえ，つねに独自の特色をもっているのである。しかし〔他方で〕，このような事実によって，実際上の諸前提が平等なのであれば平等な法的取扱いが保障される，という原則はまさしく覆されてしまうのではなかろうか。そうなれば，認識論的に見れば，そもそも，事実上の諸前提は相対的に平等なのだということしか語りえないことになる。だから，この意味では，例えば家屋所有者，農業従事者，年金受給者等々のカテゴリーは，一体のものとしてまとめることができるが，にもかかわらず，個々の違いがなくならないのは当然であって，その違いによってそれぞれの場合にそれぞれ別箇の形態ができることになるのである。

　しかし，平等というものをこのような相対化された意味で理解するとしても，やはり事実上の差異はあるのであり，こうした差異は，まったく明らかなことであるから，それを認めるとしても——すぐ上で述べたことに照らして詳しく見れば，量的な漸増の問題であって——，そうした差異で異なる法的取扱いが正当化されるわけではないのである。こうした差異は，例えば，家屋所有者と財産所有者の間，国債証券所有者と社債証券所有者の間，動産所有者と不動産所有者の間，等々に存在する。こういった差異によって，立法者は個々の集団を特定の関係において法的に別異に取り扱う権限を与えられることになるが，そうした場合であってもやはり，立法者はこうした事実上の差異を理由としてどんな別異取扱い措置でも思いどおりに行う権限，例えば，社債証券の所有者だけが資産税を徴収されるものとすると規定するような権限まで与えられているわけではないのである(25)。

---

(24) *Errera,* Das Staatsrecht des Königreiches Belgien, 1909, S. 29 も（もっとも法適用についてのみであるが）このように解している。
(25) 「すなわち，この原則(つまり，事実に関する前提が同じである場合には，平等に取り扱わなければならない，という命題)は，特定の個人にではなく，一つの階級の人々全体に関係するすべての例外法律に対しては，まったくもって幻想であろう。なぜなら，当然のことながら，ある法律によって特定の階級をその他の市民から区別するため

スイスの連邦裁判所の裁判を表面的に瞥見するだけでも，この命題の正しさが確認される[26]。例えばカントンの次のような諸規定は憲法違反であると宣言された。すなわち，使用人の選挙権を排除する規定，投票権の行使や被選挙権のためには一定の財産が必要だとする規定，常勤のサラリーマンにだけは所得税を課すが，手工業やそれ以外の生業を営む者には課さないとする規定である。

　いずれせよ，上記のことから明らかになるのは，事実上の条件における何らかの不均等があっても，まだそれだけでは異なった法的取扱いが正当化されるわけではない，ということである。むしろ，個別事例における法的に異なる取扱いが許されるべき事実状況，〔つまり〕《異なった規制》を要請する《異なった状況》は，まったく特別な性質のものでなければならない。スイスの連邦裁判所が判示しているように，差異は，それが法的に重要なものであるためには，《著しく重大な(エアヘーブリヒ)》ものでなければならず[27]，その差異のゆえにその事例について異なる判断をしたこととの《内的な連関》[28]が示されなければならないのである。

　ライヒ憲法第128条第2項に関するドイツ・ライヒ裁判所の裁判もこの方向に進んでおり，この裁判によって，同憲法第109条に由来する考え方が踏襲されて，女性の官吏に対する例外規定がすべて削除されることとなる。というのは，この条項の直接的な法的実効性がライヒ裁判所によって承認されていることは至当であり，この条項は，たしかに女性の官吏とそれ例外の官

の区別のメルクマールが欠けているということは決してありえず，その結果，そうなれば，憲法上の原理と著しく矛盾して，ある人的階級を有利にまたは不利に扱う極めて恣意的な例外法律であっても，許容されるものとみなされなければならないのであろうか。」そのように判示するものとして，BGE. Bd. 6, S. 172 ff. を参照。

(26)　これに対応することは，当然のことながらアメリカの裁判所についても言える。個々の事例については，別の関連で検討することとする。

(27)　例えば，BGE. Bd. 6, S. 172 ff.; Bd. 32, S. 637; Bd. 35, 1, S. 287, 750; Bd. 38, 1, S. 372 ff. を見よ。さらに，*Zetter*, Das Prinzip der Rechtsgleichheit in der Rechtsprechung des schweizerischen Bundesgerichts, Heidelb. Diss. 1908, S. 45 ff.; *L. Weber*, Zeitschr. f. schweiz. Recht 1903, N. F. Bd. 22, S. 680; *Schollenberger*, Das Bundesstaatsrecht der Schweiz, 1920, S. 137 を参照。

(28)　*Haußmann*, Der Rechtsgrundsatz der Gleichmäßigkeit im preußischen Kommunalabgabenrecht, 1917, S. 12 を参照。

吏との間の別異取扱いを許容するとはいえ、それは、官吏法上の女性の保護措置（Rettung）が「男性の法的地位に対する根本的関係を侵害しない」[29]、という条件付きでしか許容しない。

しかし、このような言い回しをもってしても、問題は解決されておらず、単に切り出されたにすぎない。それというのも、問われるべきはまさに、どういう場合に、どのような要件があれば、別異取扱いが法的に重要であり本質的なものだ等々ということができ、またどういう場合であればそうでないのか、ということだからである。──

さて、以上述べたことに対して、スイスの連邦裁判所の近時の裁判例の影響を受けたブルクハルトの論述[30]は、直接に問題の本質に迫っており、切れ味のよいやり方で、法律の前の平等という概念を詳細に定義しようとしている。ブルクハルトは、形式的な法的不平等と実質的な法的不平等とを区別し、法的不平等は、法定立でも法適用でも考えうるとするのである。しかもブルクハルトは、同一の事柄について複数の相互に一致しない命令が出されることによって、立法と法適用が内的に生じさせる自己矛盾を、形式的な法的不平等と理解している。これと逆に、ブルクハルトが実質的な法的不平等だとするのは、法命題が《正しい法》と矛盾する場合、あるいは法を適用する機関が実定規範の素材と矛盾する場合のことである。「構成されないものは形式的な法的不平等であり、根拠づけられないものは実質的な法的不平等である」とするのである。

しかし、形式的な法的不平等の概念を導入することが必ずしも必要ではないのは、この概念が、実際には、実質的平等の要請が侵害されたことの結果にすぎないことが明らかになるからである。例えば、法適用に携わる複数の異なる官庁が、ある法律について異なる解釈をするとすれば、平等の要請は実質的には必ずしも侵害されてはいないことになる。むしろ、官庁は、それらの義務に即した裁量の枠内において、何でもでき、それにもかかわらず異

---

(29) ライヒ裁判所はそのように解している（RGE. in Zivils. Bd. 106, S. 156）。さらに、Bd. 102, S. 149 を参照。〔同裁判所によれば、〕「官吏としての身分において男女の取扱いを根本的に異ならしめることは」許されない。

(30) *Burckhardt*, Kommentar zur schweizerischen Bundesverfassung a. a. O. S. 57 ff.

なった帰結に到達しうるのである。これとは逆に，個々の場合には，当然のことながら，法的平等が侵害されることがある。例えば，規範の解釈がどう見ても明らかに解釈の濫用であるような場合などがそうである。いずれにせよ——そしてここではただその点だけが問題なのであるが——，内容の上で他の決定から逸脱する決定がなされても，それだけでは，その相違のゆえに憲法違反だとは特徴づけられないのである。しかしこうした事態が起こるとしても，ブルクハルトが〔スイスの〕連邦裁判所の裁判例(31)に倣って主張していることは，次のような場合には，いずれにせよ辻褄が合わない。すなわち，官庁による新たな決定がなされて，それがたしかに〔内容の上では他の決定から〕逸脱してはいるが，実質的には根拠があるのであれば，そうした決定を目の前にしては，形式的平等の原理は後退せざるをえないということである。たしかに，ブルクハルトは，形式的な法的平等が実質的な法的平等と結びつくときは，以上で詳説したことをみずから直接に確認している(32)。このことによって，ブルクハルトは，決定が実質的に実定法に従っているならば，裁判における形式的な法的不平等はありえないと公言している。たしかに，ブルクハルトが，その決定が実質的に実定法に一致しておれば裁判における形式的な法的不平等はありえない，と公言することによって，形式的な法的平等を実質的な法的平等と結びつけているとすれば，彼はここで詳論したことをみずから直接に確認していることになる。ただ，このように認識しながら，この認識を次のような帰結と結びつけているのは，納得がいかない。すなわち〔ブルクハルトは〕，その場合にはまた必然的に，決定と決定とのあいだの一致がなければならない，とするのである。——最後に次の点も満足のいくものではない。すなわち，個々の事例において形式的平等の概念を適用することが可能かどうかは，実生活の偶然性によって条件づけられる事情しだい，つまり，まさに紛争の対象となっている事柄に関する官庁の《決定》が存在しているという事実しだい，というのである。

　立法者も形式的平等の概念に違反する場合がありうる，という想定をした

---

(31) *Burckhardt*, Kommentar a. a. O. S. 59 ff. で引用されている諸決定を見よ。
(32) A. a. O. S. 61.

ところで，事情がそう大きく変わることはない。この想定の際に考慮に値するのは，拘束力をもっていると一般に承認されている規範によって，個々の事例では例外が規定される，というような場合である。こうした事例は，その性質が稀なものであるため，特権の性格を帯び，その結果として，形式の上で法律の前の平等の原則と一致しないこととなる。実際に，純粋な法律上の特権は，現代の法治国家においては，憲法違反であるのが通例であろう。しかしやはり，このようなことが，事実そのとおりでさえあるのは，平等の概念がその実質的な内実を侵害されているだろうという理由からであって，一般的な拘束力をもつ規範が，それ自体ですでに個別事例における特別な規律と矛盾しているという理由からではない。そもそもまったく理解できないのは，何ゆえブルクハルトは，彼自身が正当にも法適用に関して強調している，形式的平等の概念と実質的平等の概念の関係を，法律上の特権が内容の上で《正しい》ならば一般的な法命題にも矛盾しない，というような仕方で，立法についても肯定しないのかという点である[33]。こうしたすべての理由からして，独立した形式的平等の概念を立てることは余計なことであり，その必要はない。というのは，このような概念は，実質的平等の概念に還元しうる限りでのみ正当であるに過ぎないからである。

　さらに，最近では学説の中にも，とりわけフライナー[34]やハチェク[35]のように，平等条項の意義を明確化しようとする試みがなされてお

---

(33) これについてさらに詳しくは，後述 101-102 頁を見よ。

(34) *Fleiner*, Schweizerisches Bundesstaatsrecht, 1923, S. 285-287. フライナーが同書の 285 頁で，連邦憲法第 4 条は客観法の不平等な適用によっても，自由裁量の不平等な運用によっても侵害されることがありうると述べているのは適切である。その上で，次のページでは，節を改め，〔連邦憲法〕第 4 条がカントンの官庁によってなされた法の拒絶からも保護している，という文章が見られる。フライナーがこの法の拒絶として挙げているのは以下の 3 点である。すなわち，a) 形式的な法拒絶，b) カントンの制定法と命令法の恣意的な解釈，c) 自由裁量に引かれた限界の官庁による濫用または踰越，である。しかし，b と c については，やはり明らかに不当である。なぜなら，制定法の恣意的な解釈は，不平等な法適用と食い違うし，官庁による裁量の濫用は，同時に自由裁量の不平等な運用を含むからである。

(35) *Hatschek*, Staatsrecht a. a. O. Bd. 1, S. 195 ff.; Reichsstaatsrecht, S. 116. ハチェクは，――おそらくブルクハルトに依拠して――形式的な法的不平等と実質的な法的不平等を区別しつつ，これらの概念に新たな種類の内容を与えている。ハチェクによれば，形式的な法的不平等は，法適用に際して，それも，自由裁量を運用している官庁による

り，これらの試みは，〔上述したブルクハルトと〕似たような方法で，区別と類型化という道具立てを用いているが，こうした道具立ては，詳細に観察すれば，内的に根拠のないように思われる。というのも，これらの区別と類型化はすべて，統一的な概念規定によってカヴァーすることができるものであって，〔区別とか類型化という〕差別化は結果として内的な矛盾か〔同じことの〕繰り返しの弊に陥るだけだからである。

　しかし，以上に述べてきたことからすでに明らかになるのは，スイスの連邦裁判所の裁判例によって形成されてきた形式的な法拒絶という概念(36)に，何らかの独立の意義を認めることはできないということである(37)。〔スイスの〕連邦裁判所が形式的な法拒絶を語るのは，例えば法的聴聞の保

場合でしかありえないとされる。このように限定することについての内在的な根拠は存在しないし，特に，さらに数行後の，《実質的に》不平等な個人の取扱いの禁止は自由裁量を運用する官庁にも向けられている，とする文章を読んでも，形式的な法的不平等というときに理解されているのはそもそも何なのかも説明されていない。それゆえ，自由裁量を濫用する行政官庁が形式的な法的不平等をもたらすように行動しているのか，実質的な法的不平等をもたらすように行動しているのかは分からない。——ナヴィアースキーによれば，平等条項は，《個別の優遇措置》を法律化しないことを立法者に義務づけているとされる(*Nawiasky*, Bayerisches Verfassungsrecht S. 261)。この定式化も，一方ではあまりに多くのことを述べているが，他方では十分なものとはいえない。このことについてさらに詳しくは，下記102頁。

(36)　*Soldan*, Du déni de justice in Journal des Tribounaux Bd. 32, S. 465 ; *Pignet*, Le déni de justice, Thèse Lausanne 1907 ;〔スイスの〕連邦裁判所判決を参照。その一部は，*Burckhardt*, a. a. O. S. 81（特にBGE. Bd. 1, S. 3），および *Fleiner*, Bundesstaatsrecht a. a. O. S. 286, Anm. 26 で引用されている。

(37)　合衆国では，《法の適正な手続》が，おおむね同じ機能を果たしている。この概念は非常に多義的であり，また非常に問題を孕んだものではあるが，次の一つのことは少なくとも学説と判例において確立している。すなわち，この条項には，修正第14条で保障され，広く解釈された生命，自由，および財産に対する権利についての手続的保障が含まれ，「司法裁判所による正式な行政過程」が保障されている，ということである。例えば，Leeper v. Texas 139 U. St. Rep. 462, 468 を参照。この保障の要点は，「裁判所における訴訟」に関わるのではなく，「（この条項の）基本的な要請は」，事前の十分な告知（知識）を伴った「聴聞と防御の機会である」，要するに，法的聴聞の保障である。この手続保障が慣例的に次のようにパラフレーズされているのも参照。すなわち，「法とは，それによって有罪にされる前に聴聞されることであり，取調べに基づいて手続が進められ，公判の後でなければ判決が宣言されないことである」。これについては，Ballard v. Hunter 204 U. St. Rep. 241, 255 およびそこに引用されている別の諸判決；Davidson v. New Orleans 6 Otto (96 U. St. Rep.) 97, 101 ff.; Simon v. Craft 182 U. St. Rep. 427; *J. Hare*, American Constitutional law, 1889, Bd. 2, S. 753, 875 を参照。

障，これと関連する〔当事者〕弁論主義，判決・決定の理由づけの要請，〔裁判の〕公開の原則等々，といった特定の正式な法的保障——これらは平等規定（Gleichheitsartikel）の趣旨に沿ったものである——が官庁によって侵害される場合である。このことが当てはまるのは，例えば，裁判所が，訴訟に応答しない場合，弁論中に原告や被告に発言させない場合，訴訟費用救助を理由なく拒絶する場合，証拠調べ申請や上訴を理由を付記することなく却下する場合，あるいは，理由なく管轄なしとして訴えを不適法と宣言する場合である。

　これらの事例では，官庁が憲法違反の活動をする可能性があることは，全く疑いの余地がない。しかし，憲法違反の事実状況は，実際には実質的平等の侵害によってさえ根拠づけられ，その際には訴訟手続法の規範にのみ関連づけられる。裁判所や行政庁が，法を宣言することをそもそも拒絶するという場合だけは，実際に法命題が侵害されるのか，あるいはむしろ，雇用関係に基づく官吏の職務遂行義務が侵害されるだけではないのかは，疑わしい。往々にして，このような典型的な法の拒絶には，同時に訴訟手続法の命題の違反も含まれていることがある。例えば，裁判長が，被告を訴訟に召喚する期日の指定（民事訴訟法§216第2項）を拒否することである。しかし，そういう場合でなければ，大から小への（a majore ad minus）推論に基づいて平等原理をここでも力をもたせようとする努力は正当化される。裁判所による措置が平等条項の侵害を理由として憲法違反と宣言されれば，同時に，そもそもひとつの裁判活動が行われているということが，暗黙のうちに前提とされるのである。裁判活動が理由なく拒絶されるならば，そのような行為は憲法違反だとすることが可能である。なぜといって，そうでなければ，このような迂回路を介して平等条項によって保障される保護はその大部分が偽りのものになってしまう可能性があるからである[38]。

---

(38)　ブルクハルトが，まったく一般的に基本的な訴訟違反の場合に，実質的に不平等な法適用と形式的に不平等な法適用という対置に，官吏の活動による義務の侵害を置いていることは（*Burckhardt*, Kommentar a. a. O. S. 61），私見からすると，正しくない。このこと（本文を見よ）は，そもそも技術的な意味での法の拒絶についてしか認められえない。しかし，スイス連邦裁判所の立場からさえ，官吏の義務の侵害は，技術的な法の拒絶と必ずしも結びつけられていない。判例によれば，問題となる各カントンの各裁判所すべ

こうした理由から，形式的な法拒絶という独立の概念を立てることからは，距離を保つことができるのである。

第 2 節　法理念と法概念

以上詳述してきたことに基づいて，〔以下での〕検討の中心に置かれなければならないことは，平等概念の実質的な内実を獲得することである。そして，ブルクハルトがスイスの連邦裁判所の裁判例に依拠しながら詳述したことが，まさにここでこそ特に興味を引く所以は，ブルクハルトの述べていることが，われわれの見解からすれば，問題を孕むこの概念の解明が期待できる，唯一の方向へと展開するからである。ブルクハルトによれば，法律の前の平等の原則は，つまるところ，究極的には《正しい法》[リヒティヒ][(39)]を援用し，それを保障すること以外の何ものでもない。しかもそれは，シュタムラーがその著書『法哲学』でこの〔《正しい法》なる〕概念を理解しているのと同趣旨においてである[(40)]。

本書でシュタムラーの学説に本格的に取り組むつもりはない。このような取組みが，〔筆者よりも〕さらにしかるべき筋の論者によって，すでになされているのであってみれば，なおさらのことである[(41)]。平等概念の解明は，例えば法的正しさの概念に依拠し，この概念の影響を受けるのであり，この概念をここでの関連で実りのあるものとして用いることができるかどうかと

てが管轄権がないと宣言する場合にも，例えばそのような法の拒絶が存在する。そして，やはり個別の官庁によって非常に注意深く根拠づけられた決定が職務義務の侵害を無条件に含むはずである，と主張する者はいない。

(39) *Burckhardt*, Kommentar a. a. O. S. 65.
(40) 特に *Stammler*, Die Lehre von dem richtigen Rechte, 1902; Theorie der Rechtswissenschaft, 1911, S. 463 ff.; Lehrbuch der Rechtsphilosophie, 1922, §79 ff., §91 ff. を見よ。梗概は，„Kultur der Gegenwart" 所収の Systematische Rechtswissenschaft S. 37 ff.
(41) ここでは，特に際立ったものだけを挙げておくと，*Kantorowicz*, Zur Lehre vom richtigen Rechte, 1909; *Binder*, Rechtsbegriff und Rechtsidee, 1915; *L. Cohn*, Das objektiv Richtige in den Kant-Studien (Erg.-Haft Nr. 46), 1919, S. 60 ff.; *Max Weber*, Stammlers Überwindung der materialistischen Geschichtsauffassung, in den Ges. Aufsätzen zur Wissenschaftslehre, 1922, S. 291 ff., 556 ff.; *E. Kaufmann*, Kritik der neukantischen Rechtsphilosophie, 1921, S. 11 ff.

第2章　平等概念の規定　第2節　法理念と法概念　45

いう問いは，その限りにおいてのみ，投げかけられなければならない。

　周知のとおりシュタムラーは，法と 正　義（ゲレヒティヒカイト）の関係を確定するために，次の三つのものを区別する。第一に，内容的に限定された実定的な法素材である。次に，そのような法秩序が客観的に正しいか正しくないかということである。そして最後に，絶対的な通用力を要求する，理念としての正義である。正しさという属性が具体的な法秩序に与えられるのは，一般的に通用する正義概念，つまり「自由に意欲する人間の共同体」という社会の理想と一致する場合だとされる。こういった社会の理想は，あらゆる内容上の付属物を取り除かれて，ひとつの形としての方法（フォルマール）としてまったく抽象的に把握され，経験的な法秩序はその社会的理想と比較して測られるべきものだとされるのである。このようにして，そのような実定法秩序を判定し評価する基準として機能する純粋な共同体という思想も，「さまざまな人間の目的が一つに結合したもの」として定義され，「このような結合では，究極の規定的な思想は，単に主観的に通用する欲求にとどまるものではない」。

　それゆえ正義は，そしてそれと同時に，歴史的に条件づけられた法秩序を測る規準も，形式的にのみ特定できるものなのであれば，客観的に正しいだけで，正義のように決して絶対的に通用するものではありえないような特定の法が，はたして正しいのかどうかという問いも，当然のことながら，形式的に一義的な方法でのみ答えることができる。つまり，具体的な法が，純粋な共同体の趣旨に《向けられて》（ゲリヒテット）おり，したがって《正しい》（リヒティヒ）のか否か，という趣旨でのみ答えることができるのである(42)。

---

(42)　それゆえ，シュタムラーが正義をもって法の基本的な〈正しさ〉(Richtigkeit)とも特徴づけていること（例えば Rechtsphilosophie §92）が，用語上混乱を招いている。というのは，〈正しさ〉ということの特徴は，シュタムラーにおいてはもっぱら，「あらゆる法の理想的な基本思想の方向に響導されている」——言い換えれば，シュタムラーの意味で正義に適っている——何らかの具体的な法秩序にのみ認めることができるとされるからである。——そもそも疑わしいのは，〈正しさ〉という思想を統一的に整序された観念として定義することである（例えば Rechtsphilosophie §79 はこのように解している）。これによれば，〈正しさ〉というこの思想は，たしかに純粋な秩序原理として把握されてはいるが，それによって具体的な素材だけが処理，分析，整序されるときは，ありとあらゆる任意の規準とでも結びつけられることとなるであろうし，そうなれば，後にシュタムラーによって，純粋な共同体という思想と相いれず，したがって必然的に，正しくないものとみなされる法秩序の部分に対してさえ《正しい》という評価を与えなけれ

この点については，次のように批判的にコメントすることができる。すなわち，これらの命題は，形の上では一般的通用力を有することの結果として，必然的に内容の空虚なトートロジーであるか，あるいは，そうとはいえやはり特定の内容を再度与え直さざるをえないことになるということである。例えば私が，ある法秩序について《正しい》，つまり具体的な事例にとって正義に適っている，と言うとき，この判断には――私がそれにある意味を付与する意思があれば――何らかの実質的な正義概念が基礎になっているのである。このことはすでに次のことからの帰結として生じる。すなわち，ここでも問題はいつもひとつの価値判断なのであって，ひとつの価値評価はつねに，評価されるある一定の内容を前提としているのだということである。ある特定の形式が評価的な判断の対象を形成する場合であっても事情は同じである。ある法命題などが正義に適っている，あるいは正義に反している，と宣言するすべての主張には必然的に，規範は正義に適うような性質のものであるべきだ，という観念が含まれている。ところで，一般的に妥当する形式的な正義の定義が，またそれに対応して，ある法秩序の正しさの思想も，それらが利用される際には，ひそかに特定の内容で覆われているのであり――この内容なしには，形式的な正義の定義や法秩序の正しさは，そもそも具体的な場合において考えられないのであるが――，そうならば，そのようなやり方が方法論上根拠のあるものなのかどうかという根本的な問いが投げかけられることになる。つまり，これと同じ現象は，当然のことながら今後も，シュタムラーが展開した正しい法の諸原則，つまり，それ自体は元来単に方法論上の方針ぐらいにしか考えられていなかった，尊重と参加という命題においても現れる。こうした方向が，そもそも意味を持ちうるとすれば，それは，適用事例において特定の内容を付与されたものとして観念される場合のみである――しかし，だからといって，これらの命題が現実の実務の上で利用できるのだなどと主張されるべきではない。だから事実また，シュタムラー自身において，法の正しさという空虚な形式が，時として，ある特定の内容をもったものに変わり，それに基づいて絶対に通用すべき判断が

ばならなくなるのではあるまいか。

誘導されるとしても，何の不思議もない。つまり，例えば奴隷制とか一夫多妻制は，必然的に，正しくない法を具現するものと言わなければならない，などと主張されるような場合である。というのは，そうすることによって，自然法におけると同様に，限定的な法内容に一般的通用力が承認されるからである[43]。

しかしまさに，このような判断を下す可能性は，シュタムラーによって否定されるのであり，しかもそのことは私にはまったく正当なことのように思われる。形式的ではない正義概念，つまり，定義自体に特定の内容や具体的な目的を取り込んでいる概念[44]は，必然的にその一般的通用力を放棄せざるをえない。というのは，目的を内容的に規定することは，それが外的な状況から独立していることによって，つねに，相対的に通用することしか要求できないからであり，そしてこの事実でなんとか我慢しようとしても，やはり，正義概念の中に受容されるべき共通目的の正当性に関する議論は，決め手となると考えられる価値基準がさまざまである結果として，決して一致するには至らず，実際に満足のいく結果には決してならないのである。

そうなれば，以下のような選択肢しか残っていない。すなわち，〔一つの選択肢としては，〕形式的ではあるが，一般的に妥当する正義概念を措定することは可能であるが，この概念は，正義概念と矛盾するので，この概念自体が前提条件へと意義変化を生じさせることなしには，この概念を実務の上で利用できる可能性は考えられないのに対して，このような変形なくても，正義概念は内容空虚で実りのないものであり続けざるをえない。——あるいはそれに対して，〔別の選択肢としては，〕正義概念は捉えどころがないのだということで，どんな定義であれ，一般に妥当することを求める正義概念を定義することを諦め，時間的，場所的，民族的に限定された状況に合わせて仕立てた正義概念の把握で間に合わせる努力を——それが可能である限度で——せざるをえない。

---

[43]　*Radbruch*, Grundzüge der Rechtsphilosophie 1914, S. 23 もこのように解する。
[44]　同様に例えば，*E. Kaufmann*, Das Wesen des Völkerrechtes und die clausula rebus sic stantibus 1911, S. 148, 149; Kritik a. a. O. S. 17, 18 もこれを要求している。

実際には，——あらゆる究極的な問いにおいて言えることであるが——，ここでも正義思想を，あるいはまた法理念についても同じことが言えるが，これを何らかの形で合理的に定式化することなど，できない相談である。それゆえ，この文脈においても，正義概念を規定しようとする，神学的，法学的，あるいは倫理的に彩られた無数の試みに関わりあうことは，まったく意味のないことである。というのは，どんなに〔正義概念を〕把握しようとしても——それがたとえ最大限熟慮された把握であれ——，それは〔正義を〕明確化するよりも，却って混乱させることになるだろうからである。

たしかに，正義概念について何らかの一般的な事柄を述べることはできよう[(45)]。例えば，正義概念は必ず何らかの共同生活と関連づけられなければならないし，正義概念には人間を個々に区分する意義におけるアリストテレース的な平等概念が内在している，というようにである。その際には，正義概念は，人間の差異を考慮し，実際に平等なものだけを平等に取り扱うことが要請されることになる[(46)]。そうなれば，ここからさらに自動的に，応報原理（Vergeltungsprinzip）が導き出されることになろう。この原理は，ある特定の行為に応じてある特定の反応を誘発し，学説ではしばしば正義概念の唯一の独立した規準と呼ばれているものである。結局のところ，まったく一般的に言えば，次のようにも言うことができよう。すなわち，正義にとっては，ほかの絶対的な諸価値とは違って，ひとつの配分規準が存在している点が特徴的であるということ，つまり，ここにはすでに，いつも独立した一面性が前提とされている，ということである。これらの一面性は，相互に関連づけ

---

(45) 文献は多いが，特に，*Max Rümelin*, Die Gleichheit, 1920 を参照。ここにはその他の関連文献もある。筆者にとってとりわけ不可解なのは，目的という観点によって正義概念を規定していることである。〈何のためか〉を問うことは，私見ではまったく別のレベルにある。〔つまり，〕この問いは，それが経験的に制約されているために，目的をそれ自体のうちに内包している絶対的な価値に対しては，決して投げかけることのできない問いである。その結果として，法的安定性の維持などのような，実定法秩序が果たすべき目的から，正義とか正義概念への何らかの帰結を引き出すことを意図することも，まったく不可能である。〔ところが〕*Rümelin* a. a. O. S. 51 ff. は，これを実際にやっている。〔しかし〕本書との関連で，個々の点について詳細に反論することはできない。——最新の文献としては，さらに *G. Del Vecchio*, La Giustizia, 1924 を見よ。
(46) この点について，および，学説における正義とこの平等概念との関係については，*Binder*, Philosophie des Rechts, S. 370 ff. を参照。

られていなければならず，それらの関係は相互に正しく規定されていなければならない。しかし，以上のことから明らかとなるのはただ，対象としては別の性質のグループに属する価値，つまり《規準価値，あるいは配分価値》が重要なのであって，《一面的価値》ではないということにすぎない[47]。しかし，正義概念をこのように言い換えてみたところで，これですべてが言い換え尽くされるわけのものではない。それは，一定の内容を持った正しいこと（ゲレヒテ）に関連づけられていない定義などというものはありえず，したがって，定義というものは，例えば，共同生活を規範化しているある法秩序が実際に正義に適っているのかどうかについて説明ができるもののことだと言えよう。

しかし，このような定義はありえない。正義思想を内容的に詳しく確定することができない理由は，正義というものが，他の諸価値と同様に，分解しがたい一つのものとして生そのものと結び合されていて，この素材関連性によって絶え間ない発展をし続けている[48]，ということにある。生というものは，つねに新たな形を生み出すが，その新たな形は，それが成立した時点ですでに崩壊の萌芽を内包していて，生が絶え間なく流れ行くことによってすぐさま破壊されるものである。これと同じように，正義の内容に関する問いも，つねに，きわめて局限された，生の動きから切り取られた個々の形象に対してのみ，投げかけることができるものである。したがって，この問いに対する答えは，認識論上の困難さはひとまず脇へ置いておくとしても，まれに見る環境によって規定される結果として，完全に特定された，比類のない特色を有するような法形態についてのみ考えうるにすぎない。このように法理念は，素材の上で，その都度経験の中で出てくる所与の対象に関連づけられており，このことによってさらに，次のような法の理想へと導かれる。すなわち，これらの法の理想は，——われわれにとっては単に把握すること

---

[47]　この用語については，*E. Kaufmann*, Wesen des Völkerrechts a. a. O. S. 129 を見よ。
[48]　このことについては，以下のものも参照。*Joerge*, Zur Philosophie der Rechtsquellen im Archiv. f. Rechts- u. Wirtschaftsphilos. Bd. 17, S. 431 ff.; *Radbruch*, Rechtsidee und Rechtsstoff, ebendort, Bd. 17, S. 343 ff., および部分的にはこれとは別の観点からのものとして，*Binder*, Philosophie des Rechts S. 414 f.

しかできないが——ア・プリオリの価値を感覚世界と結びつけ，その価値測定・価値定立機能において，経験上追求された目的が価値を保有するための判断基準をもたらすものである。法の理想とは，具体化された法理念のことである。法理念の表出される形式が尽きることがないのは，理念と素材の緊張可能性が，限りなく多種多様だからにほかならない。というのは，これらの理念と素材は，一度限り確定的に与えられた二つの重要物ではなく，相互につねに新たに規定しあう 事 実〈タートゼヒリヒカイト〉であり，これらの事実を，確固たる論理的関係に持ち込むことはできないからである。だから，部分部分が完結した統一体へと統合するエンテレケイアも，結局のところはつねに万有法則の模写にすぎない。要するに，正義の本質には同時に次の問題が含まれている。すなわち，正義は，法の理想という限られた形式においてしか明らかになりえず，このような素材関連性のない法の理想などというものは，どうしても思考することはできず，しかしそれにもかかわらず，同時に永遠に流転するものであり，無限に多様なるものなのである。あるいはかつてジンメルが生について一般的に表現した的確な言いかたに倣っていえば，「生とは，限界のない連続であり，同時に限界の定められた自我〈イッヒ〉」⁽⁴⁹⁾なのである。

　以上のことから分かるのは，法理念の特定の実現が絶対的に正義に適っているか不正義であるか，というような趣旨で絶対的な価値判断をすることは，不可能であるということである。特定の時代ごとに歴史が移り変わっていく経過の中で，法理念が他の〔時代の〕形よりもさらに純粋な形で姿を現す，というのは事実であるが，そのことから，前の時代の法について，そこに絶対的に無価値であったという判断を導き出すことはできない。もし，具体的な法素材が，例えば価値は同じなのに内容的にはまったく異なった形で，法理念を表すに至るという可能性を——それが許されるならばの話であるが——理論上想定すれば，このことは明らかになる。個々の法秩序をそれらの内的な価値に応じて等級づけるという趣旨で一般的に通用する法価値を観察するなどということは，内容の点で定まっている基本価値が存在していて，それに従って法素材を判断し裁くことができる場合にだけ，考えうるの

---

(49) *Simmel*, Die Transzendenz des Lebens in „Lebensanschauung", 1918, S. 12.

ではなかろうか。このような時代を超越して通用する定理の存在を証明することこそ，自然法が追求したものであった。これに対して，歴史学派とカントの批判哲学の課題は，内容的に定まった認識や評価は，およそ具体的に所与の事物についてしか考えることはできない，ということを証明することであった。

こう言ったからといって，価値相対主義を弁護するわけではなく，ただ，法理念の絶対性というものは，相対的なものや内容の移り変わるものを絶対視することでしかありえない，という認識に力を貸して勝利を得させるにすぎない。つまりこのことからすると，正義を内容的に定義することをあきらめることには，単に，可能なことの認識に基づく自己抑制があるだけなのである。この自己抑制には，それに劣らず，行き過ぎた法実証主義の拒絶が含まれている。この行き過ぎた法実証主義は，批判合理的な主知主義と形式主義とによってメタ法学的諸要素を崩壊しようとし，また，諸概念の相対化が進行する過程において，正義そのものから，実定法の基盤として用いられる力を奪ってしまわざるをえない[50]。——そうであれば，法理念は，絶対的な価値を有しているものとして，依然として，法学の確固たる基礎，つまりその出発点なのである。それはまさに，真・善・美というものが，——その本質を余すところなく的確に描き出すには至らないにもかかわらず，——現実的な諸力として存在し，実効性があるのと同じである[51]。

以上述べたことすべてから明らかになるのは，実定法秩序というものは必然的に不完全なものであらざるをえず，実定法秩序はそれが時間に拘束されている結果として，決して特殊性の枠を越えることはできない，ということである。また，これと同じ趣旨で，一般的・抽象的命題で法を把握するという，すでにあらゆる立法者にとって純粋に技術的に存在する必要性も，作用している。というのも，一般的・抽象的命題で法を把握するということが，

---

(50) *M. Weber*, Grundriß der Sozialökonomie, in: Wirtschaft und Gesellschaft, 1922, S. 495 ff.; *v. Gierke*, Labands Staatsrecht und die deutsche Rechtswissenschaft, Schmollers Jahrbuch Heft 4, S. 1110 も参照。

(51) 以下のものを参照。*v. Gierke*, Deutsches Privatrecht Bd. 1, S. 120, 121. このことについて詳しい最近の文献としては，*Gurwitsch*, Otto v. Gierke als Rechtsphilosoph, Logos Bd. 11 S. 95, 96, 113.

個別事例はわずかしか考慮しないということと結びつく結果として，個別のものに向けて手を加えられた正義も損なわれざるをえないからである[52]。法には，当為と同様に，ひとつの永遠の課題がある。それは，法を理念に漸進的に近づけることであり，もし法が発展し続けている正義思想，つまり新たな《法の理想》に適合しない場合には，新たに〔従前の法から〕自己解放し分離することである。法が，法理念に近づいただけにすぎないとしても，法を実現すれば——これはどんな文化的な民族でも法に対してする要求と言えるであろうが——，そのような秩序は正義に適ったものだと呼ぶであろうし，あるいはそれが内容の上でこのような明確さを有しているということで，《正しい(リヒティヒ)》ものだと——もしそう言いたければ——言ってもよかろう。もちろん，逆に法が正義の要請に違反することもありうる——もとより，緊張関係の強度によっては，違反の程度はさまざまであるが[53]。

　実定法の有する正義の内実について説明を与えるのは，共同体(ゲマインシャフト)の法本能や〈権利=法〉意識，つまり人々のもつ諸々の観念と確信であり，そこにおいて——他の絶対的な諸価値に対応する形で——その時々の法理念が明らかになるのである[54]。〈権利=法〉意識が，実定法素材を評価判断するための確かな手掛りと規準を提供できるのは，共同体というものが，経験的には多層的で分散的であるにもかかわらず，同時に，理性的な実体をもった，それ

---

[52]　このことについては，すでにプラトーン (Platon, Politikos 294b) が次のように述べているのを参照。「法律の能力には，限界があるからだ。つまり，すべての人間にとって最善の理想になるとともに最も適切でもあるようなこと，これを厳密に網羅した上で，最善の方策をひとときに全員に命令として与えるということ，このようなことは法律が絶対に実行しえないところなのだ。いやたしかに，きみ，大勢の人間のあいだにも，そのいろいろな行動のあいだにも，さまざまな相違点があるではないか。さらに，人間の世界の出来事のうちには，片時でも粛然と静止しているようなものは，まず何一つとしてないとさえ言えそうではないか。だからこそ，いかなる問題に臨んでも，単純不変な公式の類を，ありとあらゆる時においてあらゆる事例に適用されうるものとして確定的に示すことは，総じていかなる技術にも許されていないのだ。」

[53]　本文の意味における法と法理念の関係については，例えば，G. del Vecchio, Sui principi generali de diritto, 1921, S. 22, 52 およびそこで引用されている，Scialoja, Del diritto positivo e dell equita, S. 7; Schelcher, Recht und Gewalt in Fischers Zeitschr. f. Verwaltungsrecht Bd. 56, S. 43 ff. を参照。

[54]　カントーロヴィツ (a. a. O. S. 23 ff., 37) の相対主義は，正しい法全般の内実を正義感情の満足に縮減し，カントーロヴィツは法の特徴を端的に「単なる効力の統一体」だとしている。

自体としても感受性の強い精神的な統一体だからこそなのである。

その際,法とか法秩序というときに理解すべきものは,形式的には,権威のある団体によってまとめられた規範体系であって,この体系は,人間に一定のなすべき行いを要求し,潜在的な通用力を占有する。法が,簡明な言い方において文字どおり《存在する当為》(seiendes Sollen)とか《当為定立存在》(sollsetzendes Sein)と称されることがあるのも,この意味においてである[55]。

この点について,かつて,あらゆる内容にも囚われずに自由に考えられた法概念に欠かせないのは,ひとつの当為(ゾレン)であって,ひとつの意欲(ヴォレン)ではない,と言われたことがある。意欲というものは,その元来の意義において,知覚と同様に,そもそも単に一つの経験的な意識内容,つまり存在の純粋な一現象にすぎない。もしかすると[56]法の成立は意欲によって説明できるかもしれず,そうであれば,例えば,国家を対内的にも対外的にも拘束している法は,国家意思にその起源があるとしなければならない,と言ってもよい。しかしそこで言われていることは,所詮,単に法の成立根拠,つまり法が由来する源泉が特徴づけられているということにすぎない。とはいえ,このような事実からはまだ,成立史から切り離されたこのような発展の所産を推論することはできない。この所産は,定言命法の形式での法,つまり法命題として,最終的で独立した存在としてわれわれに対峙するものなのである。

これらの規範が権威ある力を備えた団体,例えば国家に関連づけられることによって,これらの〔法〕命題は,倫理の命題つまり慣習の命題とは区別される(ズィッテ)[57]。定立された法についていえば,このことは火を見るよりも明らかであるが,慣習法についていえば,境界はもっと流動的である。というの

---

[55] このように解するものとして,*Beling*, Rechtswissenschaft und Rechtsphilosophie, 1923, S. 17. 法概念に関してこの著作が詳述しているところ(S. 13 ff.)は,さまざまな点で本文において述べたことと通じるところがある。
[56] 私見によると,このような仮定は,結局のところ,ここでも適切ではない。というのも,意欲というものは,法形成に至る諸要素の一つにすぎないからである。これについて詳しくは,*Joerges* im Archiv f. Rechts- u. Wirtschaftsphilos. Bd. 17, S. 431 ff. 特に立法者意思に関して詳しいものとしては,*Darmstaedter*, Rechte und Rechtsordnung, 1925, S. 92 ff. 法の成立にとって法感情がもつ意義を指摘するものとして,例えば,*Riezler*, Das Rechtsgefühl S. 130 ff.
[57] これについては,例えば,*Sauer*, Grundlagen der Gesellschaft 1924, S. 415 f. を参照。

は，倫理は，法的に規範化された素材にも，法的に規律されていない素材にも関連しながら発展することがあり，いずれの場合においても倫理は，国家によって承認されるか，そうでなくとも少なくとも国家によって容認されるからである。慣習は——国際法においても——慣習法から区別されるが，それは，慣習法の場合には，国家が，みずからに関わる倫理を《把握し》，国家が関心を持たない無数の，人間と人的団体の 習 慣 ゲプ・ローゲンハイテン とは対照的に，その倫理をそれ自体で拘束力のあるものとして取り出し，それと同時にまたそれ自体で義務づけるものだと宣言するものだからという事情によるものである。例えば，ある規定が，人間にたしかに特定の行いを要求しはするものの，実際には遵守されないままであっても，その規定は今日においては，次のような場合に初めて法的拘束力を失うのである。すなわち，国家も〔法的〕規律に対立している倫理を国家自身に対して拘束力あるものと承認する場合とか，国家が，これらのケースにはもはや介入しないことを官庁に指示し，もはやこの規範に従って判断しないよう裁判所に依頼する場合，等々である。

　しかし法概念には，さらにそのほかに，規範から独立した事実的な要因が入ってくる。つまり，個々の規範は，その規範のもつ経験的で潜在的な《通用力》によって[58]，すなわち，その規範に付与される能力，および実際上もその規範に備わっている可能性——これが人間や国家の事実上の行いを規定する作用をするのであるが——によってはじめて法規範になるのである[59]。だからといって，個々の法的ルールが，何らかの方法で事実的なも

---

(58) 例えば *Binder*, Rechtsbegriff a. a. O. S. 63 f. および同頁の註 1 で引用されている著者のものも参照。

(59) しかし，支配的な語法では，通用力という概念はしばしば別の意味で用いられる。このような語法では，通用している法と，もはや通用していない法について語られる。このような用語法をすると，あたかも，法規範の《通用力》の問題——それは実は一種の冗語なのであるが——が，法に当然に備わっている属性であるが，それが法には欠けている場合もあるかのような印象を与えざるをえない。そしてそれゆえ，反対論者がこのような事実をことさらに引き合いに出すのは，何の不思議でもない。いずれにせよ，たとえこのような語法を堅持するとしても，この語法に決定的な意義を与えることはできないし，通用力という考え方と結び付けられるさまざまな意味をきちんと分け，混交しないことは，もっぱら学問の自省の問題である。語法の多義性とそれと結びつくもろもろの危険については，すでに *Bergbohm*, Jurisprudenz und Rechtsphilosophie, 1892, S. 45

のに変換されて，法適用機関がこの規範にしたがって紛争を決定できる状況になり，それによって法命題の保障機能をきわめて明白に裏づけることは，どうしても必要でわけではない。むしろ，貫徹可能性の(マックス・ヴェーバー流の表現をすれば)《チャンス》があれば十分なのである。この観念は，規範の基礎となっている事態が実際のことになることがありうるとしても，人間は，多かれ少なかれこの法ルールの趣旨に動機づけられ，自己の行いをこの法ルールに適応させるのだということであり，しかも通常は裁判官の中にも，裁判補助機関とともに，高い蓋然性でもって，問題となっている規範の内容を実現するための配慮をする者が現にいるだろう，ということである。というのは，規範が強制的に貫徹される可能性，つまり強制可能性の傾向が，〔規範の〕通用力という概念に必要なわけではないからである。周知のとおり，有効な規範，したがって，法の特徴を有してはいるにもかかわらず，強制力を持ってはいない規範というものも実際にあるからである。このような趣旨においてのみ，通用力という考え方は法概念に内在しているのであって，この最小限の事実性すらもっていない規範には，法的性格も欠けているのである。

　一般的に通用しているこのような基本思想は，例えばイングランド法の中に，はっきりとした形で表れている。このことについて，ロウウェル[60]は次のように伝えている。すなわち，法概念は，だれでも同じように規範の複合体として解釈しており，この複合体は，裁判所によって承認され，これに抵抗する者に対して，場合によっては強制的にでも実施されるものである――〔このような法の〕働きに際して問題となるのは，「法の源泉や起源ではなく法の規準」である。

　実務上は，ある法命題が《通用力》を有しているかという問いを投げかけることができるのは，今日では，支配的なルールによれば，近代国家の基本法律に対してのみである。それは，そうした基本法律以外の規範はすべて，少なくともそれらが国家に関わる法である限り，法律学的には，経験的に通

---

　　ff., insbes. S. 49 Anmerkung を見よ。
[60]　*Lowell*, The government of England, 1908, Bd. 2 S. 473 übersetzt von Herr und v. Richthofen, 1913, Bd. 2, S. 446.

用しているこのような上位の規範体系から導き出されるのだからである。憲法に適合して成立した法律が上の意味において《効力を有する》ことをやめるというのは，非常に珍しいことであろう。むしろ，下位の規範が上位の規範によってさらにカヴァーされる，あるいは下位の規範が自己に設定された枠を越えている，ということが確認されれば，それで十分なのである。というのは，例えば，部分的には戦時経済立法におけるように，法律の内容と矛盾する見解が国民の広い範囲に蔓延しているような場合，このような反対の評価が，再び慣習法の形式を帯び，それが事実上のものを規範にまで引き上げ，そうすることによって法律を廃棄するというようなことがない限り，法律は依然として正当であることをやめないからである。このようにして法律が廃されることが，今日では非日常的な出来事であるのは，法定立の技術が，あまりにも進歩しているために，法律の内容を修正することによって，そのように変化した見方をいつでも考慮に入れることができる状況にあるからである。

それに対して，規範が有効なのかという問いは，各国の基本法律にとって直接に実務的に重要であり，その問いは法秩序が革命によって変革されたりする場合にはきわめて明白に顕わになる。しかし，この問いに満足のいく形で答えられないのはどういう場合かといえば，それは法秩序の通用根拠を求めるもう一つ別の問いが同時に投げかけられないとき，つまり，《なぜ》法秩序が有効なのかということについて説明する事実上のメルクマールが確定されないときである。

すなわち，つい先ほど述べたこの事実性は，規範の名宛人，つまり規範に従うべき人々が，新秩序を容認し，自分たちがこの新秩序に拘束され，義務を負っていると感じる場合にはじめて，成立途上の規範秩序に認められる。その限りで，語の本来の意義における心理的な事態に，法を形成する力が付与されるのである[61]。いわゆる承認理論[62]は，法秩序の通用力を法に服

---

(61) *Triepel*, Unitarismus und Föderalismus im Deutschen Reiche, 1907, S. 26 ff. も参照。異なる見解を採る最近のものとしては，*Burckhardt*, Die Unvollkommenheit des Völkerrechtes, 1923, S. 16 ff. ブルクハルトによれば，法の通用力は，「ある組織が法の役に立ち，法がその組織の強制力によって自己を貫徹させるかどうか」に掛かっている。しかし，私見

する者による事実上の承認に還元せしめるものであるが，ともすれば，承認には法律で規律された対象の内容への同意が含まれる，という観念が，この理論と結びつけられる嫌いがあり，その限りで，この理論は誤解を招きやすい。しかしそれは明らかに事実とは違う。ある素材が法律によって内容的に規律されることに同意していない者も，経験的な現実において自分自身の事実上の行いをこの格率に適応させ，そうすることでこの格率に賛成しているならば，その者は「その法律を承認している」のである。その者が規範を知っている必要さえなく，個人が自己の行いについて因果的に規定する影響力があることを認める規範体系が存在しているという，漠然とした観念があれば，それで十分なのである。

したがって，法の破壊から生じてくる新しい秩序が，それが事実上実施されるようになった瞬間から法秩序と呼ばれるという場合，実施という語で，規範の名宛人の側で〔法秩序に〕拘束されているというこのような感情のことが理解されているなら，このことは正しい。このことによって，規範ははじめて法規範となり，これまで多かれ少なかれ存在し，従われてきた秩序は，ひとつの固有の法秩序として太鼓判を押されるのである。しかし，このことが事実とは違えば，その限りで，革命家のやったことは，既存の実定法秩序の刑事法のカテゴリーによって判断されなければならない(63)。既存の実定法秩序も，その事実性が破られ，その結果，その存続が立ちゆかなくなれば，法的には混沌が支配し，そこでは二つの法秩序が相互に対立し，それ

よれば，これで問題は解決されない。このとき，問題はやはり，なぜこのような強制力を備えた組織が存在するのかなのである。そのような組織が存在することは，せいぜいのところ，法に服している人々による《承認》という事実にとっては，やむを得ない徴候である。ところが，事実性は，その妥当根拠をそれ自身に内包してはいないのである！　しかし一体なぜ，強制力をもつ組織の外で規範が法を共有する者たちによって従われていることもありうる，ということにはならないのか？　ブルクハルトにとって，強制力をもつ組織の外で，例えば国際法において，ある規範が一般に是認されるということは，ある命題の正しさ(正義)にとっての意義しかないのだろうか(?)。
(62)　このような承認理論は，特にビアリングによって主張される(Bierling, Juristische Prinzipienlehre Bd. 1, S. 40 ff.)。
(63)　後になってから，革命によって生み出された法秩序が，これらの事例において高い蓋然性をもって，大赦や一連の減刑に配慮するだろう，という事実とはかかわりがない。

ら双方がその存在，通用力，法的性質を求めて相争うことになる。その際，新たな秩序を受け入れるかそれとも拒絶するかを決める規範の名宛人の検討の仕方は，まったく異なった性質のものであるかもしれず，観念的な動機と同じぐらい功利的な動機に由来するものとなる可能性がある。

　それはそれとして，いずれにせよ，その限りで明らかなことは，既存の法秩序と比べれば，この法秩序を除去して別の法秩序に置き換えることを目指してなされる反抗は，どんなものであれ，違法という構成要件の徴表を含むものであらざるをえないし，どんな実定法秩序であっても，法の破壊をいつか自分で是認するというような大それたことをすることはありえないであろう，ということである。

　これに対して，もうひとつ別の問題は，高次の観点から《革命の権利》を導き出してこれを根拠づけられることができないのかどうかである。すでに上で指摘したように，実定法秩序の中に，人間の法意識や正義思想とは相容れないが，そのことによってその法秩序が〔人間に〕義務を課す法たることをやめはしないような条項を盛り込むこともできるのである。しかし，こう言ったからといって，先験的な価値規準と具体的な現実との間には無限の緊張関係がありうるのだということが，まだ肯定されるわけではない。むしろ，真剣に検討されなければならないのは，法秩序にとって，またそれと同時に法秩序を維持すべき立場にある立法機関にとっても，憲法に基づく権限の範囲内であっても越えてはならない限界があって，それを踏み越えれば《法》の濫用であり恣意的行為であるとされるのではないかということである。恣意という概念は，法理念を絶対的に否定するという点で明らかな不正義だと理解すべきだ，ということが正しいならば——このことについては，すぐあとでさらに述べるが——敢えて次のように主張することは許されないであろうか？　すなわち，ある秩序が法秩序と見なされるためには，ある最小限の内実がもった正義，つまり，内容上の〔実質的な〕恣意を排除するということが不可欠の構成要素として盛り込まれていなければならないということである。ゲーオルク・イェリネクは，イギリス議会が〔もし〕今日，私権剥奪法を制定した〔りしたならば〕「途方もない法の破壊」だと述べている

が，もしかするとイェリネクはやはり正しくないのではなかろうか[(64)]。

---

(64) *Jellinek*, Allgemeine Staatslehre, 1919, S. 373; *v. Gierke*, Deutsches Privatrecht Bd. 1, S. 118 を参照。しかし *R. Thoma*, Rechtsstaatsidee und Verwaltungsrechtswissenschaft im Jahrbuch des öffentl. Rechts der Gegenwart, 1910, S. 202 ff., bes. Anm. はこれと異なる見解を採っている。
　トーマは，イェリネクの出した事例は，単に倫理規範と一致しない著しく不条理な法 (jus iniquum) にすぎないと解している。そうなると，正義思想の中に独立の価値を認めるつもりなのだろうか，あるいは，それを諸価値のヒエラルヒーに整序し，例えば包括的で倫理的な潜在力のごときものからこの価値を導き出すつもりなのだろうか，ということについて議論できるかもしれない。しかし私はいずれにせよ，ある種の変容がどうして起こったのか，どうしても理解できない。なぜといって，正義思想はどのようにして発生しえたのかということを引合いに出すつもりがないのであれば，このような変容は法理念そのものを一種の倫理的な理念だと決めつけることとなるからである（最近でも例えば，*M. E. Mayer*, Rechtsphilosophie in der Enzykl. D. Rechts- u. Staatswissensch., herausgeg. Von Kohlrausch-Kaskel 1922, S. 79 は再びこのように解している）。――しかし，この〔トーマの〕ような方法に独自の意義を認めるならば，私見によれば，法定立の権限をもつ国家機関が，それらに置かれた共同体の信任を正当化し，《法》秩序を創出した，というごく普通の例からは，立法者による法の破壊，つまり，法理念とはまったくもって一致しえない行為などというものはおよそありえず，〔そのような行為は〕端的に公平性に対する重大な違反と称しうるにすぎないのだという結論を導き出すことはできない。その際，実際には法理念と公平性との間にどのようにして区切りがつけられるのか，これら両者は対立関係にあるのか，相互に重なり合い，相互に包括する関係にあるのか，あるいは二つの交差する円の関係にある，と考えられなければならないのか，その結果，《不公平なるもの》は，また同時に《正義に適っていない》ことになりうるのではないか，ということについては，ここではまったく不問のままにしておいてよかろう。ヒエラルヒー的関係の趣旨では，*Max Rümelin*, Die Billigkeit im Recht, 1921, S. 58 を参照。公平性の概念を倫理的な問題とするものとして，*Jung*, Archv. F. Rechts- u. Wirtschaftsphilos. Bd. 17, S. 584 Anm. 35a を参照。今日ではさらに，*Binder*, Philosophie des Rechts, S. 396 ff. も参照。私見によれば，それどころか，もしかすると法理念が倫理性の要請と対立するに至る可能性さえある。例えば，公平ではあるが，それでもやはり極めて非倫理的な裁きとして，『列王記上』第 3 章第 25 節参照〔次頁の訳註〕，およびしばしば「正義が行われよ，〔そして〕世界が滅びるがよい (Fiat justitia, pereat mundus)」という命題と結びつけられる意味も参照。
　しかし，この問いとは異なる問い，すなわち，基本法律に基づいては測られないそのような法の破壊が，なお法学的な考察の領域にあるのか，またそのような破壊は《メタ法学的》な性格のものなのか，という問いも，未解決のままである。私見によれば，法とそれに守られる目的を評価すること，〔また〕法理念と法の実定的な表れの関係を解明すること，等々によって，学問的なイメージの一体性を保証するためには，実際の《法》の考察でさえ，結局のところ，実定的規範の素材の域を出てしまうことがあるし，またそうでなければならないのである。――トーマはさらに次のように異論を唱える。すなわち，法の独立性ということはありうるとしても，「何らか特定の法の一部が，法的な必要性があるということから，国家の規範制定権によって改変されることのないよう，守られていなければならない」という帰結は依然として出てこない，と。この異論に対しては，次のように指摘できよう。すなわち，私見によれば，これらの事例

〔イェリネクがここで述べているような〕単に投げかけうるにすぎないこのような問いを肯定すれば，その結果として，内容的に恣意的な法秩序を形容矛盾(contradiction in adjecto)と観念することができないこととなり，既存の法秩序が——内容的に恣意的だという理由で——もやは正当にこの〔法秩序という〕名称を使う根拠がなければ，革命の権利を最後の法的な応急処置として受け入れることになる[(65)]。

において問題となっているのは，もはや，禁じられている法定立ではなく，不法(ウンレヒト)，つまり法でないもの(ニヒトレヒト)なのであり，それは，たとえ当該条項が事実上は施行されることになるとしても，決して法とはなりえないものなのである。——さらに最後に，第三の問いは，法の独立性ということを承認し，および正義思想を《法学的な》考察の範囲内に取り入れる際に，国家の諸機関に無制約の法改正権限を認めるべきか否か，という点である。そしてここで——投げかけられたこの問いに対する答えかたには〔トーマとは〕違う点があることを措くとすれば——，ここで述べたことは，トーマが次のように強調していることと軌を一にするところがある。すなわちトーマは，この問いで重要なのは，「改正するに適した」事実を経験的に認識することだとするのである。とはいえ，この問いで決定的なのは，私見によれば，国家意識の強さというよりは，むしろ，国家思想を体現している諸機関への一世代の信頼である。

以上のような詳論の趣旨において，さらにライヒ裁判所裁判官協会の会長によってまとめられた決議を参照。この決議は，抵当権の切上げの禁止が計画され，そうこうしている間にそれが実施されたことに反対してなされたものである(Jur. W. 1924, S. 90)。この決議では，特に次のことが謳われている。「信義誠実というこの思想は，個別の法律の外，つまり個々の実定法上の規定の外にある。法秩序という美称を受けるに値する法秩序は，すべからく上記の〔信義誠実の〕原則なくしては存続しえない。それゆえに，立法者は，信義誠実を有無(カマーゲリヒト)を言わさず要求することになる結果を，自己の発する鶴の一声によって，無に帰せしめているようなことがあってはならない。」この決議は，——補償拡大命令を憲法に適合するとして是認した1924年2月22日の大法廷決定，および，第三次緊急租税命令を有効と宣言した1924年3月1日の民事連合部判決にもかかわらず，——内容の上ではまだ否定されていない。なぜなら，ここではライヒ裁判所は，係争問題に対する根本的な態度表明を回避しているからである。Entsch. d. RG. in Zivils. Bd. 107, S. 320 f. (S. 325 は Beschluss vom 25. Januar 1924, Bd. 107, S. 315 f. と関連づけているが，この関連づけはどうみても〔ベルリーンの〕上級地方裁判所(カマーゲリヒト)に向けられた説示にだけ及ぶものであって，そこでなされている一般的で原則的な説示にまでは及ぶものではないようである)，および Bd. 107, S. 370 f., insbes. S. 376 を参照。それ以前の判例では，さらに RG. Bd. 100 S. 132 また近時の文献としては，*J. Goldschmidt*, Gesetzes-dämmerung in Jur. W. 1924, S. 245ff. も参照。

〔訳注〕 これは，同じ家に住んでいた二人の遊女が産んだそれぞれの子のうち一人が死に，どちらの遊女も「生きている子がわたしの子だ」と主張して争った裁判で，ソロモン王が命じたという言葉を指しており，「生きている子を二つに裂き，一人に半分を，もう一人に他の半分を与えよ。」とされている(『聖書　新共同訳』旧616頁)。

(65)　例えば国際法にとっては，このような条項は実際に法的に重要であるが，ここでは，3つの例だけを示してこのことを説明するにとどめる。たしかに国家は，個々人の

国籍の得失に関する要件を自由裁量で決める排他的権限を有している。しかし同時にこの権限は，国籍の強制取得と結びつけることが許される要件を〔国家によって〕恣意的に選択することはできないという限りで，国際法上制約されている。例えば，ある国家が，他の国々に対する人的支配領域を確定に際して，直接または間接に(出自)属地ではなく，例えば言語とか信仰といった他の規準を基礎とするような場合が，これに当たるであろう。例えば，パレスティナにおけるシオニズム運動が実現され，その結果，ある法律ができて，地球上のすべてのユダヤ人がこの国の構成員であることが宣言されるというようなことを想定した場合，このような布告は，——少なくとも今日通用している法の見方からすれば——国際法上何らの通用力も要求することはできない。これについては，*Zitelmann*, Internationales Privatrecht, 1897, Bd. 1, S. 170; *Triepel*, Virtuelle Staatsangehörigkeit, 1921, S. 31; *Leibholz*, Staatsangehörigkeit und Naturalisation im Wörterb. d. Völkerrechts, herausgeg. von *Strupp*, Bd. 2, S. 589 を参照。

さらに，次のような指摘がなされたことも正当なことである。すなわち，国法学においてと同様に(すでに，*Gerber*, Grundzüge eines Systems des deutschen Staatsrechts, 1869, S. 39 を参照)，国家転換の問題，つまり旧国家秩序の下で取得された一定の諸権利が承継国家秩序によって維持・保護されるのか，という問いに際しても，本文で述べた考え方に注目すべきだということである。すなわち，国際法の通説の主張によれば，そのようないわゆる《既得権》が，承継国家の法の見解と内容的に一致するならば，これらの権利は原則として不可侵であるとされている。それに対して，これらの権利が承継国家の公序(Ordre public)と抵触するならば，権利は公序に服しなければならず，〔承継〕国家は，これらの権利を廃棄する権限を有する——もとよりこの国家が，それらを命令するにあたって，恣意的なやり方をせず，かつまさにそうすることによって，その行動が国際法にも違反しないことが前提であるが。それゆえ，この《既得権》という概念は，一般的効力をもつように規定することはできず，これらの既得権の保護は，単に相対的なものでしかありえない。なぜなら，恣意の概念が変遷しうることに伴って，ある国の公序のもつ課題についての見方も，絶え間なく発展し続けていて，きっぱりと固定することはできないからである。この点については，*M. Huber*, Staatensukzession, 1898, S. 57; *Pillet*, Principes de droit international privé, 1903, S. 510 ff.; *Triepel*, Archiv f. öffentl. Recht Bd. 40, S. 348 ff., insbes. S. 365; *Guggenheim*, Beitrag zum Problem des Staatenwechsels(私は原稿の形で入手している), S. 141 ff. を参照。——このことは，革命後の法秩序によって〈獲得された権利〉(jura quaesita)〔＝既得権〕の保護にも準用される。*Beling*, Revolution und Recht, 1923, S. 36 ff. を参照。

そのほかさらに，人々に国家領域からの退去を命じる(国外退去)国家の権限は，国家の退去命令を裏づける根拠が《恣意的に》選択されたものであってはならないという限度で，国際法上制約されている。追放の根拠について，特に，根拠を網羅的に列挙することは不可能であることについては，例えば，*Fleischmann*, Fremdenrecht, Ausweisung im Wörterb. d. Völkerrechts, herausgegeben von Strupp, Bd. 1. S. 335 f. を参照。

最後に，ここでさらに，協商国と東欧の小国〔次頁の訳註〕の間で1919年の平和条約に続いて締結された少数者保護条約にも注目しておくべきであろう。これらの条約には，法律の前の平等という条項さえ明文で盛り込まれている。例えば，チェコ・スロヴァキアと協定された少数者保護規程第7条，ユーゴスラヴィアと協定された同規程第7条，ルーマニアと協定された同規程第8条，ポーランドと協定された同規程第7条(同様のものとして，1922年5月15日のオーバーシュレージエン協定の第67条)。これによって，平等条項は，国際法における少数者の権利にとっても直接的な意義を獲得したことになり，この条項を詳しく釈義することに着手した本文での試みは，同時に国際法上の

これに対して，次のように異議を唱えることもできない。すなわち，過去何世紀のうちに国家思想が根底的に変転した結果として，またこれと結びついてあらゆる権利保護が国家によって独占された結果として，要するに法治国家への発展によってもはや国民が抵抗権を実行に移す余地はない，という異議である。というのは，法治国家思想の諸要素も，それらが形式的な性質ものであるがゆえに，それが保証するのはやはり，せいぜい，実際に法原則にしたがった統治がなされ，判断がなされる蓋然性にすぎず，決してその確実性ではないからである。権限濫用の可能性は，ここにも存在する——しかも，国家制度一般に，あるいはその憲法にその度ごとに与えられる信頼や評価とはまったく無関係に存在するのである[66]。しかし，とりわけ注目すべ

少数者保護にとってもひとつの貢献である。これについては，以下のものを参照。*Fouques-Duparc*, La protection des Minorités, 1922, S. 221 f.; *Lucien-Brun*, Le probléme des Minorités, 1923, S. 151/52; Denkschrift der Deutschen Regierung a. a. O. betr. Die deutschen Ansiedler in Polen S. 25 f.; *Rukser*, Jur. W. 1924, S. 1297.

〔訳註〕 ここにいう「協商国」とは，イギリス，フランスなどを指す。また，「東欧の小国」（原語は ost- und südostlich gelegene Staaten である）とは，チェコ・スロヴァキア，ルーマニア，ユーゴスラヴィア，ポーランドのことである。

(66) まったく同趣旨のことを述べるものとして，例えば，*Rehm*, Staatslehre a. a. O. S. 201. ただ，権利保護制度として，あらん限りの実質的な欲求を抵抗権によって通させるための普通の手段——例えば，モナルコマキの説くような意味における——としては，このような権利は，もう過去のものであって，二度と再び戻ってはこない。まさに，ヴォルツェンドルフが詳論しているところ（*Wolzendolff*, Staatsrecht und Naturrecht in der Lehre vom Widerstandsrecht des Volkes gegen rechtswidrige Ausübung der Staatsgewalt in den Untersuchungen zur deutschen Staats- und Rechtsgesch., herausgeg. von v. Gierke, 1916, S. 515 ff.）によれば，立法機関を法的に拘束するという帰結を導き出すことは，法治国家においても可能であるとされる。というのは，ヴォルツェンドルフが正当に指摘しているように，国民の抵抗権という思想は，単に典型的に自然法的な意義に留まらない，まったく一般的な意義をもっており，そればかりか，まさにこの思想とドイツ法史との関連を有しているからである。ドイツ法史は，いかなる支配も法と倫理に拘束された支配と見なし，支配権力が濫用して行使されるならば，ほかならぬ「法と正義を保持するために」こそ抵抗権を認めている。もっとも，ヴォルツェンドルフ自身は——そして，彼のみならず支配的な国家学もそうであるが——，法治国家については——私見では十分な根拠もなく——抵抗権を否定するに至っている（a. a. O. S. 489, 534）。たしかに，法の破壊を是認する法秩序などというものは自己放棄することである。しかし，ここで問題となっているのは，《法の破壊の権利》などというものではまったくなく，明白な法の破壊に対して，より良い法を対置させる権利なのだと言えよう。その際，この権利を前国家的なものと見なすのか，それとも，国家と法を相互に対等の力だと見なすのかは，どうでもよいことであろう。——それゆえフランスでは，一部ではごく最近に至るまで，抵抗権論が説かれる。*Jèze*, Les principes généraux du droit administratif, 1904, S. 177 および

きことは，法治国家思想それ自体が，議会による統治が厳格になされている諸国において，立法と執行の間の同質性が存在する必要性によって，すでに危険に晒されており，また実務においては，広範な授権法律が創られることによって，権力のある程度の一体化が生じ，それが，権力の分離の原理を逆転させてしまうのに好都合になっているということである。

第3節　平等保障の実質的内実

　すぐ上で投げかけた問いについて，本書で詳しく検討する必要はないが，それは，われわれの考えでは，法律の前の平等という命題には恣意的な規範定立の禁止が含まれており，それと同時に，この〔法律の前の平等という〕原理はすでに，憲法にとって法命題として承認されているからである。ここにいう恣意禁止が意味するところは，憲法が法理念に拘束されているということ，したがって，それによってようやく考えまとめられた法治国家思想の中にひとつの形式的ならざる要素が導入されたのだということにほかならない。

　恣意概念は，それ自体としては，人間のありとあらゆる行動に関連づけることができる。一般的な特徴として，恣意概念に特有なことは，今日では——恣意概念の元来の語義とは反対に[67]——，その時々に《合理的なもの》，つまり，秩序正しく遵守されるべき法律や規則等々と矛盾する，ということである[68]。恣意概念を法生活に転用するならば，それは正義とは正反対の相関概念であり，法生活の急進的で絶対的な否定を意味する。この意味では，平等条項の意義と内実とは，事実上「法秩序に内在する原理」[69]

　　Duguit, L'état, le droit objectif et la loi positive, 1901, S. 316 f. を参照。
(67)　本質意志と選択意志（Wesen- und Kürwillen）の区別について詳しくは，*Tönnies*, Gemeinschaft und Gesellschaft, 1922, S. 85 f.
(68)　例えば誰かが恣意的に，経営し，教育し，考えるというように。
(69)　*Triepel*, Goldbilanzenverordnung a. a. O. S. 30. これについてはさらに，*Leonard Nelson*, System der philosophischen Rechtslehre, 1920, S. 80 f. を参照。ネルソンは，正義を《人格的平等》と規定し，例えば A. a. O., S. 41 では，この《人的平等》のことを再び述べ，法律（Rechtsgesetz）による特定の階級の人々の《恣意的な》優遇を排除することだと解している。このような理解とは逆に，ネルソンは法律の前の平等の条項を——私見によ

のことである。このことによって，恣意概念は，同時に，自由裁量の概念や〈自由な選好〉の概念から区別される。しかしまたこれら2つの概念は，次のことによって相互に際立っている。すなわち，自由裁量は，常に単に義務に適合したものとして，また何らかの方法で法的に——たとえそれが広く引かれた限界規定によるものにすぎないとしても——拘束されたものとして，運用されることが可能であるが，これと対照的に，〈自由な選好〉の場合には，意思形成が義務に適合したあらゆる考慮から自由に《法の》領域の外で行われる，という点である[70]。今日では，自由裁量は，〔たしかに〕個別事例では恣意的と称されざるをえない場合がありうるが，〔それに対して〕〈自由な選好〉は，法治国家においてはもはや全く何らの存在余地もなく，圧倒的に多くの事例で，恣意的と称さなければならないであろう。

　だからこそ，内容上は別の規律の仕方がなされているのに，同時に，それは〔同じ〕一つの法秩序だと言えるような場合に初めて，それは恣意的秩序なのだと言うことできる，と言われたりするのである[71]。さらにその結果，恣意概念は，正義概念と同じように——そして，このことによって，自然法への逆戻りが回避されるのであるが——これを実質に結びつけられた定義の中に押し込んでしまうことはできない，ということになる。というの

　　れば不当であるが——単に純粋に形式的に，法律の《一般的効力》の単なる言い換えとして把握しつつ，法律がもちうる内容や，場合によってはありうる実定的な具体的発露については述べていない。おそらく Gysin, Die Lehre vom Naturrecht a. a. O. S. 108 もネルソンと同趣旨であろう。

(70)　立法者の用いる専門用語も，このような区別に対応している。例えば，民事訴訟法§§108, 286, 287, 刑事訴訟法§§246, 283（自由裁量）を参照。これに対して実体法では，個別の法領域が相互にはっきり定められていて，国家が広範に個々人の行いに対して無関心であることを宣言しており，そこでは正当にも《自由》（ベリーベン）という表現が使われる。だから例えば所有権者は，《自由》に物に干渉でき（民法典§903），その際，所有権者は完全に反経済的に，しかもその意味でまた恣意的に，行動することができる。しかし法的には，このような事実は重要ではなく，秩序に適った経済のルールに一致した経済活動と同等である。さらに，民法典§§319, 421, 428, 495, 1132, 2181 を参照。

(71)　人間の原始的な共同体があり，そこでは，法的本能がそもそもまだ活発ではなく，浄化された法の見方からすれば，明らかに恣意の統治が権力を支配している，と仮定してみよう。そうなると，そのような秩序は——法的には無関心であるがゆえに——われわれの現代の法的規準で判断する場合であればともかく，やはり恣意的秩序だと称することはできない。著者の見解と軌を一にするものとして，v. Jhering, Der Zweck im Recht, 1879, Bd. 1, S. 347.

は，われわれの法意識では，恣意概念も正義概念の対極に位置するものとして思い描かれているからである。そうなると，恣意概念と結びついている内容は変わりやすいものであり，——比喩的に言えば——，昨日はまだ恣意的ではなかった行為が，今日では恣意的だと呼ばれることがありうるし，その行為はひょっとすると明日や明後日にはもはや恣意的ではなくなるかもしれないのである[72]。この意味で，平等の理念の歴史は，法史，もっと適切に言いかえれば，文化史の一部なのである。

　しかし，これが事実だからといって，そこから，恣意概念の法学的な意義に反対する論拠を導き出すことはできない。たとえどんなに実証主義の考え方に染まった法の考察であっても，抽象化された法命題をもってしては，今日これほど極めて分化した生の形態の多様性を正当に評価することは決してできない，ということを認めないわけにはいかない。このような必然的な自己抑制は，諸概念を法秩序の中に取り入れるという方法で行われるのが通例であり，それらの概念によって，言葉では表現できない生の諸要素が関連づけられ，そうすることによってそれらの要素が実定法秩序の構成部分になるのである。このことが可能なのは，立法者自身が，信義誠実，善良な風俗，あるいは公の秩序，公益[73]といった，ひとつの確かな規準をもってしては内容的に詳細を規定することのできない諸概念——しかしこうした概念が法学的な現実性をもっていることもやはり疑いえない事実である——を直接に参照することによって，あるいはまた，立法者が，そうする代わりに，もう一つ別の表現，ここでは例えば平等のようなさらに無色透明の表現——その意味や意義は詳細な探究によってはじめて突き止められるものである——を

---

[72] *v. Jhering*, Geist des römischen Rechts auf den verschiedenen Stufen seiner Entwicklung, 1874, Bd. 2, Teil I, S. 96 も参照。いわく，「法的不平等と法的相違との区別は，単に理念において根拠のあることであるだけでなく，事実として諸国民の感情の中に息づいている。もとより，この区別を適用するにあたって，諸国民によって考え方が非常に岐れる可能性がある。今の時代にとって内的および外的な根拠によって必要とされる法的相違と見えることでも，次の時代にはひょっとするとそこに法律の前の甚だしい不平等があるとされるかもしれないのである。」

[73] ほかならぬこの公益という概念が変わりやすいものであること，およびこの概念が遂行される際の形式については，*Fleiner*, Einzelrecht und öffentliches Interesse in der Festgabe für Laband Bd. 2. S. 1, 32 ff. を見よ。

用いることによってである(74)。ここではっきりと明らかになるのは，純粋に規範ドグマーティクによる考察によっては，法に欠かせない，法の中に現存し作用している諸力のイメージを真に余すところなく得ることは決してできないであろう，ということである。それは，実定法が自らを柔軟に維持し，かつ人を引きつける力を保ち続けるためには，実定法の直接的な領域の外にある諸力にも関連づけなければならないからにほかならない。

このような基本的な立場からすると，人口に膾炙した次のような学説は受け入れられないこととなる。すなわち，恣意と法とをひとつの形式的な規準によって，つまり，規準を通用要求の方法に合わせることによって，分かたんとする学説である。規範が一般的拘束力を有し，権力者をも拘束するものである以上，問題は法の概念にかかわるのに対して，他方で，規範が，形式の点で単に主観的な重要性をもつものにすぎず，規範を定立する機関ではなくただ規範に服す個々人のみを拘束するものであるならば，〔法の概念とは違って〕恣意概念のほうは疑わしいものだとされるのである(75)。そうなると，内容的に恣意的な法秩序の可能性が肯定されるだけでなく，同時に次の点も否定されることになる。すなわち，個別事例を手掛かりにしてなされる，継続的に拘束することを予め考慮しない規範定立であっても法的なものでありうるし，あるいはこの趣旨からすると〔裁判所の〕決定も法的なものでありうる，という点である。そこで，たちまち明らかなことは，法を定立する機関は，法を適用する機関と同様，たとえ，それらの機関を拘束しない命令の内容に，そのような純粋に主観的な考慮が働いているとしても，不公正で違法な行動をすることもできるし，公正で実定法秩序に則って行動することもできる，ということである。とはいえ，例えばある裁判官が，たしかにすぐ上で示したやりかたで，ある決定を下し，しかしその決定が，実定法

---

(74) 同様のことは，当然のことながら，他の分野にも妥当し，私法については，「事実上の支配」という概念（これについては，多くのものがあるが，例えば，*M. Wolff*, Sachenrecht, 1923, S. 16）が参照されるべきであろうし，刑法については，ドイツ刑法典§43の意味における「実行の開始」を含む実行行為と無処罰の準備行為との区分（これについては，例えば *Frank*, Das Strafgesetzbuch zu §43, 1924, S. 83; Entsch. d. RG. in Straf. Bd. 51, S. 342）が参照されるべきであろう。
(75) 例えば以下のものを参照。*Stammler*, Rechtsphilosophie §§43-48. 最新のものとして，*Graf Dohna*, Die Revolution als Rechtsbruch und Rechtsschöpfung, 1923, S. 12.

秩序に反してはいても，結果的には，公正かつ衡平な決定であった場合，その裁判官の行いを恣意的だと称しうるか否かということについては，議論の余地がある(76)。しかしこれに対して，たしかに判断者の単なる思いつきから生じた判断であっても，それが結果として現行法と完全に一致する場合には，その判断は恣意的行為であり不法だ，という烙印を押すことは，やはりできない。このような結論は，それ自体矛盾に満ちたものであるとはいえ，上述の学説から引き出すことはやはりできないものであり，この結論からはっきりと分かるのは，〔決定のもつ〕内容に言及せずして（もっとも広い意味での）決定の恣意性について言明することは決してできないということである。そうなれば，ただ単にその時々に個別の事例のためになされる規律は，たとえこの規律に客観的な一般的拘束性が相応しくなくとも，そして，独裁者が——それがひとまとまりの者たちで構成されているか，たくさんの人たちで構成されているかはともかく——，いつでもこの規律を変更したり廃止したりする権限をもつことになっても，このような規律は，法という評価を与えざるをえなくなる。ただ，その際の前提となるのは，その規律が内容的に見て法であることが明らかになるか，あるいは，その決定が現行の法秩序と一致していることである。制定法が欠けている場合には，先例がつねに特別な役割を果たすが，それは，同一のまたは類似の事実状況があれば，すでに下された決定から逸脱することは，新しい決定が内容的に正しくなく，それどころか恣意的なものとなるような場合でなければ，可能ではないからである。

　ところで，ここでは正しくないことと恣意的であることが区別されていたのだし，これら二つの概念は，特にシュタムラーに代表される学説とは違って，可変性のある内容をもつものとして観念されるのだとすれば，それに対しては，このような〔二つの概念の〕区別は法論理的にみて正当ではない，とする異論には十分な根拠があるといえる。というのは，法の理想に比べれば，あり得る命題としては，この規準と一致している命題か，それと抵触する命題かのどちらかでしかなく，そのどちらからも独立した第三の道はあり

---

(76) これについて詳しくは，後述89-90頁を見よ。

えないことになる。そうなれば，要するに問題となりうるのは，純然たる量的な違い，つまり，どの程度誤りがあるのかということだけなのである。しかしこの趣旨からすると，個々の命題の間の区別をすることができる。すなわち，正しくないとはいえ，たしかに客観的に根拠のある命題と，まったく正当化しえない命題との区別である。前者は，例えば，次のような場合であろう。つまり規範の表現様式があまりにも広すぎるために，事実が異なっている結果として平等に取り扱ってはならないような事実にまで及ぶ場合，あるいは逆に，表現様式があまりにも狭すぎるために，それ自体としては等しい評価に服すべき事例なのに，その規範によって把捉されないような場合である。〔しかし，〕このことを確認することは，つねに単なる法政策的な意義しかもたない。他方，後者については，規範の中で決定的なものと考えられる規準についての合理的な根拠がまったく見出しえない場合，法命題が規範化している要件が，それと結び付いている法的効果とまったく一致しない場合，当該規定とその規定によって追求される目的との間の内的な関連性がまったく存在しない場合，あるいは，そのような内的な関連性はたしかに存在するが，それがまったくもって不十分な関係にある場合——こういった場合には，この規範を恣意的な規範と特徴づけることができる[(77)]。その際には，当然のことながら，これらのうちのどの趣旨で恣意的なのかを確認することすら困難を伴うような限界事例が生ずるのは不可避である。

正しくないことと恣意的であることをこのように区別することは，合目的性の考慮によって正当化される。人間のつくる制度はすべて不完全なものであるという認識があれば，法理念をその時々に法秩序の中で全体的に把握したいという要求を実現することは断念せざるをえないが，しかし他方で，近

---

(77) 特に以下のものを参照。*Burckhardt*, Kommentar a. a. O. S. 65; *Lampert*, Das schweizerische Bundesstaatsrecht, 1918, S. 42; Denkschrift der Deutschen Regierung betr. Deutschen Ansiedler in Polen a. a. O. S. 25; *Triepel*, Goldbilanzverordnung a. a. O. S. 30. またすでに *v. Jhering*, Zweck im Recht, Bd. 1, S. 351 は次のように指摘していた。すなわち，「この［立法権の］濫用がすべて恣意というわけではなく，それゆえ，拙劣な法律，瑕疵ある法律であっても，まだ恣意的な法律ではない。われわれが，後者の表現を用いるのは，法律の規定が，われわれが法というものについて心のうちに抱いている一般原則，あるいは，立法それ自体ですでに実現された法の一般原則と一致しない，ということを言わんとする場合のみである。」

時，自由法学派によって再び盛んに要求されていること，つまり，法理念を擁護するために，法律の命ずるところを変更する権限を裁判官に付与しようとする要求に，賛意を表明するわけにもいかない。というのは，そうなれば，法的安定性とか安定的で統一的な法の仕組みといった，国家生活にとってなくては困る不可量物（Imponderabilien）は，犠牲に晒されることになるだろうからである(78)。つまり，〈権利＝法意識〉というものは，生き生きとした一体のものであるにもかかわらず(79)，時として，純粋に認識論的に見れば，十分な確かさをもって確認されないことが多い。特に現在においては，統一的な〈権利＝法意識〉がしばしば政党や階級等々による拘束によってよく曇らされているため，ごく若干の事例においてしか――特に，ほかならぬ恣意行為の場合にはそうであるが――，十分鮮明な形で外に現れ出てこないだけに，なおさらのことである。

　平等の要請を恣意の禁止に限定することは，以上のような実際的な考慮から正当化されるのである。つまり，もしこのような結論を引き出すつもりがなければ，例えば，〔ライヒ憲法〕第109条第1項について判決を下す最高裁判所――このような裁判所が仮に存在しているとしての話であるが――は，判決や処分が《正しく》ない，したがって平等条項を侵害する，として上訴されれば，法的紛争，および行政紛争について決定する権限も有するということになろう。そうなれば実際には，このような裁判所は，本来の立法者にまで格上げされることになるであろう。

　しかしこれ以外にも，概念的には同じものが，法においてはしばしば，合目的性という理由から，異なる法的取扱いに服する場合がある。それゆえ，例えば瑕疵ある国家行為についての学説(80)において，国家行為がその絶対的な無効を回避する際に満たさなければならない前提条件というものが，いくつか列挙されるのが常である。これは，単に取り消すことができるにすぎ

---

(78)　もっとも，検討の過程は，慎重な自由法論者たちが求めていることと部分的に重なるところがある。例えば，*Reichel*, Gesetz und Richterspruch, 1915, S. 142.
(79)　上述52頁も参照。
(80)　これについて詳しくは，*W. Jellinek*, Der fehlerhafte Staatsakt und seine Wirkungen, 1908, S. 54 ff; *Kormann*, System der rechtsgeschäftlichen Staatsakt, 1910, S. 203 ff.

ない国家行為のもつ瑕疵（フェーラー）よりもさらに重大な性質をもつ，欠陥（マンゲル）に関わる問題である。というのは，ここでも，発動された国家権力のあらわれを可能な限り維持し，ただ最悪の場合にだけ，回復不能な無効という欠陥を備えたものとする，という方向へとひたすら努力がなされるのは，当然の成り行きだからである。しかも，学説においては，内容の上での欠陥がどの程度まで行政行為の無効を招来する力があるのか（不能，無意味［!］等々）という問いも問題にされるが，同時にまた——そして，この点が特別に重視されるのであるが——，組織の欠陥（例えば権限）や形態の欠陥という外面的な欠陥に，どの程度まで国家行為の評価への決定的な影響が認められることになるのか，ということも問題にされる。合目的性の考慮に基づいて，量的には異なる重大な欠陥に対してなされる評価に応じて，しかる後に，絶対的な無効原因と，単に国家行為の取消しだけができるような原因とに区分することは，また別の話である。

　しかし，本書で示した平等条項の概念規定にとってとりわけ重要であるのは，スイスと合衆国の判例がまったく同じ方向に動いている，という状況である。スイス連邦の連邦裁判所の決定は，この数十年，カントンの一の法律，決定，処分等々が連邦憲法第4条と一致しているか否かという問題を審査するにあたって，自らの態度決定を，取り消される国家行為が正しくないのはどの程度かということに掛らしめていた。連邦裁判所の裁判では，国家のそのような行為が内容上《正しくないこと》が明らかになっても——例えば，ある法律が，異なる人的集団を別異に取り扱うことを定めていて，そのような別異取扱いは，限定が広すぎるか狭すぎるかのゆえに，部分的にせよ理由がないような場合などがそうであるが——，それだけはまだその国家行為を憲法違反とは宣言されず，国家の統治権（インペーリウム）の発動が，《一般的な法観念》とまったく両立しない形でなされる場合，あるいは，連邦裁判所が直截に述べている周知の言い回しを用いて言えば，その行為が《恣意的》である場合に，はじめて憲法違反と宣言されるのである[81]。そうなれば，単なる《正

---

(81) これについては，例えば，以下のこの数年の連邦裁判所の裁判を参照。BGE. Bd. 40, I, S. 269 ff., 344; Bd. 41, I, S. 10, 248, 356 ff.; Bd. 43, I, S. 11 ff., 178 ff., 249; Bd. 44, I, S. 9; Bd. 45, I, S. 9, 26, 32, 134 ff., 262; Bd. 46, I, S. 102, 292, 386, 397.

しくないこと》の事例では，国家の措置が《正しくないこと》は確認されたが，この措置はまだ連邦憲法第4条と両立しえないほどの恣意的な行為を含むものではない，という理由づけを用いて国法上の異議申立てが却下されることになるのは，筋が通っている[82]。

このような思考は，アメリカの判例においても，同じような仕方で，明確に示されていた。アメリカにおいても，裁判では，平等条項の実務上利用しうる表現方法が追求され，最終的には，スイスと同じ結論に至った。再三再四引用される標準的決定において，文字どおり次のように判示されている。「次のことは，明らかである。すなわち，区分(classification)という事実だけでは，ある法律を修正第14条の平等条項の射程から解放するのには十分ではなく，すべての事例で，単に一つの区分が設けられたということだけでなく，その区分が何らかの合理的な根拠に基づくものであって……，単なる恣意的な選別でないことも，明らかでなければならないということである。」[83] あるいは，別の決定から引用すれば，いわく，「法律は，区分する権限の適法な行使ではなく，何らの合理的な根拠にも基づいておらず，まったく恣意的であり，法の平等保護を否定するものである……。」[84] こう見てくると，合衆国の判例によれば，選択された区別のメルクマールが「まったく恣意的であるか，度が過ぎているか，あるいは気まぐれ」である場合[85]か，「選択する権限の明白な濫用」に関わる場合[86]，あるいは，そうでない

---

[82] 例えば，BGE. Bd. 46, I, S. 150 を参照。また例えば，Bd. 45, I, S. 339 も参照。
[83] Gulf, Colorado and Santa Fé Railway Co. v. Ellis 165 U. St. Rep. 150, 165.〔この判決を〕引用するものとしては，例えば，Magoun v. Illinois Trust and Savings Bank 170 U. St. Rep. 283, 294.
[84] Connolly v. Union Sewer Pipe Co. 184 U. St. Rep. 540, 563. 非常に膨大な判例のうち，同じ趣旨を述べるものとして，例えば以下のものも参照。Covington and Lexington Turnpike Road Co. v. Sandford 164 U. St. Rep. 578, 596; Yick Wo v. Hopkins 118 U. St. Rep. 356, 369; Missouri, Kansas and Texas R. R. Co. v. May 194 U. St. Rep. 267; Bachtel v. Wilson 204 U. St. Rep. 36, 41; Ozean Lumber Co. v. Union County National Bank of Liberty 207 U. St. Rep. 251, 257; Watson v. State of Maryland 218 U. St. Rep. 173. そして，この数年の判例（1921年）からは，例えば次のものを参照。Truax et al. v. Corrigan 257 U. St. Rep. 312, 337; Crescent Cotton Oil Co. v. State of Mississippi 257 U. St. Rep. 129, 138（最後の2つの決定の引用は，The Supreme Court Report, Cases, Argued and Determined in the United States 1923, Vol. 42 に依拠している。）
[85] American Sugar Refining Co. v. Louisiana 179 U. St. Rep. 89, 92.

としても同種の言い回しになっているような場合(87)にのみ，平等条項の侵害だと言うことができることになる。逆に，その《区別》(distinctions)が，具体的な事例において「立法目的との関連」を明らかに示しているとか，あるいは，「このような区分がなされる事項に関して」(88)何らかの内的な関連が存在している場合には，上記のような違反を語ることはできないのである。

　国家権力のすべての活動には——たとえそれが連邦立法の活動であっても——この原理に即して，枠がはめられるのである。その際，裁判では，この原理を適用すれば生じる立法権に対する危険が見誤られることはなかった。だからこそ，「州の裁量と賢慮は幅広い射程」(89)を有するものであることが再三再四指摘されるのである。そして，判例は，このような理由から，次のように結論に達する。すなわち，「物や人を含めたり排除したりすることの論理的な妥当性」を求めることはできないし，「無分別で，不平等で，かつ度が過ぎた立法」であっても守られなければならないということである。いやそれどころか，このような結論は，連邦最高裁判所のある決定の中で次のように説示されている。「州の法律の過酷さ，拙策さ，あるいは不正義は，……そうした法律の憲法上の有効性に反対する根拠ではないことは，ほとんど言うまでもない(90)。」

　集合利益と個別利益の相互矛盾の中でそれら両利益に折り合いをつけようとする営々たる努力は，《ポリス・パワー》を限界づけるにあたって特に明らかになった。この言葉を，少なくとも警察権（ポリツァイゲヴァルト）という語で翻訳してはな

---

(86) Connolly v. Union Sewer Pipe Co. 184 U. St. Rep. 540, 570. さらに San Diego Land Co. v. National City 174 U. St. Rep. 739, 754 も参照。
(87) 学説では，例えば *Willoughby*, The Constitutional Law of the United States, 1910, Bd. 2, S. 886 f. を参照。
(88) Truax et al. v. Corrigan 257 U. St. Rep. 312. さらに，Gulf, Colorado and Santa Fé Railway Co. v. Ellis 165 U. St. Rep. 150, 165（差異の中には，試みられた区分に対して正当かつ適切な関係を生ずるものもある）．
(89) Magoun v. Bank（上記を見よ）170 U. St. Rep. 283, 293; Gundling v. Chicago 177 U. St. Rep. 183, 188 も参照。
(90) Mobile County v. Kimball 102 U. St. Rep. 691.「人や物を正確にまたは科学的に排除したり含めたりすること」である必要はない。以下に挙げる決定は，このように解している。Connolly v. Union Sewer Pipe Co. 184 U. St. Rep. 540, 568. さらに，Heath and Milligan Mfg. Co. v. Worst 207 U. St. Rep. 338, 354.

らないのは，ポリス・パワーの概念は，わが国の近代の警察概念よりもはるかに広く及び，立法権の大部分をもカヴァーする概念だからである。一般的に言って，ポリス・パワーの課題が，「公共善と一般の福祉のために」[91]配慮することであれば，それによって，各州の立法者に認められる余地は，非常に広範に及んでいることになる。ポリス・パワーの限界は，憲法上保障された個人の諸権利，したがってとりわけ平等（equality）の原理[92]のみであり，ここで決め手となる規準を提供するのは，合衆国の法において[93]総じて[94]一つの重要な役割を果たしている合理性（reasonableness）の原理[95]である。

　外国法において，平等の保障から導き出される恣意の禁止は，ひとつの，しかも非常に重要な実務上の意義を果たしているのであり，この事実によって，非常によく唱えられる次のような異議は論破される。すなわち，法律が憲法に適合しているかどうかを審査するための確実で客観的な規準を裁判官の手に委ねる確固たる定式が欠けているために，立法者の自由裁量を事後審査する権限はそもそも否定されなければならないとする異議[96]である。と

---

(91) *J. Story*, Commentaries a. a. O. Bd. 2 §1954, S. 701; *J. Kent*, Commentaries in American Law, 1896, Bd. 2, S. 340.
(92) このような趣旨では，スイスの連邦裁判所の決定 BGE. Bd. 45, I, S. 133 ff. も参照。
(93) ハチェック（*Hatschek*, Englisches Staatsrecht, 1906, Bd. 2, S. 507 ff.）によれば，この原理は，イングランドでも一つの役割を果たしており，警察命令は，それらが合理性の内実をもつかどうかを裁判所によって審査され，それが「明白に不正」な場合には，そのままでは保護されないとされる。
(94) それゆえ，例えばトリーペル（*Triepel*, Die Kompetenzen des Bundesstaates und die geschriebene Verfassung in der Festgabe für Laband Bd. 2, S. 264/265）は，合衆国において法律では定められていない管轄規範の範囲を問うにあたって，アメリカの支配的な学説と一致して，黙示の権力（implied powers）が「合理的な含意によって」憲法それ自身から生じることを指摘してそう述べている。――そして，とりわけエクイティに関する連邦最高裁判所の膨大な裁判で，端的に――イングランドの判例と同様に――「平等はエクイティである」（equality is equity）と判示されている点を参照。
(95) このような原理について端的に語っているのは，*E. Freund*, Police Power, 1904, S. 57 ff. である。この原理は，合衆国では，労働者保護法の憲法上の有効性をめぐる激しい論争にあたって特別な役割を果たした。これについては，*W. Loewy*, Die bestrittene Verfassungsmäßigkeit der Arbeitergesetze in den Vereinigten Staaten von Nordamerika, Heidelberger Diss. 1905, insbes. S. 70 ff. を参照。
(96) シュティーア=ゾムロによれば，裁判官が「正義を直接的に実現しようと試みる」と――ある法規範の内容面での恣意を理由として無効を宣言することもこれと関わるが

はいえ，すでに指摘されているように，あらゆる法は——もとより，もう少し正確に言えば，法のいくつかの分野では，範囲は異なるが——，場合によっては，以下のような流動的で合理的には把握できない限界概念を用いざるをえない。すなわち，例えば《明らかに正しくない》，《完全に目的に反する》，《絶対的に不適当》といった，否定形の言い回しで表現される限界概念である[97]。そして，これらの限界概念が，実務によっても，濫用されて用いられることは決してないことは，周知のとおりである[98]。このことは，次のような事情によるものである。すなわち，裁判官は，まったく主観的に無規律に判断することを許されていて，裁判官自身としてそれは不適当だ，目的に反する，恣意的だ，と思うところにしたがって判断するのだ，というわけではなく[99]，答えられるべき問いは，法命題またはその他の措置が審査されるべき特定の観点からして，それを正当化するのに決め手となる何らかの根拠を突き止めることがそもそもできるのかどうか，というような具合に，まったく客観的に立てられるべきものなのだ，という事情である[100]。

――，「そのような裁判官は，客観的な規準を持ち合わせていないために」必然的に正義に反した行動をとらざるをえない，とされる（*Stier-Somlo*, Das freie Ermessen in Rechtsprechung und Verwaltung, Festgabe für Laband Bd. 2, S. 484/485）。――同じ趣旨を述べている最新のものとしては，*Schoen*, Das Verordnungsrecht und die neuen Verfassungen im Archiv. f. öffentli. Recht 1924, N. F. Bd. 6, S. 156. 行政官庁による裁量行使とは対照的に，立法者による裁量行使に対する裁判官のコントロールの射程がさらに広いことは，異論の余地はない。しかし，そもそも立法者が法に拘束されていることを疑問視するつもりがないのであれば，このような論拠だけでは十分ではない。

(97) 例えば，以下の例を参照。民事訴訟法§319（明らかに正しくない），民事訴訟法§348（状況によっては必ずしも必要でない），刑事訴訟法§349（明らかに理由がない），民法典§560（明らかに十分に），民法典§1717第1項（明らかに不能），民法典§2155第3項（明らかに相当ではない），民法典§2217第1項（明らかに必要でない），商法典§378（明白に異なっている），プロイセン非訟事件法第40条第2項（明らかに無効だ）。

(98) *Schiffer*, DJZ, 1924, Sp. 174 は同意見である。例えば，ライヒ税財務裁判所の決定（[RFHE,] Bd. 5, S. 337）を参照。

(99) したがって，感情法学〔下記訳注〕の非難は失当である。――例えば，ライヒ租税通則法§4の適用にあたってのライヒ税財務裁判所の法創造的な判例が比較されるべきである。ライヒ税財務裁判所の裁判の主たる方向性について概観するものとして，*Becker*, in Steuer und Wirtschaft 1924, Sp. 1005 ff.

〔訳注〕感情法学は，法発見の理論の一つと称されるもので，裁判官は法秩序に直接拘束されずに，もっぱら自己の感情のみに導かれて判断すればよいと主張される。

(100) *Reichel*, Gesetz a. a. O. S. 144 は，これと同じ考え方を，裁判官の人となりに関連づ

このような可能性が現にあり，意見の相違のきっかけとなりうる疑義が存在するならば，法発見の任にあたる人は，たとえ自身の個人的な立場からすれば，命令はまったくの瑕疵だと考えていても——今日の立憲国家・法治国家においてもなお，少なくとも原則的には，異議が唱えられている国家行為は適法だという推定が働くのであるから——，有効性が争われている措置を維持しなければならないことになる。スイスの判例もアメリカの判例も，このようなやり方でなされている。このような態度は，裁判官の認識をある行為の恣意性を審査するということに限定すれば，おそらく総じて必要な態度だといえよう。そのことはアメリカの判例の中で次のように端的に判示されている。すなわち，州の立法府については，「反対の趣旨が法律の文面に現れない限り」，つまり「反対のことが合理的な疑いを越えて示されない限り」，「合法な動機から行動したものと推定しなければならない[101]」。それゆえに，実務上はさまざまな困難があることを指摘することによって，裁判官が立法者の活動に対しても恣意の概念を適用することへの異議を導き出すことはできないのである[102]。

　もっとも，国家の諸機関によって現実化されるすべての恣意的事情が，平等保障に含まれている禁止に含まれるわけではないということに留意するべきである。すなわち，ライヒ憲法第109条第1項が謳っているのは，もっぱら，すべてのドイツ人の平等についてのみであり，この規定によれば，別異取扱いの禁止の対象となりうるのは，何らかの仕方で個人の行いに関わる国家行為のみである。このように理解することは，特に法を定立する諸機関に

けて上記のように表現している。裁判官は「同じ専門領域の，分別のある他の同僚も，同じ事例であれば，自分と同じように行動するであろうし，少なくとも今後は自分と同じように行動するであろう」ということを，確信していなければならない，というのである。*Hare*, Amenrican Constitutional Law Bd. 2, S. 762 ff. も参照。

(101) Gulf, Colorado and Santa Fé Railway. Co. v. Ellis 165 U. St. Rep. 150, 167; Sinking Found Cas. 99 U. St. Rep. 700, 718; Cotting v. Kansas City Yards Co. and the State of Kansas 183 U. St. Rep. 78, 91.
(102) もちろん，こう言ったからといって，誤った判断が出される可能性が否定されるべきでないことは当然である。アメリカの裁判所の，特に法律の審査に関する判例には，〔わが国よりも〕はるかに内容豊富な判例があるが，それらの中で誤った判断がなされた例も決して珍しくない。例えば，*Freund*, Staatsrecht a. a. O. S. 56.

とって重要である。それゆえ，例えば民法の諸規定や平価切上法の命題のように，個人相互の諸関係を秩序づける法律においては，恣意的に別異に取り扱う規範が定立されることも大いにありうる。その事情は，国籍や移動の自由等に関する法律のように，国家に対する個人の特定の諸関係を内容的に規律している場合にもまったく同様である。これに対して，次のような法律であれば，第109条第１項の見地から異議を唱えることは――すくなくとも直接的には――できない。すなわち，例えば，支分邦や自治団体に向けられている法律[103]，あるいは，議会が，立法者としての資格において通常立法の方法で，執行府である政府の法規命令制定権を根拠づけ，その授権を――このことは議論の余地のないものと想定されるかもしれないが――，《もっぱら》議会の構成員から相応の休暇を奪わないためという理由だけで，新たに創設するような法律である。この事例では，〔議会の〕この種の行いは，恣意的で，憲法の一般的な基本思考と両立しないと宣告されることがありうる。しかしやはり，このような行いについては，それが議会による平等保障の侵害だなどということは，およそまったく問題となりえない。そのような委任に基づいて政府によって今後制定される法が個人の権利領域に直接介入してはじめて，このような〔平等保障の侵害という〕理由から第109条第１項に抵触することとなりうるのではなかろうか。

　恣意的な，したがって不平等な取扱いからの保護は，憲法の明文規定からすれば，すべてのドイツ人に与えられているが，この保護は法人にも及ぶ[104]。法人の国籍というものを承認するのであれば，これを承認したということを根拠づけるために，憲法の文言を参照させることができるであろ

---

[103]　これについては，さらに後述146頁注(48)，149頁。
[104]　これと同様のことは，自立的してはいるが権利能力のない，いわゆる相対的法人団体についても当てはまるのであり――スイスと合衆国の判例もこれと同意見である。例えば，次の判例を参照。BGE. Bd. 10, S. 168; *Curti*, Gleichheit a. a. O. S. 99; Pembina Consol. Silver Mining Mill. Co. v. Pennsylvania 125 U. St. Rep. 181, 189. これらの判決でも，合衆国の他の判例（例えば，Gulf, Colorado and Santa Fé Railway Co. v. Ellis 165 U. St. Rep. 150, 154. が引用している判例を参照）とまったく同様に――形式主義的には十分に――述べられているように，平等条項によって法人にも保障されている保護とは異なって，特権および免除の保護は，自然人にだけ関係するが，それは，合衆国では，憲法は，《市民》(citizen)と言っているだけで，端的に《人》(person)とは言っていないからである。

う。しかし，これを認めることを否定し，特に，その規定の文脈に注意を喚起して，規定の文脈からすれば〔こうした規定で憲法制定者が〕理解しようとしているのは自然人だけだということが読み取れるとしても，文言を越えて法人にまで保護が広がる(105)ことは疑いない。というのは，この場合に別異の取扱いを正当化するような根拠はまったく存在しないからである(106)。どうして株式会社や社団は，個々の人間よりも僅かしか平等保護の分け前にあずかれないということになるのだろうか？　それどころか逆に，第109条第1項が与えている保護を法人にも広げるつもりがないというのなら，それこそ平等条項の趣旨に違反し，法的に不平等な行いをしていることになろう，と言わざるをえない。例えば，スイスの連邦裁判所の判例が十分に証左しているとおり，ほかならぬ法人に関してこそ，とりわけ税負担の均等な分配という問題や，場合によっては起こりうる二重課税の問題に際して，平等条項が恣意的な法定立と法適用に対する重要な一手段にまで発展してきたのだということである(107)。

　〔法人についてと〕同じように考えれば，対立する文言にもかかわらず，外国人にも平等な保護が承認される結果にもなる(108)。外国人は，今日，文明

---

(105)　これとは逆に，個人の法的平等に関する条項は，法人，例えば社団に対しても適用がある。その際，平等取扱いの権利が，民法典§35によって保護された特別な権利としてみなされるのか(例えば，*Staub*, Kommentar zum BGB., 1921, §250 Anm. 9; *Egger*, Kommentar zum Schweizerischen Zivilgesetzbuch, 1911, Bd. 1, S. 222 zu Art. 67 を参照)，それとも——民法典の規定とは無関係に——単に一般的な構成員の権利としてみなされるのか(例えば，*v. Tuhr*, Der allgemeine Teil des deutschen BGB., 1910, Bd. 1, S. 513, 554)は，どちらでもいいことである。株式会社での〔株主〕平等原則については，例えば，*Heinsheimer*, Handels- und Wechselrecht, 1924, S. 44.

(106)　この問題は，1871年のドイツ帝国憲法で，〔ドイツ帝国全体に〕共通する国籍を保障した第3条について，学説によって論じられ，さまざまな答えが出されたのと同じ問題である。本文と同趣旨のものとして，例えば，Entsch. d. RG. in Zivils. Bd. 6, S. 142; *Haenel*, Deutsches Staatsrecht, 1892, S. 589, Anm. 9; *Bockshammer*, Das Indigenat des Art. 3 der deutschen Reichsverfassung, 1896, S. 75 f. 異なる見解としては，例えば，*Laband*, Deutsches Reichsstaatsrecht, 1919, S. 48, Anm. 1; *Meyer-Anschütz*, Lehrbuch des deutschen Staatsrechts, 1919, S. 948, Anm. 5 (この注には，上記以外の文献も挙げられている)．第3条の文言を挙げて，法人に国籍を与えることを認めることはできない，とすることは，私見では，十分な論拠にはならない。

(107)　*Burckhardt*, Kommentar a. a. O. S. 77 で引用されている判例を参照。

(108)　この問題でも，同様のことがスイスと合衆国についてあてはまる。例えば，BGE. Bd. 28, S. 328; Steed v. Harvey 18, Utah 367 (*Bouvier*, Law Dictionary, 1914, Bd. 1, S. 1047 で

国においてはもはや，法的な権利を持たない存在ではない。むしろ外国人は，公民である(シュターツビュルガーシャフト)ことによって条件づけられないすべての権利および義務において，原則として内国人と同じ地位にある。どの基本権の規定についても，平等条項について主張する場合と同じほど確信を持って，次のように主張するわけにはいかない。すなわち，平等条項の場合は，これが表現しようとしているのは，国家と個人そのものの関係なのであって，単に自国の市民との関係にとどまるものではない，〔つまり〕平等条項の考え方は個人主義的なものであって，ナショナリズム的なものではない，とする主張である(109)。例えばある法律が，一または複数の外国に属している者たちを，特定の私法上の関係において自国の市民よりも劣位に置きながら，この措置に対する何らかの国際法上の根拠(例えば報復措置)やそれ以外の何らかの決定的な根拠を挙げることができなければ，この法律は国際法に違反するだけでなく，国法上も無効なのである。

このように解釈することは法律の文言を越えてはいるが，そこに共通するのは，恣意行為を被る人たちの権利主体性である。このような考え方は次のように簡潔に言い表すことができる。すなわち，ライヒ憲法第109条第1項の禁止に当たるためには，国家行為は，権利主体を関連対象にしなければならないということである。

そうなれば，ここまでの検討の経過からして確かなことは，法律の前の平等という条項が，立法を含めたすべての国家作用を恣意的な権限行使の禁止によって拘束しているのだということである。もっとも，このことは恣意行為がその対象として(法人を含む)個人の行いに関連づけられているという前提がある場合にのみ当てはまる。恣意の概念自体は，実質的に一義的に規定することはできないし，形式的にひとつの規準によって限定することはできない。《恣意的な法》は，同時に《正しくない法》であり，前者と後者とは，国家による行為(法命題，判決，行政行為)について，およそまったく何

引用されている)を参照。
(109) *Anschütz*, Preußische Verfassungsurkunde a. a. O. S. 102 ff. 基本権全般については，v. *Freytagh-Loringhofen*, Die Weimarer Verfassung a. a. O. S. 295. 異なる見解として，*Hubrich*, Demokratisches Verfassungsrecht a. a. O. S. 202.

の根拠も挙げることができないか，あるいはそうでなくとも，少なくとも最も重要な点で不合理な根拠しか挙げることができないか，というような具合に，純粋に量的にしか区別されないし，しかしまたこの場合，《合理的》ということは，公益とか公共の福祉と同じように，一義的に確定しうるような仕方で定義することもできないのである。

このような趣旨で，すべてのドイツ人が法律の前に平等であることは，次のように定義できる。すなわち，権利主体を名宛人として出された法が，立法者および執行(司法と行政)によって，その時々の〈権利＝法意識〉に従えば恣意的ではないように運用されることである。

この概念規定が正しいとすれば，国家による平等概念のあらゆる表現形式にこの概念規定を関連づけるのを妨げるものは何もない[110]。というのは先に立証したとおり，民主制において作用している諸力は，今日では一層，画一的で型通りの個々人の評価を迫っていて，こうした力は，普通・平等選挙法において顕現するに至っているが，結局はやはり，単に相対的に通用する政治的平等概念の形式ぐらいしか生み出すことができず，およそ特定の歴史的な状況に対してしか通用力を要求できる立場にないのである。この相対性については，今ここで解明したとおりである。ここでも決め手となるのは，〈権利＝法意識〉である。というのは，〈権利＝法意識〉は，政治的平等

---

(110)　ブライスが法的平等(legal equality)と呼ぶもの(*Bryce*, The American Commonwealth a. a. O. Bd. 2, S. 615)は，『近代民主制論』(*ders*., Modern Democracies a. a. O. Bd. 1, S. 68)では，市民的平等と政治的平等とに分解されるが，これも上記の表現形式の一例である。
　　特にフランスの学説は，平等概念を——私見によればあまり成功しているとは思えないが——適用領域に応じて規定しようと試みる。この学説は，非常にさまざまな平等概念の形式を区別し，その際，通例として，法律の前の平等(égalité devant la loi)は，詳細に精緻化されない上位概念を成している。例えば，*Hauriou*, Précis de Droit Constitutionnel a. a. O. S. 103 を参照。オーリウは，社会的平等(égalité sociale)および公務就任の平等(l'égale admission aux places)と並んで，政治的権利の前の平等(égalité devant les droit politiques)，裁判の前の平等(égalité devant la justice)，租税の前の平等(égalité devant l'impôts)，兵役の前の平等(égalité devant le service militaire)を識別する。さらに，*Esmein*, Élements a. a. O. Bd. 1, S. 545 und Bd. II, S. 512 f.; *Lebon*, Das Verfassungsrecht der französischen Republik, 1900, S. 114 f. さらに明確なのは，*Brunet*, Principe d'égalité S. 153 f., 186 ff. である。——わが国でもしばしば，政治的権利の平等は，法的平等と一般的に対置される。例えば，*R. Schmidt*, Staatskunde a. a. O. S. 19, Anm. 1. はそう解している。さらに平等概念を区分するものとして，*Hasbach*, Die modern Demokratie, 1921, S. 275 ff.

概念のその時々の現状を決定し，平等の要請の具体的な現れそのものが，もはやわれわれの〈権利＝法意識〉と一致しないように見えれば，このような現状から通用力を奪うからである。

第4節　恣意概念の詳細な画定

　こうして，恣意の概念規定がスイスおよび合衆国の判例と一致するということを示したが，もしこの概念規定が正しければ，そもそも恣意概念が一定の役割を果たす場面であればどんな場面でも使えるはずである。分野が違えばこの概念が違う方向で規定されるというわけにはいかない。それゆえ以下では，この概念はすでに実務で使われるようになったのかどうか，またそれはどの分野でそうだったのかということを，手短に検討することとする。ここで特に考察の対象となるのは，行政法学で形成発展してきた，自由裁量とその限界をめぐる学説である。この学説は，恣意を構成する要件を詳しく叙述するのに適したいくつかの手がかりを与えるものだと言えるからである。

　恣意概念は，特に(111)いわゆる裁量濫用，つまり，官庁が，たしかに自己の権限の範囲内で活動してはいても，《対内的に》は瑕疵ある活動をするような場合に，一定の役割を果たす。というのは，何らかの行政行為がなされた原因を現実の裁量濫用に帰すべきものとすれば，行政裁判所の裁量統制がものをいうのであり，しかも，ほかならぬ——例えば南ドイツの裁判所のように——自由裁量全般を審査する権限のない裁判所であっても，その事情は変わらないのである(112)。

　ここでの問題は，官庁が，個別事例において，自己の自由裁量を依然として法に従って，それと同時に義務に適うように行使したのか，それとも恣意

---

(111)　裁量の踰越，つまり明示的または黙示的に制定された権限規範の侵害も，官庁の恣意的な行為にその原因を帰することができる場合もあるが，これについてはここでは考察の外に措くこととする。

(112)　この点については，ビューラー(Bühler, Die subjektiven öffentlichen Rechte a. a. O. S. 162 ff.)が引用しているドイツの各邦の行政裁判所の裁判例およびそこでも挙げられているアーペルト(Apelt, Das Königlich sächsische Gesetz über die Verwaltungsrechtspflege vom 19. Juli 1900, 1911, S. 286)のコメントを参照。

的に行動したのか,ということである。「限りない好き勝手によって……決定されるべきではなく,当該措置に対する賛否両論の観点の思慮深い衡量がなされることが前提である。」自由裁量は《恣意》を意味しないのである[113]。ある行政行為が,合目的性の考慮を通じて決められる自由裁量の枠内になおも留まっているか,それとも,恣意的[114]であり,したがって無効であるのか,ということについて解明する基準は何なのかと問われれば,次のように言うことができよう。すなわち,判例の明示の又は暗黙の基礎となっている考え方と,ここでは詳しくは検討しないがそれ自体としてはかなり多彩な学説の成果とが,結局のところ次のような単一の分母に還元できるということである。つまり,例えば,ある行為が,事項に実質的な関係のない動機づけによって支えられる場合には,その行為は恣意的だと称することができる,というような具合である[115]。この場合には,その行政行為の基礎となっているのは,個別事例において自由裁量を用いるための余地を与える授権によって,〔行為の〕規準となるべきことが承認されていない動機なのである。今や,このように動機づけが事項に関係がないのに,今度はそれがさらに依拠することができるような根拠を探求し確認しようと意図することは,意味のないことである。こんなことは,あまり見込みがなく,やっても始まらないことであろう。それに対して,恣意概念は,当然のことながら,事柄に関係のない動機の代わりに,事柄に関係のない目的にも基礎づけることはできる。このことは,まったく同じ意味である。というのは,動機と目的とは互いに相関関係にあって,ただ,動機が本末転倒だと呼ばれうるのは,つねに,同じことが目的についても当てはまり,逆もまた真なり,というような場合だけだからである[116]。

---

(113) Entsch. d. preuß. Oberverwaltungsgerichts Bd. 55, S. 459 を見よ。さらに,Bd. 57, S. 302ff.,およびフリードリヒス(*Friedrichs*, Das Polizeigesetz [Gesetz vom 11. März 1850 über die Polizeiverwaltung], 1911, S. 265)で挙げられている上級行政裁判所の以前の判例を見よ。
(114) しかし恣意(Willkür)といっても好き勝手(Belieben)という意味での恣意ではない(例えば,*W. Jellinek*, Gesetz, Gesetzesanwendung a. a. O. S. 349 はこう解している)。
(115) しかし,私見によれば,その判断にとって,事項とは関係のない動機づけに帰されるべき有責な行いの重大さに違いがあることは,取るに足らないことである。このことについては,後述87-88頁。

フランスのコンセイユ・デタの裁判もこれと同じ方向に動いており，コンセイユ・デタが，《権限濫用》を理由に国家行為を破棄してきていることは，周知のとおりである。このような判例は，裁判官による裁量統制の典型的な事例とみなされ，権限濫用に関する学説は，自由裁量の誤った運用という概念に分類されるのが通例である[117]。しかし，このことは条件付きでしか正しくない。というのは，権限濫用だと言われながら，実は具体的な事例で官庁がその自由裁量を用いる権限がなかった，というような事例が複数存在するからである[118]。例えば，マツュスィエール事件[119]を比較してみられたい。この事件では，官庁は，法律によって《公道線・建築線画定処分》(alignement)，すなわち建設用地と公道の境界画定を付与することを義務づけられていたにもかかわらず，当該建設用地の収用が計画されていて，官庁は，国にとって財政的に有利な方法での収用を準備しようと躍起になっていたために，付与が拒否されたのである。

　実のところ，権限濫用は——官庁による恣意的な行いについてもまったく同様のことが言えるが——法律への覊束の場合に，自由裁量の運用の場合と同じように，考えうることである。ただ，当然の成り行きとはいえ，実務では，自由裁量が役割を果たすところで——したがって主として行政法において——，裁量が誤っていい加減に運用される蓋然性のほうが，恣意的に，法

---

(116) ここでは，目的は，純粋に心理学的な説明原理として機能する。動機と目的が対立関係に立つことについて，方法論的な観点から論じるものとして，例えば，*M. E. Mayer*, Der allgemeine Teil des deutschen Strafrechts, 1915, S. 109 f.

(117) このように解するものとして特に，*v. Laun*, Das freie Ermessen a. a. O. S. 118 ff. そこでは，素材も挙げられている。これについては，さらにテツナーの論駁(*Tezner*, Jahrbuch des öffentl. Rechts 1911, Bd. 5, S. 87 f., 116 f.)がある。また，例えば，*Duguit*, Traité a. a. O. Bd. 2, S. 298 ff.; *Wittmayer*, Eigenwirtschaft der Gemeinden und Individualitätsrechte der Steuerzahler (Staats- u. völkerrechtl. Abhandl. von Jellinek, Anschütz, Fleiner), 1910, S. 229 f. も参照。

(118) このことをヴォトケはすでに指摘していた(*Wodtke*, Der recours pour excès de Pouvoir [Abhandl. a. d. Staats-, Verwaltungs- u. Völkerrecht von Zorn und Stier-Somlo], 1912, S. 87)。いわゆる覊束裁量行為について同じ意見をもつ最新のものとしては，*Tezner*, Das freie Ermessen der Verwaltungsbehörden, 1924, S. 83 f. さらに，*Wittmayer*, a. a. O. S. 234 を参照。

(119) Recueil des arrêts du Conseil d'État v. 12. Jan. 1883. Matussière bei Lebon, S. 32. この事例外の引用が *Wodtke*, Recours a. a. O. S. 82, Anm. 3 にある。

規範が適用されない蓋然性よりも高いのである。この場合に、個別の事例では、実質的に正しくない(狭義での)法律適用、つまり法律違反が存在するのか、それとも恣意的行為が存在するのかの境界をはっきりと決めることは、難しいかもしれない。なぜなら、両者は、同時に生じることがあるからである。例えば、司法において、刑事裁判官が、ある窃盗事件の場合に、判決理由の中で真正の事実関係に従って、被告人の累犯性が明らかになる前科を確認しながら、被告人の人柄の中にある理由から、被告人を単純窃盗のみで処罰するような場合が、これに当たる。それに対して、裁判官が、同じようなやり方で判断しながら、判決理由中でそれに対応する確認を怠った場合には、それは純然たる恣意行為であって、そこに何らかの、技術的にも正しくない(狭義の)法律適用が存在するわけではないのである。

　ここで権限濫用に関する学説が関心を持っているのは、構成要件に該当する事実——その事実が存在すれば、コンセイユ・デタは、ある行為を破棄することになるのであるが——について、コンセイユ・デタが選んだ言葉づかいである。その表現は、学説によって[120]、字義どおりに、あるいはほんの少しだけ言い回しに違いはあるものの、受け入れられており、そこでは次のように述べられている。すなわち、「知事などが、ある目的で自己の権限(今ではこの前に自由裁量の [discretionnaire (?)] という語が付いていることがしばしばであるが)を行使し、しかも、その権限が自身に認められた目的とは異なる動機のためにその権限を行使したことを考慮すると……、命令は破棄される。」この定義は、ドイツ行政法における恣意概念に関して先にですでに確認できたのと同じ定義である。したがって、権限濫用が存在するのは、事柄に関係のない動機づけと目的追求の場合なのである[121]。その際に言い添えておくべきことは、ここでも問題は便宜主義についての異議申立てに関わる話ではなく、コンセイユ・デタが審査しなければならないのは、行われた

---

(120)　例えば、*Hauriou*, Précis de droit administratif S. 290 f.; *Berthélemy*, Élémentaire de Droit administratif, 1923, S. 998; *Aucoc*, Conférences sur l'administration et le droit administratif Bd. 2, S. 531. これら以外の文献は、*Wodtke* a. a O. S. 78, Anm. 1. に挙げられている。

(121)　目的と動機づけとが重なることはよく起こることであるが、それは、同語反復であるから、必要ではない。

合目的性の検討が正しいかどうかではなく，異議が唱えられている〔行政裁判所の〕行為を審査しなければならない場合であっても，例えばこの行為とともになされた裁量濫用だけを審査すればよい，ということである。

　ここで得られた認識は，本質的には，われわれ自身が恣意的と称することのできたことと一致する。つまりそれは，官庁やその他の人の行いであって，それに対する何らかの合理的な根拠を指摘することができないもののことだ，ということである。それというのも，決め手となる動機がなく，事柄に合わない目的が追求されれば，合理的な根拠など到底，発見できるわけがないからである。ただ，このような言い方をした場合の重点は，実際に起きた動機づけではなく，その国家行為が客観的な現状に置かれており，この国家行為は，官庁のありとあらゆる動機づけとは切り離されて，事実上われわれに立ち向かっているのだといえる。普通なら，このように言い方で区別したところで，そこからは何の実務上の帰結ももたらされないであろう。というのは，事実上の濫用がなされる際の動機づけというものは，たいていの事例において，客観的にも持ちこたえられず，恣意的である場合が圧倒的に多いからである。例えば，警察署が，ある警察違反の状態を意図的にきっかけとして利用して，自分が負っている債務をその妨害者に転嫁したりするような場合である。

　しかし，このような結びつきは，当然に必要なわけではない。例えば，〔先の例で言えば〕警察署は，警察上の動機によって，客観的に警察違反の行いをする気を起こさせられることがあるし，またこれとは逆に，例えばその警察署がたまたま，警察違反の動機づけがあるにもかかわらず，客観的には警察違反の行動をしない，というような事例も考えられる。こうした事例については，恣意概念を別の言い方で表現することは，実務上も意義のあるものとなり，その場合には，本書で行なった定義が正当な定義であるように私には思われるのである。

　その他の点でも，法生活においては，どのような動機から，ある主体が法的に重要な行いをする気になったのか，という事実には興味は示されないのが通例である。例えば，私法を考えればよい。私法では，法的効果は，外部から認識でき，または解釈を通じて確かめられるべき意思表示の事実状況と

結びつけられ，ただ例外的な場合にのみ，動機とか内面の意思に対して法的評価のための決定的な影響が認められる。しかしこう言ったからと言って——そしてこの点は，誤解を避けるために，ここではごく一般的に述べるにとどめるが——，行為の外的形式にこの行為を評価するための何らかの決定的な重要性を認めることができる，というわけではないとされる。法という形式においても，不法が行われることはありうるのである[122]。ある行為が恣意的か否かは，〔法の〕文言からはまったく分からない場合もしばしばであるが，ほかならぬそういう場合でさえ，解釈は，それ以外の普通の場合にも増して，それに随伴する状況やそれまでの経緯に関連づけられなければならず[123]，また，とりわけ行為を決定づけている動機づけに関連づけられなければならない。ただ，ここでの問題は，個々の事例において濫用の動機づけを実際に証明しうるのかどうか——これを証明するのは実務上はしばしば不可能に近くさえあるかもしれないが——ではなく，その行為がなされたあらゆる事情を考慮すれば，濫用の動機づけがあったと推論することに根拠があるかどうか，ということなのである。事実上の動機づけではなく，客観的に推論できる動機づけが肝心なのである。

　このことは，法律に拘束されている事例については争い難い。ある機関や官庁が，ある特定の行いを義務づけられていれば，規範を定立し，判断を下

---

[122]　*Bryce*, The American Commonwealth a. a. O. Bd. II, S. 337 も参照。さらに，ドイツ人のポーランド入植者に関する常設国際司法裁判所の1923年9月10日の意見（Publications de la cour permenante de justice internationale, Serir〔B〕No. 6. 本事件では，ポーランドは，ポーランドと協商国の間で締結された少数民族保護条約の第7条および第8条において負っていた義務に矛盾するかたちで，一の法律（1920年7月14日付）を制定した。この法律は，たしかに，法律上の用語としては，《ドイツ系の人々》と《非ドイツ系ポーランド住民》とを区別することを明文上避けていたが，実際には，この法律はドイツ人入植者だけを標的にでき，標的としていた。この意見の中で裁判所が，肝心なことは，「法律の文言が差別的な取扱いを定めることを避けているという意味での法律の前の形式的な平等である」と述べた（a. a. O. S. 24）ことは，まったく正当である。人為的な平等化（égalisation artificielle）も，まさに固く禁止されている。この点についてはさらに，*G. Bruns*, Minderheitenrecht und Agrarrecht in der Jur. Woch. 1924, S. 1305 f. を参照。

[123]　私見では，ライヒ裁判所の裁判（RG. in Zivils. Bd. 68, S. 213）で次のように述べられているのは正しくない。「同権がどのような場合に侵害されているのか，を問題にする場合には，……まったく偶然的な状況については，度外視せざるをえない。」〔当該会社の総会の〕この決定は「その内容からして，特別な状況を考慮することなく，個々人に不平等になされている」〔場合にのみ無効とされ〕なければならない。

し，処分を発しなければならないが，その際にこの行為が，何らかの恣意的な動機によって支えられているか否かは，どうでもよいことである。しかしこれと同じことは，私見では，自由裁量の分野にも当てはまるはずである。例えば，営業法§51により，ある営業施設をさらに操業することが公共の福祉にとって大きな損害と危険をもたらすという理由づけで，所管の行政官庁が，その施設の操業を禁止したとして，その場合に，当該官庁がこの施設の事業主に個人的に嫌がらせをするためにだけ，このような一般的な考慮を口実にしたのだということが異論の余地なく証明されるならば，私見では，処分の発せられた時点ですでに存在していた，この施設の公共の利益にとっての有害性が事実上判明すれば，営業の継続の禁止を恣意的と呼ぶわけにはいかない[124]。前者の場合も後者の場合も「客観的な事実状況がない」がゆえに，恣意行為は存在しないのである。後者の例は，濫用の動機づけの事例には該当するが，そのことによって当該行為が客観的には恣意的なものとなるのでないとすれば，事項に即した動機づけがある逆の事例，および客観的には恣意的としか呼ぶほかない事実には，逆のことが当てはまる。その例としては，学説上も，法律技術上（例えば，ラント行政共助法§127）も，独立した取消理由として機能している事例が挙げられよう。すなわち官庁が，介入する権限のある事実上の前提条件を提示しなかったような事例である。この事例の場合には，官庁は何の悪意もなく行動したのかもしれないが，この行為はやはり恣意的である可能性がある。しかもそれは，客観的に見れば，この行為を正当化する事情を何一つ挙げることができない，という単純な理由からである。

　ただ，この意味では，〔本来は〕行政法で形成された命題ではあるが司法と立法にも妥当する次のような命題は，的を射たもののように思われる。すなわち，国家行為を無効とする宣言は，その宣言がある口実のもとで発せられたという理由だけではまだ実行されてはならない[125]。というのは，客

---

[124] 異なる見解としては，例えば，Duguit, Traité a. a. O. Bd. 2, S. 292 ff. デュギーは（Bd. 1, S. 247 f. も参照）——この点についてここであまり長く立ち入ることはできないが——，《決定的な目的》（le but déterminant）が《司法行為》（l'acte juridique）の必要な構成部分だと一般的に説明している。

第2章 平等概念の規定　第4節 恣意概念の詳細な画定　　87

観的に見れば，ある命令が，それを出すことについてまったく決定的でなかった諸観点からも維持される結果となる場合が，往々にしてある——そして，異議申立てが出されている措置〔の効力〕を維持するにはそれで十分である——からである⁽¹²⁶⁾。これが事実はそうではなく，口実にされた理由が実際の状況においてそれを支える根拠をまったく見出しえない場合だけが，平等条項と両立しえない露骨な恣意にかかわる問題なのである。

　このことからすると，恣意を構成する事実状況を確認するためには，客観的に推論できる動機づけだけが肝心なのであれば，故意による裁量の瑕疵と過失による裁量の瑕疵とを区別し，後者の瑕疵も当該措置の無効という結果を生じさせるのか否かについて議論することは，何の意味もない。というのは，客観的に見れば行為に瑕疵があるから恣意的だと呼ばざるをえないとすれば，国家の機関が恣意的に動機づけられていたわけでは決してなかった，という事実は，もはや何の役割を果たさないからである⁽¹²⁷⁾。もうひとつ別の例を挙げるならば，疑いなく恣意的な法律の採決をする際に，〔この法律に〕賛成した多数派の多かれ少なかれ大部分の者が，議決の対象について不確かな状態にあるならば，正当にも，過失に関する私法と刑法の概念を転用して，それは立法者の過失による権利侵害だと言うことができるし，その法律を無効と宣言できるのは当然のことである。それどころか，さらにもう一歩進んで，次のように言わざるをえない。すなわち，国家行為について，何らかの仕方で有責だと非難できる国家機関の行いだということが全然問題になりえない場合であっても，その国家行為は恣意的と呼ぶことができる⁽¹²⁸⁾，ということである。したがって例えば，ある個人から権利保護が恣

---

(125)　*W. Jellinek*, Gesetz, Gesetzesanwendung a. a. O. S. 353 ff.; *Bühler*, Die subjektiven öffentlichen Rechte a. a. O. S. 205 はそう解している。
(126)　このことは，イェリネクが挙げている実務上の具体例(*Jellinek* a. a. O. S. 345 ff.)のほとんどにも当てはまる。
(127)　以前は，スイスの連邦裁判所ははっきりと(例えば，BGE. Bd. 30, S. 636)，官庁が主観的にも「法と正義によってではなく，その時の気分と恣意によって決定した」ということを確認するよう求めていた。連邦裁判所は，過失概念を用いて作業に取り組み(BGE. Bd. 35, S. 25)，最近では，独立した主観的要件の必要性を放棄しているように思われる。BGE. Bd. 45, I, S. 32 を参照。連邦裁判所の従前の裁判に反対するものとして，*Burckhardt*, Kommentar a. a. O. S. 67 も参照。
(128)　行政法に関して，トーマ(*Thoma*, Verwaltungsarchiv Bd. 20, S. 451)が行政裁判所に

意的に奪われ，そこで，通常裁判所と行政裁判所が——ひょっとすると慎重に理由づけをした上での判断かもしれないが——管轄がないと宣言して，最終的判断をする審級機関がひとつも存在しないような場合がこれに当たる。

このように，恣意を構成する要件から有責の要素を取り除くことは，特に，恣意概念が直接には権利と関連づけられない場合でも，重要である。例えば民法典§918第1項の場合がそうである。同項によれば，所有者が「恣意的な取引き」によって公路との連絡路を遮断したときは，囲繞地通行権は失われる。つまりここでは，法的には中立であるがゆえに，違法な行いが重要なのではなく，経済性に反する行い，つまり，囲繞地通行権の拒否という特定の法的結果が結びつく行いが重要なのである。このことを確認するためには，純粋に客観的な考慮だけでさえも決定的なものとなりうる。もとより，ひょっとすると取引行為をした人に過失がある場合があるかもしれないが，それは肝心な問題ではない[129]。

したがって，具体的な場合に，ある裁決やある処分を恣意的と称しうるかどうかという，上に提起した問いに答えようとしても，一元的にはできず，その答えはその基礎にある授権規範に依拠しており，この規範は，公共の福祉，公益といった自由裁量の伸縮性のある概念を用いることができるのと同様に，その限界もかなり狭く定めることができる。最終的に決定するのは——自由裁量という包括的な概念の場合にこのことは明白になるのであるが——，一つにまとまった共同体の，文化意識からは切り離された〈権利=法〉意識なのであり，この〈権利=法〉意識は，個人の自由を保護し法秩序を擁護する任にあたる裁判所において表明されるのである。

対して，「正しく発せられ，正しく動機づけられた」裁量行為について判断し，そうした裁量行為の真の，すなわち，もしかすると客観的に推論できるかもしれないような動機づけを探求する権限も認めているところをみると，おそらく同じ意見であろう。また *Tezner*, Das freie Ermessen, a. a. O. S. 84 f. も同じ意見である。

(129) *M. Wolff*, Sachenrecht, 1923, §56, S. 165 は見解を異にする。いわく，「恣意は，取引する者自身に対する自身の故意である。」さらに，*Planck-Strecker*, Kommentar zum BGB. III zu §918, 1920, S. 309 もヴォルフに反対している。これに対しては，私見によれば，民法典§2075〔遺言の解除条件〕における《恣意》という語は避けられるべきであったのではないかと思われ，「不作為又は作為は，もっぱら受遺者の意思にのみ左右される」としたほうがよかったのではないかと思われる。

このように，上記の場合には，すべての裁量濫用には同時に必然的に，法理念との矛盾が含まれているのである。今日であれば，これに対応することが，自由裁量の活動に特定の限界が置かれている場合にも，法律による拘束がなされている典型的な場合にも，まったく圧倒的にこれと同じことが当てはまらなければならないであろう。というのは，通常の立法手続については，十分な留保条項(カウテーレン)が存在していて，それによって，〈権利=法〉意識が客観法と調和するよう配慮がされるからである。それによって，もしもある法命題が明らかに濫用されて運用されれば，その法命題には同時に，圧倒的に多くの事例において，内容の上で〈権利=法〉意識と一致しない恣意行為が潜んでいるであろう。もっとも，司法において，訴訟法の形式的な構造に対応してなされる，いわゆる形式的な法拒絶の事例では，実質的な法的判断が正しくないということは必要なく，むしろ訴訟規範の恣意的な侵害があればそれで十分であるということに注意が必要である[130]。

さらに難しい問題は，ある法命題自体が客観的に《正しくない》場合には，その法命題を適用することは，恣意的適用だと言ってよいのかどうか，という点である。というのは，法規範から明らかに逸脱することが恣意的な行為を含むことはありうるが，必ずしもそこに恣意的な行為が含まれなければならないわけではないからである。それにまた，実定法秩序はある特定の正義内容を具体化しなければならないのかどうかという問いが肯定されるのであれば，決め手となるのは，適用されるべき法命題がどの程度正しくないのかである。例えば，インフレーションの時期に，立法者が，特定の性質をもつ債権の切上げを求める《緊急の》要請に対して，実務的な考慮から，非

---

(130) 例えば，裁判所が，告訴人の申立てに基づいて，被告人に防御の機会を与えず，有罪の刑を宣告するに至った場合には，かりにその判断が実質的に正しいとしても，この取扱いには，平等条項の侵害が含まれていることがありうる。もとより，権利を訴求する当事者の《利益》は，この場合でもやはり要求されるべきであるが，当事者の訴訟状態を不利にしたり悪化させたりすることは，少なくとも次のような場合には，求められなければならない。すなわち，訴訟規範が，もっぱら当事者自身の保護だけを目的としている場合，例えば，刑事訴訟における意図的に不当に召喚されたのに，当事者が決められたとおりに出廷し，〔審理を〕延期してもらう権利を知らないまま本案について審理され，無罪を宣言されるような場合である。同旨のものとして，*Affolter*, Die individuellen Rechte nach der bundesgerichtlichen Praxis, 1915, S. 92.

常に控えめな程度でしか，〔また〕場合によっては非常な厳格さを伴った程度にしか譲歩しなければ，――この規律が恣意的なものであることが前提であるが――個々の場合にはこの規律から逸脱してはいても実際には《正義にかなった》判断は，それを法律の文言と明らかに一致させられない場合であっても，恣意的だと称することはできない。というのは，この場合には，正しくない法命題それ自体が，法秩序の範囲外に置かれていただろうからである。そして，恣意的な命題を適用しないこと自体の中に，重ねて何らかの恣意的行為があると見たいと思うわけにはいかない。なぜといって，この場合には恣意概念に内在する法理念との矛盾はないだろうからである。もうひとつ別の結果は，次のような逆説的な仮定によってしかありえないであろう。すなわち，内容的には《正しい》判断であるが，恣意的に定立された法を明らかに誤って適用することで成立する判断は，それ自体がやはりあまりにも正しくなく，したがって恣意的なのだという仮定である。――私見では，ある裁判官が，正しくはないが恣意的に定立されているわけではない法に従うことを拒んだ場合には，その裁判官の行いでさえ，場合によっては，つまり，その判断それ自体が，やはり内容の上でわれわれの〈権利＝法〉意識とまったく両立しえない，純然たる恣意的行為であることが明らかになるような場合だけは，恣意的と呼ばれるであろう。〔もとより〕このことを認めることと，裁判官の審査権の有無の問題とは全く関係がなく，例えば，最後に言及した事例の場合には，裁判官の審査権はきっぱりと否認されなければならない。

　当然のことながら，立法者にとっての自由裁量の余地のほうが，司法と行政にとってのそれよりも格段に大きい。それに応じて，立法府が何らかの恣意的な行いをする可能性も，法適用の場合よりもさらに蓋然性が高い。立法者の行為が自由裁量の濫用的な運用に因るものかどうかが確定されなければならないとすれば[(131)]，この一般的な形で提起された問いについては，ま

---

(131) 立法者の自由裁量の限界を規定することが必要であることは，すでにトリーペルが「ライヒ憲法の中に法律と法規命令の間の境界に関する新たな規定を置くことは望ましいか？」と題する講演の中で指摘している。*Triepel*, Verhandl. des 32. Deutschen Juristentages S. 25.

ったく一般的な形にすぎないとはいえ，次のように答えることができよう。すなわち，われわれの〈権利＝法〉意識と矛盾するあらゆる状況を客観的に評価してなされる措置の基礎には，何らかの客観的に推論できる動機がなければならないが，この動機が具体的な場合に立法者が決定するための規準となることは，憲法によって容認されていない，ということである。それでは，規範が恣意的で平等原則を侵害しているとみなされてはならないという目的のために，立法者がどのような理由があってその時々に規範を発出する気になったのだろうかということは，個別事例の検討に基づいてしか述べることはできないであろう。

　ところで，第109条第1項の侵害が，いとも簡単に他の基本権条項の侵害を伴うことがしばしばある。例えば，特定の人々を念頭に置いた公用収用法が，もっぱら国庫に関わる目的に基づいており，その結果，公用収用が公共の福祉のために行われない場合——例えば，1923年6月4日のいわゆる《ライヒ免責法》(RGBl. I, S. 305 f.)を考えればよい——，あるいは，官吏(ライヒ憲法129条)に保障された既得権が憲法に違反する方法で剥奪されたり制限されたりする場合などが，そうである。後者は，例えば，立法者が，官吏等の俸給が期日どおりに支払われない場合であっても，支払いの遅滞によって生じる損害に対する利子や補償を求める請求権はない，ということを規定した事例であった[(132)]。

　しかし，必ずしもこのように〔第109条第1項の侵害によって〕同時に第二の基本権が侵害されるわけではない。それゆえ例えば，第三租税緊急命令(RGBl. 1924, S. 74 f.)は，たしかに，命令の中で詳細に限局された特定の性質を有する債権の価値を引き上げているが，同時に，ライヒと各ラントに有利な形でいわゆる通貨価値の下落の調整を講じていて，その調整は国家が国家自身のために租税として要求することになっている。そうなると，実際には国家は，価値の引き上げという表向きの形式的な旗印の下で，ただ新たな課税対象を手に入れたに過ぎず，恣意だとする非難が立法者に向けられるのは

---

(132) 1923年12月12日の俸給法の補充第12に関する命令第7条(RGBl. I, S. 1183)を見よ。これ以外の事例については，*Bendix*, DJZ. 1924, Sp. 865 f. を見よ。

――しかももっぱらライヒ憲法第109条第1項の観点のみからなされる話であるが――，立法者が相互補完関係にない複数の物事を結合させ，全く別の，事実に即していない動機を，規律されるべき素材の基礎に置いていたがためである。また，1924年2月13日の輸出入に関する命令の中に見られる規定（第IV条第3項）も，平等条項とはまったく相容れない。この規定によれば，すでに使用済みの物品であって，その収益が総額5兆マルクを超えないものの没収通知に対する異議申立ては，《処理済み》と宣言されることとなり，この事例では，異議申立人は，総額が入金された時点では，履行した支払いがマルクの金平価でも特記すべき金額になっていた可能性があるにもかかわらず，権利保護請求権が恣意的に奪われることになる。あるいは，最後に，移転の自由を保障しているライヒ憲法第111条に基づいて，新たな移転自由法が発布されたとして，この法律によって，政治的に嫌われている特定の個人や集団が，特定の政党に所属していることのみを理由として，この憲法上の権利を奪われるとか，あるいは，この法律が，国の財布（Finanzsäckel）を肥やすために，一定の金額の支払いを条件としてこの権利の行使を認めようとしているとする。こうした場合には，文言からすれば，人的にも物的にも，ライヒ憲法第111条と適合する《制限》が問題となり，これらの制限にはライヒ法律が必要となる。しかし，これらの制限は，第109条第1項の観点からすれば，維持することはできないものである。なぜなら，これらの制限を法律で規定する理由は，客観的に判断すれば，当該の素材を規律する際に決して立法者に決定的な影響を及ぼしてはならないような動機に基づくものと言えるだろうからである。

　もっとも，最後に言及したような類いの具体例では，ここでは例えば第111条のような個々の基本権条項と矛盾することにもなる可能性がある。つまり，《法律》という言葉――この言葉は多くの基本権〔条項〕に見られるものであるが――で，つねにもっぱら抽象的な規律のみを理解しようとする場合には，そういうことが起こりうる。というのは，この場合には，通常立法の方法を用いて厄介な人的特権を根拠づけるということは憲法上許されないのだということが，すでにこのような仕方で証明されたと言えるであろうからである。このような見解は，学説においてはすでに，ライヒ憲法第153

条第1項第2文に関して主張されている(133)。それによって，恣意的な規範定立の禁止は，個々の基本権それ自体の中に解釈によって取り込まれているのである。しかし，このような論証がどうしても必要なわけではない。なぜなら，第109条だけでもすでに，すべての真正の基本権において重要となりうる，上記のような干渉に対する十分な担保を与えているからである。〔もとより，〕事柄によっては個々の素材を，どうしても抽象的なものとならざるをえない法律による規律を受け入れることに対する疑義が存在するのは，特権が平等条項と相容れないわけではないような事例がありうるからである。そういう場合には，その結果として，これらの特権は，最初は第109条第1項から借用され，〔その後〕同項から個々の基本権の中に引き継がれた考え方に基づいて，独立に，個々の憲法条項と両立しえないと宣告されることもありえないのである(134)。

　平等条項が他の基本権とどういう関係に立つのかという問題は，当然のことながら，ドイツ・ライヒ憲法の場合と同様に，自由権が，列挙主義的に掲げられているときには，どこでも一定の役割を果たす。このことは，例えば，スイスの連邦憲法の第4条と並んでしばしば引き合いに出される同憲法の第31条に関する判例と比較してみればよい(135)。同条は，取引と営業の

---

(133) *M. Wolff*, Reichsverfassung und Eigentum in der Festgabe für Kahl, 1923, Heft 4, S. 9.
(134) 特権の許容性について詳しくは，後述101-102頁を見よ。ヴォルフ(*Wolff* a. a. O.)は，あらゆる耐え難い人的および物的な特権を，第153条第1項第2文と相容れないと説明する一方で，逆に，第156条第1項第2文は，《特定の》企業や《特定の》団体に決定的な影響を確保する権限をもライヒに認めているとする。私見によれば，このような対立図式は，恣意の思想が——もっともこの思想は，第109条第1項によってのみ保障されているもののように私には思われるが——この図式の中に表現されている限度でしか根拠がない。そうなれば私は，ヴォルフとは部分的に異なる結論にもなる。例えば，ひとりの大工業の経営者を目当てにした特別法律があって，この経営者がこれらの施設を極めて公益に反して使用しているのに，国家の財政危機のための収容は実施できないという理由で，その法律によって，その経営者の有する所有権の内容が，特定の，同時に全体にとっても生活上重要な施設(例えば鉄道)のみに限定されていたとすれば，この法律は，私見では，第153条第1項第2文により，憲法違反である。これに対して逆に，例えばライヒが，量的にも質的にも同じような規模の複数の石炭団体の中から，何の動機もなく，あるいは個人的な動機によって規定されて，《一つの団体》を選び出して，その運営に参加するような場合には，私は——正確に言えば，第156条が存在するにもかかわらずであるが——この問題を肯定する。
(135) BGE. Bd. 40, I., 339 f.; Bd. 43, I, S. 242 ff.; Bd. 45, I, 138 ff.

自由，したがって自由競争という経済体制を保障しており，〔スイスの〕連邦裁判所の裁判によれば，営業主を法律上不平等に取り扱うことは，同時に連邦憲法第31条の禁止規定にも抵触するとされる[136]。これと同様のことは，しばしば平等条項とその他の基本権との関係にも当てはまる。

合衆国においては，個人の権利が，ヨーロッパ大陸とは異なって，列挙されるのではなく，ただまったく一般的な内容を持つ生命，自由等々に対する権利として，修正第14条で保障されている点で，法状況は異なっている。特定の生活領域に関連する個々の自由権は，まったく一般的な形で表現された〔修正第14条上の〕基本権の構成部分として，これらの基本権から導き出されるか，あるいは合衆国憲法によって保障されている《特権と免除特権》とみなされるかのどちらかである[137]。合衆国の場合，こういうやり方で保護された諸権利の範囲は，はるかに広いものであり，例えば移転の自由，集会の自由，請願権等といった，われわれにとっては馴染みのある諸権利の保護だけに限定されていない（例えば，私的行為の自由，社会的交際の自由といった具合である）[138]。それゆえ，圧倒的に多くの事例で，平等条項に違反する高権行為が，同時に特権と免責特権の縮減を含んでいるか，あるいはまた自由，財産等々に対する権利が法の適正な手続なしに剥奪されることになるとされるかのどちらかであることは明らかである。後者は，次の理由だけからしてもすでに，大いにありうることである。すなわち，国家によるどのような介入であれ，少なくとも間接的には，そこからほとんど個人の生命，自由または財産の侵害が構成されるだろうし，法の適正な手続の解釈が非常に寛大に運用されるだろうからである。適正な手続の概念にまつわる問題点は措くとすれば，私見によれば，裁判と学説において，適正手続に関して今日でも依然として存在する不明確さ[139]——ここでの文脈ではこの点は示唆し

---

(136) Burckhardt, Kommentar a. a. O. S. 259 を参照。
(137) 修正第14条以外では，第4条第2節が次のように規定しているのを参照。「各州の市民は，他のいずれの州においても，その州の市民が有する，すべての特権及び免除特権を享受する資格を有する。」
(138) この点については，例えば Slaughter-House Cases 16 Wallace 36, 76 において引用されている Corfield v. Coryell 4 Washington's Circuit Court 371 の根本的な判断部分において主要な特権が列挙されている点を参照。
(139) このことについて詳しくは，Bouvier, a. a. O. Bd. 1, S. 946 ff. を見よ。加うるに，各

ておくにとどめるが——の大部分の原因は，次のことに帰することができる。すなわち，一方で，この条項をもっぱら形式的な手続保障，つまり「訴訟手続の適正な進行(course)」を確保することと解しようとしつつ，他方ではまた，この条項にそれ以上の実質的な正義を求める[140]，ということである。事実また，法の適正な手続が平等原理と直截に同一視されるが，それもこの趣旨に出たものといえる。このような趣旨で，このとき言われているのはまさに，だからこそ，「もし法律が，類似のものすべてに適用され，個人を政府の権力の濫用的な行使に服させないならば，法の適正な手続と法の平等保護は確保されているのだ」[141]と言われているのである。だから，実質的に平等原理に関する決定がしばしばもっぱら法の適正な手続の観点からだけ審査される，ということが生じる。例えば，「補償なしに特定人の財産を収用する」場合が，しばしばこれに当たる。

以上のことからだけでもすでに，《平等条項》と《法の適正な手続》の間にはっきりとした境界を引くことは不可能であることがわかるのであり，そしてこのことがいっそう強く当てはまるのは，《特権と免責特権》や平等条項についてである。この領域では，裁判は，権利保護を必要とする個人のあらゆる利益に特権としての特徴を承認する傾向に進んでいる。国家による措置が，ある訴訟の中で，平等条項と一致するかどうか審査されることになる場合，判断のために提起された事実状況に関して，まず最初に特権の存在がつきとめられ，しかる後に，国家によるその行為がこの特権と抵触するかどうかが確定される，ということが頻繁に生じる。その際には，そのような特権を承認することが，突き詰めれば，平等原理の基礎となっている一般的な

州が異なった訴訟手続を有している，という事実だけをみても，その結果，内容的には，法の適正手続の中身を一義的に確定することはできないことになる。Walker v. Sauvinet 92 U. St. Rep. 90, 92 を参照。
[140] Holden v. Hardy, 169 U. St. Rep. 366, 289 で次のように判示されているのを参照。すなわち，法の適正手続が含意しているものは，「自由なる政府という理念に内在している……正義という何らか不変の諸原理との」一致である。憲法による保障は，法の適正手続の基礎として《何らかの正当な事由》を要請しなければ，何の価値もないのである。Freund, Police Power S. 15 も同旨。
[141] Duncan v. Missouri 152 U. St. Rep. 377, 382 も同旨。なお，Leeper v. Texas 139 U. St. Rep. 462, 468; Smyth v. Ames 169 U. St. Rep. 466, 523 も参照。

思想を適用すること以外の何ものでもないことがしばしばである。このような特権の例として挙げられるのは，例えば，州際通商に関与する権利，運河を利用する権利，外国において政府の保護を求める権利，等々である[142]。だから，とりわけ，許可なく州を離れることを労働者に禁止していた法律は維持できなかったのである——〔もっともこの判決では〕この法律が，各人に認められている《自由な通行》の権利と相容れない旨が指摘されているだけであるが[143]，しかし実はここで問題となっていたのは，平等条項に違反する典型的な事例のひとつにほかならなかった。それどころか，連邦最高裁判所は，「取引を行うこと，および財産を購入，管理，売却することという……類似の状況において他のすべての人と平等であることを享受していること」[144]を特権と認めていたのである。これとは逆に，判例が，婚姻の権利，選挙権，軍を組織する権利などといった権利に特権としての性格を認めなかったという事実は，そうした権利に対する一定の種類の制約は，平等条項と矛盾するわけではなく，許される制約であることを示唆している場合が多い。手短に言えば——そして，ここでは以下に述べる点だけが重要なのであるが——，国家による行為を合衆国市民の特権と免除特権と両立しえないと宣言する裁判は，通例は，同時に平等条項の観点からも評価することができる。というのは，特権を承認することは，直接的には平等条項と関連づけられないとしても，少なくとも間接的には，平等条項の主たる内容をなしている《合理性の原理》に帰着されるからである。

このことと関連してさらに言及しておくべきことは，ライヒ憲法第109条第1項が，ドイツの国家法においては，第48条第2項から第4項までの定めるライヒ大統領と各ラント政府の独裁権の行使に対して重要な意義をもっているということである。ライヒ憲法第48条は，効力を停止することができる

---

[142] *Bouvier* a. a. O. Bd. 3, S. 2719 ff. で列挙され，特権と認められている諸権利の一覧を参照。これらの権利については，いくつもの州の裁判の素材が挙げられているので，そこから少なくとも概観を得ることができる。またさらに，Butcher's Union Co. v. Crescent City Co. 111 U. St. Rep. 746, 746; Allgeyer v. Louisiana 165 U. St. Rep. 578, 591 も参照。

[143] *Bouvier* a. a. O. S. 2720 で引用されている Joseph v. Randolph 71 Alabama 499 に依る。

[144] Powell v. Pennsylvania 127 U. St. Rep. 678, 684.〔この箇所からの著者の引用はいくつか誤植があるので，ここでは同出典の原典から該当箇所を訳出した。——訳者〕

基本権を明文で列挙しており，この事実からすれば，それ以外の憲法上の規定，少なくともそれ以外の基本権は，独裁権を運用する権限を有する機関によって効力の停止を宣告されることはない[145]，したがって，第109条第1項もそういうことにはならない，と推論されたのは，正当なことである。さらに，第48条の範囲内でも裁量の濫用がありうることは明らかである。例えば，独裁措置について，全く何の根拠も挙げることができないか，そうでなくとも単に見るからに不十分で不合理な理由しか挙げることができないような場合が，これに当たるであろう。このことは次のような場合にありうる。すなわちまず，個々の独裁命令について，適法なものとして正当化されるはずだとされる事実上の前提，例えば「公共の安全及び秩序に障害が生じ，又はその虞れがある」とか，今度はこのような障害が「著しい障害である」等々の前提が，明らかに不当に所与のものとして想定されている場合，および，さらには，表向きは危険を回避するためのものだとしてとられた措置が，どう見ても，憲法によって第48条第2項と結びつけられた目的を遂行するのには決して役に立ちそうにない場合，つまり，このような措置が「完全に目的に反し」，絶対に「必要」ではない場合である[146]。このような裁量の濫用がなされる際に，所轄機関の命令や行政命令が，第109条第1項の意味において法に服している者に関わるものであれば，独裁権は，平等条項に抵触する。ライヒ大統領が，ベルリーンにおける暴動を利用して，第48条に基づいて，処分という手段で，その暴動自体にはまったく関連のない特定

---

[145] 例えば，*R. Grau*, Die Diktaturgewalt des Reichspräsidenten und der Landesregierungen in den Öffentl.-rechtl. Abhandl. v. Triepel, Kaufmann, Smend, 1922, S. 53/54; *Preuß*, Reichsverfassungsmäßige Diktatur, Zeitschr. f. Politik Bd. 13, S. 105 を参照。特に C. シュミットと E. ヤコービは，第48条の委任独裁がきわめて広範な意義を有しているとする異なる見解を主張しているが，この点では，通説と軌を一にしている (*Schmitt*, Die Diktatur des Reichspräsidenten nach Art. 48 RV. in der Veröffntl. d. Ver. d. deutschen Staatsrechtslehrer 1924, S. 63 f.; *Jacobi*, ebendort S. 105 f.)。もっとも，〔シュミットとヤコービには〕注目すべき相違があり，シュミットによれば (a. a. O. S. 76)，明文では停止することができるとされていない他の基本権への《介入》であっても，ただそれが《効力停止》を含まず《措置》の概念に分類しうる限度であれば，許されるべきであるとされるのであるが (この点については，a. a. O. S. 95 f.)，これに対してヤコービは (*Jacobi* a. a. O. S. 117)，第48条で列挙されていない基本権へのいかなる介入も許されないと明言している。さらに，*Thoma*, DJZ. 1924, Sp. 657 を参照。

[146] また Entsch. des RG. in Zivils., Bd. 107, S. 398 も参照。

の，大統領に嫌われている人物たちの財産没収を表明する，ということを想定すれば，このようなことは，第109条の観点だけからしてもすでに維持しうるものではなく，それゆえ憲法違反と称すべき恣意的行為である[147]。

　客観的に見て事柄に関わりのない濫用への動機づけの可能性を——とりわけ立法については——決して数の上で評価すべきでないことは確かであり，このことはすでにこれまで述べてきたことから十分に明らかになる。

　国家行為がある理由で取り消された場合に，内容上の恣意性がいかなる理由に基づいているのかをよくよく見てみると，その動機が，何らかの人的な動機，すなわち，その人物が特定の政党，階級，集団，宗派等々に属していることによって，その人に有利に規定されている場合もあれば不利に規定されている場合もあるというような，そんな動機に基づくものであったということを確認できるのが通例であろう。しかしそれにもかかわらず，ある措置，例えばある法律が，ただ一人の人物，あるいは，まだ個々別々に把捉しうる多数人だけに照準を合わせている，という事実があっても，そこから，これらの事例において《概念必然的に》例外処置，〔つまり〕恣意行為が問題となっているに違いない，という結論を引き出すわけにはいかない。つまり，個別化しているという契機があっても，それだけでは，第109条第1項の意味での恣意的な要件はまだ充足されないのである。しかし他方でまた，このような要因は絶対に必要だというわけでもない。特定の人々に向けられた法律があって，その法律が，一般的なルールに反して，これらの個々人に経済面での利益や不利益を定めていたりすれば，たしかにこの法律は，それが例えば宗派的な考慮とか，あるいは，それらの人々が特定の階層や階級に属していることに照準を合わせた考慮に基づいて制定されたと言えるような

---

[147] このような観点からすれば，数限りない命令について異議を唱えることができる。このような命令の例としては，例えば，イギリス政府によって徴収される賠償税の償還のための支払いの延期に関する1923年11月15日の命令（RGBl. II, S. 411; Durchführungsverordnung RGBl. II, S. 433），出国手数料に関する1924年4月3日の命令（RGBl. I, S. 397 ff.），この数年の通貨政策と租税の内容に関する数多くの命令などである。この点についてはさらに，*Kronheimer*, Das Streit um den Art. 48 der Reichsverfassung, Archiv f. öffentl. Recht N. F. Bd. 7, S. 311 f. および *Lobe*, Der Untergang des Rechtsstaates, DJZ. 1925, Sp. 19 に引用されている資料を参照。

場合には，恣意的である⁽¹⁴⁸⁾。というのは，わがライヒ憲法はもはや，このような観点による別異取扱いが物事を決する規準であることを承認していないからである。しかし他方で疑う余地がないことは，異なる取扱いが容認される根拠を職業の種類の多様性から導き出すことができる場合については，法律の憲法適合的な適用に何らかの異議が唱えられることはない，ということである。この場合，数の上では，ごく少数の，それどころかひょっとするとひとりひとり摘示しうるぐらいの数の人々だけが，当該規範の対象となり得るという可能性がどれほど存在するとしても，逆に，上に挙げた例では，その法律に該当する者の数が非常に多いために，個々の人々をひとりひとり取り上げるようなことなど，決してできない。それどころか，国民の大多数を名宛人としている法律——例えば，第三次租税緊急命令(上記を見よ)のような例を考えればよい——が法律の前の平等という条項に違反するという可能性もないわけではない。そうなれば，特定の人々だけが個別の措置の対象となることがあるとしても，その事実から，平等という考え方が侵害されているという結論を引き出す必要性は必ずしもないということになる。

　このような理解は，いろいろな点で重要である。このことが何より当てはまるのは，例外裁判所(Ausnahmegericht)の概念規定についてであり，例外裁判所を設置することは，平等思想を徹底的に突き詰めていった結果，ライヒ憲法によって禁止されている。つまり，支配的学説⁽¹⁴⁹⁾は，次のような場合に，裁判管轄(ゲイリヒツシュタント)を例外裁判所だと称しているのである。すなわち，この裁判管轄が，管轄すべき事態を実現した後か，あるいは，たしかにその事態が現実化する前であるとはいえ，やはり一般的にではなく，単にひとりひとり特定された人々や事象のみについて根拠づけられているにすぎない場合である。しかし，例外裁判所の概念をこのように規定することは支持しえない。

　まず第一に，例えば裁判所組織の改革の結果，ようやく後になってから，

---

(148)　グナイストが行政法におけるこうした事例で語っている(*Gneist*, Rechtsstaat a. a. O. S. 272)のは，官庁の《党派的な》行いのことであろう。また，Verhandl. des 12. Deutschen Juristentages in Nürnberg 1875, Bd. 3, S. 245 (Antrag Gneist-v. Kißling) も参照。

(149)　例えば，*E. Kaufmann*, Untersuchungsausschuß und Staatsgerichtshof, 1920, S. 50 ff., および *Kohlrausch*, Strafprozeßordnung zu §16 GVG., 1922, S. 50 を参照。

すでに実行された犯罪行為の手続に対する管轄権を有するようになる裁判所——例えば，軍事裁判権を通常の司法の範囲内への移管とか，1924年1月4日の刑事訴訟法改正による裁判所の再編を想起すればよい——が，例外裁判所とみなされなければならず，またそうすべきだとされるのはなぜなのか，まったくもって理解に苦しむ。そしてさらに，——平等保障の侵害の場合と事情は同じであるが——，新たに設けられた裁判管轄が，個々別々に特定できる人々や事象に関連づけられているか否かは，些細なことである。例えば，ある公用収用法の対象となっているのが，上級貴族の身分に属する者のうちのただ一人だけなのか，それらのうち多くの者なのか，はたまた，結局はその身分全体なのかはともかくとして，その公用収用法が〔ライヒ憲法〕第109条第1項に違反することがありうるのと同様に，例外裁判管轄も，このような身分に属する者のうちただ一人の人物にだけ関わるものなのではなく，上級貴族全体に対して特別の法廷を創出するような裁判管轄なのである。いずれにせよこの場合も，これらの事例における法的に異なる取扱いについて，この区別を内的に正当化する根拠は，存在しないであろう。そもそも管轄のある司法機関の代わりに設置された機関があって，一般的に，例えば，貴族層の住民，共産主義者，ユダヤ人，あるいは名前がAで始まるすべての人々の争訟について判断することとされているような場合に，この機関を例外裁判所と呼ぶことも何ゆえ躊躇すべきであろうか？　このような機関が例外裁判所であるのは，そうした機関を設置することはわれわれの今日の権利=法意識からすれば《恣意的》だからである。これと同じことがこれまで一般に用いられてきた特別裁判所（Sondergerichte）に対する概念規定[150]にも当てはまるのは，例外裁判所も，特別裁判所に包摂することができるからである。私見では，営業審判所〔訳注〕，商事裁判所，および軍事裁判所のような特別裁判所を，例外裁判所から有用な区別ができるようになるのは，——先に詳しく要点を述べた意味での[151]——恣意の基準を例外裁判所の概念に，あるいは，恣意の否定の基準を特別裁判所の概念に，それぞれ導入

---

[150]　例えば，*Anschütz*, Kommentar zur RV. S. 176; *Kaufmann*, a. a. O. S. 53 を参照。
〔訳注〕　労働裁判所の前身。
[151]　63頁以下，80-81頁を見よ。

する場合にだけである(152)。

　特権(Privilegien)(153)と優先権(Vorrechte)とが平等条項と両立しうるかどうかという，非常に議論の行われている問題においても，上で得られた理解が一定の役割を果たす。シィエース(154)がフランス革命期に雄弁な言葉で特権と闘ったことは，周知のとおりである。シィエースによれば，特権が個別の場合について一般的に拘束力をもつ法律の適用免除を含むならば，その特権は「不当であり公共善に反する」し，そうではなくて，特権が法律から自由な個人の領域の中で活動しているならば，そうした特権の創設は「市民からその自由の一部を奪う」ことだとしている。この時期以降，次のような指摘が後を絶たない。すなわち——このような言い回しにおいてすでにシィエースに見られる，法律の前の平等という命題は，他の箇所でも見られる(155)が——，法律の前の平等は，特に特別権(Sonderrecht)を創設するごとき個別権利条項(Individualrechtssatz)を創りだすことを禁止するし，法律が定めているのにその適用が免除される可能性は，執行についてと同様に立法についてもほとんど存在しない，と。けれども，このような指摘は，〔次のような〕条件付きでのみ正しい。〔すなわち，〕シュタムラーの納得のいく研究によれば(156)，特権は，内容的にではなく，その成立の特質によってしか，優先権とは区別されず，特権も，優先権と同様に，法的効果を産みだすことを目指しているが，「その法的効果たるや，特権の内容が種々様々であることによって，相当に一般的な特定の法的効果」(157)とは相違しており，特権が平等条項と折り合えないのは，それが恣意的に設定されている場合のみである(158)。この文脈ではしばしば，公共の利益が引合いに出されるのが通例

---

(152) ケルンによれば，ライヒ憲法第105条の基本思想には，裁判官〔の裁判を受ける権利〕を恣意的に奪うことの禁止が含まれている(*Kern*, Ausnahmegerichte, 1924, S. 14 f.)。もっとも，このような理解から，例外裁判所と特別裁判所の概念規定のための帰結が引き出せるわけではないとされる(a. a. O. S. 6, 15)。
(153) 合衆国の憲法生活において一定の役割を果たしている《特権と免除特権》の概念は，大陸ヨーロッパの概念とは内容上異なっているので，ここでは考慮していない。上述 96-97 頁を見よ。
(154) *Sieyès*, Essai sur les privilèges, 1789, S. 1 f.
(155) A. a. O. S. 15.
(156) *Stammler*, Privilegien und Vorrechte, 1903, S. 8 f.
(157) *Stammler* a. a. O. S. 13.

である(159)が、恣意の概念はそれよりもさらに明白である。それによって、立法者の特別命令は、行政のそれと同様に、特定の事情のある場合について可能とされているのである。

　こうした例外条項を断念してしまうこともまた、決してできないであろう。なぜといって、法律というものはつねに、人間の権利関係を一般的に拘束する仕方で規範化する傾向を伴うであろうし、あらゆる一般化はつねに不平等の危険を内包しているからである。特権の存在がどうしても必要であることは、恩赦法という事実によってはっきりと証明される。この場合には、個別事例における〔立法者の〕介入によって、ひとつの特別命令、つまり特権が創出されるのであり、この特権は、個々人に対して一般的な規定を適用することと結びついて生じたりする過酷さを回避することを目的とするものと言える。——加えて、特殊な特権からしばしば通常の法が発展することもあるという理由だけからしてもすでに、そうした特殊な特権を創り出すことは、実務上も不必要なことではない。それゆえ、例えば、恩赦という方法によって個別の刑事判決が破棄されたり減刑されたりすることが積み重なり、その結果として、一般的な大赦の必要性が生じることがありうるし、そうなれば、最後には——このことは、特に経済犯の規定の場合に考えられるのであるが——そもそも刑罰規範が削除されるということにもなりうるのである。

　いずれにせよ、以上のことからして理論上生じてくる問題は、租税に関する特権が許容されるかどうかは、原則的に、したがってライヒ憲法第134条の観点からでなくとも、議論の余地があるということであり、またこれとは逆に、何らかの特別税を課すことは可能なのではないか、ということである(160)。〔このことについては〕例えば、所得税法上の年金生活者特権(161)、

---

(158)　*Stahl*, Philosophie des Rechtes, 1870, Bd. 2, S. 333. シュタールは、恣意的に定立されたわけではない優先権にも特権の性格を認めず、その例として、大地主がラント行政において圧倒的な影響力を行使するという事例を挙げることによって、あらゆる特権を非難する。ここで問題なのは、実は、今日ではライヒ憲法第109条と両立しえない正真正銘の特権なのである。——ただ生得の特権と租税特権のみに反対するものとして、例えば、*Holtzendorff*, Enzyklopädie der Rechtswissenschaft, Das deutsche Verfassungsrecht 1882, S. 1062.

(159)　例えば、*Esmain*, Éléments a. a. O. Bd. 2, S. 515.

あるいは，公益への功績を称えて政治家や軍司令官に課税しないことが認められることなどを想起すればよい。もっとも，特定個人を一般的な租税義務から免除する規範が，恣意的だと称されることにならない蓋然性は，きわめて低い。というのは，われわれは，昔ならいざ知らず今日では，稀な場合でなければ，租税義務を免除する理由を内的に正当だとは認めないからである。それゆえ，例えば，ハンブルクの法律が，国の所有地に係る家賃をマルクの金平価に切り換えることを求める国の請求に従うことを拒否する者に対して営業税の増額制度を導入したことは，平等条項に違反している[162]。この場合，どうみても明らかに，立法権は，国家の私法上の利益に貢献するために権力を濫用し，それによって，法原則にではなく，恣意にしたがって活動したと言えるのである[163]。

しかし，このことが事実そうであり，特権が認められていることに対して何らの反論も持ち出すことができない場合は，一般的に義務を課している規範から逸脱して特定の者の有利になるように法的効果を規定する個別権利条

---

(160) これは，第三次租税緊急令の際に提起された問いであり，この問いに対しては，ライヒ裁判所の基本的な態度からして，否定的な答えにならざるをえなかったのである。
(161) これについて詳しくは，*Lassar*, Der Erstattungsanspruch im Verwaltungs- und Finanzrecht in den Öffentlich-rechtlichen Abhandlungen, herausgegeben von Triepel, E. Kaufmann, Smend, 1921, S. 203 f.
(162) この点について詳しくは，*Becker* in „Hamburger Rechtsfragen" 1924, H. 2, S. 10 f. 許されない不利益を課す特権(Privilegium odiosum)についてのもうひとつ別の例は，1924年3月28日の金貨決算に関する命令の実施のための第二命令§28(in Nr. 75 des Deutschen Reichsanzeiger)に含まれている。これについては，すでに何回も引用したトリーペルの鑑定書(*Triepel*, Goldbilanzverordnung a. a. O. S. 3 ff., 32 ff.)がある。
(163) 時としてスイスの連邦裁判所の裁判では(Bd. 16, S. 323. ただしこれに反するものとして，BGE. Bd. 10, S. 328; Bd. 43 I, S. 158/59 を参照)，特権の付与が，「特権の概念に応じて」まったく好き勝手に行われ，したがって，ある者には特権が付与されるのに別の者には同じ状況なのに拒否される可能性があるがゆえに，特権は原則的には平等条項と両立しうるとの主張がなされたが，ブルクハルトは，ここで重要なのは特権の概念に関する問いではなく，特権を与えてもなお法的平等に抵触しないのか否か，という問いなのであるということを正当に指摘している(*Burckhardt*, Kommentar a. a. O. S. 62)。ちなみに私見では，ブルクハルトが，およそあらゆる特権が同時に平等条項の侵害とみなしているとすれば，行き過ぎである。このような指定は，ブルクハルトの形式的平等の概念に基づくもので，それによれば，立法者は，ある規律を「一般的に拘束力あるものとして設定することはできず，何らかの特殊事例においては正反対の規律を適用することができる」とされる。この点に関しては，すでに上述50f頁で取り扱った。

項の形式からしても，特権を認めることに対する疑義を導き出すことは許されない。恣意的に設定されたある特権が，条文の形式的な文言によって一般的な装いを纏っているために，法破壊という欠点から守られているのでなければ，その特権は，次の場合にのみ首尾一貫しているといえる。すなわち，その特権がそれ自体として許されているものであって，もっぱらその形式的な装いが疑義をもたらす契機になっているような，まったく逆の事例において，その外的形式も取るに足りないと宣言される場合である。もしその特権が，より一般的な言い回しで表現されていて，同一の実際の条件下でなら誰でも当該の優先権を要求できるという趣旨になっていれば，その方が，その外的形式において，いっそう平等条項に適合しているといえるであろう。これに対して実務的な疑義が出されるとすれば，それは，人的特権をそのようにより一般的な文言にすることは必ずしもいつも容易に可能なわけではないし，この言い回しがうまく行った場合でさえ，その文言は，客観的にきわめて限定されたものとならざるをえず，そうなれば，個別の事例はすべて根本的にさまざまである結果として，誰一人としてその命題から権利を導出できる者がいないのではないか，という疑義ぐらいであろう。

　ここまでの検討の経過から少なくとも一つ確実に明らかになったことは，平等条項によって，人々，集団，および事項領域が立法，司法，行政によって別異に取り扱われることは，つねに特定の関係においてのみ禁止されるのに対して，そのような取扱いは，他の関係においてはまったく問題なく許されることがある，ということであり，今日では恣意的だと非難される措置であっても，それと同じ措置が時間と場所の異なる状況では，まったくもって事柄に適合的で合憲の措置として，これに異議が唱えられる必要はないのである。このことが明らかになるのは，例えば，フォン・ホルスト[164]が挙げている例であり，彼は，ある国家が，例えば貸家の価格を敢えて規律することとすれば——こんなことは今日のわれわれにはまったくお馴染みの現象であるが——これは明らかに憲法違反だと断言している。

　上記の理由から——検討を先に進めることにならないがゆえに——，ここ

---

[164] *v. Holst*, Staatsrecht der Vereinigten Staaten S. 137.

では，アメリカの諸裁判所やスイスの連邦裁判所が非常に膨大な判例において詳しく論究していることにはあまり付き合わないでよい。

スイスでは，裁判官によるコントロール下に置かれている事実状況の下で，しばしば税法に関する問いが問題の中心になっている。だから，例えば，家屋敷の売却から推計される将来の投機利益を税の上で考慮に入れたり，所有者が現実に得た用益賃貸借料についてだけではなく，新たに賃貸借するにあたって得る「ことができる」であろう，より高い料金の総額についても，所有者に課税するようなことがあれば，そこに，所得税の概念の恣意的な拡張があると解された。さらに例えば，脱税を理由として訴えを起こす代わりに，納税義務者に追徴課税を行っていたカントンの税務官庁の行いが，〔連邦憲法〕第４条と両立しないとして非難された。他方で，教会と牧師館にだけ適用される土地税の免除が，他の民間の宗教共同体の建物についても要請されることがありうるか否か，という問いが否定されたのは，特定の宗派をラント教会に……昇格させる権限が国家に認められる《限りで》，その他の宗教共同体の活動をそれ自体として無差別だとみなすことを国家に禁じるわけにもいかないであろう，という理由によるものであった！　それに対して今度は，火葬を任意に導入することを規定していたある地方自治体の命令に認可を与えなかったカントン政府の決定は，憲法違反だとされた。同じことが，あるカントンの規定によって，女性には，弁護士職(Advokatur)に就任することは許されたのに，代弁人職(Rechtsagentur)（下級裁判所での当事者の代理人）に就任することは許されなかったという事例にも当てはまるし，投票用紙に――形式上も実質上も異論の余地がなくて――ただ単に，党章が書き加えられていただけなのに，それが無効だと宣告されたという事例にも当てはまる[165]。

合衆国では，事物の本性上，素材は〔スイスの場合よりも〕いっそう内容豊富であるが，合衆国では時として，大陸ヨーロッパの法意識からすればまったく何の問題もないように思われ，したがって何らかの憲法上の異議に晒

---

[165] ここでは，筆者は意図的に，この数年の裁判例だけを選び出した。上記の裁判については，以下のものを参照。BGE. Bd. 46, I, S. 195 ff.; Bd. 46, I, S. 81 ff.; Bd. 43, I, S. 151 ff.; Bd. 40, I, S. 1 ff.; Bd. 41, I, S. 170 ff.

されることもないような事柄——しかも多くの場合きわめて些細な性質の事柄——が，裁判官によって認知される事態になることがある。

それゆえ，いくつかの例を選び出すとすれば，連邦最高裁判所が取り組んだ次のような問題であろう。すなわち，様々な種類の保険会社の間での課税や，遺産相続の事例における直系親族と傍系親族の間での課税に際して何らかの異なる取扱いをすることが許されるかどうか，また，市内で雌牛を飼育している者であれば，市の官吏による検査さえ受ければよいのに，市外で雌牛を飼育している者に対しては，衛生上の観点から，さらに強い要請，つまり，獣医による特別な診断とか，動物の健康状態に関する証明書の交付といった要請をすることが許されるのかどうか，といった問題である。さらに検討されたのは，牛乳にそれ以外の物を混ぜて販売することを禁止してよいかどうか，鉱山所有者の許で作業に従事している者たちの安全のために作業場の正確な図面を作成する義務は鉱山所有者だけに課されているのかどうか，ホテル等の利益のために列車内で顧客獲得運動や宣伝活動をすることを禁止したことに根拠があるかどうか，といった問題であった。そしてさらに審査されたのは，建物の高さに関して，ある市の住居地域と商業地域について単に美観という理由のみに基づくものではない別異取扱いが適法かどうか，また場合によっては今度は，教会がそのような高さ規制から免除されてよいかどうか，等々である[166]。これらの事例すべてにおいて重要なのは，《区別》や《分類》であり，——およそ判決にまで至った大半の事例がそうであったが——，連邦最高裁判所の見解によれば，こうした《区別》や《分類》は平等原理と抵触するものではない，とされたのは正当である。

人種問題が合衆国で重要な役割を果たしていることは，周知のとおりであり，人種問題に関するアメリカの裁判は，平等概念に関して——あるいはもしこう言いたければ——恣意概念に関しても，ひとつの興味深い例証を与え

---

[166] 上記の事例については，以下を参照。Fidelity Mut. Life Assoc. v. Mettler 185 U. St. Rep. 308; Adams v. City of Milwaukee 228 U. St. Rep. 572; Bellings v. Illinois 188 U. St. Rep. 97; St. John v. State of New York 201 U. St. Rep. 633; Daniels v. HIlgard 77 Illinois 640（引用は，*Bouvier* a. a. O. Bd. 1, S. 1052 に拠った）; Williams v. State of Arkansas 217 U. St. Rep. 79; Welch v. Swasey et Al. 214 U. St. Rep. 91.

てくれる。黒人の解放は法の文面上は全面的に実施されているにもかかわらず、裁判では、――しかもこのことは、アメリカ国民の法意識と一致していたのであるが――やはり次のような法律を維持することができた。すなわち、黒人と白人の婚姻を禁止し、場合によってはそれを無効と宣言している法律、公共交通会社における人種の分離や特別学校の設置を定める法律である[167]。

　維持されなかった規定の例として、最後に挙げるべき例としては、理髪師に対する日曜日の営業の禁止、卸売業者と小売業者の間での異なる課税、移民の権利の制限、特に特別税の課税などがあるが、さらに、原告が訴訟費用を負担していたか否かを考慮せずに、損害賠償を訴えられた鉄道会社だけに、前もって、一定の弁護士費用の支払いを義務づける規定、そして最後に、――その他の点でも真に論議の余地のある決定といえるが――「生産者又は畜産業者の管理下にあるあいだの農産物又は家畜」を例外として、生産物、価格、および販売に関する取決めを禁止していた法律である[168]。

---

[167]　*Freund*, Police Power S. 717 Anm. 47，および S. 718 Anm. 2 に見られる諸州の数多くの裁判例の引用を参照。公共交通機関において人種の分離が許容されることに関しては、連邦最高裁判所も、再三再四、見解を述べている。例えば、Plessy v. Ferguson 163 U. St. Rep. 537; Chesapeake and O. R. Co. v. Kentucky 179 U. St. Rep. 388 などを参照。これと反対に、さまざまな人種間で税法上の区別を設ける規定、あるいは、有色人種の子供が公学校制度の便益全般、あるいは一般的学校基金の便益を受けることを排除する規定は、維持されていない。

　さらに、合衆国において特別な役割を果たしているのは、鉄道会社に関係するもろもろの裁判例である。これらの裁判例は、新たな損害賠償責任の根拠を導入するか、既に存在している損害賠償責任の根拠をこの種の会社に対して厳格化するか、従業員と会社の関係を特別の規律に服さしめるかである。筆者が裁判を概観する限りでは、これらの事例で問題となっているのは、たいていは、裁判所によって異議が唱えられなかった規定である。例えば、Second Employers liability Cases 223 U. St. Rep. 1 を参照。しかしこれらとは異なり、例えば Chicago, M. and St. P. R. Co. v. Minnesota 134 U. St. Rep. 418, insbes. 458 のように、定額の賃金の設定に対して反駁している裁判例もしばしばである。

[168]　この点については、すでに何度も引用した裁判例である Connolly v. Union S. P. Co. v. Union et Al. 184 U. St. Rep. 540 を参照。他の裁判例については、*Bouvier* a. a. O. S. 1054 を参照（合衆国とは反対に、スイスにおいては、BGE. Bd. 17, S. 50 を見よ。午後1時からの理容店の終了は許容される）。Cook v. Marshall County 196 U. St. Rep. 261; Henderson et Al. v. Major of the City of New York et Al. 92 U. St. Rep. 259; Chy. Lung v. Freemann et Al. 92 U. St. Rep. 275; Gulf, Colorado and Santa Fé Railway Co. v. Ellis 165 U. St. Rep. 150（判例においては評価が定まっていない）。

第3章　ライヒ憲法における権利保護の保障

第1節　第109条第1項が保障する個人の主観的公権

　これまでのところいまだに答えられていないままになっている問いは，すべてのドイツ人が法律の前に平等であるとする，憲法典において確認されている条項に対して，訴訟の道でも適用力をもたせることができるのかどうか，ということである。

　この問いに関しては，平等条項を法的にどのように構成する意図なのか，——つまり，個人の主観的公権としてなのか，それとも単に客観法として構成したいだけなのか，ということは，それほど重要ではない[1]。

　いずれにせよここでは，主観的権利が存立する可能性について長々と論じることはしないこととする。私見によれば，主観的権利を承認するために決定的なことかもしれないのは，一方で，これ以上演繹できないような確信によって支えられ，憲法生活全体に浸透している，国家に対する個人の関係についての見解である。この見解からすると，自我は，前国家的なものと考えられ，共同体は主として，譲り渡すことのできない個人の権利を保護することに限定されることになる[2]。

　しかしまたこれとは逆に——〔個人と国家というこの対立は〕元来はアメリカ国家とヨーロッパの諸国家の世界のあいだに存在していたもので，今日では，その激烈さの点では根本的に緩和されていて，もはや両者の排他性を証明することはできない[3]とはいえ，この深刻な対立は，政治的＝倫理的な性

---

(1)　スイス連邦裁判所の判例も全く同趣旨である。例えば，BGE. Bd. 42, I, S. 192.
(2)　デュギーによれば，主観的権利の存在を承認すること自体，「論理的に不可能なこと」である (*Duguit*, Traité a. a. O. Bd. 1, S. 130, 200)。C. シュミットも，個人の中には法定立に対しても《自律的な判断機関》があると見て，個人に自立的な法価値を付与するということは，《法学的》な考察と両立しえないと考えている (*C. Schmitt*, Der Wert des Staates a. a. O. S. 1 f., 84 f.)。

質の対立であり——，国家は全能の存在と考えられる結果，個人は完膚なきまでに国家に服している存在だとも言える。この場合には，主観的権利の存在を承認することはどういう根拠があるのかが，どのみち論議の種になりうる。このような論議において依然として決め手であり続けるのは，その議論の基礎におかれている出発点であり，そして最終的には，主観的権利という語でどういうことを理解しようとしているのか，ということでもある。法命題から見れば，当然のことながら，あらゆる主観的《権利》は，客観法の所産に過ぎない。しかし，当然それ以外の規準を基礎におくこともでき，主観的権利は客観的な法秩序によって創り出されるのだという事実——これは学説においてもまったく争いのない事実である——を承認しつつ，諸規範を，主として一般的利益のために発せられるものと，主として個人の利益のために発せられるものとに分類することもできる。さらに，この後者の個人的利益は，支配的学説[4]とともに，主観的権利と呼ぶことができる。法秩序によって承認され保護されるこれらの個人的利益は，個々人の意思力を少なくとも潜在的に[5]拡大しうるものであり，その点で客観的な法の反射とは対照的である。法の反射は，たしかに個人の利益にもなるが，個人の権利領域の範囲を拡大しはしないからである。この意味で，法律の前の平等という条項も，主観的権利，さらに正確に言えば，主観的公権を含んでいる。なぜなら，ここで問題となるのは——G. イェリネクの言い回しを用いれば——許可を与える法命題ではなく，もっぱら力を付与する法命題なのであり，このような法命題は，国家に対する個人の関係を規律することに尽きるのであ

---

(3) この点は，ここでの文脈では示唆的に述べることしかできない。例えば，*G. Jellinek*, Die Erklärung der Menschen- und Bürgerrechte, 1919, insbes. S. 29 ff., 50 ff., 75 ff. を参照。この見解に反対するものとして，*E. Kaufmann*, Auswärtige Gewalt und Kolonialgewalt in den Vereinigten Staaten von Amerika, 1908, S. 168 ff. さらに，*M. Huber*, Der schweizerische Staatsgedanke, 1915, S. 4; *Schindler*, Die Bildung des Staatswillens in der Demokratie, 1921, S. 57 ff. を見よ。
(4) 例えば *Giese*, Die Grundrechte, 1905, S. 27 ff., 54 ff., およびそこで挙げられているそれ以外の文献や，*v. Tuhr*, Der Allgemeine Teil des BGB. I, S. 53 ff.; *G. Jellinek*, System a. a. O., insbes. S. 67 ff.; *Bühler*, Subjektive öffentliche Rechte insbes. S. 21 ff. を参照。主観的権利の内容規定に《利益》を盛り込むことに反対する最新の見解として，*L. Richter*, Das subjektive öffentliche Recht im Arch. f. öffentl. Recht, NF., Bd. 8. S. 32 f., 41.
(5) 例えば行為無能力者を想起すればよい。

る[6]。

　もっとも，その際に注意すべきは，ここでは個人は，一定の範囲においてのみとはいえ，権利保護手段を意のままに用いることができるという事実があるからといって，そこからはまだ必然的に主観的な権利主張資格の存在が導き出されるわけではないということである。というのは，周知のとおり，法によって保護された客観的な法の反射[7]も存在するからである。むしろ，個々の権利の性格にとって決定的なことは，立法者が規範を立てる際に，個人の利益を保護する意思があったか否かである。この問いの決め手となるのは，何らか特定の外的な標識ではなく，立法者による個人とその利益の評価——それは客観的な法秩序から突き止められるべきものであるが——であり，憲法の《精神》であり，そして個々のすべての規範のもつ意味である[8]。

　ここで代表されたイェリネクの見解[9]とは違って，平等条項が，単に客観的な法の反射としか捉えられないとすれば，その根拠は，イェリネクが法的平等の原理に当然には付随しない意義をこの原理に与えている点にあると見るべきであろう。というのは，実定的・積極的な原理というものは，現に存在している法的差異を根本から否定し，立法者によってさらに詳しく形成されることが必要となるはずのものであるが，平等条項には，実際にはそのような原理は含まれていないからである。むしろ，〔ライヒ憲法〕第109条第１項は，その性質からして，自由権と同様に，消極的な性格のものである。同項は，法生活の絶え間ない調整役として，個々人の恣意的な取扱いを禁止している。——主観的な自由権を承認することに対して呈示されるもう一つ

---

[6]　*Richter* a. a. O. S. 31 も見よ。
[7]　G. イェリネクによれば，いわゆる形式的な主観的権利である (a. a. O. S. 70)。ブルクハルト (*Burckhardt*, Kommentar a. a. O. S. 31 ff.) はその具体例を挙げている。
[8]　これと逆の見解もよく主張される。例えば，*Giese*, Grundrechte a. a. O. S. 70 ff.; *Burckhardt*, Kommentar a. a. O. S. 28 ff. ブルクハルトによれば，主観的権利の存在を決定するのは，〔権利を〕受け取る側の自由な処分権，つまり放棄可能性であるとされる。そうなれば，すべての基本権は放棄不能なのであるから（主観的公権の放棄可能性について詳しくは，*Schoenborn*, Studien zur Lehre vom Verzicht im öffentlichen Recht, 1908, S. 52 ff.），平等条項も含めて，単に客観的な法の反射 (Reflexrecht) に過ぎないと宣言されることになろう (*Giese* a. a. O. も同旨)。
[9]　System a. a. O. S. 72, 97 ff.

別の異論があり，これも間接的には平等条項に関係するもので，その異論とは，個別の権利は〔それぞれが保護する〕対象があまりにも不特定であり，また，仮にその点それ自体を度外視しようとすれば，考えうるありとあらゆる生活活動をすべて主観的権利の対象と考えざるをえなくなるのではないか，とするものであるが，このような異論も貫徹しえない[10]。というのは，必要なことは権利を主張する時点で権利の内容を具体化することなのであり，このような権利主張は，まずもって何らかの権利侵害があることを前提としているからである。そして，これによって暗示されているのは，この時点から，はじめて立法者に対して平等な取扱いを求める権利ということを語りうるのだということであるが，しかし，立法者としての活動が発揮される余地と同時に平等条項の侵害がなされる場面も創り出されている場合には，どこででもこの権利について語ることができ，またそうすることが許されるのだということであり，その際には，特定の状況の下では，ほとんどあらゆる個人の生の表出が立法府の作用に服することになりうるということである。

第2節　法適用に対する個人の保護

さて，《個人の》権利保護自体に関して言えば，現在のところ周知のとおり，1849年のライヒ憲法〔フランクフルト憲法〕（§126）と1850年のいわゆるエアフルト連合憲法（§124）とは異なって，個々の公民の要求に応じて，憲法上の基本権が侵害されたとする申立てを理由として，国家の行った措置を審査する権限を特別に有する裁判所は存在していない。このような法状況が存続している限りでは，〔ライヒ憲法〕第109条第1項は，その完全な意味ではまだ真価を発揮するには至りえない。

立法権の濫用に対しては，個人のための予防措置が直接にはまったく準備されていなかったが，他方，個々人が司法において，そしてこの数十年の行政裁判権の拡大の結果として相当広い範囲でも行政に対して自由に利用でき

---

(10)　これについては，*Burckhardt*, Kommentar a. a. O. S. 25 ff. を参照。

る権利保護手段が，実務上基本的に，個人を恣意的行為から保護する機能を引き受けることとなった。というのは，すべての事実資料が上級審によって審査されるような事例だけでなく，法律が適用されていない，または正しく適用されていない，ということを上訴(例えば，上告，抗告)の条件としているすべての場合においても，その理由づけは，平等条項の侵害に依拠してなされることがあり，場合によっては〔ライヒ憲法〕第109条第１項と両立しえない決定が破棄されることとなる。審級順序が制限されていたり，あるいはまったく存在していなければ，当然のことながら，裁判で平等条項と一致するかどうかが審査されることもありえないのであるから，その限りで，欠缺が存在することになる。

　ここではひとまず税法には触れずに措くとして，行政法〔の分野〕で言えば，ドイツのたいていのラントで通常採用されているいわゆる列挙主義制度によって，明文で挙げられている領域でのみ裁判所による裁判を請求できることとされており，その限りで，〔ライヒ憲法〕第109条第１項に与えられる法的保護は，さらに制限されている。このように明文で行政司法に委ねられている素材においてしか，平等条項に関する裁判の可能性はない。つまり，このような場合においてしか，行政裁判所が活動しうる根拠となる形式的な前提条件が満たされていないのであり，他方で，形式的な行政への異議申立てが行政訴訟手続に取って代わられる場合にはどこでも，法の非党派的な運用についても個人の法的に平等な取扱いについても，十分な保障は与えられていないのである。

　もっとも，支分邦の執行機関が平等条項を侵害する何らかの行いをした場合には，さらに問題となってくるのが，ライヒ監督の活動である。しかし，この活動は，個人にとっては，限られた価値しか有しない。なぜなら，個人は，ライヒの所管の監督機関が実際にその権限を行使することを求める権利を有しないからである[11]。

　ただ，バイエルンでは(憲法典§93)，平等条項が〔1918年の〕国家基本法

---

(11) *Triepel*, Reichsaufsicht, 1917, S. 691 ff. を参照。異なる見解として，*Piloty*, Die Verfassungsurkunde des Freistaates Bayern, 1919, S. 195.

律によっても保障され，国事裁判所は，ある「人が，この(バイエルン)憲法を侵害する官庁の活動によって被害を受けて」いるかどうかについて，個人の異議申立てに基づいて判断しなければならないこととなるから，その限りでは，ここでは法的状況は他とは異なっている。そうであれば，〔ライヒ憲法の〕平等条項〔の効力〕が，実質的にもライヒの法にとどまり，この条項の言っていることが，ラント憲法においては単なる宣言的な意義しか持たず，建設的な意義をもたないのだとしても，このような状況は，平等原理に関する国事裁判所の判例と何ら矛盾するものではない。ライヒの法がラント官庁によって運用されるという現象は，われわれにとってはまったくもってよく知られたことだからである(12)。

では，ライヒにとって現に存在している法状況が，個人の権利保護の領域を拡大するという趣旨で何らかの変化を被っているのだとすれば，あるいは，やはりいつか将来設立されることが望ましいライヒ行政裁判所で，法律の前の平等という条項を権利のカタログに付け加えて，〔行政官庁の命令及び処分に対する〕不服申立てを認める(13)決断を依然としてすべきなのだとすれば——どうやら行政裁判所の設置が頓挫したのは，もっぱら，この平等条項によって何らかの権利が扱われているわけではないことが知られていたというだけの理由によるもののようであるが——，そうであれば，このことは，他のライヒ最高裁判所〔訳注〕の権限に対して管轄をきわめて詳細に限定

---

(12) *Nawiasky*, Bayerisches Verfassungsrecht a. a. O. S. 459 も，これと同様に解している。もっとも，ライヒ憲法第19条第1項(〔同項が挙げる2つの〕場合のうち第1のカテゴリー〔「あるラント内の紛争について，そのラントにこれを解決すべき裁判所が存在しないとき」〕)との不整合は依然としてなくならない。これについては，後述 115 頁注(33)を見よ。私見によれば，ライヒの立場からして基本権について判断を下す裁判所が存在するというのであれば，判断は異なったものとならざるをえまい。——合衆国では，州の最高裁判所も，平等条項〔違反〕について監視しているが，それは，大半の州憲法が，平等原理の保障もしているからである。その結果，実務ではしばしば様々な判断がなされている(例えば，労働者保護法律に関する裁判を見よ)。
(13) ライヒ行政裁判所に関する法律案 §16 を参照。〔下記訳注参照〕
　〔訳注：ヴァイマル憲法第107条は「ライヒ及びラントには，法律の定める基準に従い，行政官庁の命令及び処分に対して個人を保護するために，行政裁判所が存在していなくてはならない」と規定しており，この注にあるようにこれを設置するための法律案が出されたこともあったが，実際には設置されるには至らなかった〕
〔訳注〕　ここにいう「最高裁判所」については，本書 v 頁の訳注を参照。

することが前提となるであろう。そして，このことと関連する問題は，例えば何らかの独立した異議申立権がどれぐらいの範囲で個人に保障されるべきだということになるのか，ということである。というのは，法適用や執行による何らかの恣意行為があれば，ただちにライヒ行政裁判所に提訴することができるなどということを認めることは不可能だからである。だからやはり〔異議申立てを〕制限することが必要である。

　スイスにおいては[14]，次のような傾向が見られる。すなわち，平等に関する異議申立てに——連邦憲法自身(第113条第3項を見よ)において，および連邦司法に関する組織法律において規定されている制約[15]をまったく度外視するとすれば——裁判にとっては単に補充的な意義しか与えられず，訴訟立法がまだ，法適用における恣意が確実に排除されるのを担保する十分な法的手段をまだ駆使できない場合にはいつでも，この異議申立てを代替手段として用いる，という傾向である。それゆえ，民法上の控訴[16]，および連邦刑法上の破棄申立て[17]の制度が創設され，それによって法的紛争を連邦裁判所に自ら直接提訴することが可能となったため，その後は，これらの法的手段と併せて，国家法上の異議申立てを提起することはもはやできなくなっている[18]。しかし今になって興味深いのは，実務が，控訴の機会が民法において与えられていなかった事例において，例えば必要とされた訴訟物の総額が達成されなかったという理由で，平等に関する異議申立てをやはり再び認容したことである[19]。これによって，平等条項のもつ補充的な意義が明

---

[14]　スイスでは，平等に関する異議申立ては，そうでなくてもすでに相当数に上っており，1921年だけでも総じて受理された憲法に関する異議申立ての3分の1以上を占めている。このことについては，*Fleiner*, Bundesstaatsrecht a. a. O. S. 287 Anm. 27を見よ。

[15]　1893年の組織法律第178条第1項を参照。同項によれば，市民の憲法上の権利が，カントンの処分又はカントンの命令によって侵害された場合にのみ，異議申立てを提起することができるのであって，連邦の官庁の行いが問題であるときにはできないのである。

[16]　1893年の連邦司法の組織に関する連邦法律第81条，第82条(従前は，1874年の組織法律第29条に当たる)を参照。

[17]　けれども，統一刑法がないため，この申立てには，わずかな意義しか認められない。詳しくは，*E. Nägeli*, Die Entwicklung der Bundesrechtspflege seit 1815, Züricher Diss. 1920, S. 90 ff. を参照。

[18]　1893年の組織法律第182条第1項を参照。

らかになるのである。

　オーストリアの憲法は，それどこか，さらにもう一歩進んでいた。ここではどうやら次のような観念が存在しているようである。すなわち，裁判所組織によって，特に官庁の仕組み，ならびに，瑕疵ある裁判をなくするために用いることができる矯正手段によって，恣意的行為に対する個人の保護が十分に保障されている，という観念である。だから，裁判所として組織された官庁が憲法上保障された個人の権利を侵害した，という主張をもって憲法裁判所が訴えられたりすることは決して許されないということは明らかである[20]。

　しかし，補完性という考え方によって平等に関する国家法上の異議申立ての提起，したがって，特に行政官庁による処分に対する異議申立ての提起が直接には排除されていない場合でさえ，必ずしもどこでも同じように一貫して事が進まないわけではない。オーストリアでは，時として，現に存在しているすべての審級を尽くすことを異議申立ての提起の条件とした[21]。バイエルン憲法は，この考え方を司法にも転用し，「省庁に是正を要求したが功を奏さなかったか，または裁判で争う方途が尽きている場合に初めて」，国事裁判所への異議申立てを認めているのである[22]。

　さまざまな考慮[23]をした結果が，わが国と隣りあう国々において，平等

---

(19) *Nägeli* a. a. O. S. 74 と同頁の注２で引用されている裁判を参照。
(20) 〔オーストリア〕連邦憲法第144条の旧規定による。
(21) ここでもオーストリア連邦憲法第144条を見よ。スイスでは，この要請は，いわゆる法の拒絶とか形式的な裁判保障といった事例にしか妥当しない。*Affolter*, Die individuellen Rechte a. a. O. S. 91; *Fleiner*, Bundesstaatsrecht a. a. O. S. 444 Anm. 11d を参照。
(22) この規定によれば，どんな判決についてであれ，国事裁判所に異議申立てをすることができる。〔しかし〕憲法違反のラント法律に対しては，異議申立権は存在しない。
(23) こうした考慮は，純粋な合目的性の考慮である。というのは，最高機関の決定だけは，特別な手続の中でその憲法適合性を審査されることがあるのに対して，下級官庁と下級官吏は，憲法違反という，やはりいずれにせよかなり重要な非難に耐えられる，という内在的な理由は存在しないからである。瑕疵ある国家行為が場合によっては上位機関によって是正される場合があるということは，この是正がもつ効果を全体としてみれば，ある機関の憲法違反の行いが国事裁判所やそれに類する裁判所によって確定されること——このようなことは伝統によって実証された権威的機関によってなされることがしばしばあるが——と同義ではない。国家行為を是正してもらうために用いうる何らかの法的救済手段が異議申立ての当事者にまだ残っている限りで，その国家行為はまだ終局的なものではない，だから憲法違反でもない，という異議は，論証が十分なものとは

条項の適用領域の著しい制限を招いたことからすれば，いずれにせよ，ライヒの側でも司法と行政による恣意行為があれば，〔ライヒ憲法〕第109条第1項によって，個人が直接にライヒの裁判所に提訴する権利が与えられるべきだということに，根本的な顧慮を払う必要があるであろう[24]。

第3節　立法に対する個人の保護

　ライヒ憲法が定める，法定立機関に対する個人の保護は，あまりにも不十分である。この憲法には——第109条第1項に違反するがゆえに——違憲のライヒ法律またはラント法律について判断する手段が遠回しながら存在するにすぎない。この判断手段のきっかけを与えるのは，まず，裁判官の審査権である。さらに，憲法違反の法規範が発せられれば，容易にライヒとラントの間の対立の火種が生じかねず，そうなれば，憲法上予定された手段でライヒ法またはラント法の効力に関する紛争に決着をつける方法が存在する。

　今日ではもはや，ラント法律がライヒ憲法と一致するか否かを審査する裁判官の権限は，真剣には疑われていない。しかし今日の実定憲法においては，今後も引き続き，合目的的な考慮からして，憲法違反のライヒ法律の適用を場合によっては禁止する権限を裁判官に認めることが許されるであろう[25]。というのは，実は，裁判官の審査権を否定している見解の中には，立法者の全権という，長い伝統によって支えられてきた観念が今も生き続けているだけであって，この観念からすると，立法者は法の上に存在し，その結果，法の破壊をしたといって責められることはなく，また責められてはな

いえない。それというのも，当事者が，この法的救済手段を行使するのを放棄すれば，憲法違反は明らかになるからである。法的救済手段が放棄されても，それで憲法違反の中にある違法性のメルクマールが除去されるわけではないが，その放棄がどのような動機からなされたものであるかということは，まったく中立的な性格のものでありうるのである（例えば，経費節減）。
[24]　1849年のフランクフルト憲法§126を参照。同条は，ライヒ裁判所の管轄に属する事項を列挙するに際して，公民に保障された訴権とその行使の仕方の範囲について立法者が詳細に規律することを約束せざるをえなかった。
[25]　ここでは，裁判官の審査権の問題に詳しく立ち入ることができない。すべての文献の代わりに——結論においては異なるとしても——*Thoma, Das richterliche Prüfungsrecht, Archiv f. öffentl. Recht Bd. 43, S. 267 ff.* を参照。

らないのである。

　ひとたびこのような観念から自由になった時に、ようやく、法というものが、立法者の自由裁量に委ねられているわけでは決してなく、したがって法律の下にあるのだ、という認識に到達したのであり、そうなれば、それどころか次のような結論にさえ到達することができるであろう。すなわち、ライヒ憲法第76条の下で憲法改正について規定されている形式を守りつつ成立した法律であっても、それが実質的にみて憲法違反であるがゆえに《恣意的な》法律であれば、その適用を拒絶するという結論である[26]。しかし、ここでは問題を提起したに過ぎないが、この問題に対して、《国家における不可避性》、つまり、判決の多様性とそれらの通用性の限界と結びついた危険、ということを引き合いに出してなされるお馴染みの論拠を用いて否定しようとするならば[27]、ライヒの通常立法にとっては依然として限界が存在し続ける。というのは、お分かりのように、ここで重要なのは、憲法の精神から初めて確認される不文の命題ではなく、個々人に広範な保護を保障している憲法それ自身の中に《定着された》実定法規範なのだからである。そうなれば、いずれにせよ、個人を対象としているライヒの通常法律であってその内容が恣意的であるものは、ライヒ憲法第109条の観点からすれば、裁判所によるコントロールに服するのであり、その点では、ライヒの法定立機関によるそれ以外の表現形態の場合もこれと同様である。ライヒ大統領が、憲法第48条第2項によって大統領自身に付与された緊急命令権を、例えば自己の裁量を運用するに際して、明らかに濫用するような場合も、これに属する[28]。しかし、このような保護だけでは十分ではない所以は、法律が有効

---

(26) *J. Goldschmidt*, Jur. W. 1924, S. 249 を参照。また、*Triepel*, Die Ermächtigungsgesetze, DJZ. 1924, Sp. 6/7, および古くはすでに *Gerber*, Grundzüge eines Systems a. a. O. S. 141 を見よ。

(27) このような趣旨ではさらに、*W. Grau*, Rechtsprechung als Gesetzgebung zur Anpassung des Privatrechts an die veränderten Verhältnisse, Archiv f. Ziv. Praxis N. F. Bd. 2, S. 329 f.

(28) 異なる見解としては、*Grau*, Diktaturgewalt a. a. O. S. 155; *Jacobi*, Die Diktatur a. a. O. S. 126. ヤコービも、審査権は一般的には否定しながらも、第48条第2項と一致しない濫用の仕方での非常事態命令に憲法典の改正が含まれている場合には、審査権を承認する。さらに、ピローティとグラウは、1924年のハイデルベルクにおける法律家大会の報告の中で、第48条第5項で規定されているライヒ法律を詳しく形成することについて推奨したことは、独裁の目的を達成するための措置が「完全にその目的にとって不適切」

性を有しているかどうかという問いは，つねに単に先決的な問題として審査しうるにすぎないからであり，それにまた，実際にすべての法律が裁判官に認識されるに至るという保証など，決してないからである。

　しかし，平等条項と両立しえないラント法の規範を法律で規定すれば，そこには同時につねに，個々のラントに憲法から生じる義務の侵害が含まれることとなり，それゆえ，ライヒ監督の方法で憲法規範の遵守のために配慮することは，ライヒ政府の事務である(29)。その際に，すでに公布されたライヒ法律において，ライヒ法律を法規命令，特に必要な施行規則によって補充する権能がラントに留保されているならば，ラントの側でこれらのライヒ法律に基づいて行動することが問題になるかどうかは，ライヒのとる対応措置にとって重要なことではない。あるいは，同様に，ライヒがある事項について立法で規律する権限を有しているのに，ライヒがいまだにこの権限を行使せず，それによって，支分邦がその領域を自分で立法によって規律する可能性を支分邦に残していたならば，支分邦が活動するかどうか，あるいは，基本的にライヒに取り上げられてしまっていて，ラントの《自治的な》作用領域に属している権限を，ラントが行使するかどうか，ということも，ライヒのとる対抗措置にとってはどうでもよいことである。最後に挙げた場合でもライヒの監督に服しているライヒ事務が問題となる(30)所以は，〔ライヒ憲法〕第109条第1項に違反するこのような事象は，同時につねにライヒの利益領域にも触れることだからである。それゆえ，例えば，ヴァルデック〔訳注〕地方が，1919年9月20日に領地（Domanium）における法的関係に関する法律を公布し，旧領主たちの特定の権利が一方的に，かつ何らの補償もなしに破棄されたとき，ライヒ政府は，ライヒ憲法第153条第2項違反だけではなく，第109条第1項違反にも監督手続を支持する権限があったのではなかろ

　なものであってはならない限りにおいて，裁量の余地を残している法概念は裁判官による事後審査に服する，ということであった。
(29)　以下に述べることについて詳しくは，Triepel, Die Reichsaufsicht und vor allem Streitigkeiten zwischen Reich und Ländern in der Festgabe für Kahl, 1923, Heft 2 およびそこで挙げられている文献を参照。
(30)　Triepel, Reichsaufsicht, S. 368 がこう解しているのは正当である。
〔訳注〕　現在のヘッセン州内北部にあった侯国の名称で，今も同州のカッセルの西にある地名として残っている。

第3章　ライヒ憲法における権利保護の保障　第3節　立法に対する個人の保護　119

うか。それによって，支分邦の法定立活動がすべてライヒ監督に，しかもその《観察》と《修正》の機能に服しているのである。このコントロール(31)によって，ラント法律やラント命令の内容がライヒ憲法第109条第1項と矛盾していないことが監視されるのである。その場合，ライヒの監視権は，《依存的なライヒ監督》の形式で現れるが，それは，ライヒ憲法の実施，より正しく言えば，履行は，ラントによって監視されるのだからである(32)。

〔ライヒ政府によって〕主張された《欠陥通告》に関する紛争や意見の相違があれば，それ自体として，ライヒ憲法第15条第3項第2文によって――〔もっとも〕同条項は，特別法(lex specialis)として，ライヒ憲法第19条第1項を排除している(33)が――，ライヒ政府またはラント政府の申立てによっ

---

(31)　詳しくは，*Triepel*, Streitigkeiten a. a. O. S. 59 ff.
(32)　*Triepel*, Reichsaufsicht S. 376 f. 同頁注2で引用されている文献，および Streitigkeiten a. a. O. S. 65; *R. Cohn*, Die Reichsaufsicht über die Länder, 1921, S. 42 を参照。
(33)　すなわち，問題がライヒとラントの間の私法の性質をもたない紛争である限りにおいてである。――ライヒ憲法第19条第1項のそれ以外の事例は，問題にならない。というのは，ラントによるライヒ憲法第109条違反は，特に法定立の場合であっても，ラント内の憲法紛争の対象ではありえないからである。むしろ，このような紛争で前提となるのは，支分邦の基本法律の適用，運用または解釈に関する紛争である。このような事情は，たしかに，国事裁判所の管轄権が補充的なものに過ぎないことから生じるものである。というのは，そうでなければ，ラントがこうした紛争を処理する裁判所を設置したとすれば(事実，設置されていることもしばしばなのであり，この点については，*Lammers*, Das Gesetz über den Staatsgerichtshof, 1921, S. 59 ff.)，そうしたラントにとっては，ライヒ裁判所や国事裁判所の上述のように憲法上根拠づけられた管轄を回避し，ラント裁判所の裁判でこれに代える方法があることになるからである。しかし，上述 113 頁注(12)を見よ。――他方で，支分邦による第109条違反が，同時に他のラントとの対立という結果も招く場合――例えば，プロイセンが公布しているある租税法律では，他の支分邦に属する者にも関わりが生じ，同法によってこれらの人々は二重課税に服することになる――，このような「異なるラント間の私法の性質をもたない紛争」は，同時に介入にもなるライヒの監督権によって完膚なきまでに使い尽くされ(すでに旧法に関して，*Triepel*, Reichsaufsicht S. 456 ff. がこのことを詳細に根拠づけている)，国事裁判所に申し立てられるラントの訴えは，原告適格がないとの理由で却下されざるをえないであろう。この見解は，私見では問題がないわけでなく，この見解から出てくる唯一の帰結は，特定の事例では，監督権が所管のライヒ機関に移されることによって，ラントの権利保護が十分に保障されない結果になりかねないという点である。それは例えば，上記の例でいえば，不利益な取扱いを受けたと感じているラントが欠陥の除去をライヒに申し立てたのに，ライヒ政府がプロイセンの法律に賛成であると表明するような場合である。今日のように，ライヒとプロイセンの政府がほとんど同じ議会多数派によって支えられているのが通例である状況では，特に第109条に対する疑義が存在し，そしてこの事情は，異議を申し立てているラントが何らの大きな影響力も持っていない場合でも

て，国事裁判所は，支分邦の行いの適法性について判断するのであり，したがって，欠陥を除去すべきことを求めるライヒ政府の要求に応じる義務がラント政府にあるのか否かについても判断するのである。しかし，ここで特に考慮される事例，すなわち，ラント機関による法定立上の表出については，ライヒ憲法第13条第2項に関して公布された1920年の施行法律によって，監督をめぐる紛争を，ライヒ裁判所で進められる訴訟手続に乗せなければならない，ということに注意を払うべきである。その限りでは，ライヒ憲法第13条第2項は，同憲法第15条第3項および第19条第1項の特別法である。そうなれば，第15条第3項が適用される余地が残っているのは，〔ライヒとラントの〕意見の相違が，「ラント法の規範がライヒ法と両立しうるかどうか」をめぐってなされていない限りだけだということになる。他方で，学説において説得力を持って明らかにされている[34]ように，第13条第2項に基づく手続が，単にまったく特別な性質のものであるにとどまらず，——範囲としては極めて広く——ほかならぬ監督をめぐる対立に関する判断を含んでいる必要は必ずしもないのである。むしろ，ライヒ政府とラント政府自身はたしかにラント法律がライヒ憲法第109条と矛盾していないことについて確信しているという点で意見が一致してはいるが，ラント法の規範の有効性についての疑義と意見の相違がライヒ官庁とラント官庁の間に存在している場合，あるいは，単にラントの官庁相互間にのみ存在している場合であっても，ライヒ裁判所が，中央官庁によって訴えられることもありえよう[35]。しかし，第13条第2項が適用されるためには，個人間に意見の相違があるというだけでは十分でなく，そのためには，例えば，その道の権威による重みのある鑑定書によって，あるいは事態の状況からしても，ラント議会内外の少数派全体やその他の利益集団が憲法に違反して権利を奪われたとみなされるような，さらに別の諸要素が付け加わり，それによって，意見の相違が法的に著

同じである。
(34) この点について，また特に論敵についても，詳しくは，*Triepel*, Streitigkeiten a. a. O. S. 66 ff. ライヒ憲法第13条第2項については，さらに *Lassar*, Archiv f. öffentl. Recht Bd. 40, S. 103 ff. および *Morstein-Marx*, Archiv f. öffentl. Recht N. F. Bd. 6, S. 218 f.
(35) *Triepel*, Streitigkeiten a. a. O. S. 67.

しい程度にまで達して，法的不安定性がラントにもたらされる結果となるような場合でなくてはならないのである[36]。

　ライヒとラントの間の紛争という観点で考察したときに，ヴァイマル憲法からすれば，第109条と両立しえないライヒ法律に対する留保条項(カウテルン)も存在する。その際，法律がライヒ大統領によって認証される前に，ライヒ憲法によって少数派に認められている権利[訳注]については，考慮しないでおいてよかろう。本書での関連においては，この権利に関しても裁判所による保護が存在していることを指摘するだけで十分である。第一に，第13条第2項に準拠してなされるライヒ裁判所の裁判ではつねに，破棄されたと宣言されたライヒ法の有効性が前提となるし，さらに，監督手続は——この手続では，周知のとおり，支分邦も国事裁判所に訴訟を提起できるので——，ラント自身の見解からすれば憲法に違反する現行のライヒ法律と調和しないラント法律を公布することによって，ラントが人為的に提起することもできるのである。しかしそれと並んで，トリーペルの説得力のある論述[37]によれば，第19条第1項に準拠してなされる国事裁判所での訴訟が，何よりも，ラントにとっての直接的な権限保護手段として問題となる。

　ライヒ憲法第109条については，ライヒとラントの間の紛争の形式をとったこのような間接的な保護が存在していることが，何といっても，まことに貴重である。というのは，こうした紛争では，それ以外のどの場合よりも，最高裁判所による裁判の必要があるからであり，それは，内容的に固定していない柔軟な平等条項を——意図してでも——援用することによって，国民の法生活に不安を持ち込むことが可能だからである。いずれにせよ，このような方法を用いれば，限られた範囲であれ，このような疑義を排除する保証が存在するのである。もっとも，立法論としては，平等条項に違反するライヒ法律に対する権利保護を完全なものにするためには，ハイデルベルクで開催された第33回法律家大会によっても賛同を得られた趣旨でライヒ憲法第19

---

(36)　異なる見解として，*Morstein-Marx* a. a. O. S. 221 Anm. 12.
〔訳注〕　ヴァイマル憲法第72条を参照。
(37)　詳細は，*Triepel*, Streitigkeiten a. a. O. S. 92 ff. および学説の批判的検討について，a. a. O. S. 39 ff.

条を変更することが要請されなければならない。この趣旨からすれば，ライヒ内部の憲法紛争も，国事裁判所の裁判官による裁判に服することになる。

第4章　オーストリア国家法についての検討の意義

　ヴァイマル憲法よりも権限の範囲が拡大され，統一的で一貫したものとして達成されているのが，近時のオーストリア共和国において憲法の番人に任じられている権利保護機関である。オーストリアでは，単に中央官庁の申立てに基づいて連邦またはラントの法律が違憲か否かの判断がなされるだけでなく，限られた範囲においてに過ぎないとはいえ，個々人に特別に，独自の異議申立権が保障されている。

　このような事実，そしてそれだけを，ここではさらに短く指摘しておけばよい所以は，ここで提起した複合的な問題全体が，同時にオーストリアの国家法にとって重要でもあるという単純な理由によるものである。というのは，〔1920年の〕連邦憲法法律は，第7条において平等条項を明文で強調しつつ，その終末規定(第149条)においては，公民の一般的な諸権利を列挙している1867年12月21日の国家基本法律を引合いに出しており，そして同法の第2条によれば，これらの権利の中には再び平等条項も含まれているからである。こうすることによって，憲法がこの条項に特別に重きを置いていることが明確に表現されているのである。その上，オーストリアという国の国家法の構造における根本的な変化も加わっており，この変化は今や，ドイツの状況にとっては，〔オーストリアの〕二重帝国の時代において適合的であったよりも，さらに適合的である。

　だからこそまた，本書での検討の枠組みの中で提示される問題に答えることが，オーストリア法にとってもドイツ法にとっても，正当化されるのである。

　このような正当化は，次のような事情があるだけに，なおさら認められる。すなわちオーストリアでは，国法学の学説が，平等概念の内容を詳しく規定することの困難さを克服してきておらず，平等条項について以前に判例を通じて展開された指導原理には，この問題を解明するのに寄与する思考が

まったくもって欠けているのである[1]。周知のように，オーストリアでは，帝国=王国ライヒ裁判所と帝国=王国行政裁判所との間で権限が分けられていた。ライヒ裁判所は，《政治的》平等の侵害を根拠とする異議申立てについてのみ管轄権を有し，その結果として，行政裁判所は，《政治的な問題》との関連性がない限りでのみ，平等条項について法的判断を下すことができた。このような事情があったために，統一的で生産的な裁判は妨げられざるをえず，こうした関係で，結局はライヒ裁判所の裁判[2]と行政裁判所の裁判[3]が，停滞する派目になったのである。

---

(1) 従前の国家法については，例えば *Gumplowicz*, Das österreichische Verfassungsrecht, 1907, S. 262 ff. および *Herrnritt*, Handbuch des österreichischen Verfassungsrechtes, 1909, S. 86/87 を見よ。ヘルンリットは，この条項が立法者にとってプログラムとしての意義があることを指摘しながら，他方ではやはり平等原理と抵触する通常法律でも憲法上の有効性があるとする帰結を引き出しているが，私見では，このような帰結は必然的なものではない。近時の国家法については，*Kelsen*, Die Verfassungsgesetze der Republik Österreich, 5. Teil, Die Bundesverfassung vom 1. Oktober 1920 S. 74 および *Ders.*, Österreichisches Staatsrecht, 1923, S. 50 を見よ。

(2) ほぼ50年間のライヒ裁判所での裁判では，平等条項と直接に取り組んでいる裁判は，そもそもきわめて散発的にしか見られない——もとより管轄問題だけが取り扱われているわけではないが。*Hye*, Erkenntnisse des k. k. Reichsgerichts Nr. 1375, 1492, 1863 を見よ。他方で，これらの裁判で確認されるのは，平等原則は，もっぱら従前の階級および身分の違いを撤廃することのみに関わるのであって，これが撤廃されても，その他の生活領域，特に勤務に関わる問題において公民を別異に取り扱うことは，おそらく差し支えない，ということである。したがって，事情の異なる事例において官庁が平等な決定をすることは，担保されていないとされる。

とはいえ，個々の関係においては，何らかの特別な規範によって個人の実質的な同等が保障されていることは，ライヒ裁判所によっても承認されていた。例えば1867年12月21日の国家基本法律（RGBl. 142）の第19条第2項を参照。この規定は，「学校，官公庁，及び公的生活において一般に通用しているあらゆる言語の同権」を承認し，ライヒ裁判所の確立した裁判において，この規定は個人の主観的な政治的権利でもあると解された。このことについては，*Laun*, Ermessen a. a. O. S. 191 ff. および *Jellinek*, System a. a. O. S. 99 ff. を参照。

(3) オーストリアでは，*Budwinski*'sche Sammlung der Erkenntnisse des k. k. österreichischen Verwaltungsgerichtshofes, Administrativ-rechtlicher Teil, Neue Folge に，若干の行政法に関する裁判があるにすぎない。行政裁判所は，他の諸国の行政裁判所と同様に，ある決定や処分を恣意的だとして破棄する場合に，折に触れて平等思想に依拠している。*Tezner*, Das österreichische Adminstrativverfahren, 1922, S. 703 ff. で引用されている事例を参照。

〔1867年12月21日の国家基本法の〕第2条に関しては，過去20年間で，直接的に第2条について意見を述べている裁判（Nr. 8932 Erkenntis vom 9. Mai 1912）は，管見に属する限りたった一度だけであり，そこでは，特定の特権についてその存続が平等思想と両立しえない旨を宣言している。それに対して，間接的には，平等の要請について（ライヒ

さてオーストリアでは，新しい憲法によって突破口が開かれた。ここでの関連でライヒ裁判所の権限を承継した憲法裁判所は，今や，連邦憲法法律第144条に従って，行政官庁による裁決や処分に起因する，憲法上保障された諸権利[4]の侵害を理由とする不服申立て，つまり，従前の法的状況とは対照的に，先にその意味内容を明確にした平等条項について量的にも大規模に判決を下している。とはいえ，立法に対しては，この種の個人の権利保護の要請が欠けており，裁判に関しては――このことはすでに言及したが――司法に関する諸法律によって自由に使えることができる法的救済で十分だとみなされた。

しかし，憲法裁判所と行政裁判所の間での権限画定が困難であるという事情は，今日においても依然として存在する。というのは，行政不服申立ては，連邦憲法法律第129条によれば，不服申立者の権利侵害だけを要件としており[5]，このことは，憲法上保障された権利が侵害された場合であっても事実そうでありうるし，また原則的にはそうであろうということは，まったく明らかであるからである。ところで，たしかに憲法自体は，用心深く規定していて，憲法裁判所の権限に属する事項は行政裁判所の管轄から除外されている旨を定めている（連邦憲法法律第131条第1号を見よ）。けれども他方で，不服申立てをされた当事者は，なお依然として，形を変えた不服申立てを行政裁判所に持ちこむ戦術的方法を有している。平等保障の侵害は，あらゆる生活領域において考えられ，他ならぬこうした場合にこそ，平等条項に抵触するというのであれば憲法裁判所に，あるいは，平等条項違反によって偶然に個人の権利が侵害されたというのであれば行政裁判所に，それぞれ異議を申し立てることができるのである。そうなれば，次のような可能性がある。すなわち〔第一に，〕最高裁判所による二重の判断が行われて裁判の統

裁判所と同様に）幾度となく判断を下した例がある――しかし，それも，わずかな範囲だけであり，ここからオーストリアの裁判の根本的な思想を十分明確に理解できる状況ではない。若干の典拠は，*Tezner, Das Ermessen* a. a. O. S. 75 f. に見られる。
(4) 正確にいえば，もはや単に公民の不服申立て（1867年の国家基本法律第3b条，RGBl. 143）についてだけではなく，外国人の不服申立てについても〔判決を下している〕。*Ofner*, Zeitschr. f. öffentl. Recht 1924, Bd. 4, S. 53. による同旨は正当である。
(5) 同条が行政の審級手続を尽くすべきこととしている点は措いておく。

一性が脅かされるか，〔第二に，〕憲法裁判所が，憲法上保障された平等に関する判決によって，これまで行政裁判所に残されてきた重要な法領域で，行政裁判所を排除するか，あるいは最後に，行政裁判所が間接的に，憲法上保障された権利について判決を下す方法を持つか，のいずれかである。この点はなお未解決の問題であり，この問題は最終的には裁判所の実務によってはじめて決定されるのである(6)。

---

(6) *Wittmayer*, Österreichisches Verfassungsrecht in der Enzyklop. d. Rechts- u. Staatswissenschaften, herausgeg. von Kohlrausch-Kaskel 1923, S. 23 も懐疑的である。

第Ⅲ部
連邦国家法における
支分邦の平等に関する問題

　先に詳細に規定してきた平等概念は，連邦国家法における支分邦の平等に関する問題にとっても重要である。その際，以下の詳論に関しては，今日のドイツ・ライヒも連邦国家的な構造をもっていること，またそれと同時に，各ラントが国家としての性格をもっていること(Staatlichkeit)が，前提とならなければならない。

　　　　　　　　「連邦国家概念に関する補論」

　連邦国家概念に関して一般的になされる構成の仕方は，かなり無駄なことがしばしばであり，そのような一般的な構成を手掛かりとして，このような前提が正しいかどうかを改めて確かめなおすことは，ここでなすべきことではないし，それと同様にここでは，今のドイツ・ライヒが連邦と言えるかどうかについて語られる賛否両論の個々の論拠にも，詳しく立ち入るには及ばない。

　各ラントが国家としての性格をもっていることを肯定し，それを同時に，ドイツ・ライヒの組織が連邦的な組織であることを肯定するために決定的なことは，私見によれば，結局のところ，やはり，各ラントの国家として現に存在しているというメタ法律学的な事実である[1]。というのは，これまで学説はまだ，国家を自治団体から区別する確実な規準があることを，説得力ある形で立証することに成功していないからである。例えば，今日でもおそらくまだ支配的といってもよい国法学が，もとより様々なニュアンスをもつ

---

(1) *Lukas*, Die organisatorischen Grundlagen der neuen Reichsverfassung, 1920, S. 18 ff. も参照。

とはいえ支持されている，次のような命題に固執しているのも，このためである。すなわち，各ラントが国家としての性格をもっていることは，主権から区別された，始原的で非派生的な支配権力によって規定されているとする命題である。しかし実は，この支配権力(ヘルシャーゲヴァルト)という要素は，たとえ量的には比較的わずかな範囲であるとはいえ，自治団体にも当てはまるものであって，自治団体は，長い歴史の過程の中でみずからのために任務領域を創り出しており，この任務領域を遂行することが，まさに自治団体自身の非派生的な権利なのである。——ヴェンツェルによる最近の定義(2)も満足のいくものではない。ヴェンツェルは，地域団体が「全体的な印象において主権を有する国家法人と形体を同じくしている，つまり，地域団体に相応しい十分な支配権力と組織自律権(フェアファッスングスアウトノミー)を有して」おれば，その場合でも，その地域団体を国家だと断言している。しかし，後者の組織自律権は取るに足らない。というのは，自治団体が，特定の規範的規定の範囲内で，自ら体制をつくる権利——例えば，アメリカ合衆国内のいくつかの州の自治体を考えればよい——を有しているか否かは，偶然の歴史的発展の問題であるからである。地域団体に国家としての資格を与えるためにこの問題が重要であるのは，このような事実の結果として，量的に相当強度な支配機能があると推論しうる限りにおいてでしかない。ということは，それは単に段階的な違いにすぎず，そこに何らかの形式的な概念形成の意義を認めることはできないのである。

　組織自律権を拠り所とする以外に，例えばラウシェンベルガー(3)のように——おそらくマックス・フーバー(4)に依拠してのことであろうが——，連邦国家概念の法学上の本質をなすものとしての支分邦の存在権を拠り所とする見解がある。ここに言うところの存在権(エクステンツレヒト)は，〈権限の権限〉が支分邦の存在にまで及ぶことを排除することにその実質があり，この存在権によって国家が自治団体から区別されるとするのである。しかしながら，特別な規範によって支分邦の存在が保障されていない場合には，連邦国家法がこの命題に一般的通用性を認める確固たる論拠を与えるわけではない。実際に，合

---

(2) *Wenzel*, Die juristischen Grundprobleme, der Begriff des Gesetzes, 1920, Abt. I, S. 263.
(3) *Rauschenberger*, Das Bundesstaatsproblem, 1920.
(4) *Max Huber*, Die Entwicklungsstufen des Staatsbegriffes, 1903.

衆国（第5条），オーストラリア（第128条第5項），およびブラジル（第90条§4）の場合は事実そうであるし，ひょっとすると——この問題はここで持ち出すべきではないが——スイスと1871年のドイツ帝国憲法〔ビスマルク憲法〕においても事実そうであった。それというのも，上記のような主張が可能なのは，次のような論証がなされる場合だけだからである。すなわち，支分邦の存在を保障している不文の憲法規範は連邦国家にもあるが，連邦国家の憲法は上述のような権利を何らかの形で明文上承認することをやめているのだ，ということを是認するような論証である。しかし，そうなれば，具体的な場合に事実として何らかの連邦国家的な構造体(ゲビルデ)があるかどうかが重要なのかという問題に対する答えは，すでに先取りされてしまっていることにならないであろうか。この場合，連邦適合的な全体構造を根拠として，そこから存在権が推論されることにはなっても，逆に——これがあるべき推論であろうが——，存在権を根拠として，そこから支分邦が国家としての性格をもっていること，およびさらに進んで，連邦国家の存立が推論されるということにはならないのではないか。さもなければ，はじめから，成文憲法を根拠として，そこからこのような存在権があることは証明できないという事実に基づいて，このような構造体は《概念必然的に》単一国家の範疇に入れられなければならない，と主張しようとせざるをえなくなるのではないか——私見では，〔このような主張は〕許しがたい概念法学の典型事例のひとつである。しかし，適法な行動と結びついて国家の併合がなされた場合でさえ，そうしたすべての併合が違法の烙印を受けるという趣旨において，諸国家のもつ存在権を語ることが，そもそもできるのかという，議論の余地のある国際法上の問いは，ここではまったく触れないでおいてよかろう。

　ここでは概念形成における困難さがこれほどまでに大きいのは，複数の国家で構成される構造体としての連邦国家概念には，国家概念を解明することが必然的に前提とされ，他方で，今度はこの国家概念のほうもまた，主権概念に取り組むことなしにこれを把握することはできないからにほかならない。私見では，概念形成にとって決定的な影響を持ちうるのは，もっぱら目的論的な考慮だけである。すなわち，国家概念を規定しうるとすれば，連邦国家概念の現実性には余地が残っているのであって，連邦国家概念は，連邦

国家概念の類型を考慮に入れずに国家概念を把握したりしたところで，疑問視されるようなものではない，ということになり，またそうするよりほかはないのである。この〔連邦国家〕概念によって事実が矛盾のない全体と結びつけられることになるとしても，この概念それ自体は帰納的にしか発見することができない。しかも，国家として振舞い，国家と称されるすべての構造体から，必然的にそれらに共通するものと本質的なものとが作り出される，というやり方によってのみである。もしこのような試みが成功すれば，それによって同時に，国家を自治団体から区別する規準が確定され，連邦国家概念を規定する途が開かれることになる。〔しかし〕この試みが失敗に終われば，国家の概念，および連邦として組織されている国家結合の概念を，法律学的に満足のゆく形で規定することは，決してできないのである。

　以上のことからすれば，一般的な連邦国家の類型から一つの形態のみを際立たせ，この形態だけに連邦国家の名称を承認し，この用語法を根拠として，それ以外の形態で構成された国家はすべて，連邦国家ではないと宣告するということは，方法論として適切ではない，ということになる——もっとも，方法論的には好まれている手続ではあるが。例えばレーツロープによる議会制の概念規定[5]，あるいはハスバッハによる民主制の概念規定[6]ぐらいを考えてみればよかろう。レーツロープとハスバッハの作業のやり方は同じであり，両者とも，ある現象形態がその類型に特色を与えるのだと考え，この現象形態だけを真正の議会制とか真実の民主制とみなすが，この類型に属するすべての国家に共通するメルクマールのみによって概念を規定することはしないのである。さらに，このような根本的な態度からすれば，上に挙げた仕方で国家概念を首尾よく固定することができるような場合でさえ，その概念規定は，不十分なものであって改善を要するものであることが裏づけられる結果となる。このことが当てはまるのは，ある構造体の新たな存在が実証され，それが事実上《国家である》のに，通用している国家概念ではカヴァーされないような場合である——このことは，帰納的に概念を規定しよ

---

[5] *Redslob*, Die parlamentarische Regierung in ihrer wahren und unechten Form, 1918, S. 1 ff., 180 ff.
[6] *Hasbach*, Die parlamentarische Kabinettsregierung, 1919, S. 134, 263.

うとすると常に出てくる帰結である。

　これとは別のやり方で連邦国家概念を救出しようとする試みは——それも、さらに非常に切れ味のよい空論によるものであったとしても——，私見では，誤った方法論的な態度の結果として，すべて失敗せざるをえない。このことは，こういうやり方で空論として立てられた概念から得られた結果を考えれば明白になる。もとより，これらの結果は，目の前の現実の素材と一致しうるものではない[7]。そこで，最近になって，トクヴィルの決定的な影響を受けたヴァイツの学説を改めて変形し直し，それをさらに発展させることで，主権的で対等な国家権力が同時に併存しているのだという措定に行きついた（ナヴィアースキー，ハウスマン）。次に，ギールケ＝ヘーネル流の学説をさらに発展させて，連邦国家を中央国家と支分邦をおおう全体だとみなし，ある種の自立的な諸国家からなる国家の法の存在を主張した（マックス・フーバー）。最後に，連邦国家概念の現実性をそもそも否認するザイデル＝ツォルン流の学説[8]を，新しい生命を蘇らせようとし，ひとつの全体としての国家構造体なるもの——それは諸国家，つまりこれまた全体で構成されたものであるが——を観念することは内的な矛盾であると断言した者もいた。それゆえ，例えばショムローは，連邦国家は諸国家から構成された全体ではなく，広範に及ぶ自治権をもった複数の部分から構成される全体のことである[9]とし，ケルゼンは，——もとより別の前提から出発してはいるが——連邦国家は「分権化された国家の組織技術的な類型の一事例」だと断定する[10]。連邦国家概念の現実性を否定することから生じる実務的な帰結を

---

(7) 連邦国家の旧理論について概観を与えてくれるのは，ブリーの構成である。*Brie*, Der Bundesstaat, 1874, insbes. S. 118 ff., 155 f.

(8) とはいえ，これらの学説は，内容の点ではさまざまな帰結をこの事実に結びつけているが。

(9) *Somló*, Juristische Grundlehre, 1917, S. 295.

(10) *Kelsen*, Problem der Souveränität und die Theorie des Völkerrechtes, 1920, S. 287 を参照。ここでは，その基礎に置かれている規範論的法理論の観点から，国家は，帰責の最終点，あるいは法秩序の擬人化と考えられているに違いない（このことについてはさらに，*Kelsen*, Der soziologische und juristische Staatsbegriff, 1922 も参照。この著書の意図はもっぱら，国家と法のこの同一性を立証することに向けられている）。しかし，同書の次の288頁では，国家は，法秩序に服する人格だとされている。この箇所では，国家法秩序と最上位の国際法秩序の間には，さらにもうひとつの独立した部分法秩序が割り込

導き出したのは，ヴィトマイアーである(11)。ヴィトマイアーにとっては(12)，連邦国家は，広範に分権化された単一国家にすぎず，旧ドイツ帝国には国家の資格は認められない(13)のに対し，国家としての性格をもっていることは，今日では，ライヒについてのみ主張され，各ラントについては否認されるのである(14)。

もっとも，オーストリア学派が連邦国家概念を否定するのには，さらに深い理由がある。つまり，国家概念を規定するにあたっての困難さを別とすれば，このような否定は，《純粋法学》によって追求されている(15)，法のあらゆる素材の合理化と関連している。ここでは，法学を形式論理化しようとするこのような大掛かりな試みが成功しているかどうかについて検討することはしない。この問いに対してどういう態度をとるかは，何を法学の任務と呼ぶか次第で，根本的にさまざまなものであろう。多種多様な法素材をひとつの統一的な始原的規範(ウアシュプルングスノルム)に還元すること，すなわち，法全体を包括する絶対的な《一元論的》見解を創り出すことで満足するか，それとも，このような態度を形式的すぎるとして拒否し，その基礎となっている規範があまりに内容空疎なものだと称して，いわゆる社会学的要素を法律学から一掃して法律学を純化したいという欲求の正当性を否認するかのどちらかである(16)。

　　むことがありうるという説明がなされている。つまり，それは連邦条約によって制定される連邦憲法であり，これが支分邦という下位の部分法秩序を包括しているのだとするのである。そうなると，直前の箇所で，存在しえないとみなされた構造体には，やはりまた現実性が認められることになるが，〔このことは〕私見によれば，ケルゼンが前提としているもののどれかを放棄することでしか解決しない矛盾であるように思われる。
(11)　*Wittmayer*, Die Weimarer Reichsverfassung, 1922.
(12)　A. a. O. S. 131.
(13)　A. a. O. S. 17, 126 を参照。
(14)　A. a. O. S. 128 ff.
(15)　マックス・ヴェーバーによって《体系化》というカテゴリーに分類された営みである。*Max Weber*, Wirtschaft und Gesellschaft a. a. O. S. 395.
(16)　ケルゼンの《純粋法学》への批判については——独自の陣営の中で生じてきた反対者は措くとすると——，以下のものを見よ。特に，*E. Kaufmann*, Kritik der neukantischen Rechtsphilosophie S. 20 ff.; *C. Schmitt*, Soziologie des Souveränitätsbegriffes und politische Theologie in der Erinnerungsgabe für Max Weber Bd. 2, S. 11 ff.; *v. Hippel*, Archiv f. öffentl. Recht N. F. Bd. 5, S. 327 ff.; *Heck*, Die reine Rechtslehre und jungösterreichische Schule der Rechtswissenschaft, Archiv f. ziv. Praxis N. F. Bd. 2, S. 181 f.; *Binder*, Philosophie des Rechts, S. 183 ff.（ここでは，フェリックス・カウフマン（*Felix Kaufmann*）について S. 164 ff. を，

第 1 節　連邦主義的機関を形成する際の
　　　　　絶対的平等の原理と相対的平等の原理

　周知のとおり，連邦国家法における支分邦の平等に関する問題が，まず第一に一定の役割を果たすのは，支分邦がどのような仕方で国家全体(ゲザムトシュタート)の意思形成に参加することになるのかという問題においてである[17]。ここでの関連においては，もっぱら一般的で原則的な傾向だけを強調しておくこととする。この傾向は，連邦国家として構成された各ラントにおける連邦主義的機関を形成する際に，可能な限り個々の支分邦を絶対的に等価のものとして取り扱うということである。このことは，次のことを意味するとされる。すなわち，相対的平等の原理は，個々の支分邦をそれらの権力的地位と勢力に応じて別異に取り扱い，それによって支分邦による代表機関においてさえ単に《比例的に》しか考慮しないというひとつの規準の存在によって特徴づけられるものであるため，絶対的平等の原理の前では影が薄いのに対して，絶対的平等の原理は，領域面積，住民の数等々に関して個々の支分邦間に存在する量的な相違を別とすれば，国家全体の意思を形成する際にはまったく平等な影響力をすべての支分邦に認めるものである，ということである。

　このように国家全体において支分邦を絶対的に平等に評価する傾向は，元を辿れば，特に連邦国家の理念にさかのぼる。というのは，国家全体も支分邦と同様にいずれも国家なのであり，連邦国家という国家類型は，国家結合，つまり複数の国家で構成される一種の結合体のひとつなのだ，ということ——このことについては基本的に意見の一致が見られる——が正しいならば，どのようにすれば支分邦の別異取扱いの正当化が，少なくとも理論的に

またザンダー(Sander)については S. 196 ff. も見よ); 方法の点での両者の折衷説として，*Brinkmann*, Soziologie und Staatswissenschaft in der Erinnerungsgabe für Max Weber Bd. 2, S. 69 ff.

[17]　個々の支分邦の影響は，連邦主義的機関以外にも現れてくる。例えば，法律の準備を託された官庁とか単一国家的機関自体への影響によってである。このような事実は，当然のことながら，ヴァイマル・ライヒ憲法のように，連邦主義的機関が直接に立法する権限を排除されている場合には，その意義が増大する。ドイツ法における影響力の問題の意義と程度については，ビルフィンガーの研究書に詳しい(*Bilfinger*, Der Einfluß der Einzelstaaten auf die Bildung des Reichswillens, 1923, insbes. S. 28 ff.)——〔アメリカの〕諸州の平等についてはさらに，*Moore*, Digest of International Law, 1906, Bd. 1, S. 62 f. も参照。

は立証されることになるのか，理解に苦しむ。なぜといって，小規模の支分邦にとっては，自分たちの国を等級化するために作られた規準は，それがどんなものであれ，不当なものと思わずにはおれないからである——〔小規模の支分邦も〕国家としての性格をもっていることを主張するために，このメルクマールのみがそもそも連邦国家を初めて可能にする唯一のものであるとして，これを拠り所にできるとしても。これこそ，学説上も評価され（コンスタンティン・フランツ），今日もなお公法学上支持されている思考過程（K. バイェレ）であり，こうした思考過程の帰結として，覇権的ではなく，厳格に《連邦主義的》に平等原理を形成することが要請されることとなる[18]。

中規模および小規模の支分邦が自らの要求を主張する際のもう一つ別の根拠は，連邦国家法と隣接する法秩序，すなわち国際法の中に見出される。国際法においては，当然のことながら，諸国家の絶対的平等という命題が，実定的に法に適ったことである。国際法においては，平等原理によって諸国家の形式的な別異取扱いが根底的に拒否されており，主として，諸国家の多数決を排除することにはっきりと表れている平等原理が，そこでは無制限に妥当している。《国家意思》（例えば，ツォルン，イェリネク）とか，多数の国家の「意思の一致によって一つの意思統一に合流した共同意思」（トリーペル，アンツィロッティ）を，国際法が妥当していることの根拠とみなすかどうか，あるいは，諸国家を超えたところに存在し，人類の倫理的な文化意識によって支えられた，仮定的に下位統合された，一つの法秩序を承認し，この法秩序が「相互的な行為を万人にとって平等な規範によって規律している」（例えば，ケルゼン）のかどうかは，どうでもよいことである。なぜといって，例えば《国家による承認》とか，《国家による同意》とか，《法律》とかいった，国家による意思表示が，国際法の法源と呼ばれるのであれば，諸国家の平等は，〔法の〕成立の根源の同一性によって確保されるからである。というのは，個々の国家にとっての国際法上の義務が，個々の国家がそれを《引き受

---

[18] 覇権的な連邦主義と，いわゆる真正の連邦主義について，詳しくは，*Bilfinger*, Der deutsche Föderalismus in Vergangenheit, Gegenwart und Zukunft in den Veröffentl. d. V. d Deutschen Staatsr., 1924, S. 38 f. さらにまた，*Anschütz*, ebendort S. 14 f.

第1節　連邦主義的機関を形成する際の絶対的平等の原理と相対的平等の原理　　135

けること》によってはじめて拘束力を持つようになるのであれば，論理的には，平等原理が前提となっているはずだからである。そうであれば，多数の国家の法的に平等な秩序は，必ずしも，超国家的に構成される国際法を〔前提として〕必要とするわけではない[19]。ほかでもなくこのよう構成をすれば，むしろ，正反対の結果に到達する可能性が存在する。だから，例えばクラッベにとっては[20]，国際法は，それ以外のすべての法と同様に，法的確信，〈権利＝法〉意識に根差すものであり，それを決定するのは法を共有する者の多数派なのである[21]。そうなれば，私見では，諸国家の平等など，もはや出る幕はないであろう[22]。

---

[19]　同旨のものとして，*Kelsen*, Problem der Souveränität a. a. O. S. 204.
[20]　*Krabbe*, Die moderne Staatsidee, 1919, S. 267 ff.
[21]　A. a. O. S. 271, 286.
[22]　同様に，私見では，デュギー（*Duguit*, Traité a. a. O. Bd. 1, S. 105）を用いて《国際的な法意識》(conscience juridique internationale) を国際法の基礎づけに利用したところで，法的状況は何ら説明されたことにはならないのではないか。近時のフェアドロスの試み（*Verdroß*, Niemeyers Zeitschr. Bd. 29, S. 73 ff.）も，所詮はこのような説明に属する。フェアドロスは，国際聯盟規約第17条を手がかりに(a. a. O. S. 87)，今となっては補完的な意義しか付与されない平等の原理（*Verdroß*, Gleichberechtigung der Staaten, im Wörterbuch des Völkerrecht usw., herausgeg. Von Hatscheck-Strupp Bd. 1, S. 424 も参照）と並んで，準全会一致(Quasiunanimität)の原理，すなわち，国際法の規範を構成するためには，《圧倒的多数の国々》の同意で十分であるという原理を立証しようとする。しかし私見では，フェアドロスがこの立証に成功したとは思われない。というのは，それ自体として発展する力のある国際法上の根本規範は，いずれにせよ常にそれぞれの法素材を統一的・体系的にまとめなければならないのはそのとおりであるとしても，第17条の法的性質の主張は，非聯盟国にとっては，やはり未解決の論点先取り(petitio principii)を用いてするよりほかにないからである。証明されるべきこと，つまり，国際聯盟に加盟していない国々が第17条に拘束されているということが，〔フェアドロスにあっては〕所与のこととして想定されることになる。というのは，義務の法的根拠は，非聯盟国については存在しないからである。規範が拘束力をもつためには，最広義における国家の意思行為が欠けているし，全会一致の原理を破るほどの慣習法の発展は，今日まで依然として成立していない。また，国家を超える法にはそのような命題が含まれているとする主張を超国家的な国際法の理由づけにすることは，国際法の実務においては支持も得られない。例えば，国際法において法を定立する際には，自分自身を拘束しているすべての国家が均等に参加しなければならない，ということを考えさせすればよかろう。フェアドロスは，国家法においては多数決原理が通用していることに拠り所を求めているが，ここでは事情がまったく異なっているので，抜本的な解決にはならない。結局のところ，国際聯盟規約第17条には，合意した国々の間で〔通用する〕部分的な国際法が含まれているにすぎないがゆえに，いずれにしても講和条約によっても拘束されていない非聯盟国にとっては，今日においてもなお，単に拘束力のない法にすぎないことになる。同旨，*Schücking-Wehberg*, Kommentar zur Satzung des Völkerbundes, 1924, S. 169.

しかし，当然のことながら，今日の国際法体制が，時代の変化の中で内的に次第に変形し，例えば平等原理が放棄されたりして，大国の事実上の優位が法的にも何らかの形で影響をもたらす可能性がないわけではない。何なら，覇権を争う帝国主義的なこのような国際法秩序が開かれたことの兆候として，弱小国が強国に対して置かれている従属関係とか，あるいは部分的にはまた国際的組織の再構築とかを，拠り所にしたければそうすればよい！ただし，こうした事態を過大評価することには，注意してほしいものである。というのは，ここでの関連で特に念頭に置かれている国際聯盟の組織は，結局はやはり，聯盟の中の代表的な，いつでも好きな時に脱退することができるそれぞれの国家の同意に掛かっているからである。そして，最も重要な機関である国際聯盟理事会において大国に認められている優位は，実際には——少なくとも今日の形態においては依然として——諸国家の絶対的平等の原理と両立しえないものであるから(23)，そうした優位というものが試練に耐えうるかどうか，〔また，〕ほかならぬこのような構成によって，および平等原理の無視によって，何らか重大な利益対立が起きた場合に，国際聯盟の行動能力が疑問視されることにならないのかどうかは，それ自体として一つの問題であって，この問題は将来決定されなければならないであろう(24)。

実際には，平等命題を否認できる輩は，私見によれば，国際法の存在をそもそも全面的に否定する論者か，それとも，現実の政治的な力関係にしたが

諸国家の平等について詳しくは，例えば，*Rivier*, Principes du Droit des Gens, 1886, S. 123 ff.; *M. Huber*, Die Gleichheit der Staaten, Jur. Festgabe für Kohler, 1909, S. 88 ff.; *Oppenheim*, International Law, 1912, Bd. 1, S. 168 ff.; *Schücking*, Das Werk vom Haag, Bd. 1; Der Staatenverband der Haager Konferenzen, 1912, S. 216 f.; *Fauchille*, Treaté de Droit International Public, 1923, Bd. 1, S. 461 ff.（新しい文献リストについては同書の脚注２）; *de Witt-Dickinson*, The equality of States in international law, 1920; *Rapisardi-Mirabelli*, Il principio dell'ugualianza giuridica internazionale, 1920.

(23) 同旨のものとして，*v. Bülow*, Der Versailler Völkerbund, 1923, S. 58.
(24) 固定的な輪番制によって平等原理を国際聯盟理事会においてできる限り維持しようとする試みが，中小の諸国によってなされており，これについては，*Schücking-Wehberg*, Kommentar a. a. O. S. 300 f. を参照。また，特に国際聯盟の意義については，*M. Huber*, Zeitschr. f. Völkerrecht Bd. 12, S. 1 ff. を参照。さらに，国際法の継続的発展のさまざまな可能性については，*M. Huber*, Beiträge zur Kenntnis der soziologischen Grundlagen des Völkerrechtes und Staatengesellschaft in Jahrb. f. öffentl. Recht 1910, S. 56 ff. を参照。

第1節　連邦主義的機関を形成する際の絶対的平等の原理と相対的平等の原理　　137

って，大国の優位的な地位を国際法の基礎づけに利用し，《力は法と同じものなり》という言葉に則って，法的にも平等の原則を放棄する論者か(25)のいずれかしかないのである。

では，国際法における諸国家の平等というこの命題の方はといえば，それはそれで，少なくとも，これまでは結合されていなかった支分邦の結合が問題となる限りでは，発生的に連邦国家法に影響を及ぼした。それに対して，例えばブラジルと最近ではドイツ系オーストリアのように，連邦国家が単一国家から人為的に成立した場合には，実務的には——というのは理論的には平等の要請はこの場合にも存在するからであるが——，支分邦の抵抗力は，絶対的平等の趣旨で連邦主義的機関の形成に決定的に影響するには，それほど強くないということは理解できる。この場合にも最後にまだ考慮しなければならないことは，平等概念に内在する急進主義が，支分邦が国家としての性格をもっているという単純なメルクマールを常に拠りどころとし，力とか規模といったそれ以外の規準による一切の別異取扱いが拒否されるということである。

ドイツの置かれている状況が特別なものだからといって，支分邦の絶対的に平等な評価をめざす根本的な努力が存在しないものと思い込むことは許さ

---

(25)　同旨，例えば，*Somló*, Grundlehre a. a. O. S. 156 ff.; *Lawrence*, The principles of International Law, 1905, S. 242; *Lansing*, Note on sovereignty, 1921; *Leonard Nelson*, Rechtswissenschaft ohne Recht, 1917, S. 79 ff., 96 ff. ネルソンが，世論の力によってしか制限されない大国の法的な優位(a. a. O. S. 104)を要請するのは，そうでなくとも(!)小国は，あまりにも甚だしく大国の恣意に委ねられている，という理由づけによってである。あたかも，法的な留保(カウテーレン)の存在によって自国の利益を主張する資格を認められている大国は，その大国自身によって影響を受ける世論によって，法命題が大国の望みと対立している場合よりもさらに寛大にみずからの主導的立場を行使する気にならされるのだとでも言わんばかりである。

それに対して，私見では，E. カウフマンは平等条項が存在することを否定することができない(*E. Kaufmann*, Wesen des Völkerrechtes a. a. O. S. 195)。というのは，カウフマンのいう自己保存の権利は，必然的に，協調的な法秩序の主体としてのすべての国家に均等に承認されなければならないはずだからである(a. a. O. S. 199)。しかし，万一対立が生じた場合，つまり，ある国家の自己保存の本能によって，別のある国家の存在を否定することが要請されるような場合には，この基本権を維持し，平等条項の破棄を防止することが，いかにすれば可能であるとされるのかという根本的な疑念は，やはり拭いきれない。

れない。ドイツにおいて，支分邦が連邦主義的機関の形成に等級に応じて参加することの正当性は，勢力状況における甚だしい差異によって根拠づけられる。すなわち，プロイセンのような支分邦が，例えばシャウムブルク=リッペと法的に同等の等級に置かれるべきだというような無理な要求は事実上できない相談だということである。プロイセンの覇権的な地位は，ドイツの連邦国家問題に，類型と矛盾する固有の特色を与えている[26]。その際，例えば〔1865年の〕北ドイツ連邦や〔1871年の〕ドイツ帝国の連邦参議院のような，各ラントの利益を代表するライヒ機関を構成するのに，歴史上の動力学的な理由が決定的なのか，あるいは，ヴァイマル=ライヒ憲法が第61条で予定しているような単純な図式——同条によれば，一定数の住民ごとにライヒ参議会の一議席が割り当てられるという原則となっている——が，当該機関の構成の基礎とされているのかは，どちらでもいいことである。相対的平等という根本的な原理は，これらの事例においても，終始一貫されていない[27]。この原理に限界があるのは，支分邦が存在するためであり，その結果，解決には，こうした正反対の努力の間における何らかの妥協が含まれている。例えば，どの支分邦にも連邦主義的機関における最低限の評決権限が確保されることとか，さらには，ライヒ参議会によって設置される委員会においては，いずれのラントも，一票以上を持つことができないこと（ライヒ憲法第62条）等々もこのためである。

相対的平等と絶対的平等の両原理の間における妥協による解決が，ドイツの状況に起因しているのとは対照的に，国家連合から生まれた別の二つ連邦国家であるアメリカ合衆国とスイス連邦は，各州ないしは各カントンを，連邦主義的機関である上院[28]ないしは全州議会(シュテンデラート)の形成に絶対的に平等な仕方で関与させた。これら両国において，こうした連合機関をさらにどのように

---

(26) この点については，*Anschütz*, Das preußisch-deutsche Problem. 多種多様な解決の試みについては，同書10頁以下とそこで引用されている文献，ならびに，*Wittmayer*, Reichsverfassung a. a. O. S. 273 ff.
(27) いずれのラントも全票数の5分の2以上の票数を持つことは許されないという，プロイセンの覇権に対抗する措置はまったく度外視した上での話であるが。
(28) アメリカの上院について詳しくは，*Bryce*, The American Commonwealth a. a. O. Bd. 1, S. 92 ff., 109.

第 1 節　連邦主義的機関を形成する際の絶対的平等の原理と相対的平等の原理　　139

形成するのかをめぐる闘いには非常に激しいものがあり，憲法典の成立に至る作業全体を危険に晒すほどのように思われた(29)。ひとつの調整方法を作り出すことによって，つまり統一的な国民代表の選挙によって，ようやく，絶対的平等の原理の勝利が確固たるものとなり，この調整方法によって，比較的大きな支分邦に補整の可能性が保証されたのである。というのは，この国民代表においては，支分邦は，その住民数に応じて代表されており，その影響力は〔住民数に〕比例した等級づけとなっているからである。とはいえこの影響力は，主として支分邦の観点にしたがってまとまった政党を形成することにではなく(30)，国家全体にわたって均等に組織された一つまたは複数の政党を強化する点に現れてくるのが通例である。

　以上に述べてきたことから生じる帰結は──そして，ここでの文脈では，影響力の問題についてこれ以上のことは語ることはしないこととするが──，国家全体の意思形成に対する支分邦の影響力を絶対的に平等なものとして評価する傾向が現代の連邦国家法に特有のものであり，それと同様に，普通・平等選挙によって諸個人を絶対的に平等な方法で国家意思の形成に参加させようとする懸命な努力も現代民主制に特有なものである，ということである。

　しかし，支分邦を絶対的に平等なものとして評価する傾向は，多数決原理が通用することによって疑わしいものとなる。というのは，国際法において一の国家が多数を制することは，各国の平等という法命題が一貫して通用している結果として，不可能であり，それにもかかわらず，国家連合においては支分邦が圧倒的に全会一致で議決するが，それとは対照的に，連邦国家法においては通例とならざるをえない多数決原理からすれば，それ自体としては平等な権利をもつ二つの支分邦のうち，一方の支分邦はその意思を貫徹できるのに対して他方の支分邦はできない，という結果になるからである。そこで，少数反対派の地位が，相当長い期間を通じてずっと，平等な支分邦に

---

(29) スイスの連邦法の歴史における絶対的平等と相対的平等の両原理の間での振幅について詳しくは，*His*, Gleichheit in der Geschichte des schweizerischen Staatsrechts, 1920, S. 128 ff.; *Fleiner*, Bundesstaatsrecht a. a. O. S. 2 ff. を参照。
(30) ただし，例えばドイツでは，バイエルン国民党を参照。

よって主張されれば，〔その間〕多数決原理が通用することによって，平等原理は事実上廃止されてしまうように思われる。ほかでもない，連邦として組織された国家において，特定の支分邦集団がつねに多数を制することになれば，そこからどのような憂慮すべき事態が生じるのかは，アメリカの南北戦争を例として，および，それと比べると規模は小さいが，スイスの分離同盟戦争〔訳注〕を例として，歴史が教えてくれる。そして，1918年の革命の後にバイエルンとライヒの間に生じた深刻な緊張関係も，かなりの部分，この支分邦〔バイエルン〕が，継続的に，しかし単に形式的なものにすぎないとは解しえないほどの多数を制していたことにその原因があると見るべきであろう。

　平等の原理と多数決の原理が対立していることは，民主制においても役割を果たしている。直接民主制においては，多数派と少数派が，同様のやり方で対峙しているのに対して，議会代表民主制においては，このような対立は，間接的な形でしか表面化してこない。この代表民主制においては議会こそが対立の場であり，そこには，たしかに投票を絶対的に平等に評価することに依拠しつつも，やはりさまざまな政党への分裂，多数派と少数派への分裂があるのである。このような二律背反の影響は，連邦国家法においては，当然のことながら，直接民主制におけるよりもはるかに深刻である。一方に個人が存在し，他方に支分邦が存在し，〔両者はどちらも〕多数による支配に見舞われるのである。

　結局のところ，この二律背反は解消できない。一方で《権利章典》が存在していれば，それを手掛かりに，あらゆる多数派による決定が破られるが，さもなければ，多数派の意思には，乗り越えられる限界などというものは全くないのである。そうなれば，制定法上(de lege lata)少数派を保護するために設けられているこうした限界(加重定足数，二院制，大統領の留保的拒否権)は，やはり実質的にはかなり限られた意義しかもたず，法政策上(de lege

---

〔訳注〕　1847年11月に，保守派がカトリック派カントンと，また新潮流がプロテスタント派カントンと組んで，宗教的対立を含む内乱となり，保守派が分離同盟(Sonderbund)を結成したことから《分離同盟戦争》といわれる。結果的には保守派が敗北して，翌1848年には連邦憲法が制定され，22のカントンからなる連邦国家が誕生することになる。

第1節　連邦主義的機関を形成する際の絶対的平等の原理と相対的平等の原理　　141

ferenda）要請されるそれ以外の少数派の権利は，例えばカルフーンによる《競合的多数派》の要請のように[31]，部分的には実現できない。しかし，例えばイェリネクによる少数者の拒否権のように[32]，そうした提案が実務の上で利用できる限りでいえば，やはり単に一時しのぎの問題でしかないのであって，この一時しのぎによって予防できるのはせいぜい極端な弊害ぐらいのもので，これらの対立する原理が根本的に理論上相容れない事態は，何ら変えることはできないのである。

　もっとも，このような二律背反は，深刻な状況では，緩和されることがある。それは，交代制（トゥルヌス），すなわち，上位の支分邦と下位の支分邦の地位は入れ替わりうるものである，という事実によってである。そうなれば，個々の支分邦は，ときには多数派に属するが，ときには少数派となるのである。さらに，この二律背反は，多数決原理を内的に正当化することによっても緩和されるのであるが，この正当化の実質たるや，〔われわれは，〕多数派が単に数の上で力が相対的に大きいということのみに基づいて活動しているのではなく[33]，同時に，この多数派の背後に控えている，立場を異にする少数派も加えた観念的な全体の名で活動しているのだ，ということを口実にする[34]という点に存するのである。

　この考え方は，多数決原理それ自体と同じくらい古いものであるが，『市民法大全』の団体理論や中世のカノン法学者の団体理論とは対照的である。というのは，それらの団体理論にとっては，多数決原理の有効性はひとつの法学上の擬制に基づくものであったからである。その擬制はといえば，多数派の方が少数派よりも正しいことをうまく射当てるだろう[35]という蓋然性から，正当化されたのである。この考え方がとりわけ直接に実務で用いられるようになっていったのは，中世ドイツであり，この時代には，決議，判決，選挙は，原則的には多数決原理が許容されていたにもかかわらず，非常

---

[31]　*Calhoun*, "A disquisition on government" 1863 を参照。
[32]　*Jellinek*, Das Recht der Minoritäten, 1898, S. 39 を見よ。
[33]　最近では例えば，*Delbrück*, Regierung und Volkswille, 1920, S. 13 も同旨である。
[34]　*Simmel*, Soziologie, S. 186 ff. がそう言っているのは当たっている。
[35]　詳しくは，*v. Gierke*, Das Deutsche Genossenschaftsrecht Bd. 3, S. 153, 322 ff.

に頻繁に全会一致でなされていた。こうした現象をギールケ[36]は，正当にも，少数派が卓越した共通意思を承認することで，自分たちの反対の立場を諦めて多数派の意思に従ったのだという事実に帰せしめている。

ところで，今日においても少数派がまだ自分たちの異議をいつまでも放棄しようとせず，それに固執する場合には，そこにはやはりこのような考え方が依然として生きていると言えるのであり，しかも，現存する共同体意識の強度に応じて，その強さの程度はさまざまである。それに対して，国民共同体の内部における対立が非常に激しいために，もはや全体の統一性ということを正当に語ることが許されないならば——例えば，以前なら宗教上の分裂がある場合，あるいは，今でなら住民が民族的に激しく混ざりあっている場合は実際にそうであるが——，そういった場合には多数決原理を正当化するこのような考え方は，もはや認められない。

このような思考過程はすでに，しばしば不当にもソフィスト的だと称される，ルソーの『社会契約論』[37]での論証において明らかになる。この論証によれば，個人は，具体的な投票結果と見解を同じくしない場合であっても，自己の自由を維持する。というのは，反対論者は，同時に《一般意思》にも服しており，多数決を通じて，自由な市民の真の共通意思が何なのかを教えられるのであり，したがって反対論者は，上位にあると自身で承認した共通意思に服することによって，実は単に自分自身の意思に従っているにすぎないのだからである。

このような事実から，同時に明らかになるのは，多数決原理のもつひとつの重要な限界である。というのは，この原理の背後にある統一的な考え方は，今日では国家固有(ナツィオナール)のものだからである。この考え方が，それも極端な形で現れてくるのは，単一国家的機関たる議会(パルラメント)においてである。しかし今や，法律が成立するためには，議会多数派による賛成の他に，さらに通常は，連邦主義的機関の多数派の同意が必要とされる。後者の機関の同意が勝利を得るのは，それと見解を同じくする多数派が議会内にも存在する場合の

---

[36] Gierke, Genossenschaftsrecht a. a. O. Bd. 2, S. 478 ff.
[37] Rousseau, Contrat social, L. IV, Chap. 2.

みである。だから，連邦主義的機関の多数派は，単一国家的機関の多数派によって妨げられることがあり，多数決原理が通用することによって支分邦間の平等に関する法命題に危険が迫れば，その危険は諸個人の平等に依拠するもう一つ別の多数決原理によって弱められるのである。こうして，支分邦間の平等は，諸個人の平等の中にその限界を見出すのである[38]。

第2節　ライヒ立法の制限としての平等原理

しかし，連邦国家法における支分邦の平等に関する命題には，さらにもう一つ別の意義もある。すでにラーバントは，この命題が〔1918年の〕革命前の国家法に対して一般的に通用することを主張した[39]。ラーバントは，すでに1874年に，「個体としての連邦支分邦の諸権利」，つまりライヒの権限の範囲の外にある，いわゆる《個体権》(jura singulorum) と，《例外権》(jura singularia)，つまり一または複数の支分邦の，特殊な権原に由来する特別の特権と並んで，支分邦の同権の原理を，〔上記2つからは〕独立した第三グループの権利として承認した。

平等条項の根拠としてラーバントが指摘していたのが，「連邦の法感情と本質」であった。ラーバントによれば，同権が支分邦に認められるといっても，それは決して絶対的な保障ではなく，支分邦の《規模と能力》にしたがって比例的に等級づけられた保障にすぎず，このような比例的な保障は，この原理が破棄されることによって打撃を受ける支分邦の同意があるときにし

---

[38] 支分邦間の平等も，経済的，政治的，宗派的な性格を有する集団間の平等によって妨げられることがあることについて，詳しくは，*Schindler*, Gleichheit der Kantone, 1921, S. 6. 多数決原理について詳しくは，*Starosolskyj*, Das Majoritätsprinzip があり，そこにその他の文献が列挙されている。

[39] *Laband*, Der Begriff der Sonderrechte nach deutschem Reichsrecht, Annalen des Deutschen Reiches 1874, S. 1487 ff., insbes. S. 1514; Staatsrecht des Deutschen Reiches, 1911, Bd. 1, S. 116 f. ラーバントと同様に解するものとして，例えば *Dambitsch*, Verfassung des Deutschen Reiches, 1910, S. 681; *O. Majer*, Einleitung in das Deutche Staatsrecht, 1884, S. 341 ff.; *Zorn*, Staatsrecht des Deutschen Reiches, 1895, Bd. 1. S. 115. ラーバントに反対するものとしては，特に，*E. Loening*, Die Sonderrechte der deutschen Staaten und die Reichsverfassung, Annalen des Deutschen Reiches 1875, S. 337 ff.; *Haenel*, Deutsches Staatsrecht, 1892, Bd. 1, S. 820; *Erwin Jacobi*, Der Rechtsbestand der deutschen Bundesstaaten, 1917, S. 21 ff.

か廃棄されえないとされた。この同意の宣言は，憲法自身が規範化している要件を遵守しながら変更される場合であっても，必要であるとされる。だからラーバントは，例えば支分邦の存在を廃止することを，たしかに，一般的には許されると明言している。すなわち，憲法を改正するライヒ法律によって，すべての支分邦を，あるいは，すべてではないとしても大多数の[40]支分邦を廃止する旨を規定している場合である。けれども，憲法を変更する法律が単に，一つまたはいくつかの支分邦の存在に反対することを目指しているにすぎない場合には，支分邦を一般的に廃止することはありえないとされる。後者の場合には，多数を制する可能性は排除されており，平等原理を維持するために，当該の一または複数の支分邦が憲法の変更について同意することが不可欠なのである。

　ラーバント流の演繹で不明確なのは──〔上述した〕個体権，例外権および平等原理の概念上の境界がはっきりしていない点をまったく度外視すれば[41]──，とりわけ語法上の術語である。だから例えば，「ドイツ帝国法による特権の概念」という彼の論文の構成と内容からすると，あたかもラーバントが，たしかに明示的でないとはいえ，やはりその趣旨からして，平等原理を旧帝国憲法〔ビスマルク憲法〕第78条第2項の特権のひとつに数えているかのように見える[42]。それに対して，『ドイツ帝国国法』[43]では，このように想定することの可能性を明示的に拒否しつつ，支分邦の同権の原理は，いわゆる成員権（Mitgliedsschaftsrecht）に分類されている。ラーバントが後年になっても保持していたこのような想定に従うならば，つまり，たしかに平等原理を憲法上の命題だと言いはするが，この命題には支分邦にとっての特権が含まれないならば，どうすれば，基本法律のほかならぬこの規範が，

---

(40)　この場合に，支分邦の存在を廃止することが可能なのは，この場合には，平等原理は全体として放棄されてしまっていて，これとは別の原理に取って代わられてしまっているからである。*Laband*, Staatsrecht a. a. O. S. 116 を見よ。このことについて詳しくは，*Jacobi*, Der Rechtsbestand a. a. O. S. 30/31．

(41)　これについては，*Gierke*, Labands Staatsrecht a. a. O. S. 1171, Anm. 1 を参照。

(42)　例えば，実際にさらにヤコービも，平等原理をラーバント流の理論の趣旨における特権のひとつだとしている（*Jacobi*, Rechtsbestand a. a. O. S. 77 は，明白にこのことを述べている）。

(43)　Staatsrecht a. a. O. S. 116, 117 Anm. 2.

旧帝国憲法第78条第2項によって支分邦の特別な同意がなければ改正しえないその他の憲法規定よりもより強い効力をもつとされることになるのか，まったくもって理解に苦しむ。ラーバント[44]は，支分邦が多数を制する可能性を「共存の原則，人倫的自由の概念，したがって法概念と両立しない」と明言しているが，そうなれば，人倫的自由の概念と矛盾することは，必然的に法概念にも反することになる，とする彼の主張には，誤った推論がある。両者は，まったくもって異なった事柄のはずである。帝国は，——平等原理が通用していたと仮定すれば——憲法改正について予定された諸形式を遵守しつつ，この原理を破毀する権限を有していたのである。仮に，このような行為が共存の原則に著しく反するものであるとしても，である。その際，支分邦の国家としての存立を変更するためには支分邦の同意があることが前提とされていたことによって，他の方法で，憲法上の規定から，支分邦の存在のための最低限の正式な保障を導き出すわけにはいかないのかどうかという点は，本書ではまったく触れないでおく[45]。いずれにせよラーバントは，支分邦の同権という原理が，国家全体による介入には支分邦の同意を要するという趣旨で，憲法制定者をも拘束する規範であったことを立証することに成功していない[46]。

　平等原理は，今日のライヒ内の支分邦の地位に関して，そもそも憲法上の命題と呼ぶことができるのか，またそう呼ぶことが許されるのかどうか，というもう一つ別の問いに関して言えば，成文憲法が貴重な示唆を与えてくれる。というのは，成文憲法を見て分かるのは——ちなみにこのことは旧憲法からしても新憲法からしても言えることであるが——，相対的平等と絶対的平等という相対立する二つの原理が一対になるという，すでに先に突き止められた現象だからである。例えば，ヴァイマル・ライヒ憲法では，諸外国の「特別な経済関係」（第78条第4項），あるいは「ラントの特殊な利益の保護」

---

(44)　Annalen a. a. O. S. 1511.
(45)　このことについて詳しくは，*Jacobi*, Rechtsbestand a. a. O. S. 89 ff.
(46)　ヘーネルも同旨である。*Haenel*, Staatsrecht a. a. O. S. 808，および Studien zum deutschen Staatsrecht, 1873, Bd. 1, S. 261. 後者の文献によれば，ヘーネル自身も承認している支分邦の相対的な同権は，「憲法制定全般に通用する形式が認めている権利保護以外の何ものでもない」。

(第83条第2項)ということが言われているが，これらの文言で表現されているのは，支分邦の勢力状況の違いを考慮すべきライヒの義務であるとされる(47)。量的および内容的に等級づけられたこのような支分邦の権利は，論理的には同時に，個々のすべての支分邦に当該権利が現存していることを前提とする。しかし，絶対的平等の原理がさらに明白になるのは，例えば，各ラントに対してラントの存在能力を保持する平等な権利を認めているライヒ憲法第8条においてであり，とりわけ，国家全体と支分邦の間における権限の画定においてである。というのは，ライヒが各ラントに委ねられている権限領域に介入することは，許されないからである。〔このとき，〕それらの支分邦の大小は重要ではないのである。しかし，このような〔ライヒとラントの〕権限区分の絶対的な平等が，ラントの専属的立法権限にしか通用しないことは疑いの余地がない。ライヒの競合的立法権限にはこの原理が通用しないことは，同様に確かである。というのは，ライヒ憲法第12条によれば，競合的立法権限の場合には，ライヒがその立法権を行使しない間，およびその限りで，各ラントが立法権限を保有しているのであるから，各ラントを区別して取り扱うことが可能であるように思われ，そうなれば，例えば，一のラントに特別な特権が認められることになり，それどころか当該ラントは，権限の所在が疑わしい領域における固有の権限さえ，保有し続けることになる。このことを確認しておくことは，支分邦の旧来の留保特権(レゼルヴァートレヒト)がなお存在し続けているのか，それとも，憲法を改正しなくてもラントのための新たな特別権を根拠づけることができるのか，という問いを探求する場合には特に重要である。しかしその反面，この問いに答えることが可能なのは，平等条項が今日のドイツの連邦国家法において通用していることが，まずもって明らかになっている場合だけである。

　この平等の命題が，今日では積極的に支分邦にとって当然のこととされているのは，第109条第1項で言明されている考え方に全般的に通じる意義が認められるためである。最近——先に詳細に説明したように——あらゆる

---

(47)　さらに，〔ヴァイマル・ライヒ憲法〕第97条第3項。これ以外の例を挙げるものとして，*Bilfinger*, Einfluß a. a. O. S. 64 f.

第2節　ライヒ立法の制限としての平等原理　147

《法》秩序に内在し，この法秩序が，その実定的な形態で，法思想をできる限り促進するという任務と目標を裏切らなかったならば，その根底になければならないとされるのは，この考え方である[48]。この規範がこれから先も引き続き通用するのは，新たなライヒ憲法〔ヴァイマル憲法〕でも，協約遵守義務(Vertragstreue)と連邦協調主義が，法命題として規定されているからである。

　スメント[49]は，たしかに，オットー・マイヤー[50]が道筋をつけた議論，すなわち，君主制の連邦国家と共和制の連邦国家において憲法形式にはどのような意義があるのか，という問いに関する議論を，切れ味鋭くさらに展開させて，従前の連邦法の個々の機能的な現象から，これらの法命題はもっぱら君主制の連邦国家にしか通用しないことを開陳してみせた。〔しかし，〕このように〔共和制の連邦国家には〕通用しないと主張するのならば，このような想定は，あまりにも狭すぎるように私には思われる。というのは，今日の時点ですでに，連邦国家的な不文憲法の発展についての判断をあえてすることができるとすれば，その限りでは，この傾向は逆の方向に進むからである。今日でもなお，ラント間の相互交流[51]において連邦的な形態が依然として存在していて，連邦国家的な儀礼が常になされていて，それが連邦国家的な考え方を動かしている。例えば，ライヒと支分邦の間の紛争は，多数を制する方法によってではなく，両当事者の誠実な譲歩によって，合意の上で解決されるという，今日ではかなりよく見られる現象だけでも考えてみればよい。特に，ラントの利益とライヒの利益の調整に役立つ国家間協定の形式がとられていることとか，ライヒ駐在のラント公使館やラント駐

---

(48)　これに相応することは，類推に基づいて，支分邦に編入された自治団体，市町村，および上位の地方自治体連合(例えば郡，県)にも通用する。したがってこのことは，ライヒ憲法第127条が法律の制限内で自治権を保障しているのであってみれば，市町村と市町村連合の恣意的ではない同等の権限と義務の留保の下でのみ通用する。

(49)　*Smend*, Ungeschriebenes Verfassungsrecht im monarchischen Bundesstaat in der Festgabe für Otto Mayer S. 247 ff. フォン・マイヤー／アンシュッツ(*v. Meyer-Anschütz*, Lehrbuch des deutschen Staatsrechts, 1919, S. 695 ff.)による反論に異論を唱えるものとして，*Bilfinger*, Einfluß a. a. O. S. 51 ff. を見よ。

(50)　*Otto Mayer*, Archiv f. öffentl. Recht 1903, Bd. 18, S. 337 ff.

(51)　この点はカウフマンによっても特に強調されている(*E. Kaufmann*, Bismarcks Erbe in der Reichsverfassung, 1917, S. 30 ff.)。

在のライヒ公使館があること等々の事実を考えてみればよい。成文憲法でさえ，革命前の時代の終わりにはすでにかなり強く際立っていた単一国家的な基本的特質が，いやが上にも高まったにもかかわらず，連邦的な考え方を否定することができなかったのである。だから，ほんのいくつかの例を選び出すにとどめるが，各ラントは，ライヒ議会の会議に《全権委任》を送る権限を持っているし，ヴァイマル憲法においてでさえも，ラント権限の維持に有利な方向での推定が働くのである。さらに，ライヒ法律の執行は，広い範囲でラントに認められており，ライヒ憲法第77条の一般行政規則には，連邦主義的機関，すなわちライヒ参議会の同意が必要とされる。憲法とまったく同じように法律が力を発揮することもしばしばで，例えば1921年3月23日の兵役法は，各ラントの連邦的な考え方に相当な譲歩をしているのである(52)。

協約遵守義務，連邦協調主義などが通用している根拠は，今も昔も，ライヒが協約という《連邦的な法的基盤》に依拠している，という事実ではなく，歴史的なつながりが依然として広く作用し続けていて，成立手段である協約が引き続き通用するものとして観念されている，という事実なのである(53)。この観念には，連邦的な思想が法命題として活発にかつ有効に保持されており，この思想がヴァイマル憲法において表現されておらず，またははっきりしない形でしか表現されるには至っていない箇所でも，その事情は同じである。連邦国家における支分邦の平等という命題も，それはそれで，このような規範に立脚しているが，それは，すべての当事者が，他の当事者を同権の相手方だと見なし，その相手方にそれに応じた取扱いをする場合に

---

(52) 例えば，兵役法 §12 および §14 を参照。当然ながらおのずと，プロイセンの覇権の廃止も，これと同じ趣旨において効果を生む。――ヴァイマル・ライヒ憲法が，例えば1923年あるいは1924年のバーデンとかバイエルンの覚書の趣旨で修正されているならば(法律が成立するためのライヒ参議会の同意権など)，ライヒ憲法の連邦的な内容は，当然ながらおのずと，さらに強くなっていたであろう。この点については，*Triepel*, Der Föderalismus und die Weimarer Reichsverfassung in der Zeitschr. f. Politik, Bd. 14, S. 193 f. を参照。

(53) このことについて詳しくは，*Triepel*, Unitarismus und Föderalismus a. a. O. S. 26 ff. 今日のライヒ国法については，例えばさらに，*Wittmayer*, Europäsche Organisationsfragen der Weimarer Verfassung, Zeitschr. f. Politik, Bd. 13, S. 231f.; *Schelcher*, Der Rechtscharakter des neuen Deutschen Reichs, Fischers Zeitschr. f. Praxis u. Gesetzgebung der Verwaltung Bd. 55, S. 170 f.

のみ，協約遵守義務の維持ということを語ることができるのだからである。

　平等概念を規定することは，当然のことながら，ここでは，すでに先にライヒ憲法第109条第1項を分析したときに用いたのと同じ仕方でしかできない。それゆえ，その時に詳しく論じたことに関連づけざるをえないが——そうはいっても，ライヒの法定立と執行の名宛人の役割を演ずるのは個人ではなく支分邦であるという，まったく自明な差異だけは強調しておかなければならない。実務的な帰結から判断すると，この結果は，ラーバントの結果と重なり合うであろう。というのは，立法手続の通常の形式にのっとって執行される支分邦の高権的諸権利への介入は，それが単に《一つの》あるいは《いくつかの》支分邦にだけ向けられているにすぎないものであっても，十中八九，支分邦の同権の原理と相容れないものであり，憲法違反であると称さなければならないからである[54][55]。

　しかしこのことは，上で詳説したことからすると，必ずしも実際に当てはまるとは限らない。それというのも，恣意概念は，ラーバント流の平等原理に付きまとっている硬直性を払いのけ，特に，個々の支分邦に対するライヒと国全体の優位的な地位を保持するのに十分な柔軟性を有しているからである[56]。通常のライヒ法律によって一のラントがライヒといかなる交流をすることも禁止すると規定されている場合を想定すると，〔ライヒ〕議会の多数派が，例えば，もっぱらラント議会の多数派との政治的な対立から，この法律を制定する気になったような場合には，この法律は，平等命題に抵触することになるであろう。これとは逆に，事柄に即した客観的な考慮，例えば伝染病の突発といった衛生上の考慮が，法律の制定に決定的な影響を与えていたような場合であれば，このような抵触は存在しないことになろう。だか

---

[54]　ここでも，ライヒ憲法第76条の形式を守って成立した法律が憲法違反かどうか，という問いは論じないこととするが，仮にこの問いを肯定するとしても，ラーバント流の同意権が出てくる幕はない。
[55]　1922年9月29日の旧プロイセン合同福音主義教会の新憲章では，平等原理が，次のような趣旨で表現されている。すなわち，「一つの教会教区（Kirchenprovinz）にだけ通用すべき教会普通規約，及び個々の教会教区における礼拝規則に関する特別規定には，教区の教会会議の同意を要する。」（憲章第114条第2項，第115条第2項）。
[56]　このことによって，ロェーニングがラーバントの平等原理に対して唱えた，正当な異議も解決する。*Loening*, Annalen a. a. O., S. 360 ff.

ら，ある法律の内容が，一の支分邦にだけ該当し，この支分邦の義務が加重されたりその権限が削減されたりすることになっても，その事実だけからではまだ，ライヒ憲法第76条が憲法改正について予定している加重手続の必要性を推論することはできない。むしろ，その判断にあたっては，上述した仕方で重大(エアヘーブリヒ)とみなされたあらゆる状況を評価しながら，事実の内容全体(タートベシュタント)が，考慮されるべきである。

第3節　支分邦の留保権の存在に対する実務的な帰結

　以上のことからすると，ライヒ憲法第178条と結びつき，先に提起した問い，すなわち，留保権が存在していても，なおヴァイマル・ライヒ憲法と両立しうるのかどうか，また，そうした留保権は憲法改正をしなくても新たに根拠づけることができるのかどうかという問いには，否定的な答えに至らざるをえない。というのは，旧帝国憲法第78条第2項にしたがって従前の特別権に与えられていた⁽⁵⁷⁾，特別の憲法上の保護は，明文で旧ドイツ帝国憲法を廃止する〔ライヒ憲法〕第178条第1項によって，廃止されたからである。しかし，その他の帝国法律（〔ライヒ憲法〕第178条第2項を見よ）は，新たなライヒ憲法がそれらの規定に抵触しない限りでのみ，引き続き有効である。しかし，恣意的に定立された優先権は——支分邦の特別権もその一部とみなされ，そうした優先権を正当化しようとすれば，分権主義者の権力追求を満足させるためだという理由を挙げるほかはないが——，平等条項が通用していることとは原則として両立しえない。こうしたもろもろの留保権が存在することは，健全な連邦主義とは，まったくもって何の関わりもなく，法的にみれば，こうした留保権は，力の強い利益集団を憲法に違反して特権化することとまったく同程度の話である。

---

(57)　ロェーニングによれば，このような特別の保護は，憲法典自体で保障された支分邦の特別権にだけ認められ，ライヒ普通法律で保障された支分邦の特別権限には認められない（*Loening*, Annalen S. 347 ff.）。同旨のものとして例えば *Haenel*, Staatsrecht a. a. O. Bd. 1, S. 820 f.; *G. Jellinek*, System a. a. O. S. 304 f.; *Anschütz*, Deutsches Staatsrecht in der Enzykl. von Holtzendorff-Kohler Bd. 4, S. 75 f.; *Meyer-Anschütz*, Staatsrecht a. a. O. S. 699 Anm. 5 など。

このことから生じるのは，第一に，旧来の特別権は——すでに他の方法でその通用力を失ってしまっていたわけではない限りで——廃止されてしまっているのだ，ということである。だから，特に1875年の銀行法§47第3項は，一定程度の金額までなら銀行券の発行を拡大する特別権をバイエルンに保障していたし，1901年の民間保険業法§125第4項によれば，バイエルン政府の同意がなければこの法律をバイエルンでは施行できないとされていたが，〔こうした規定はライヒ憲法第178条によって廃止されていたのである〕。というのは，ライヒ憲法第7条第14号，第17号によれば，銀行制度も保険制度も，ライヒの競合的立法権限に属しているからである。すなわち，周知のように，ライヒは，この権限を行使する権利を有してはいるが，それを行使する義務を負っていない。しかし，ライヒがこれを行使する場合には，ライヒは憲法上の制限の中でのみ，したがってまた，上で詳しく釈義した平等条項の枠内でのみ，恣意的に定立された特権を排除しながら，その権限を行使できるのである。

　こうした，まだ〔ビスマルク〕帝国期に由来する諸規定と同様に，〔1918年の〕革命後にではあるが，〔1919年の〕新たなライヒ憲法の施行前にいくつかの支分邦に設定された留保権は，ライヒ憲法第178条第2項と一致しない。これらの規定に属するのは，例えば，ヴュルテンベルク，バイエルン，およびバーデンの各自由国へのビール税の導入に関する1919年3月27日ないし1919年6月24日の各法律§6ないし§8であり，それらの規定によれば，この法律は，ライヒ憲法によって憲法改正について予め定められている要件の下でしか改正できない。

　最後に，上記の条項からは，ライヒの憲法上の義務として，通常の立法の方法では各ラントのためにいかなる新たな留保権も設定しないという義務が生じる。その際，その留保権がどういう形式で表されるかは重要ではない。直前で挙げた例の場合が事実そうでありうるのであるが，留保権が設定される根拠法律は，その法律自体の改正が，憲法によってもっぱら憲法を改正する法律だけについて予定されている要件と結びつけられているのである[58]。通常の立法の方法で恣意的に創設された留保権の改正を形式的に困難にするやり方について，これ以上のことは度外視していいであろうが，結

局のところ，1871年の帝国憲法においてもそうであったのと同様に，中央権力が支分邦の権利を侵害したり廃止するためには，支分邦の特別な同意を求めることができるといえる。

それゆえ，すぐ上に述べた理由からすれば，例えば，以下のような規定には，憲法からして異議を唱えることができる。〔ひとつは〕ライヒ憲法第170条を施行するための1920年4月27日の法律の§4第2文である。この規定には，郵便業務管理および電信業務管理の移管に関してライヒとバイエルンの間で締結された国家協約が含まれており，それによれば，在ミュンヒェンのライヒ郵便部局は，《合意》によらなければ，つまりバイエルン政府の同意がなければ廃止されないものとされているのである。これと同様のことは，支分邦の有する鉄道のライヒへの移管に関する国家協約に関する1920年4月30日の法律の冒頭に含まれている言い回しについても言える。〔これによれば，〕この国家協約はおよそ「その協約としての特質を損なうことなく」法律の効力を得るものとされている——いずれにせよ，このいくぶん不明確な言い回しは，以下のこと，すなわちこのライヒ法律の改正はつねに，その改正に直接的な利害関係を当該支分邦の同意を得なければ改正できないということだと理解すべき場合である[59]。

立法権であれ，特に執行権であれ，ライヒの権力によって平等条項が侵害される可能性は，ここでは，支分邦の特別権の存在に関してしか例証しないこととしたが，憲法生活の日常の営為においては，この可能性は，当然のことながら，はるかに大きい。それは，単一国家を指向するライヒ憲法が，支分邦の生存エネルギーに常に十分な余地を残しているわけではなく，したがって，危機と緊張が回避できることはほとんどない，ということを考慮に入

---

(58) このような立法実務に対しては——もとより他の観点からではあるが——，*Preuß*, DJZ. 1924, Sp. 654 が，重大な疑義を唱えており，しかもその疑義は当を得ている。
(59) これと異なる見解としては，*Hatschek*, Staatsrecht a. a. O. Bd. 1, S. 73. 本文で主張された見解に有利に働くのが，〔支分邦の有する鉄道のライヒへの移管に関する国家〕協約§43である。この規定によれば，関係する〔支分邦の〕政府は，協約を実施し補完するのに必要な措置をさらに別の取極めによって規律することができ，国事裁判所は，《一致》が得られない限度で決定を下すことになっている。——ラントからライヒへの水路の移管に関する国家協約に関する1921年7月29日の法律にも，本文で言及した言い回しが見られる。これについては，同協約§30第2項を参照。

第3節　支分邦の留保権の存在に対する実務的な帰結

れれば，なおさらその可能性は大きい。しかしこの場合，ライヒ憲法自体は，包括的な憲法裁判権によって，このような対立を合法的な方法で取り除くことができるために，単に間接的に配慮しただけではない。すでに述べたことを繰り返す必要はないが，この関連では，トリーペル[60]の納得のゆく詳論を参照していただけばよかろう。トリーペルが最近の詳細な研究の対象としたのは，まさに，国家全体と支分邦の間で存在する争訟をいかにして裁判所によって処理すべきかという問題なのであった。

---

[60]　Streitigkeiten a. a. O. すでに先に本書の 116-117 頁，121 頁で述べたことも参照。

第Ⅳ部
法律の前の平等についての補論[1]

第1章　1923年5月18日のスイス連邦裁判所の判決についてのコメント[2]

　スイス連邦裁判所判例集第49巻第1号293頁以下。〔同裁判で〕法的平等の違反に係る法律の同一の規定の解釈に関する諸官庁の従来の実務が，取り消された決定と矛盾すると認められた〔事例〕。

　この裁判は，スイスの連邦憲法第4条によって確認されている法的平等の条項を，旧態依然たるやり方で論じている。この事例で特に問題となっているのは，本質的に類似した事情に基づく法律の規定の解釈に際して，個別事例において恒常的な実務から逸脱する権限が，行政官庁にはどの程度まであるのかという，スイスの連邦裁判所がすでに決着をつけていた一般的な問い[3]である。連邦裁判所はこの問に答えるに際して，例によって，《実体的

---

(1) 本書の初版は第Ⅰ部から第Ⅲ部までで構成されていたものであり，以下の第Ⅳ編は，初版が出た後に公表したものである。
(2) 初出は Verwaltungsarchiv, Bd. XXXI, 1926, S. 234 f. Entscheidung des Schweizer Bundesgrerichts Bd. 49 S. 293 f.
(3) *Burckhardt*, Komm. der Schweiz. Bundesverf., 1914, S. 59 ff., *P. Meyer*, Das Prinzip der Rechtsgleichheit, 1923, S. 99 ff., および *Aldag*, Die Gleichheit vor dem Gesetz, 1925, S. 65 で引用されている決定(特に BGE. 47, S. 406)を参照。

正義》を前にして，形式的平等の原理を原則的に後退させるのである。これまで普通になされていた実務からの逸脱が内的に正当化できない場合にのみ，つまり，内容的に《恣意的》[4]である場合にのみ，その逸脱は憲法違反となるように見える。しかし，正確にみれば，この場合に形式的な平等概念が平等の要請の実質的内容と衝突するとするのは，やはり正しくない。それは，実際には，平等の要請があってはじめてそこから形式的な法的平等が生じるのだからである[5]。それゆえ，形式的な法的平等に違反するということができるのは，実は，そもそも，このことが同時に，実体法上の平等要請に照らしても，生じている場合のみなのである。本決定の新しいところはもっぱら次の点にある。すなわちいわく，連邦裁判所が訴訟に関する期限の定めの解釈が問題となっている特殊事例について，提示された命題を逆にし，実務の変更は原則として許されず，これが許されるのは，その変更が逆に《恣意的》でない場合のみであり，それゆえ訴訟法的にみれば，本件での問題は単に立証責任の転換のみである，と。

　スイスの連邦裁判所のこのような実務において表現されるに至った考え方は，ドイツの行政法にとっても重要なことである。すべてのドイツ人が法律の前に平等であることを宣言しているライヒ憲法第109条第1項の規定が，少なくとも司法と行政に対して通用力を有していることについては争いがない。私見では，平等概念の内容を確定し，この憲法条項の意味を解釈することに成功した暁には，平等原理の適用から生ずる一般的な指導原理を言葉で的確に表現することは，今度は行政法学と裁判所の任務である。

　フライナーは，すでに革命前のドイツの行政法について法的平等の原理から3つの重要な帰結を導き出した[6]。本判決は，さらにもう一つのことを教えてくれる。それは，行政官庁はその恒常的な実務において適用している

---

(4) 恣意概念について詳細は，*Leibholz*, Gleichheit vor dem Gesetz, 1925, S. 72 ff., 80 ff.〔本63頁以下および80頁以下。〕

(5) これについては，*Leibholz*, a. a. O. S. 49 ff.〔本書39頁以下。〕

(6) *Fleiner*, Institutionen des deutschen Verwaltungsrechts, 1919, S. 125 ff. これらの枠というのは，以下のとおりである。a)官庁が案件を，あらかじめ定められたやり方で，命令によって規律する代わりに，その都度ケースバイケースで，処分によって規律することの禁止。b)法律の適用に際して優先権や特権を与えることの禁止。c)自由裁量の運用に際して市民を平等に取り扱うべきこと。

法に拘束される，ということである。この命題は，問題が法の条項の解釈の場合であろうと，自由裁量の運用の場合であろうと，いずれの場合にも当てはまる。その場合，私見では，本判決において期間の定めについて規定されている逆の推論を一般化することが正当化される。なぜといって，事実上は先例に制約されておらず，絶えず規則正しく運用されている実務においては，原則的には，それまでなされてきた実務が正しくて，個別事例においてそこから逸脱することは，事情が同じであれば《恣意的》だとされるのに有利な推定が働くからである。その限りにおいては，本判決が適切に判示しているように，法的平等という命題は法的安定性に資するものなのである。したがって，関連のある実務から逸脱することは，そうした実務を今後も続けること自体が平等思想の違反を含むことになるような場合にはじめて許されるのである。このことが問題になりうるのは，これまで実務が従ってきた命題の適用が——法の観方の変化に基づくものであれ，決定的な合目的性考慮に基づくものであれ——「明らかに誤っていて支持しえない」こと，つまり，ここでもまた，内容的に《恣意的》であることが実証される場合である。この命題は，逆から言えば，次のように表現することもできる。すなわち，事情が同じなのに異なる取扱いをすることが，諸官庁の実務の発展において許されるのは，官庁による平等取扱いが内容的には《恣意的》であることが明らかになるような場合のみだ，ということである。

　この命題は，ドイツの行政裁判所にとっては全く新しいものというわけではない。すでに示唆的な決定がいくつかあって，それらの決定では行政官庁の行いが次のような理由づけで非とされている。すなわち「一個別事例において……一般的になされている実務から離れて，それとは正反対の法解釈に基礎を置くこと」[7]は許されない，ということである。それでも，連邦裁判所の本判決を考慮した上で，その指導的原則をドイツの行政裁判にとってもつ一般的意義において明確にし，そこから，この命題を適用することは今日

---

(7) Zeitschrift für bad. Verwaltung, 1906, S. 3 はそう述べる。さらに，A. a. O. 1907, S. 210. また W. Jellinek, Gesetz, Gesetzesanwendung und Zweckmäßigkeitserwägung, 1913, S. 326, Anm. 13, S. 24. それ以外の例としては，例えば，Entscheidungen des Oberverwaltungsgerichts, Bd. 38, S. 290, 76, S. 430; Preuß.Verwaltungsblatt Bd. 45, S. 185.

では，憲法上の要請によって必要とされるのだということを指摘することは，理由のあることである。

　自明のことではあるが，行政を制限するものとしてのライヒ憲法第109条第1項から個別に導き出される帰結は，平等条項の一般的内容によってカヴァーされている。すなわち，これらの事例においては常に，個々の原則に拠りどころを求める代わりに，実質的な平等条項に立ち戻り，この条項の趣旨からして官庁の行いに恣意の烙印が押される可能性が存在するであろう[8]。しかしこのことが確認されたからといって，提起された指導原理の実務的有効性が揺らぐわけではない。――さらに，平等条項に基づいて展開された，あるいは今後もなお展開されるであろうテーゼの範囲を，相互にはっきりと定めることは不可能である。行政官庁の行いが，具体的な事例において，二つの異なる観点で同時に咎められることもありうるのである。例えば，行政官庁がそれまで行ってきた実務から離れ，それと同時に自己の自由裁量を濫用するような事例である。とはいえ，ここでの問題は単に合目的性考慮に基づいた平等条項の区分の話にすぎないことに思いを致し，さらに，これ以外の事例でも，〔裁判所が〕何らかの決定を下すに際して，一の官庁が種々の法の条項に同時に違反するというようなことは，日常茶飯事なのだということをも考慮に入れれば，この抗弁を貫徹することはできないであろう。

---

(8)　155頁注(3)を参照。

第2章　法律の前の平等
——ヴァイマル・ライヒ憲法第109条1項の解釈についての補論(1)——

　すべてのドイツ人は法律の前に平等である，というライヒ憲法第109条第1項に含まれている命題の内容がどういう意義をもっているのかということに関する議論によって究明されたのは，法秩序に起こった政治的な革命の結果として法学が現在置かれている危機であり，——この危機は今，ミュンスター〔の国法学者大会〕で白日の下に晒されたといえる。

　法理想主義(ホルシュタインの言)(2)と法実証主義を対置すれば，現在の精神的状況がどういう位置にあるのかが特徴づけられる。法実証主義は，法の中で作用している生き生きとした精神的な価値内実を実体化し，それらの内容を解釈することを断念する。法実証主義が，価値のある実体的な要素を一切排除しつつ，最終的な帰結において行き着いた先は，ヘラーによって事態がはっきり示されていたように(3)，ひとつの《純粋な規範体系》であり，どんな社会学的で政治的=倫理的な問題提起も——それが《メタ法律学的》であるがゆえに——この規範体系とは両立しえないのである。しかし，経験的に与えられた事物の豊かな素材の中から根本となる理念と法思想を紡ぎ出すという作業をしなければ，形式主義的な方法のもたらす思弁的で論理学的な帰結は，実りなきものに終わらざるをえない。これは，形式とか形式的な考察の仕方とかを軽視するという話ではない。ここで重要なのは次のような認識である。すなわち，どのような形式であれ，そこに何らかの独立した実在的な正当性を認めることができるのは，その形式の根底にある精神的な原理が同時に明らかにされる場合なのだという認識である。何らかの国家理論上の認識を獲得することは，純粋で価値に無関心な法実証主義が採用する手

---

(1)　初出は，Archiv d. öff. Rechts N. F., Bd. 12, S. 1 ff.
(2)　Holstein, Von Aufgaben und Zielen heutiger Staatsrechtswissenschaft, Arch. f. öff. R. N. F., Bd. XI, S. 29 を参照。
(3)　Heller, Die Krisis der Staatslehre in Arch. f. Sozialwissenschaft, 55. Bd., S. 289 ff. を参照。

段，つまり，法の中で作用している社会的，歴史的，政治的なもろもろの力を排除しつつ，諸概念をもっぱら形式論理的に分析し綜合することによっては，決してできないのである[4]。法実証主義自身が，自身の中でも作用している内在的な精神的原理の力で，必然的に自分自身を越えて，より高い価値をもつ意味秩序を指し示している。それどころか，敢えて次のように主張することも許されるであろう。すなわち，おそらくすべての《法実証主義者》にとって，学問的に自己規定するにあたって，自分自身の法的考察の基盤が疑わしくなっていたのではないかということである。もとより，諦念や安逸から，人格を超えた諸価値を最後まで認識しようとする努力を断念することはできる。ただし，その場合にはっきり認識していなければならないのは，これを断念してしまったら，究極の形而上学的な実在に関する精神科学的な議論は，大幅にできなくなるということである。法実証主義の基盤が脆弱であることは，法実証主義が必然的に陥る無数の矛盾において露呈する。というのも，どんな法秩序であっても，合理的には把握できない価値内容と関連させざるをえないのであって，法実証主義といえども，自分自身の拠って立っている諸前提と矛盾に陥らずに，これらの価値内容を解明することはできないからである。

今日の危機が，不可避的に，われわれの法思想が法理想主義(レヒツイデアリスムス)に転換することによって革命的に変わることを必要とする[5]所以は，実体的な実在物と価値を獲得することによってしか，《法体系の統一》を得ることはできないからである。法の究極の基礎をこのように探求する際に重要なのは，「固有の精神的で主観的な人格主義の 流 出(エマナツィオーネン) 」[6]ではなく，人格を超えた客観的な価値構造体に対応した法的考察なのである[7]。他方で，法理想主義は

---

[4] 今では，この点についてさらに詳しくは，*Triepel*, Staatsrecht und Politik. Rektoratsrede, 1926. Insbes. S. 31 f.

[5] ボット=ボーデンハウゼンは，形式主義を法の機能主義に転換——この語で理解されているのは実体主義と理想主義を結合させることである——することによって法の危機を解決することに期待を寄せている。*Bott-Bodenhausen*, Formatives und funktionales Recht in der gegenwärtigen Kulturkrisis, 1926, Beiheft Nr. 20 des Archivs für Rechts- und Wirtschaftsphilosophie, S. 137 ff. これらの概念について詳しくは，S. 17 ff., 107 f.

[6] *Holstein* a. a. O. S. 27 を参照。

[7] 異なる見解としては，*Nawiasky*, Veröffentl. der Vereinigung d. Staatsrechtslehrer, Heft 3

自然法と同一ではない——ミュンスター〔での国法学者大会〕では法理想主義のことが誤ってそう称されていたが。法理想主義は，すでに次の点で[8]根本的に自然法と区別されている。すなわち正義は，今日では自然法とは対照的に，時間と空間に関係なく一般に通用する内容的な明確さをもつものとは言い難く，その結果として，正義の思想から内容的に変わることのない確固たる命題や規範を導き出すこともできない，ということである。さらに，方法論的には，次の点に非常に重要な違いが存する。すなわち，根本的で理論的な認識は，合理主義的にではなく現象学的に，直接的で直観的な見方によってきわめて明白に裏づけられるという点である[9]。その上，一つの具体的な実定法秩序が客観的な価値を含んでいることを理論的に固定しようとすると，人間の本質に根差している認識論上の困難さに遭遇することにもなり，その結果われわれは，結局のところ本当の現実性を有している，主観を超えた諸価値すら，決して純粋な姿で認識することができない。しかしながら，人間がこのように十分な認識に達しえないからといって，法学の最も核心的な問題をみずから進んで排除し，そうすることによって同時に，法学からその本来の精神科学としての性格を取り去ってしまうことが正当化されるわけではない。というのは，すべての世代にとって，具体的な歴史的状況において姿をあらわす法の理念を，そこに絶対的で個別的な価値を具えたものとして，また創造的で比類なきものとして，把握する任務が初めから与えられているのであって，この理念が人間存在の根源的性格にかかわるものであることは，われわれにとって確実なことであり，この理念を認識することが，法的良心によって呼び覚まされる，絶え間なきわれわれの孜孜営々たる努力なのである。

　このような基本的な立場から，平等条項の新たな解釈に対して唱えられて

（引用は再校に拠っている），S. 40. さらに Kelsen ebenda, S. 54，および Thoma a. a. O. S. 59. トーマによると，「火と水のように相対峙している集合的主観性だけが存在する」。
(8) E. カウフマンは，これ以外の相違点をすでに指摘していた（E. Kaufmann, Veröff. d. Vereinig. der Staatsrechtslehrer a. a. O. S. 13 ff.）。
(9) 私は，ここではこのように示唆的な言い方にとどめざるをえないが，近いうちに他の関連でさらに詳しく論じることができればと思っている。Holstein a. a. O. S. 31 は，さらに一般的に，概念的形式主義を精神科学的方法に転換することについて述べている。

いた反論に再反論することとしたい。ナヴィアースキーがミュンスターの〔国法学者大会の〕学会での結語において，5つの異なる見解が明らかにされたことを確認し，それによって，法の現状がこれまでよりもさらに錯綜しているかのような印象が与えられるだけに，これに再反論することはなおさら必要であるように思われる。しかし，資料を正確に吟味してみて今や確認できるのは，新学説に対して出される反論たるや，ほんの僅かな，しかも全く特定のものであって，それが再三再四唱えられているということである。こうした反論を詳しく分析すれば，次のことが明らかになるであろう。すなわち，事実上は，つまるところ，そもそもただ一つの説明をするしか余地はなく，それを説明するとすれば，技術的にいわゆる法適用平等に与する決断をするのか，それとも，何らの制限も留保もなく，第109条第1項の〔新しい〕解釈に賛成票を投じるかのどちらかしかないということである。この解釈は，新学説の趣旨からすれば，立法者はおよそ一般にこの法命題に拘束されているのだと考えてもらいたいと思っているのである。

　第109条第1項が立法者を拘束することは，今日ではすでに広く認められている[10]。もっとも，アンシュッツは，——それに，アンシュッツに同意しているトーマは[11]——，相変わらず[12]，平等条項を法適用の平等の趣

---

(10)　例えば，1926年のミュンスターでの第3回国法学者大会における議論を参照。

(11)　*Thoma*, Grundrechte und Polizeigewalt in der Festgabe des OVG., 1925, S. 217 ff. トーマが従前の支配的学説とも異なる立場をとっているのは，トーマによれば，平等条項が通用する領域は，法適用にしか及ばず，自由裁量の運用にまでは及ばないからである。ドイツの行政法は，国家官庁の恣意的支配を阻止するのに「第109条の支え」(*Thoma* a. a. O. S. 220)は必要としない。官庁に委ねられた公権力が恣意的に運用されてはならないという法命題は，すでにライヒ憲法以前から，行政裁判所が法の一般原理から導き出していたことであり，このこと自体は正当であって，またこの点が争われたこともないことは，疑いの余地がない。しかし，そうだからといって，法の一般原理が第109条第1項の中に憲法的に《係留され》(verankert)ている今日，平等条項の中にこの法命題の源泉を探求することは何ら差し支えるものではない。ちなみに，トーマがそればかりか，この法命題が成文憲法とは関わりなく通用することを指摘していることは，平等条項に含まれている一般的な法思想は，それが法典化されているかとは関わりなく通用する法命題であるとする見解にとっては，予想外の支えである。

　さらにトーマは，第109条の第1項の中に何らか実質的な内容を読み取ることは許されないと述べているが(*Thoma* a. a. O. S. 219)，この点について指摘すべきは，トーマが喧伝している，法適用の平等の趣旨での第109条第1項の解釈にも，平等条項の——内容の上では限られているとはいえ——実質的な意味合いが含まれている，ということで

旨で解釈している⁽¹³⁾。それに対して，特にヒッペルとナヴィアースキーが主張するいわゆる折衷的な見解は，立法者が第109条第1項によって拘束されていると考え，そうすることによって，基本的には新学説を受け入れてはいるが，そこに注目すべき制限を付けている。しかしそういった制限を付けることの内的な正当性は──すぐ後に示すとおり──立証されていない⁽¹⁴⁾。それゆえ，この問題をめぐる見解の対立は，今日ではとりわけ，平等条項の

ある。トーマは，ミュンスター〔での学会〕においても(*Thoma* a. a. O. S. 58)，限定つきの見解とはいえ，第109条の非常に重要な内容について，その趣旨のことを述べているが，彼が述べているのは第1項の内容ではない！ トーマが好意から私に自由に使わせてくれた啓蒙的な書きぶりから読み取れるように，第1項は，法適用の領域では，「ライヒ憲法の効力によって，個別の免除と特権」を禁止する点にあるとされる。例えば第109条第1項と両立しえない個別の免訴(Abolition)とは対照的に，個別の恩赦は許されるとされているのはそのためである。私も，このように一般的なテーゼを明示して強調することは，有意義であるし，学問的に必要なことだとは思うが，ただし，それらのテーゼがおよそ根本的な通用力を要求することが認められるという限定をつけた上での話である。というのは，個別の恩赦といっても，それが恣意的な動機づけ，例えば，純粋に個人的な考慮に基づいたものであれば，個別事例によっては，第109条第1項に違反することがありうるし，これとは逆に，私見によれば，特別な状況の下では，個別の免訴であっても憲法違反とする必要はないからである(例えば，新政府によるクーデタが成功した後に〔クーデタ前から〕係争中の内乱罪裁判手続に際しての個別の免訴などがこれに該当する)。この趣旨において，1920年のプロイセン憲法典第54条──その文言が一般的である点ではライヒ憲法上疑念がないではないが(*Thoma* a. a. O. も見よ)──に従って発せられる，個別の免訴を政府に授権するような特別法律も参照されたい。結局のところ，つねに肝心なのは，個別事例の蓄積なのである。この点ついての詳細は，本文でさらに後述する。──さらに，反論すべき点として残っているのは，トーマによれば禁止されているとされる個別の免除等々の際につねに問題となるのは，法適用に携わらない官庁の特殊な裁量行為であるということであり，したがって，第109条第1項は自由裁量に対しては無力なのだとする命題は，自由裁量の行使の対象が技術的な意味での法適用に関わっている場合には，いずれにせよ，有効性を求めることができないということである。それだけでなくさらに，これとは別の観点で平等条項が適用されることになるのと同じ結果になるや否や，平等条項の通用する範囲を狭くしても構わないということになるのであれば，ここでも第109条第1項の意義を否認することになりかねないであろう。というのは，ここで論じられているテーゼは，一般的な法的な考慮からも同じように導き出されるものだからである。

(12) *Anschütz*, Komm. zur RV. II. Aufl., 1926, S. 304 ff. を参照。ブライホルト(*Breiholdt*, Pr. Verw. Bl. 1925, S. 110 ff.)も文献を再構成して同趣旨のことを述べている。
(13) 私の根本的な反論は本文の関連個所で上述したとおりである。
(14) *v. Hippel*, Zur Auslegung des Art. 109 Abs. 1 RV., Arch. f. öff. R. N. F., Bd. X, S. 124 ff. ヒッペルは，随所で(例えば，a. a. O. S. 152)，新学説には根拠がなく，平等条項の支配的な解釈を拡大することが必要であると述べている。私には──本文の趣旨に沿って──まったく逆のことが正しいように思われる。

内容をどのように規定すべきかということに関してなされているのだということの説明がつくというものである(15)。

　第109条第1項の新たな解釈に対して唱えられたもろもろの反論の範囲を概観すると、二つのグループに区分することができる。すなわち、一方で唱えられるのは、教義史的で解釈学的な疑義であり、そこではライヒ憲法の成立史と内容に基づいて新学説を論駁しようとする試みがなされる。反論のもう一つの系列は、第109条第1項の新たな解釈と結びついたものだと称されている帰結から、この解釈を、理論的にも実務的にも役立たないことを立証しようとするものである。

　解釈学的な反論がなされる際に、真っ先に出てくるのは、さまざまなニュアンスで繰り返される次のような命題である。すなわち、文言と一致する法命題といえども、場所的あるいは時間的に離れた法体系から、今日通用している憲法の解釈を推断してはならず、それゆえ、スイスや北アメリカの裁判は、最近では少数者保護の領域で発展しつつある国際法実務に拘束力がないのと全く同様に、ライヒ憲法の平等条項の解釈にとっては拘束力がない、という命題である(16)。この命題それ自体は正しい。この命題によって、平等条項を、もはやプロイセン憲法における平等条項と同じようには解釈しないことも正当化される(17)。平等条項の内容を解釈し直すことは、わが国の憲

---

(15) *Hofacker*, Grundrechte und Grundpflichten der Deutschen 1926, S. 14 f. ホーフアカーが唱えている反論は不明確である。というのは、ホーフアカーは、新学説に抗議してはいるものの、新学説と同じ結論に到達するからである。新学説の誤りは、もっぱら、「それが平等を法律に依拠させようとするのではなく、逆に、法律を平等に依拠させようとしている」点にあるとされるのである。しかし実際にはこんなことが主張されたことは一度もない。というのは、ある命題が恣意的だと呼ばれるべきかどうか、という問いについては、当然のことながら、第109条第1項がその時々の法律の内容とどのように関連しているのかということを通じてしか決定することはできないからである。

(16) このような趣旨として、*Nawiasky*, Veröffentl. d. Staatsrechtsl. a. a. O. S. 27; *Anschütz*, Kommentar a. a. O. S. 307; *v. Hippel*, Archiv a. a. O. S. 145; *Schelcher*, Fischers Zeitschrift für Verwaltungsrecht, Bd. 58, S. 171 を参照。*Giese*, Pr. Verw. Bl. 1925, S. 117 も恐らく同旨であろう。

(17) *Triepel*, Vereinig. d. Staatsrechtsl. Heft 3 a. a. O. S. 50 も参照。ちなみに、プロイセン憲法の平等条項をアンシュッツによって特徴づけられた趣旨で解釈することは、争いがないわけではなかった。このことについて詳しくは、*Aldag*, Die Gleichheit vor dem Gesetz, 1925, S. 10 ff. 特にアルダークがヘーネルを引き合いに出している箇所を見よ。

法においても，諸外国の判例を引き合いに出すことによってではなく，もっぱら国家法と政治の基盤が革命的に変化したということのみによって正当化されるのである。憲法によって保障された法治国家思想は，議会制に基づく代表民主制においては，立憲主義的憲法体制とは根本的に異なった留保（カウテーレン）を要請する。中でも，基本権の構造は，個人と国家の関係が変化した結果として，まったく別のものになった(18)。そして，まさしく逆説的な印象を与えるのは，おおむね民主的な考えを持った，特に有力な法学者が，平等条項の本当に意味のある解釈に疑義を唱え(19)，それによって，現代民主制における法治国家の究極的で最も重要な基盤を疑わしいものにしたということである(20)。ここでも，結局のところ，立法が司法に優位するとする，かつてよく知られた観念が，また人々の注意を引き，この観念にとっては，定立された法は官吏に向けられた国家の命令にほかならず，国家法上根本的に変化した状況にこの観念が転用されることとなる。

　平等条項の内容を規定する文脈の中で，合衆国とスイスにおける国家法に関わる判例にも立ち戻ったが，これはただ，あらかじめ，第109条第1項の新たな解釈に対して出されるであろうと予想された反論を，できる限り論破しておくための作業であった。外国の判例によって発展した諸命題を手がかりとして立証するほうがよいだろうと思われたのは，主として，平等条項の内容を規定する作業が自主的になされ，法哲学的に基礎づけられてなされることは正当なことであるということと，さらには，このような〔平等条項の新たな〕解釈には，憲法上の基盤がズレたり法的安定性が危険にさらされたりすること(21)が，いかなる方法にせよ，結びついていない，ということで

---

(18) 例えば少数者保護の問題を考えさえすればよい。ハチェックは，重点が基本権の側に移行したことについて，ひとつひとつ歴史的に例証している。*Hatschek*, Außerpreußisches Landesstaatsrecht, 1926, S. 99 f.
(19) *Holstein* a. a. O. S. 32 も参照。
(20) 法治国家に関わる諸々の保障が，今日では立法者にも関連があることは，もはや真剣に否定されるべくもないように思われるが，例えばモーアシュタイン＝マルクスなどはいまだに本気でこれを否定している（*Morstein-Marx*, Hanseat. Rechtszeitschr. 1926, Spalte 210 ff.）。
(21) これはリューメリーンに対して指摘するべきことである（*Rümelin*, Die Rechtssicherheit, 1924, S. 34）。

ある。その限りにおいてすら、外国の素材を用いることは許されないことだと心得たいというのであれば、それは、およそ比較法の方法そのものに破産宣告をするに等しいことであろう。

しかしそれ以上に、この関連における比較法の方法は、もう一つ別の理由から、まさに要請されているといえる。平等条項は古い文化的財産であり、少なくとも18世紀以来、諸国民の共同体意識の中で生き続けている[22]。国内法のみならず、国際法においても、少数者の問題を規律するにあたっては、平等の問題は、ますます重要な役割を果たしている。今やすでに、われわれのドグマーティクに基づく法律学を自己孤立から解放することが、それ自体としてどうしても必要なのであり[23]、そうであれば、このことは、諸国民の文化意識の共通財産へと発展するように思われる命題に際しては、不可避的に必要なものとなる。というのは、文化には共同体的関連性もあって、そうした関連性を認識することは、法命題の国内的解釈にとって実務的に非常に重要であるからである[24]。このような理由からすれば、外面的な構造においてドイツ国の構造とのある種の類似性を特徴的に示している外国の法制度を検討の範囲に取り入れることは、まさにわれわれの義務なのである。しかし、このように関連づけることは、いつの場合ももっぱら、平等条項を解釈し直すことがどのみち必要になったことを明確にするのに役立つにすぎず、それが必要であることの立証には役立たないのであるから、このように外国の法を活用しているという理由でドイツ法のアメリカ化について語ろうとするのだとすれば、それは誤解に基づくものである[25]。

さらに別の解釈学的な反論が依拠している考え方は、平等条項の成立史に目を向け、また第109条自体に依然として含まれている諸命題とその他の憲法規定に鑑みれば、平等条項は、新学説が解釈しようとしているほど広い心で解釈をすることはできない、ということである。

---

[22] 詳しくは、*E. Kaufmann*, Vereinig. d. Staatsrechtsl. a. a. O. S. 4, 61.
[23] *Holstein*, Vereinig. d. Staatsrechtsl. a. a. O. S. 56 も参照。
[24] *E. Kaufmann*, Vereinig. d. Staatsrechtsl. a. a. O. S. 5; *Triepel*, ebendort, S. 50.
[25] *Anschütz*, Kommentar a. a. O. S. 307 はそう述べている。これはフォン・ヒッペルが考えているような(*v. Hippel* a. a. O. S. 144)外国の国家法の類推適用という話でもない。

すでに指摘したように，ある法命題の成立史からは決して，解釈されるべき規範の内容的な解釈について拘束力をもつような結論を引き出すことはできないのであり(26)，とりわけ，よりにもよって，われわれの憲法生活がその静態においても動態においても深淵なる変容を遂げて，法命題のもう一つ別の意味解釈を必要とするのだということが主張されるのであれば，なおさらそんなことはできない(27)。さらに，平等条項が《古い自由主義の遺産》を具現したものだ(28)ということに拠りどころを求める——そのこと自体は当を得ているが——のであれば，見過ごされてはならないのは，ほかならぬ自由主義思想の担い手たち，つまり，立身出世を目指し，身分に基づく別異取扱いを否定する 市 民 層 が，平等条項をもって，一般的な 法 律 の支配_{ビュルガートゥム}_{レヒツゲゼッツ}とあらゆる人的恣意の排除という意味で平等条項を理解した，ということである(29)。自由主義者たちはこの条項を，自分たちが喧伝し，保守主義たちが非常に強く攻撃した代表制の不可欠の構成部分だと考え，この条項を用いて，中世の古い身分制に基づく団体主義的な組織構成に批判の目を向け，個々の身分と階級のすべての特権化それ自体を排除した(30)。平等条項が民

---

(26) *Leibholz*, Die Gleichheit vor dem Gesetz, 1925, S. 14〔本書2頁〕を参照。フォン・ヒッペル(*v. Hippel* a. a. O. S. 139 ff.)はこれに反対している。ただ，フォン・ヒッペルは，今日では，かつて平等条項と結びつけられていた意味解釈とは異なっていることを正当化する，まったく特定の重大な理由が挙げられることを見誤っている。しかし，フォン・ヒッペルは，このような前提の下で，このような可能性を自ら認めている(*v. Hippel* a. a. O. S. 141 ff.)。

(27) この点についてはさらに，*Laun*, Staatsrechtslehrervereinigung a. a. O. S. 45 を参照。ラウンによれば，規範にとっての本質的な点は規範の運用にあり，法律の解釈にとって唯一決定的なことは，法命題がどのように規範の名宛人の法感情に作用するのかということであるとされる。

(28) アンシュッツ(*Anschütz*, Kommentar a. a. O. S. 307)は，そう述べて，この認識を自身の平等条項の解釈に役立てようとする。なお，*Anschütz*, Staatsrechtslehrervereinigung a. a. O. S. 48 も参照。

(29) これについて詳しくは，*C. Schmitt*, Unabhängigkeit des Richters usw., 1926, S. 21; *E. Kaufmann*, Staatsrechtslehrervereinigung a. a. O. S. 4, 17 f.; *Heller*, Die politischen Ideenkreise der Gegenwart, 1926, S. 67 を参照。

(30) 例えば，*Klüber*, Öffentliches Recht des deutschen Bundes und der Bundesstaaten, 1840, § 280, S. 398, Nr. c; *Welcker* in *Klüber-Welcker*, Wichtige Urkunden für den Rechtszustand der deutschen Nation, 1844, S. 403, Anmerkung を参照。この点について詳しくは，*E. Gerber*, Der staatstheoretische Begriff der Repräsentation in der Zeit zwischen Wiener Kongreß und Märzrevolution. Dissertation, 1926 (Manuskript S. 131).

主制によって,それも殊に——社会主義的民主制でないとはいえ——社会民主制によって,受け入れられていたのは,このような趣旨においてであった。

　第109条の第2項と第3項は,これだけが直接的な法的平等を実現する規定だとされているが,これらの条項も第1項の新たな解釈と矛盾するものではない[31]。第2項は,そもそも第109条第1項によってはじめて理解しうるものである。というのは,第2項では,両性が原則として同権であることが謳われているが,この《原則として》という文言が,男女間の恣意的な区別の禁止という意味で解釈されなければならないことは,第1項があってはじめて明らかになるのだからである[32]。もっとも,このことはすでに第1項から明らかになることであり,その限りでは第2項はなくてもよい規定である。しかし,そうだからといって,第1項の新たな解釈に対して確固たる論拠のある反論を導き出すことはできない。それというのも,周知のように,基本権の中には,固有の意味内容をもたない条項が相当数あるからである。その他の点でも,原則として,という語は,アンシュッツの言うように,「原則からのどのような例外を規定しまたは認めている」「ライヒとラントのすべての法律の留保」[33]のことだと理解するならば,第2項が無内容な規定であることは,上述した点に劣らず明白であろう。というのは,この〔アンシュッツの言う〕ように同語反復による言い換えをしたところで,第2項の意味ある解釈ができるわけではないからである。——身分による優先権はまず「廃止されるものとする」と定めるライヒ憲法第109条第3項の言い回しは,第1項とは結びつけられない,とする別の反論に対しては,すでに,第109条の第3項は平等条項の制限と理解されなければならない,とす

---

[31]　アンシュッツとブライホルトはそういう意見である(*Anschütz,* Vereinig. d. Staatsrechtsl. a. a. O. S. 49; *Breiholdt* a. a. O. S. 112)。トーマは解釈学的に平等条項の言い回しからも疑義を導き出している(*Thoma* a. a. O. S. 219)。これに対しては,すでに *Leibholz,* Gleichheit a. a. O. S. 35.〔本書 24 頁。〕さらに, *C. Schmitt,* Jur. Woch., 1926, S. 2271. そしてその他にも, *Nawiasky,* Staatsrechtslehrervereinig. a. a. O. S. 29.

[32]　これと同じ思想は,ライヒ憲法第128条第2項の公職就任権規定の中にその表現が見られる。この点については,今ではさらに, *Grau,* Arch. f. öff. R. N. F., Bd. X, S. 237 ff. を参照。

[33]　*Anschütz,* Kommentar a. a. O. S. 309.

る正当な指摘がなされていた[34]。それゆえ，身分による特権の廃止は，憲法によって，将来の立法に留保されていたのである。

　最後に，平等条項がその他の憲法上の諸規定と関連していることを根拠として，第109条第1項の内容を別の形で規定することが唯一の正当なやり方であることを立証しようとする試みが，文献の中でなされていた[35]。こうした試みの方法論上の正当性は，そういうやり方を用いたからといって否定することはできない。決定的なことはただ，そうして得られた結果が，実務上も理論上も使い物になるかどうかという点だけである。というのは，法律の実体を測る目安となるべき規準が，不明確であって詳しい分析に耐えられるものでもないということが判明すれば，平等条項のこのような解釈は，おのずと身を正すであろうからである。

　フォン・ヒッペルは主として成立史を引き合いに出して，新学説自身が提示した論拠を利用しながら，第109条第1項から階級立法の禁止を導き出す[36]のであるが，ただ，階級（クラッセ）という極めて問題のある概念の輪郭をそれ以上に詳しく描くことはしないし，あるいは，この概念を用いてどういうものを理解すべきか示唆することすらしないのである。仮にこの概念をより広い意味で把握しようとし，この概念で，歴史的な対立や経済的状況がさまざまであることによって相互に分断されている住民集団のことを理解しようとしているのだとしても，やはりそこには，立法者が恣意的な性質をもつ別異取扱いを法律で定めることができるような広い領域が——たとえまったく人的な側面に着目したものにせよ——，なお未解決のまま残っているといえよう。それゆえ，フォン・ヒッペルによれば，ドイツ人とポーランド人の間，キリスト教徒とユダヤ教徒の間，被用者と雇用者の間で異なる取扱いを規定するような法律であれば，たしかにそれは法的不平等という欠陥があるとして責められることはありうるが，例えばフリーメイソンの会員，職能身分

---

(34)　*W. Jellinek* in Vereinig. d. Staatsrechtsl. a. a. O. S. 60 はそう述べる。
(35)　この趣旨では主として，*v. Hippel*, Arch. f. öff. R. N. F., Bd. X, S. 124 ff., および *Nawiasky* in Veröffentl. d. Vereinig. d. Staatsrechtsl., 1926, S. 25 ff. このような折衷説に同調するものとして，例えば，*Stier-Somlo*, Deutsche Juristenzeitung, 1926, Sp. 654. それ以前でもすでに，*Daltrop*, JW. 1925, S. 1714.
(36)　例えば *v. Hippel*, Archiv a. a. O. S. 137, 139, 143 は極めてはっきりとそう述べる。

(例えば，医師，教授)，政党といった，階級の概念に包摂することができない特定の住民集団に向けられているような法律であれば，そんなことにはならない，ということになろう(37)。しかし，はっきり言って，何故これら二つの実質的には同じ様相の事例が異なって取り扱われることになるのか，ということの内的な理由がよくわからない。例えば共産主義者から公民権を剥奪する法律は，内容的に同じ文言でドイツ国籍をもつポーランド人に対して向けられている法律とまったく同様に，平等条項に違反しないとされるのは，なぜなのか？ この場合に〔これら二つの事例を〕区別したいというのであれば，恣意的な法解釈だとのそしりに己が身をさらすこととなってもやむをえまい。

事実またナヴィアースキーは，第109条第1項の解釈について，階級の概念を排除し，平等条項を憲法上のその他の諸規定と結びつけている基本的思想を指摘して，何らかの集団形成を排除するという意味での，文字どおり人にかかわる法的平等を要請しており(38)，その点でフォン=ヒッペル(39)を凌駕している。第109条第1項の観点からすれば，「予測しうるようなやり方で個々人を特定の社会的集団への所属によって区別する結果のなるような法律を発布することは許されない」とするのである(40)。

---

(37) オーストリアの憲法裁判所は，平等条項の趣旨に沿って階級の概念をいっそう狭く把握している。同裁判所によれば(Samml. Der Erkenntnisse des Verfassungsgerichtshofes, 1925, Nr. 384, S. 9を参照)，階級が社会に存在するのは，例えば有産者が無産者から区別されるように，「人間のある集団の生き方全体が，他の集団の生き方と見分けがつく形で区別される」場合だけである。

(38) *Nawiasky*, Staatsrechtslehrervereinig. a. a. O. S. 31, 34 ff.

(39) 管見に属する限り，フォン・ヒッペルはミュンスターでの国法学者大会において初めて，「人々の平等の民主制的思想それ自身について」述べた(*v. Hippel*, Staatsrechtsl. Vereinig. A. a. a. O. S. 44)。

(40) *Nawiasky* a. a. O. S. 40.
　オーストリアの憲法裁判所の裁判も，部分的にはこの傾向で動いているが，同裁判所は，連邦憲法第144条により，単に，行政官庁の裁決または処分が原因となって，憲法によって保障された諸権利が侵害されたことを理由とする不服申立てについてのみ決定することができるにすぎない。憲法裁判所の初期の決定のうちのひとつ(Samm. d. Erk. d. VGH, 1919, Nr. 5, S. 10)によれば，公民が「何らかの個人的な資質のゆえに……いかなる公民にも当然与えられている諸権利の取得または享有を排除される」ような場合には，平等条項が侵害されるが，行政行為が「住民の需要についての観方から出た純然たる物的な理由に依拠」している場合には，かかる侵害はないとされる。後になっておそ

しかし，平等条項をこのように規定したところで，満足のいくものではない。一方で，社会的集団というときにどういう集団のことと理解されているのかがはっきりしないのは，これについての「規準となる社会的な見方」が存在しないからである。その上さらに，刑法典§130の意味における階級の煽動という概念を引き合いに出したところで何の役にも立たないのは，社会的集団という概念は，階級という概念よりも輪をかけて相当不明確で問題を孕む概念だからである。ナヴィアースキーが行った詳説から明らかになるのは，単に，社会的集団というものは階級に即して理解すべきものではなく，《社会的》という修飾語は純然たる経済的な動機のみに限定されるべきものではない，ということにすぎないのである。したがって，ナヴィアースキーによれば，そうなれば，例えば中央党とか職能階級のような個別の党派も社会的集団だとされることになる。それでも，やはり社会的集団という概念は，対照的に，個人をすべての社会的な集団形成から切り離すことを前提としている。というのは，そうでなければ，平等条項の内容を規定する際に社会的集団という概念を取りこむ必要はないことになるだろうからである。したがって，ナヴィアースキーが述べている言い回しからしても，何らかの社会的集団に組み込まれていない個人に対して向けられてはいるが，平等条項に違反すると見なすことはできないような法律も，考えることは可能なはずなのである。ところがこのような類型の法律が，なにゆえ例外的位置に置かれるとされるのか，その理由ははっきりしないのである。

らく，人にかかわる法的平等と事柄にかかわる法的平等とを対置させるのでは不十分であること（この点について詳細は本文を見よ）が認識されたのであろう。すなわち，Erk. d. VGH., 1923, Nr. 216, S. 53 では次のように判示されている。「公共の福祉の重要な理由に基づいて住民の中のいくつかの少数の階級が——あるいは時にはいくつかの領域ということもさえあろうが——例外的に，例えば公衆の安全とか……あるいはまた衛生上もしくは国民経済上の理由……から」，不平等に取り扱われるというのである。これによって，憲法から明らかになる限界をもった憲法裁判所の裁判が，平等条項の新学説によって内容上与えられる規定の仕方に近づくことになる。というのは，平等条項についての憲法裁判所のこの裁判はまだ近時のものであり，ようやく発展の緒についたばかりであることを考慮しなくてはならないからである。憲法裁判所の従前の裁判（1919, Nr. 5; 1923, Nr. 216; 1924, Nr. 287-289, 313, 314; 1925, Nr. 384, 440, 449, 458）は，すでに数の上では，かつての〔オーストリア〕帝国および〔ハンガリー〕王国のライヒ裁判所での50年間の実務において下された決定を相当上回っている。

さらに，ナヴィアースキーは，法律が「予測可能な仕方で」個々人の別異取扱いをせざるをえない，ということを要求する。そうすれば，立法者による介入は直接的なものであることがどうしても必要であることがはっきりするというわけである[41]。しかし実際には，法律が規範の名宛人に直接的に向けられるのか間接的に向けられるのか，両者を区別することは不可能なことである。というのは，この問いを決する際には，法律がどういう形式のものかとか，一般的な命題や概念がどういうふうに表現されているかが問題となりえないことは，確かだからである[42]。人に関する例外法律であって，抽象的で一般的な装いで表現されるようなものなど，およそ存在しない。例えば，事柄上は一般的に整えられた形式をとってはいても，個人的恣意による考慮に基づいて地域を事細かに限定し，ある特定の政党に所属する者しか居住していない地域について，集会の自由を制約するような法律を考えてみればよい。この場合，そもそも何らかの受け入れられる規準があるとすれば，それはどうすれば発見することができるであろうか？〔この場合〕規範に服する者を目当てにした立法者による恣意的行為などというものは，そもそもほとんど存在しないし，立法者のこの行為から，個々人が直接的に人にかかわる法的不平等な取扱いを受けていると推論することはできないであろう。例えば，平価切上法を考たり，その内容が恣意的であることを一度想定してみればよい。そうすれば，当然次のように主張されることもありえよう。すなわち，平価切上法によって，抵当債権者とか工業債権の保有者などといった特定の人たちの集団が，他の住民集団で，裁判所の裁判によって請求がより高い平価切上げが保障される者たちに比べて劣位に置かれ，その限りで，平価切上法は，直接的に人にかかわる法的不平等な区別によって特定の住民集団に有利となるようになっている，という主張である。

---

[41] Nawiasky a. a. O. S. 40 を参照。
[42] この点についてはすでに1923年9月10日のポーランドにおけるドイツ人入植者に関する常設国際司法裁判所の意見（Publications de la cour permanente de justice internat. Série 6 S. 24 所収）において指摘されているところである。またオーストリアの憲法裁判所の1925年の判決（Erk. des österr. Verfassungsgerichtshofes 1925, Nr. 449, S. 90）も参照。重要なのは，市民が形式上・法上対等の地位に置かれることではなく，市民が事実上対等の地位に置かれていることである。

しかし，最終的に，そして私見によれば決定的に，平等条項を人にかかわる法的不平等の禁止の趣旨で解釈するのとは逆の方向で重要であるのは，人にかかわる法的不平等は，事柄にかかわる法的平等と——あるいは恣意概念という方がさらによいが——対置することができないものだという認識である。というのは，個々人を人にかかわる法的不平等な取扱いをすることの禁止は，立法者がそもそも恣意的なやり方をしているのだ，という前提の下でしか通用しえない話だからである。住民集団を区別して取り扱う法律はいくらでもあるが，そうした法律が，平等条項に含まれている別異取扱いの禁止に該当するわけではない。例えば，居酒屋の店主だけに向けられている法律があって，その生業の開店と営業が特別に加重された条件と結びつけられているような場合を考えればよい。このように，この人的集団が，他の業者に対して不利な地位に置かれているにもかかわらず，やはりこのような法律を人にかかわる法的不平等な法律と呼ぶわけにはいかないのは，この法律が事柄としては正当な理由のある，したがって恣意的とはいえない考慮に基づいているからである。上位概念として機能するのは，もっぱら，事柄の上で法的平等の概念だけなのであり，立法者は，この枠内で法を定立し，その際には人にかかわる法的平等な振舞いや不平等な振舞いをすることができるのである。だから，人にかかわる法的不平等な法を定立することが禁止されていれば，恣意概念は不必要なものになるだけでなく，この禁止は文字どおり恣意概念を前提としているといえる[43]。このような認識に立ち至らざるを得ないことを，この学説は顧慮していない。だからこそ，この学説は，法実務において尊重されなかっただけでなく，その他では第109条第1項の限定的な解釈に賛成した者たちに反論さえされたのである[44]。

　しかし，人にかかわる法的平等は，事柄にかかわる法的平等の対立物なのではなく，むしろ，後者の平等の侵害が，法律に服する者たちを人にかかわる法的不平等な取扱いをすることにとっての前提なのであれば，そして，人にかかわる恣意的な法的不平等の内部で間接的な介入と直接的な介入とを分

---

[43] 同旨のものとして，*Triepel*, Staatsrechtsl. Vereinig. a. a. O. S. 51 f. も参照。
[44] 例えばトーマなども個人的には同趣旨のことを述べている。

けることは可能でないならば，第109条第１項のこのような解釈が根拠のないものであることは，十分に証明されている。平等条項を，内容の上で新学説とは異なる形で首尾よく規定することができるとすれば，それは，事柄にかかわる法的平等の規準と対立されることができるような何らかの規準が実証される場合のみであろう。しかし，これを実証することは可能ではないかもしれない。それは，恣意概念が，実質的な価値である正義とは反対の相関概念として，考えられる最も広い幅をもった概念だからである[45]。

　これと同様に，平等条項は，単に立法者にだけ向けられているプログラム条項として把握することもできない[46]。というのは，アンシュッツが正当に強調しているように，基本権に関する憲法規定を，将来ようやく制定されることとなる法律にとっての指針として理解してよいのは，次のいずれかの場合のみだからである。すなわち，憲法規範の文言の書きぶりからしてそう理解せざるをえない場合か，あるいは，基本権条項が，その内容をさらに詳しく法律で画定しなければ実務に移すことができない場合である[47]。しかし，第109条第１項の文言は新学説に不利な言い方をしている，と主張することはできない[48]。それは，立法者を直接的に義務づける法であるというためには，第109条の第１項が内容の点でさらに詳細な明確さをもっていることが必要であるとする命題を主張することができないのと同様である。恣意的な法定立の禁止を含む平等条項は，法治国家的原理の一つの究極の表現なのであって，これを何か他の形で表現するというのはそもそも難しい話で

---

[45] 人的要素が平等条項の中に含まれているのは，国家権力に服している個々人と，彼らと同等の地位に置かれている法人とが，法律の名宛人としての役割を演じなければならない限りにおいてである。支分邦，領域団体，市町村等々については第109条第１項は直接には適用がない。詳細は，*Leibholz*, Gleichheit a. a. O. S. 83 ff.〔本書75頁以下〕。

[46] アンシュッツは——平等条項が立法にも関わりをもつ場合について，そう述べている。*Anschütz*, Kommentar z. RV. a. a. O. S. 307 f., および Staatsrechtslehrer Vereinig. a. a. O. S. 49.

[47] *Anschütz*, Kommentar a. a. O. S. 302, 303 を参照。この箇所で第３番目に言及されている可能性，すなわち，基本権それ自体に付加されている制限条項（例えば，法律の規準により，といった）からその基本権のプログラム的性格を推定することができるのか，という点については，ここでは問題にしない。

[48] 本書168頁注[31]を参照。このことはおそらくアンシュッツ自身も主張しないであろう。

ある。一般的な通用力を有するこの種の法命題は，これを内容的にさらに詳しく法律で規律するのにまったくもって馴染まない。だからこそ，第109条第1項を，婚姻は両性の同権を基礎とするとしている第119条第1項第2文と同じ次元に置くこともできないのである[49]。というのは，後者の規定は，平等条項とは異なって，法律でさらに詳しく具体化しなければ，実務に役立てることができないからである。このような見解に有利になるように第109条のその他の規定に拠りどころを求めることもできないことは，すでに述べたとおりである。この規定には，平等条項をもしかすると立法者に対する指針という意味で理解しうる可能性がある，とするための前提条件が欠けているのである。

ここまでに述べてきた解釈学上の疑義とは対照的に，第二のグループとして，次のような一連の反論がある。それらは，新学説の帰結を手掛かりとして，平等条項を限定的に解釈する必要があることを立証することを試みている。ここで考えられていることは，一方で，ライヒと諸ラントの関係において新学説がもたらすもろもろの影響であり，さらには，新学説を実務で遂行することと結びついていると称される，ライヒ憲法における権力体系の変化である。

平等条項がもつ根本的に単一国家的な傾向[50]は，平等条項が基本権のカタログに採用されたことによって，すでに，はっきりと証明される。というのは，平等条項に恣意的な法定立の禁止が含まれているのであれば，この条項は，それによって実質的な正義の要請を実現するのであり，その時々の法秩序の存立について決定しなければならないのは，部分的公共体の法意識ではなく，ドイツ人の国民共同体の法意識なのだということは明らかである[51]。恣意的なラント法律はすべて，第109条第1項の観点からすれば，

---

(49) *Anschütz*, Kommentar a. a. O. S. 308 はそう述べている。

(50) これを強調するのは，特に *Thoma*, Festgabe a. a. O. S. 220, 221; *Anschütz*, Staatsrechtsl. Vereinig. a. a. O. S. 48; *v. Hippel*, Archiv a. a. O. S. 133 である。

(51) *E. Kaufmann*, Staatsrechtsl. Vereinig. a. a. O. S. 8 も参照。フォン・ヒッペル (*v. Hippel*, Archiv a. a. O. S. 139. Insbes. 149) は新学説に次のように反対した。すなわち，この学説が，法意識の単一性から出発して，司法の法意識に立法府の法意識を対置させているとすれば，この学説は，哲学的には，矛盾だらけの心理主義に陥っている，と。というのは，平等条項の基準としての一般的法意識は，論理的には，規範定立機関の法意識によ

単に裁判官の事後審査に服するだけではなく，ライヒ政府は，ライヒ憲法第13条第2項に準拠して，いつでもライヒ裁判所に訴えを提起して，そのようなラント法律の憲法適合性について判断させることができるのである。しかし他方で，注意しておかなくてはならないのは，ラントの権利保護の欲求は，現在の法状況からしてもある程度は満たされてはいるが，恣意的なライヒ法律の禁止によって，その欲求は今後さらに高い程度に満たされることになるということである。それゆえ例えば，支分邦の公共体に属する者たちを恣意的で別異に取り扱うライヒ法の規範は，可能性がなくなる。もっとも，裁判官の審査権，ならびにライヒ憲法第13条および第19条は，場合によって

って支えられる法規範の無効が裁判官によって宣告されることを排斥するはずだからだ，とするのである。

　この反論に対しては2つの点を指摘したい。〔まず〕新学説が共同体の法的本能だとか〈権利=法〉意識（Leibholz a. a. O. S. 61〔本書52頁〕）だとかに訴えて，実定法秩序の存立について最終的に決定することになるのはこの〈権利=法〉意識なのだと主張するとしても，これがなされるのは，正義概念を主観主義的に雲散霧消させるためではなく，〔平等条項を〕媒介する機能を果たすものは，人間の良心とか正・不正を識別する感覚とか——そのほかにどのように称するにせよ——そういったもののみなのであって，こういったものによってのみ，われわれは，〈権利=法〉意識の彼方にある実存的な法理念の——内容的には変遷を被るとはいえ——客観的な存在を確証することができるのだという認識に出たものなのである。カウフマン（E. Kaufmann, Staatsrechtsl. Vereinig. a. a. O. S. 12）のこの趣旨での正当な指摘も参照。どうやらヒッペル（Hippel a. a. O. S. 149）は，論理的・先験的な原理のようなものがあって，そこから正義の内容が自然法的な演繹によって——ここで初めてこの表現が場所を得たものとなるであろう——引き出すことができると考えているようであるが，そのような論理的・先験的な原理など存在しないのである。

　そしてまた〔第二に〕，〈権利=法〉意識の単一性ということについて言えば，法についての観方が多様であり散漫であることも決して見落としてはならないとはいえ，少なくともそうした単一性について語りうるのは，新学説の趣旨において《恣意》が問題となる場合である。というのも，正しくないということと恣意的なということとは同じではないからで，フォン・ヒッペルがおよそ恣意的であるということを規範が正しくないということと同一視している（この点については本文でさらに詳細に論じている）ならば，新学説とは逆に，単に正しくない立法行為のみが裁判官の審査権に服させようとしているかのごとき外観を呈する。それゆえ，新学説は——フォン・ヒッペルはそう信じこませようとしているが——，決して，立法者の〈権利=法〉意識を司法の〈権利=法〉意識と対置したわけではないのである。というのも，裁判官が，一般的な〈権利=法〉意識に基づいて，議会多数派が法的な考慮にではなく恣意的な考慮に左右された——恣意は法ではないのだから——と結論づければ，もはや法定立機関の〈権利=法〉意識について語ることはできないのだからである。それゆえ私見では，新学説に対して倫理的な心理主義だとして非難することもできないし，この学説の内的矛盾を指摘することもできないように思われる。

はありうる立法者による干渉に対しては，十分な保護を提供している⁽⁵²⁾。

そればかりか，さらに重要性が加わるのは，連邦国家法において支分邦は平等であるという，やはり疑う余地のない連邦制的な法命題も，突き詰めれば，すべてのドイツ人は法律の前に平等であるという命題と同一の法哲学的な基礎に基づくものである⁽⁵³⁾，ということである。そして，独立国家としての感情の本末転倒な理解から，第109条第1項の新解釈に反論しなければならないと思っているラントは，自分たちが同時にこのたたかいの中で，恣意的なライヒ立法に対するもっとも実効的な武器を放棄しているのだということを，よく考えてみなければならないであろう⁽⁵⁴⁾。それゆえ，第109条第1項の新しい解釈と結びつけて主張される，ラントの独立国家としての性格の損失は，同時に，支分邦の権利保護が増大されることによって——調整されはしないとしても——緩和されることになる。最後に，なお考慮に入れるべきことは，——そして，あまり人を引きつけるものとは決して言えない論拠が確固たるものとなるためには，このことを考慮することが非常に本質的なことであるが⁽⁵⁵⁾——，平等条項のもつ単一国家的な帰結が，奇妙なことに，主として，基本的に単一国家主義的な考え方をもつ法学者たちによって，それも，ほかならぬ次のような法領域に関して，持ち出されることである。すなわち，その他の点では彼らがほとんど異口同音に，連邦制の考えを

---

(52) *Triepel*, Streitigkeiten zwischen Reich und Länder in der Festgabe für Kahl, 1923 a. a. O.; *Leibholz*, Gleichheit a. a. O. S. 115 ff.〔本書108頁以下。〕
(53) 詳しくは *Leibholz*, Gleichheit a. a. O. S. 133 ff.〔本書127頁以下。〕また今日ではさらにとりわけ *K. Behncke*, Die Gleichheit der Länder im deutschen Bundesstaatsrecht, 1926, insbes. S. 52 f.
(54) ここでは次のことを主張するにとどめておこう。すなわち，平等条項についての単一国家政策的な傾向に基づいて，この条項の内容的な解釈を不可能だとか許されないとか宣言するのなら，平等条項が連邦国家法に通用すると主張することは，まず難しいであろうということである。それというのも，法的平等の存在について決定する基準は，統一的にしか定められないし，この基準を国家に対する個人の関係において否定する者は，この規準を連邦国家法に関して要求することはできないからである。それにまた，立法者が平等条項に侵害する場合には常に，正義によって要求される事柄が法的に把握しうる形で侵害されるものだからである。逆に，ベーンケが主張するように (*Behncke*, Gleichheit der Länder, a. a. O. S. 33 f.)，平等条項の通用力が第109条第1項の枠内で肯定される場合に，その通用力が連邦国家法については否定されるかもしれないという可能性があるのかどうかは，ここでははっきりと決めることはせずに措くこととする。
(55) *Holstein*, Staatsrechtl. Vereinig. a. a. O. S. 57 も参照。

拒否して，つねに単一国家的な原理に肩入れしていた法定立の領域に関してである[56]。

　最後にさらに，新学説によって，権力分立という憲法上保障された制度の変移がもたらされ，現代国家の民主的な基本的性格と両立しない裁判官貴族制が育まれた，という主張がなされるが，このような主張は，私見では，新学説のもたらす帰結を正しく判断したものとは言えないように思われる[57]。

　あらかじめ断っておくが，周知のように，権力分立論は，現代のどこの憲法においても，理論上ときおり主張されるほど純粋な形で実現されているわけではない，ということである。だから，立法者がなす働きも，技術的な裁判官の任務からそれほど厳密に切り離すわけにはいかないのである。立法者も，法の下にある点では裁判官と少しも引けを取らない。また，裁判官が，その法的判断にどうしても必要な命題を取り出すのは，たいていの場合，立法者によって法典化された法からではない。このことは，部分的には，国際法だけでなくどんな確立された法体系であってもそうなのであるが，人間の生活関係を余すことなくまた欠缺のないように秩序づけるなどということは，どうしてもできないことにその原因がある。絶対的に仮説的な規範というものは，法命題から独立した，主観的な裁判官の価値判断がなければ，まさしく宙に浮いたままであり，こうした価値判断は，しかし，個人の恣意ではなく，客観的な規準を基礎においてこそ下されるのである[58]。ただ——

---

[56] トーマ（*Thoma*, Festgabe a. a. O. S. 221）は，このことを認めつつも，憲法委員会は，平等条項のもつ諸々の単一国家的な帰結を目のあたりにして，第109条第１項についてそれなりの論議もした上で，たぶん，非常に決定的なことを言いたかったのだという意見である。さらに v. *Hippel*, Archiv. a. a. O. S. 142, 143 参照。ヒッペルはさらに，グラーフ・フォン・ポザドフスキー＝ヴェーナー（*Graf v. Posadowsky-Wehner*）がさりげなく発した，どうみても決め手となったとは思えないコメントを持ち出している。しかし，決してひとつの法命題の成立史を決定的に重視するべきではないとすれば，仮に憲法委員会がその結論を自覚していたら，憲法委員会は平等条項についてどのように述べていたであろうか，ということは，なおさらどうでもいいことである。

[57] この点については，*Thoma*, Festgabe a. a. O. S. 221; Staatsrechtsl. Vereinig. a. a. O. S. 58; *Anschütz*, ebendort, S. 49; v. *Hippel*, Archiv. a. a. O. S., 133, 146 ff., insbes. S. 150, および Staatsrechtsl. Vereinig. S. 44, *Nawiasky* ebenda S. 41.

[58] この点については，例えば E. *Kaufmann*, Staatsrechtsl. Vereinig. a. a. O. S. 20, 16; O. *Bülow*, Klage und Urteil 1903 insbes. S. 76 f. を参照。ビューローは，抽象的な法は裁判官によって補われる必要があって，これによってはじめて抽象的な法が「完全で現実的な

ひょっとすると敢えてこう主張をしてもよいのかもしれないが——特定された特別な任務範囲を処理する権限は，原則的なもの，つまり，例外によって破られるものではあるが，国家の機関のいくつかの集団に認めることは許されるのである。しかし，この枠内であれば，新学説は維持できる。というのも，現在のように，ライヒ法律の憲法適合性の審査権がほとんど一般的に肯定されるのであれば，なにゆえ，ほかでもない平等原則に関して，権力分立のシステムに基づいて疑義が導き出されるのか，理解できないからである。というのは，平等原則が，万一，超実証主義的に通用するとしても，その点はここでは議論となっていないのである[59]。それどころか，まさにこう言わざるをえない。すなわち，権力分立のシステムを正しく理解すれば，そこから要請されなければならないのは，あらゆる専制政治を排除しつつ，権力体系の内部でその均衡を相対的に最善の形で保障する第109条第1項の解釈だということである[60]。ただ，恣意概念のもつ特殊な本質を見誤らないように注意しなければならない。恣意概念は，裁判官によって適用されるべきその他の概念（例えば，ライヒ憲法第153条の意味における公共の利益）ほど流動的な概念ではないのである。新学説に反対する論者の中にまさに見られる傾向は，不正義と恣意という語を同義語として用いることによって，あたかも裁判官には，不正義な法律を適用することはそもそも許されていないとでも言わんばかりの印象を与える傾向である。恣意的な規範が，事実上はつねに同時に，明らかに内容的にも正義の要請と対立することによって，このような見解はさらに支持されることになる。

　しかし，実際につねに決定的に重きを置かれていたのは，新学説の中心概

　　法と」なるのだと述べている。さらに，今日再び注目する価値のあるのが，エーアリヒの講演（*Ehrlich*, Freie Rechtsfindung und freie Rechtswissenschaft, 1903）である。なお，*Zitelmann*, Lücken im Recht, 1903, S. 34 f.; *Spiegel*, Gesetz und Recht, 1913, S. 139; *Leibholz*, Gleichheit a. a. O. S. 82. 〔本書73-74頁。〕

(59)　それゆえ私はここでアンシュッツ（*Anschütz*, Staatsrechtsl. Vereinig. a. a. O. S. 47）が論じている問題，すなわち，平等条項の通用力を憲法改正によって排除することができるかどうか，という問題に対する立場は明らかにしないでおく。この問題を論じることは，もっぱら平等条項の実定法的分析のみに取り組んでいる本書の範囲を超えるからである。

(60)　この点について詳細は，*C. Schmitt*, Jur. Woch. 1926, S. 2271 を参照。

念である恣意の概念である。そして，この概念については別の文脈で詳しく取り扱ったように[61]，この概念と，法命題が正しくないということとは区別すべきであり[62]，このような方向での一定の規準も見出されたところで

(61) 詳細は *Leibholz*, Gleichheit a. a. O. S. 72 ff. 88 ff.〔本書63頁以下，80頁以下〕。
(62) その上ここでも，恣意概念を導入しなければ例外裁判所の概念を正しく規定することはできないのだということを，改めて指摘しておかなくてはならない。*Leibholz* a. a. O. S. 107 ff.〔本書95頁以下〕を参照。文献上こういう認識から出てくる帰結を正しく引き出しているものはまだない。*Anschütz*, Kommentar a. a. O. S. 285 ff.; *Kohlrausch*, Kommentar zur StPO. 1925, S. 32 を参照。アンシュッツはその注釈書の新版の中で，例外裁判所の概念を定義して，「具体的な命令（措置）によって特定の事例について設置される裁判所」のことだとした。このことに関して彼が正当にも指摘しているように，そうした個別事例がすでに生じているのかいないのかは取るに足りないことであり，例外裁判所は，それが複数の事例について権限を有していても，単に「この複数というのが一定の限定された数であって，無限定の，もっぱら累計というメルクマールによってのみ特徴づけられた多数を示すものではない」(a. a. O. S. 286)限り，そのことによって例外裁判所としての特質が失われるわけではないのである。ただ，例外裁判所をこのように釈義する場合に，依然として不明確なのは，特定の政党（例えば共産主義者，社会主義者）とか宗派（カトリック，ユダヤ教徒，等々）について特別の裁判管轄地を指定するような法律に対してアンシュッツがどういった態度をとるつもりなのか，という点である。というのは，特別裁判所（Sondergerichte）についての普通の規定の仕方からすると，こういう場合も含まれることを認めざるをえないだろうからであり，これらの場合にも，問題となるのは一般的に適用される（抽象的な）規定によって設置された裁判所なのであって，この裁判所の権限は特定の――ここでは政治的または宗教的な立場によって特徴づけられる――人的範疇のすべての紛争にまで及ぶのだからである（*Anschütz* a. a. O. S. 295 は特別裁判所についてそう述べている。なお *Kohlrausch* StPO. A. a. O. S. 32）。
　しかし，上述の事例の場合に実際に問題となるのは，例外裁判所の典型的な事例である。そしてこれによってはっきりと立証されるのは，アンシュッツが与えた概念規定は十分なものではなく，恣意概念を定義に取り込むことがどうしても必要だということである。このことは，ライヒ憲法第105条第1文が平等思想の放射したもの――今日では2つの異なる憲法上の規定に分かれている内容は，もともとはひとつの条項にまとめられていたものである――にすぎないことと，平等条項は恣意的な法定立の排除を保障するものであることに鑑みれば，理解できる。E. カウフマンが正当に指摘しているように（*E. Kaufmann* a. a. O. S. 6），「例外法律」――そしてライヒ憲法第128条第2項の例外規定もこれに加えてもよいが――「についてあてはまることが例外裁判所についても当てはまることにはならない」のは何故かということの，ちゃんとした理由は存在しないのであり，そうであれば逆に，第109条の第1項について法に適っていることであれば，第105条――および第128条第2項――についてもまったく同様に有効性が要求されるのだということを認めざるをえないことになる。
　私が特に参照していただきたいのは，*Menzel*, Ausnahmegericht und gesetzlicher Richter, 1925 Diss. Breslau である。メンツェルは，第105条の内容の数世紀にわたる歴史的発展を考慮したうえで，恣意に対する闘いが同条の歴史に決定的な特色を与えているという結論に至っている(a. a. O. S. 73)。第105条第2文の意味における法律上の裁判官の概念(a. a. O. S. 88 f.)も，例外裁判所の概念(S 111 ff.)も，メンツェルによれば，恣意概念と

ある。もっとも，恣意は，どうしてもその内容を定義できない点では，正義の概念と同様である。E. カウフマンは，たしかに平等条項の内容の外形的な表現の仕方において異なってはいる[63]ものの，彼が裁判官の審査権をある種の極端な限界を侵害した場合に限定し，裁判官が介入してはならない立法者に固有の任務範囲を設定することによって，〔結局は〕新学説と同じ結論に至っている[64]。

関連づけなければ，その内容を正しく定義できないとされる。ただ，恣意の種類が，例外裁判所にとって政治的な種類のものだということになれば (a. a. O. S. 117)，その種類によって概念は相互に一線を画することになるとされる。このことが正しいかどうかは，メンツェルの論述の詳細にまでは立ち入ることができないので，ここでははっきりさせないままにしておくこととする（とりわけ，私見では，法律に服している者たちのあらゆる別異取扱いについて当該法命題の違憲性を推定することは正当な理由がない）。ただ，例外裁判所について今日慣例となっている概念規定は修正する必要があることについては，再度明らかにすることとする。

[63]　Kaufmann a. a. O. S. 10 f. これと類似した言い回しはイタリアの文献でも用いられる。ルツァッティによれば (Luzzati, Commento allo Statuto del Regno, Bd. II, 1909, S. 13 f.)，平等原理は，「それぞれの権利の行使について定める諸条件と……権利の本質的内容……との間の客観的比例のうちに」(a. a. O. 17) ある。しかし，他方でまた，国家は，平等原則があるので，「正当化可能な理由なくして差別することはできない…」ともされている (a. a. O. 14)。

[64]　Staatsrechtl. Vereinig. a. a. O. S. 19 を参照，またこの点につき，S. 23 の 7 から 9 までのテーゼを参照。

　E. カウフマンによれば，立法者に固有の活動は，「決め手となる正義原理の選択について決断することと，法技術的な形式を作り出すことに」あるのに対し，選択した正義原理と共同体の正統性観念を実行し形成するのは，裁判官に固有の任務であるとされる（テーゼ 11 および 12）。

　私見では，カウフマン (Kaufmann a. a. O. S. 10) が選択した表現よりも，平等条項を何はさておき恣意概念に照準を合わせて規定するほうが優っているように思われる。カウフマンに倣って平等条項の内容を端的に正義思想と同一視することになれば，問題の重点は裁判官の審査権の側に移り，どの範囲までの審査権を承認するつもりなのか，また，裁判官が拘束されることになる一般的な指導原理をどのように言葉で表すつもりなのか，ということが決定的に重要な問題となる。私見では，これによって，問題は著しく複雑となり，その解決も難しくなるように思われる。それというのも，上記のような指導原理を立てる際には——それが正当で完璧なものかということに関して——十分に満足のいく結果に到達することができるのかどうか，はなはだ疑わしいからである。

　そうなれば，すでにカウフマンのテーゼに対しては若干の疑念が生じることになる。というのは，私見では，ある規範を審査することは，その規範の基礎にある正義の原理からしても，正義の原理の選択それ自体が立法者の何らかの恣意的な動機に依拠している場合には，やはり許されると考えざるをえないからである。このことは例えば次のような場合に当てはまるであろう。すなわち。ドイツの平価切上法がドイツ国民の通常の政治的および経済的状況の下で公布されたような場合，あるいは，その平価切上法には

はたせるかな，スイスの連邦裁判所とアメリカの連邦最高裁判所の判例からも，立法が司法によって簒奪されるようなことは問題になりえないことがはっきりと証明される。そして，ドイツの裁判官の地位，特に最高裁判所において裁判官が占めている地位に対して，相当高い不信感があるのは正当で

――現状の財政状況の下では適法であるとされ――内容の上では，1925年の実際の平価切上法よりも相当に締め付けの強い規定(例えば平価切上率が少ない，実施期日の遡り方が広範である，等々)が含まれているような場合が，それに当たる。最後に，単に応報的正義(iustitia cindicativa)に依拠するのみで，立法者がなにゆえ配分的正義と交換的正義をまったく排除したのかについて，何らの合理的な理由も明らかでないような国内法律を考えてみればよい。

法技術的とみなされる規範を裁判官が審査することを排除する際にも，当該法命題の中に，内容の具体化についてもっぱら立法者の自由裁量によって決められるような，特定の法内容が表明されていないかどうか，ということがつねに慎重に検討されなければならない。だから私見では，例えば，カウフマンが言うように，およそ立法者は人がいつ成年になるかを定めることができる，というのは正しくない。立法者は，この場合においても，その自由裁量を一定の限界内でのみ用いることが許されているにすぎないのである。もし成年に達する範囲が人の自然な成長ともはや何らの関連ももたず，自由裁量が濫用されていることになれば――例えば，あるヨーロッパの国家において成年に達するのは年齢35歳と定められるような法律を考えてみればよい――，裁判官は，そのような類いの，恣意的な，つまり事実に即していない動機に基づく裁量濫用に対抗する権限があることになる。実務上は，そのような類いの法律が公布されることはあまり考えられない，いやそれどころか不可能であるように思われる，という異議を唱える者はいないであろう。法理論上の命題の正当性はつねに，理論的に最後まで考えつくした帰結を見てようやく実証されるのである。そうでなければ，すべての歴史上の変化によって国家理論上の定義や概念もまた変遷するという，近代の国法学にまったくありふれた現象に行き着くことになる。――上述の成年の問題と同様のことは，それ以外の事例においても，立法者が例えば能動的選挙権および受動的選挙権の問題に際して外見上は法技術的な命題を新たに作り出すような事例においても，当てはまらざるをえないであろう。

他方，私には，カウフマンが建てた二つのテーゼが，立法者の行動の特殊な本質を余すことなく特徴づけているといえるかどうかは，疑わしいように思われる。しかしここでは，この問題には意図的に懸案のままにしておく。というのも，私にとって重要な問題はもっぱら，カウフマンが，諸見解を区別することを排除している新学説と内的・実質的には一致しているにもかかわらず(私見では *Nawiasky*, Staatsrechtl. Vereinig. a. a. O. S. 62 の結語は正しくないように思われるが)，平等条項の内容の定式化が相違していることから生じる可能性がある難点を明らかにすることだからである。いずれにせよ，私見では，出発点が理論的に相違していることにどういう態度をとるにせよ，恣意概念を詳しく釈義すれば平等条項の有用性が高まることは認めざるをえないであろうし，この関連において――この見解が正当であることを裏付けるだけのためであるが――，改めて，スイス，合衆国および最近のものとしてダンツィヒ上級裁判所の判例の参照を求めることが許されよう。上記の各裁判所の判例では恣意概念が，最初のうちは不安定ではあったものの，〔その後は〕恒常的な実務において，確定した用語として定着したのである。

ある、と主張しようとする者は誰もいないであろうし、またそんなことはできないであろう。むしろ、これまでの実務からすれば——もちろんまだ緒に就いたばかりであるとはいえ——「国家にとってどうしても必要なもの」だと称されて過大評価される正反対の懸念のほうが正当だと言えよう。いずれにせよ、立法府の有する立法者に固有の任務の範囲への介入ということが問題になることはありえないのであって、むしろ、つねに注意深く衡量されるのは、裁判官の認識の対象とされた法命題が、恣意的だと称されなければならないほど欠陥のあるものかどうかということである。

　このことは、ライヒ憲法第109条第1項について出されたライヒ裁判所の2つの決定(65)についても、ダンツィヒ上級裁判所の実務についても当てはまる。ライヒ裁判所の決定は、一つは平価切上法〔訳注〕の法的有効性に関わるものであり、もう一つは1924年3月28日の金貨支払令に関する第二施行令の§28の法的有効性に関するものである。もっとも、ライヒ裁判所は、その最終的な態度表明をなお留保しはしたが、私見によれば、同裁判所は新学説の動向に傾いており、1925年11月4日の決定で次のように表明した。すなわち、いわく、この平価切上法には「甚だしい厳しさと嘆かわしい不公正」が伴っているし、また、個々の規定の必要性と合目的性については争いがありうるが、それにもかかわらず、平価切上法の内容と目的を全体として考慮すれば、やはり、別異取扱いを「ライヒ憲法第109条第1項の原則を侵害する恣意的な区別」と思わせるに十分なほどの重大な疑義はない。ライヒ裁判所の立論は——外国の判例でも繰り返し明らかになっているように(66)——、

---

(65)　RGE.iZV., Bd. 111, S. 328-330 = JW. 1926, S. 145 を参照。さらに DJZ. 1926, Sp. 674.

〔訳注〕　1925年7月16日制定のこの法律（Aufwertungsgesetz）は、正式には Gesetz über die Aufwertung von Hypotheken und andere Ansprüchen (RGBl. I S. 117) という。第一次世界大戦後、とくに1923年に当時の通貨マルクが大暴落したことに端を発し、裁判所がマルクのこのような下落に事情変更の原則を適用して、戦前に借りたマルクを切り上げて弁済すべきことを認めたことから、膨大な訴訟が提起されたため、法律による一律の切上げが必要となって制定されたもの。その後1927年に7月9日には同法改正法 (Aufwertungsnovelle v. 9. Juli 1927, RGBl. I S. 171) が制定された。詳細は、とりあえず山田晟『ドイツ法律用語辞典〔改訂増補版第4版〕』（大学書林、2001年）52頁、777頁参照。ただし、訳語は変更している。

(66)　これを立証する資料は、*Leibholz*, Gleichheit a. a. O. S. 80 ff.〔本書72頁以下〕。イタリアのファシズム体制以前の法においても、緊急命令〔decreto-legge〕、すなわち法律の

次のような原則として正当な立場から出発していると言える。すなわち，平価切上法が正義に適っているかどうかの問題について真剣に議論することはできるとしても，それは，司法のなすべきことではなく，究極的で最終的な決断を下す立法府のなすべきことであって，この立法府の決断がなされたら，もはや，第109条第１項の観点から裁判官によって事後審査を受けるということもあってはならないのである[67]。

これと同じ方向に動いているのが，ダンツィヒ上級裁判所の裁判である。

効力をもつ命令が法の特定の極端な限界概念と一致するかどうか，が審査された相当数の決定が見られた。すなわち，事実としては長い間ずっと用いられてきたとはいえ，憲法的には非常に争いのある，緊急命令という実務(以前の法の現状について詳細は，*Gmelin*, Über den Umfang des Königlichen Verordnungsrechtes in Italien usw., Freiburger Abhdlg., Heft 12, 1907, S. 89 ff. を参照)は，——そもそも許容されるとしても，やはり——何らか特別の緊急性があるということを前提にした上での話であった。ところが最近になって裁判所は次第に，緊急命令のこうした前提を審査する権限を要求するようになった。おそらく最初にこの趣旨で出されたのが，1909年６月22日にローマの破毀院の決定(Giurisprudenza Italiana 1909, I, 689 f. さらに Foro ital., 1922, III, S. 30 f., Giurispr. Ital., 1922, I, 65 f.)であろう。そこでは，破棄院は，実際の事情が「明らかに，緊急性という必要条件を欠いている」との理由で，ある緊急命令の適用可能性を否定したのである(a. a. O. S. 68)。さらに Giurispr. Ital., 1922, I, S. 298 f. も同旨。特に啓発的なのは Giurispr. Ital., 1922, II, S. 337 f.(トリノ市法務官裁判所の判決)である。将来，ドイツ・ライヒ憲法第48条の施行法として計画されている法律を作る際には，こうした〔イタリアの〕裁判に含まれている諸原則を無視し続けることはできないであろう。政府がファシストによって引き継がれたことによって裁判も《変節》した。元老院の Atti parlamentari, Legisl. XXVII, Documenti Nr. 272, S. 13 にある証拠資料を参照。法規を発する執行権の権限に関する1926年１月31日の新たな法律(第100号)はその第３条第２文で，何らかの「緊急で絶対的な必要性」のある諸事例における裁判官による緊急命令の審査を一般的に排除し，審査権を議会のコントロールのみに服さしめている。

[67] とりわけ平価切上法に疑義があるのは，ライヒ裁判所が特にライヒ議会の委員会における成立史を引き合いに出しつつも，平価切上法の恣意的な内容についての非難を論破しようとしているからである。というのは，成立史からは，ある法命題の憲法適合性に与するにせよ反対するにせよ何らかの決定的なことを導き出すことはできないのである。さらに疑義が残るのは，ライヒ裁判所はおよそ平価切上規定の全体を法律上有効だと宣言することに〔自己の権限を〕限定することが許されたのかどうかという点である。平価切上法の個々の規定が平等条項と一致するかどうかを審査することも，おそらくライヒ裁判所の任務だったのではなかろうか。というのも，もし審査していれば，ひょっとすると個々の点では，異なる結論に達していたかもしれないからである。ライヒ裁判所のこの裁判に反対するものとして，*J. Goldschmidt*, DJZ, 1926, Sp. 296 および *Ders.* Aufwertungskrise, 1926, S. 33; *Krückmann*, LZ. f. dt. Recht, 1926, Sp. 321 参照。さらに別の見解をとるものとして，*Zeiler*, Die Rechtsgültigkeit der Aufwertungsgesetzgebung, 1925, S. 22, および，減債法(Ablösungsgesetz)にとって対応するのは，同書の S. 34. これ以前のものとしてすでに *ders.*, Jur. Woch., 1925, S. 1740.

第 2 章　法律の前の平等　　185

同裁判所は，1926年1月18日の大法廷決定以来，平等条項の新解釈を信じることを公言し，それ以降，実務において恒常的なこの解釈を固く保持している(68)。同裁判所も，ある法律の合目的性を審査する権限があると考えているわけではないが，どんな規定であれ，その規範の内容が「法的にかつ合理的に思考する，〔当該事案に〕関与していないすべての第三者の見方からして，十分な根拠」(69)によって支持されるものであることを要求するのである。だから同裁判所は，例えば，型通りの立法がなされたという事実と平価切上げの実施期日の選択それ自体に攻撃の刃を向けているのではなく，実施期日の選択と結びついた結果が「理性と公平からして」正当化することができない場合には，という前提の下で反対しているだけなのである。

いずれにせよ，以上述べたことから分かるのは，ドイツの裁判官も平等の法命題を運用する術を心得ており，新学説に反対する者たちが恐れている帰結が生じることはないということである(70)。なぜといって，裁判官が立法

---

(68)　Danziger Juristische Monatsschrift, 1926, S. 5 ff. und 39 ff. を参照。この点については，ゴルトシュミットのコメント(*Goldschmidt* in JW. 1926, S. 1344 ff.)。
(69)　Danziger Juristische Monatsschrift, S. 8. ダンツィヒ上級裁判所はダンツィヒの調整法の個々の規定を正確に細部にわたって審査している点で，まさに模範であったが，同裁判所はこの法律の一連の規定を無効と宣告した〔§6第2項第2文，§§9, 12〕。ここでの問題は，1919年1月1日より遅い時期に手に入れた都市借款と，1919年1月1日以降になされた貯蓄銀行借款にもかかわらず，価格引上げが期待された効果を上げえないことと，留保(第三次財政危機命令の§11に対応した規定)の特権化である。
(70)　平等条項の意義は何かという問いが目下焦眉の問題となったのは，当時予定されていた領主たちの補償なき公用収用ないし示談(Abfindung)によってであった。第109条第1項の視点からして決定的であったのはもっぱら，示談法が恣意的だとみなすべきかどうかということであった。肯定する見解は本文で引用した C. シュミットの Gutachten [Unabhängigkeit des Richters usw.] a. a. O. S. 20 ff.; *v. Hippel*, Vereinig. Staatsrechtsl. a. a. O. S. 44. さらに，ライヒ議会の法務委員会の協議や本会議の審議における一連の議員たちも同意見。ハーネマン議員の発言(49. Sitzung d. RA, S. 7)，ローマン議員の発言(51. Sitzung d. RA., S. 2 und Stenogr. Berichte des RT., 1926, S. 7688)，バルト議員の発言(53. Sitzung d. RA., S. 5 und Stenogr. Berichte, 1926, S. 7671)，フォン・リンダイナー＝ヴィルダウ議員の発言(Stenogr. Berichte, S. 4737)，カール議員の発言(Stenogr. Berichte, S. 4750)，およびプレーガー議員の発言(ebebda, S. 4753)。示談法に賛成する見解として，*Bühler*, Recht und Unrecht in der Frage der Fürstenabfindung, 1926, S. 22. 不十分な理由でまったく拒否する見解として，*Arndt*, LZ. für dt. Recht, 1926, Sp. 265. ライヒ政府も，領主との示談についての宣言の中で，平等条項の適用可能性を否定する立場に立った。しかしこれは，おそらく，政府が1926年4月30日の法律の文言における§112以下の規定の合憲性に対するライヒ大統領の異論に与することと相容れないこととなる。この趣旨を述べるもの

者になるわけではなく——裁判官は「言ってみれば法律を議決するわけではない」のである——，そうではなくて，裁判官はただ，恣意的な法命題が——実はこれは一種の形容矛盾（contradictio in adjecto）ではあるが——，すなわち，法的に思考する，〔当該事案に〕関与していないすべての者にとっては正義の内容が欠けていることについて見解の相違が存在しないような命題が，実務において適用されることのないように配慮するにすぎないのだからである。ここで明らかにした範囲では，ある法律が平等条項と一致するかどうかを審査することが——どっちみちすでに骨抜きにされてしまっている——権力分立制にとってもつ危険は，裁判官に審査権があるという事実それ自体としては，それほど大きなものではなく，根本のところでは，立法者の恣意に対して効き目のある，まったくもって支持しうる，そして有益な調整手段であると言える。このような〔権限が〕拡大された裁判官の審査権は貴族制の原理だと考えたいという論者がいるかもしれないが，そういう論者も少なくとも次のことは認めざるをえないであろう。すなわち，ここでの問題は政治的な貴族制ではなく，今日の国家の憲法の民主的な基盤と両立しうる貴族制なのであって，このような貴族制にあっては，民主的な憲法体制の究極的な法治国家的諸原理を監視するべき立場にある専門的適格性のある知的な人物が際立っているのだということである[(71)]。

　管見に属する限り，以上で，新学説に対して提起された重要な反論のグループは，すべて尽きているように思われる。そして，これらの反論によって新学説がなんらかの形で修正を強いられると主張することは容易ではない。その逆である。少なくとも，立法者も平等条項の規範の名宛人とみなされなければならないという認識が支配的になった後は，議論の到達点は，現存するもろもろの誤解を解明し，第109条第1項の限定的な解釈が不十分であることを立証することであった。さらに，この議論によって明らかにされたのは，かつての支配的学説が今日では拠り所を失っていると見なしてよいとい

　　として Goldschmidt, Aufwertungskrise a. a. O. S. 18 を参照。ライヒ政府と同様，プロイセンのエリュトローベル局長もライヒ議会の法務委員会の第72回会議においてそう述べている (S. 2)。

(71)　Holstein, Archiv a. a. O. S. 37; Hensel, Staatsrechtsl. Vereinig., S. 58 も参照。

うことと，それゆえ第109条第1項の新解釈が，ほどなくして実務にとっての共有財産となり，——これまで文献の中でなされてきたもろもろの発言から推論できるように——国法学にとっても徐々に共有財産になっていくだろうということである。

　それゆえ，学問のなすべき任務は，将来的にはもはや，第109条第1項の内容と射程について論議することではなく，平等条項の中に含まれ，この条項に整序されている一般的な諸原理を的確に表現し，そうすることによって，法の素材を判断し精査できる，いっそう具体的に理解できる基準を実務に提供することである。このことは，税法を含めた行政——この分野では前々からこの方向で事がなされてきたし，今日でもなお事情は変わらないが——および法適用にとってだけでなく[72]，何はさておき立法にも当てはまるのであり，立法については，最近では同様に注目に値する基本的な命題が定式化された。ただその際，法理論上の原理的な認識が看過されてはならない。というのは，内容の上では形式的ながら主要な諸命題を作り出すことは，実務にとって非常に有意義ではあるが，そうだとしても，やはり次の事実はつねに残るであろうからである。すなわち，恣意概念に形式を与えることは一種の《権力行為》を示すものであるから，そうした形式を与えたところで，——それは全般的に通用するものではないがゆえに——決して十分に満足のいく結果にはならないだろう，という事実である。一般的に表現された命題がぴったり合わないような事例が——そんな事例は，実務ではひょっ

---

[72]　行政法については，*Fleiner*, Institutionen des deutschen Verwaltungsrechtes, 1919, S. 126 ff.; *Aldag*, Gleichheit a. a. O. S. 103 ff.; *Leibholz*, Verwaltungsarchiv, Bd. 31, S. 234 ff. を参照。この点につき，また *Nawiasky*, Staatsrechtsl. Vereinig. a. a. O. S. 37 f. ——ヘンゼルは（*Hensel*, Staatsrechtsl. Vereinig., S. 58），ヴェルサイユ条約の税法に関する諸規定に対しても平等条項が重要となりうることに注意を喚起した。平等思想は，特に国際的な二重課税の領域についても根本的に重要である。

　技術的意味での法適用については，平等条項は特に刑法においても，裁判官の裁量の自由の限界が問題になる際に一定の役割を果たす。アングロサクソン諸国の司法過程（the judicial Process）における法の前の平等（equality before the law）については，*Laski*, A Grammar of Politics, 1926, S. 564 f. を参照。ラスキは，各人に対して法廷の前での平等な防御可能性を保障するためには，法的助言を行う公的機関（public office of legal advice）を導入すべきだ（a. a. O. S. 567）と説いている。さらに上述 S. 166 の脚注2〔本文162頁注(11)〕のコメントを参照。

とするとそれほど現実性がないとはいえ——，つねにあることが立証される。というのは，法理念が無限であることは，いくらそのことを否定したところで，特定の形式的=内容的に不変な命題の中に詰め込んでしまうわけにはいかないからである。

　例えばC. シュミットが，「個別に特定された人々に向けられた具体的な個別法律以上の何ものも含まれていない」法律は，平等条項と一致しないと明言している(73)のもそのためである。何らかの具体的な事情とその目的が決め手となって規定されるこのような個別命令は，平等条項によって禁止された措置であり(74)，法理念によって法という形式を整えて制御された法行為，すなわち法律とは，正反対のものである。だから，立法者が法律形式で下した裁判判決とか，議会がとった具体的な個別措置などというものは，今日ではほとんどつねに平等条項と抵触するというのは，たしかに正しい。とはいえ，措置でありながら，だからといって——恣意概念と矛盾しないがゆえに——平等条項の禁止に含まれないような，立法者による個別決定も存在するのであり，例えば，ライヒ法律によってライヒ大統領の代理を規律する場合（ライヒ憲法第51条）〔訳注〕がその例である。これに対してC. シュミットは，憲法自身が，形式を与えることによってこうした行為を一連の措置から取り出したのだとして反論している(75)が，この反論に対しては，まだ次のような疑義を呈する余地が残っている。例えば，仮にライヒ大統領の代理の規律に関する規定が憲法の中に含まれていなかったとしても，法状況はやはり同じままなのではないかということである。その場合に問題となるのは，憲法改正について予め定められた形式が遵守されることによっても，その措置としての性格が奪われはしないような，立法者による何らかの措置なのであって，それが問題となる所以は，これらの形式も，措置について濫用され

---

(73)　*C. Schmitt*, Unabhängigkeit des Richters a. a. O. S. 20 ff., および Jur. Woch., 1926, S. 2271.
(74)　措置と法律との法理論的に切れ味のよい区別については，詳細は *C. Schmitt*, Veröffentlichungen Staatsrechtsl. Vereinig. 1924, S. 97 ff. を参照。
〔訳注〕　この文言は1932年12月17日のライヒ法律（RGBl. I 547）による改正前のものであり，改正後の規定では単に，「ライヒ大統領に事故あるときは，ライヒ裁判所長官がこれを代理する。」（第1項）とされている。
(75)　*C. Schmitt*, Vereinig. d. Staatsrechtsl., 1924, a. a. O. S. 99.

てはならない⁽⁷⁶⁾し，形式を与えられた措置の概念が憲法改正に対してうまく用いることはできない⁽⁷⁷⁾からである。私見では，このことから十分に明らかになることは，立法者による措置は許されないという，第109条から導き出される命題は，その実務上の意義は別として，理論的に突き詰めて考えつつ，しかも平等条項の実体的な内実たる恣意概念に矛盾しないようにすることはできない，ということである。

　これと同じように考えれば，J. ゴルトシュミットが主観的な意味における恣意と客観的な意味における恣意とを区別したことについても，異議を唱えざるをえない。彼は，正義の原理に明白に反していれば主観的な意味における恣意ということが問題になるとする一方で，いわゆる例外法律の場合には，それが一般的なものではなく，単に個別の事例にしか向けられていないことによって，法的安定性の原理に反するがゆえに，そこには客観的な意味における恣意が存在するというのである⁽⁷⁸⁾。しかし，繰り返されることない個別的な事例であって，客観的な意味では恣意的とは呼べないような事例についての法律も存在することは認めるとしても，恣意行為について二つの異なったグループを区別することに，どのような意味があるというのか⁽⁷⁹⁾。まさにこのことによって明らかになることは，客観的な意味における恣意は，立法者がゴルトシュミットの用語法によって主観的には恣意的に振舞っているかどうかに掛かっているということである⁽⁸⁰⁾。そして，この理由から

---

(76)　*Schmitt*, a. a. O. S. 98 はそう述べている。
(77)　あるいは，例えば特に有能なライヒ大統領に対し，その任期の経過後に特別の贈与金を与えるライヒ法律とか，大惨事に見舞われた人的集団に一回限りの経済的補助金を与える法律などを考えてみればよい。優先権を認めることが可能性としてはありうることについて詳細は，*Leibholz*, Gleichheit a. a. O. S. 108 f.〔本書 101-102 頁。〕憲法上は，特権の概念の中に恣意の思想が含まれている場合にのみ，特権全般に異議が唱えられるのであるが，ただし，平等条項と両立しうる特別の概念を形成し，それによって，個々の場合における特別の規範を法律で規定することが認められなくてはならないであろう。例えばイタリアで，特権と特典（Prärogative）の概念が対置されるのはこの趣旨である。例えば *Luzzatti*, Commento allo Statuto a. a. O. Bd. II, S. 17 Anmerkung を参照。
(78)　*Goldschmidt*, Aufwertungskrise, S. 15, 16，および Prozeß als Rechtslage, 1925, S. 157, Anm. 862 を参照。
(79)　*Goldschmidt*, Aufwertungskrise, a. a. O. S. 16.
(80)　もっとも，ゴルトシュミット（*Goldschmidt*, Prozeß als Rechtslage, S. 157, Anm. 862）は，客観的意味における恣意を定義して，「何らかの具体的な場合を契機として，この

して，主観的な意味における恣意概念だけを第109条第1項の分析の基礎におくほうが，さらに合目的的であり解明的でもあるように私には思われるが，もっともこの場合，言い添えておくべきことは，私見では，恣意概念は客観的な観点に従ってしか規定してはならないということである[81]。実質的な価値概念のひとつである恣意概念にとって決定的なことは，つまるところ，つねに，正義が要請する事柄と内容的に両立しえないことが，明白であり客観的に推定可能であるかどうかということである。そして，恣意概念に形式を与え，そしてそれと結びつけて，実務上役に立つ指導原理を際立たせたがために，このような理論上の認識が失われるということがあってはならないのである。

事例について拘束力をもつものとして発布されたのか否かに関わりなく，当初から非拘束的なものとして出された（抽象的）規範のこと」だとする。しかし，客観的な意味における恣意的な例外法律（Aufwertungskrise a. a. O. S. 16）の本質は，個別事例にのみ限定された通用力を持つ点にあるとされる。私見ではここにはひとつの矛盾がある。このような規範が拘束力を持たないことは，この箇所でゴルトシュミットが受容したシュタムラーの学説の指摘するところであり，この学説が，恣意かどうかの規準として照準が合わせているのは，通用力要求の種類如何である。これに対して，例外法律の意味における恣意は，もっぱら規範の内容に照準を合わせるものであり，その内容は個別事例に関わっていることが必須である。だから，ゴルトシュミットの場合にも，シュタムラーのいう形式的な恣意概念が用いられる際には特定の内容で覆われるのである。そして，規範の内容に関連づけなければ，所詮，その規範の恣意性について何らかのことを陳述することはできないと考えるのであれば，このことは理解できる。拘束力を持たないがゆえに恣意的で，内容の上で具体的な事実内容にかかわりを持たない規範などというものは，一体どういうものであろうか？　たしかに，法律は個別に把握しうる人々を目当てにするべきものではないというのであれば，一般的に，例えば政党とか特定の宗派とかを例外法の下に置くような法律ぐらいなら，想定することはできる。しかしそういった類いの法律が，恣意だとの謗りを受ける所以は，そうした法律が明らかに正義の要請と衝突するからである。もし，不適切に，こうした法律もそれが拘束力のないものであるがゆえに恣意的だと呼ぶつもりであれば，内容的な恣意概念（主観的な意味における恣意）など不必要で余計なものであることになろう。それゆえ，私見では，ゴルトシュミットにとって残るものがあるとすれば，それは次のような選択肢ぐらいなものであろう。すなわち，恣意は，具体的な場合についての規範の拘束性を考慮して，客観的な意味で内容的に解釈される（詳細は本文）か，それとも，恣意概念が純粋に形式的に把握されるべきものだというのであれば，恣意概念の内容的解釈をそもそも断念するかのどちらかしかない。このような帰結は，シュタムラーが彼の学説を首尾一貫して導き出したものでもあった。シュタムラーに反対するものとしてさらに，*Leibholz*, Gleichheit a. a. O. S. 74 ff., およびそこに挙げてある参照文献〔本書66頁以下〕を参照。

(81)　この点については，*Leibholz*, Gleichheit a. a. O. S. 92 f.〔本書84-85頁。〕

第3章　法律の前の平等

書　評(1)

　リューメリーンは，ライヒ憲法第109条第１項についての興味深い，そして内容豊かな研究において，次のような結論に達している。すなわち，すべてのドイツ人が法律の前に平等であるとする条項は，スメントの言う意味での統合命題(22 ff.)〔訳注〕であって，それは単に法適用のみならず，立法にも向けられている(21)。とはいえ，行政法実務については，この命題がなくても，行政の法律適合性の原理がすでに承認されているため，この命題は統合の要因たる意義しかもたない，つまり，法律はつねに第109条第１項によって保障された比例的平等の意味において解釈されるべきものとされる。そればかりでなく，この命題は，行政を直接には法命題として義務づけるものではないとされる(33)。──立法者も，立法手続のさまざまな段階において「この(比例的)平等が守られるよう顧慮する」べきだとされる限りにおいてしか，平等条項によって拘束されないとされる(36-37)。とはいえ，総じて，「全く特定され，憲法において疑いなく確定され，価値が非常に強調されている同一取扱いに抵触することになる」場合(63)であれば，──ここでリューメリーンが考えているのは，どうやら階級区分的な立法の特定の場合のことらしいが(2)──裁判官は場合によっては，ライヒ法律の規範であって

---

(1) *Rümelin*, Die Gleichheit vor dem Gesetz, 1928. この書評は，もともとは Archiv für Rechts- und Wirtschaftsphilosophie, Bd. 22, S. 489 ff. に発表したものである。
〔訳注：以下の本文中のカッコ内の数字はリューメリーンの1928年の書物の頁である〕
(2) しかし，リューメリーンが(a. a. O. S. 62)フォン・ヒッペル=ナヴィアースキーの学説を否定している(この点については，*Triepel*, Veröff. D. Staatsrechtslehrervereinigung, H. 3, 1927, S. 51 f. および Archiv d. öffentl. Recht N. F., Bd. 12, S. 12 ff. の私の論文〔本書169頁以下〕も詳しい)のは，彼らが用いている概念が，一般的に通用する概念として裁判官が適用できるにはあまりに不特定だからである。単なる個別類推であっても，もっぱら具体例として出されるにすぎなければ正当であるとされる(63)。しかし，こうした個

も，その適用を拒む権利を有しているとされる。同様のことは，たとえば，刑事法上または税法上，不利な取扱いをしている個人権条項の場合にも当てはまるとされる(67)。そして最終的には，裁判官も「明らかにもはやまったく法理念にそぐわない法律に従うことを拒否すること」(80) が許され，しかもこのことは，憲法改正が成立するために憲法制定者によって予定されている外形的な形式において，こうした法律が，議決された場合でさえ許されるとする。

　こうした結論からすると，何ゆえリューメリーンが――少なくとも彼の著書の中ほどまで――平等条項には個人の恣意的な別異取扱いの全般的な禁止が含まれているとする学説に対して，それほど否定的な態度をとるのか，完全には明らかではない。このような態度は，何らかの誤解に基づいているのでなければありえないように，私には思われるのであり，以下では，試みにこの誤解を解明してみることとしたい。

　第109条第1項の上述の新しい解釈は，第一に――いずれにせよ今日では――もはや，単に「幾度となく説かれている学者の見解」(*Rümelin* 41. はそう述べる。また18 ff. も参照)に過ぎないものと言うことはできない。この解釈は，実際に，1927年のミュンスターでの国法学者〔大会で〕の圧倒的多数の学者によっても，近時の文献においても，平等条項のより包括的な解釈に賛成の態度が表明されるようになった今日においては，国法学においてまったく支配的な見解なのである(3)。

　　別の類推といえども，その共通点を見出そうとすれば，おそらく回りまわってやはりまた，フォン・ヒッペルとナヴィアースキーが用いてリューメリーンが正当にも拒否した概念に立ち至ることになるのではなかろうか。
(3)　1926年末までに平等条項の解釈について出た文献については，私が Archiv d. öffentl. Rechtes N. F., Bd. 12, S. 1 ff. で要約を試みた〔本書159頁以下〕。ここではひょっとするとさらに，たとえばホルシュタイン(*Holstein*, Archiv d. öffentl. Rechtes N. F., Bd. 11, S. 1 ff.)の論文や，周知のように，新学説の趣旨に沿って平等条項と矛盾する規定を憲法違反と判示した，ダンツィヒの上級裁判所の実務を，挙げるべきであったかもしれない。この点については，Archiv a. a. O. S. 29〔本書184-185頁〕および今日ではまた *Reiß*, D. Jur. Zeit., 1928, Sp. 1580 f. 強調すべきものとしてはさらに，RGE. 111, S. 329 (これにつき *Rümelin* 41, Anm. 2)と意見が一致するプロイセン上級行政裁判所の決定(OVG., Bd. 80, S. 43 ff.)また，最近の文献としては，たとえば *C. Schmitt*, Verfassungslehre, 1928, insbes. 153 f. 注釈書では，*Arndt*, Reichsverfassung, 1927, S. 298 f. および *Poetzsch-Heffter*, Reichsverfassung, 1928, S. 399 f. (ここではライヒ参議会も新学説に同調したと指摘され

第3章　法律の前の平等　　193

　それにまた，比例的平等（リューメリーンはたとえば38頁でそう言っている）の概念ではなく恣意の概念[4]こそ，裁判官が支配的学説に従って法律を比較すべき概念でもある。裁判官は，第109条第1項に与えられたもっとも広い解釈によっても，立法者に取って代わるべきではない。議会は今日においても，原則として――このことは，トーマが正当に強調したように，「現代国家の性質を規定する傾向」のひとつであるが[5]――立法を任とする唯一の機関であり，議会のみが，権威ある政治的決定および正義の決定を下すことができるのである。しかし――少なくとも市民的=自由主義の法治国家においては――実際に法が定立され，法形式が法を濫用して明らかな不法すなわち恣意行為のために使われることがない，ということが，この立法権限の前提である。

　こうした考え方は，リューメリーン自身が全く正当に行き着いているように，先に触れたようなグループの法律の適用を裁判官が拒否するということでもある。それというのも，こうした法律はその恣意的な内実のゆえに平等条項に衝突するからである。ただ，理解に苦しむのは，リューメリーンが何ゆえ（S. 48 f.），恣意概念をいったんは《曖昧》であり《生ゴムみたいに伸び縮みする》ものだとして拒絶しながら，その後になって，恣意命題に形式を与える段になって，やっぱりまた恣意概念に立ち戻ってくるのかである。だから「明らかに法理念に準拠していないように見える法律」は，単に，内容的には恣意的な法律についての，文献ではその他の点では全くお馴染みの書き換えにすぎない[6]というのである。しかも，リューメリーンが法命題として言い表しているそのほかの禁止も，その基礎になっている恣意

　　ている）ならびに *Bühler*, Die Reichsverfassung, 1927, S. 105 の叙述。これらの文献すべてにおいて（もっとも，C. シュミットの言い方は普通にみられるのとは多少異なっているが）本書評で支配的と称した見解に与している。
(4)　この意味でリューメリーン自身が（*Rümelin* a. a. O. S. 48）強調している言い回しを参照。
(5)　*Thoma*, Festgabe für das Oberverwaltungsgericht, 1925, S. 223.
(6)　リューメリーンは，そうした法律が禁止されていることを，ライヒ憲法第109条第1項の助けを借りてではなく，自然法として根拠づけようと試みている（S. 79 f.）。しかしながら，この禁止は，やはり同時に自然法的でもある平等条項を根拠として実証主義的に導出することもできる。このように根拠づけは異なっても，結果的には，本文を読めば分かるように，文言として表現しても同じになるのである。

概念を導入せずして理解することはできない。リューメリーンが言う意味での特定の観点での憲法が，たとえばライヒ憲法第128条による性別について求めているような，諸個人の平等取扱いを強調している場合でさえ，やはり確かなことは，このような場合でも，事柄の本質から生じる別異取扱いは――たとえば女性の官吏が妊娠中および産褥中の場合の特別規範のことを考えてみればよい――許されているということである。そうなればこの場合にも，別異取扱いは，それが第109条第１項の禁止に含まれるためには，客観的にみて，憲法制定者が諸個人の平等取扱いを要請している特定の視点からしてまったく正当化できないもの，つまりどう見ても恣意的なものでなくてはならないのである[7]。

よく考えてみれば，リューメリーンは，このように言うことによって結局は，支配的学説の基本的なテーゼや，リューメリーン自身にとってもこれなしには済まされない恣意概念――の導入に，異議を唱えようとしているのではなくて，単に，個々の場合に――それも裁判によってではなくて，法律の学識者の立場からとはいえ〔民間人としての〕私的な立場から――なされてきた，このようなテーゼの拡張に異議を唱えたいだけなのである。平等条項の適用を明確にするために〔挙げられている〕例がリューメリーンのこの著書でつねに適切に選択されたものといえるかどうか[8]は，それ自体として一つの問題であるが，ここでの関連でこの問題に決着をつける必要はなく，疑わしい場合にはリューメリーンの言う趣旨で答えを出せばよいことである。以下では，私の反論は，基本的には，次のような警告に留めることとする。すなわち，裁判官は，第109条第１項によって恣意的な法律に対して与

---

(7) この点について詳細は，Archiv d. öffentl. Rechtes N. F., Bd. 12, S. 16 f.〔本書173頁。〕
(8) ちなみに，リューメリーンが（S. 50 f.）言及し，この箇所で仮想だとしている事例は，ダンツィヒで実際に起こった事例であり，ダンツィヒの地方裁判所と上級裁判所で扱われた。しかも，地方裁判所は，トリーペルの意見書に基づいて，ほんの二，三の官吏集団のみの俸給を引き下げる法律の規定を平等条項に抵触すると判示したが，この判断は，もっぱら官吏の既得権についての条項のみをこの規定の違憲性の拠りどころとしていた上級裁判所の判断とは異なるものであった。これについては「定員内で任用された官吏について効力を生じる俸給は，通常法律によって引き下げることができる」（意見書および判決），1928, S. 19 (Gutachten v. *Triepel*, S. 169 (Urteil des Landesgerichts), S. 170 ff. (Urteil des Obergerichts).

えられた自己の修正権を，あまり極端に行使することはしないということである——この警告は，いずれにせよ，最高審級機関の裁判官層に対するものとしては正当ではない。というのも，実務上は，結局は，問題はもっぱら決定的にそうした裁判官層に掛かっているのだからである。平等条項についての支配的な解釈の趣旨に沿った裁判が，わが国の民主的憲法体制の法治国家的諸原則を監視することになるというのであれば，政党や階級に分裂した集団的主体性の多様性にもかかわらず，〔また〕司法の信頼危機，および，共同体の統一的な法意識を目の前にして破壊的に作用する，その他の社会的諸現象にもかかわらず，「司法の政治化」(43)などというものは，「これまではまだ存在しなかったような法的不安定さ」(42)と同じように，まだ生じていないと言えるのではないか。それというのも，これほどまでに批判された《裁判官主観主義》も，その究極的な理由からすれば，外見からそう見えるよりも，はるかに現実的・客観的で統一的な何ものかだからである(9)。

　幸い，リューメリーンはこれと反対に，スメントの統合概念を議論に持ち込んだ。平等条項は，その他の基本権と同様に，統一を根拠づける方向で作用し，平等条項のもつ価値内実——それは市民的・自由主義的な法治国家の実質的基盤なのであるが——によって，共同体にとって《事項的に》(sachlich)正当化するものとして機能する。しかしそればかりか，リューメリーンにとっては，統合概念は，さらにもう一つ特別の意義を有している。つまり，この概念の助けを借りて，リューメリーンはさらに，立法と法適用に通用する特別の命題を展開させることができるのであるが(S. 56 f. 上述 191-192頁)，とはいえ，これらの命題は——平等条項の通用範囲をより広く捉えれ

---

(9) すなわち，裁判官は，国民の一般的な法意識を基にして判断を下すのであり，国民というものは，内容的な変遷に服するとはいえ法意識の彼方に実在する法理念の客観的な現状についての法共同体を確かめる仲介者としての役割を演ずるのである(この点につき詳細は，たとえば Archiv d. öffentl. Rechts N. F., 12, S. 19 f., Anm. 47〔本書 175 頁注51〕)。この法意識の統一性は，リューメリーンにおいては，関心対象の多様性を強調しているのと比べると，余りにも背後に退きすぎている感が否めない。確かに，関心対象の多様性が重要であることは否定すべくもないが，法意識のこのような統一性がなければ，法共同体などというものは全く考えられないのである。リューメリーン自身も，時としてこうした観点に立っており，たとえば S. 79 では，「共同善と法の理念という観点は，法律の内容を法として要求しうるためには，どうしても現に存在していなければならないものだ」としている。

ば――全般的に法命題として義務づけている平等原理からすでに自明の帰結として明らかになるものである。たとえば，リューメリーンによれば，行政官庁は法律を平等に解釈する義務を負っているとするが，そうだとしても，この義務は，よく考えてみれば，すでに，法命題として行政も直接に拘束している第109条第1項から生じるものである。しかもこの拘束は，すでにライヒ憲法より前に行政における関連実務が慣習法的に存在していた，ということを指摘したところで，論破されるわけのものでもないのである。

その他の点に関しては，ここでは[10]，あとは次の点だけを指摘しておけばよかろう。すなわち，議論の俎上に載っている問題は，立法の場合とは基本的に異なって，行政の場合には存在しない（*Rümelin*, a. a. O. S. 32f. を見よ）。行政の場合も立法の場合も，あるのは裁量濫用であり，それは恣意的なものである。ただ，平等条項に対するその種のひどい抵触が現に存在するかのかどうかという問題は，行政法においては，〔立法と比較して〕答えるのが容易なだけである。というのは，行政法の場合にはつねに，行政官吏の自由な裁量の範囲を細かく限定している何らか特定の授権規範のあることが立証できるからである――それとは異なり，立法者にははるかに広範な自由裁量領域があって，この領域は一般的には全く抽象的にしか他の言葉で表現できず，個別事例においてはじめて詳細に具体化しうるものである。しかし，このように授権規範の幅が異なっているからといって，思い違いをしてはならないのは，行政の場合にも立法の場合にも，法的な拘束〔＝羈束〕があって，その拘束〔＝羈束〕が破られれば，もはや正当化はできない，つまり恣意的だとされるのだということである。

それにまた，歴史的な法律解釈の問題について有益なことが詳細に論じられているにもかかわらず，詳細に見れば，〔リューメリーンの論証は〕ここでの事例に役に立たない。それは，ヴァイマルの国民議会での思考過程を心理学的に探究し，次にそうした分析を基にして平等条項の解釈について，特定

---

(10) 外国の裁判実務をそのままの形で無造作にわが国の状況に転用するわけにはいかないであろうとする，もう一つ別の側からなされる異議（*Rümelin*, a. a. O. S. 41 ff. も参照）については，私がすでに退けることを試みた（Archiv d. öffentl. Rechts N. F., 12, S. 7 ff. 〔本書164頁以下〕）。

の方向での逆推論を引き出そうとしているからである[(11)]。第109条第1項の構造変化は，今日では，いずれにせよ結局のところ決定的には，平等条項についての――確実な形では全く確定しえない――国民議会の考え方からは明らかにならないし，またたとえば，「新たに付加された法規」などからも明らかにならないのであり，それが明らかになるのは，君主制の崩壊に伴う法秩序全体の根底的な階層変動からであり，この変動によって，基本権の意義の増大という趣旨に沿った法秩序の実質的な正統性基盤が徹底的な変化を受けたのである[(12)]。

それに対して，リューメリーン(S. 22 ff.)は，憲法制定者が一般的な平等条項を基本権の冒頭に置き，この一般的条項の適用から生じる特別規定は，この平等条項の後ではじめて列挙することに決定した理由を強調しており，この点は――その他の多くの理由[(13)]と同様に――納得のいくものであり首肯しうるものである[(14)]。

とりわけ，リューメリーンが，ある法律を恣意的と称しうるのはどういう場合かを問題にする際に，単に《応報的正義》だけでなく法的安定性をも考慮に入れてほしいと思っている点も的確である。文献の中には，時として（たとえばJ. ゴルトシュミットのように），これらの観点を分離し，問題となっているのが正義の侵害の場合と法的安定性の侵害の場合とに応じて，二重の恣意を話題にする試みがなされたことがあるが，そういうわけにはいかな

---

(11) *Rümelin*. S. 26 ff., 36 ff. を参照。こうしてリューメリーンは，立法者の意思の歴史的な解釈に基づいて，次のことも明らかにしようとする。すなわち，司法は，ライヒ法律とラント法律に対するコントロール権を第109条第1項から導き出すことはできないのだということである――ここでも彼は，あたかも支配的な学説によれば法律が正しいか否かについては裁判官が全般的に決めるのだとでもいわんばかりの，すでに反論した前提から出発している。

(12) 詳細は，*Smend*, Verfassung und Verfassungsrecht, 1928, z. B. S. 166. 私の上記の論文 Archiv a. a. O. S. 10〔本書167頁〕も参照。

(13) たとえば S. 57 ff., 65 ff. の見事な論述を参照。この点についてはまた私の論文 Archiv d. öffentl. Rechts N. F., 12, S. 25 f., Anm. 59 und S. 33〔本書181頁注(64)，および188-189頁〕も参照。

(14) これによって，とくに，平等原理を具体化する諸規定は不必要なものであるか，または一般的原則と矛盾するとするアンシュッツの異議は，最終的に崩壊するといってよかろう。これと同様の趣旨はすでに *Jellinek*, Verwaltungsrecht, 1928, S. 15 および私の上記の論文(Archiv a. a. O. S. 12 = 本書169-170頁)。

い。これらの観点が内的に表裏一体であることは，平等条項の主たる適用事例をみただけでも判明することである。全般的に通用している規範について，特定の個人に有利又は不利になるような例外規定を置くことは，平等条項からして許されないのである。報復的正義は，もっぱら恣意概念を規定する場合についての決め手であるにすぎないというのであれば，正義というものは何らかの一般法則化に逆らう傾向があるがゆえに，正反対に，法命題に即して個人的規律をすることが要請されざるをえないであろう。そうなれば問題は，法律がこの法律に該当する人的多数派にとって《恣意的》であるかどうかとか，あるいは《手厳しい》(empfunden)かどうか，ということではなくて，「あらゆる状況を客観的に評価してなされる措置」――そして「公共善つまり国家の必要性の考慮」(Rümelin 51)もここにいうあらゆる状況の一部である――の基礎には，「われわれの法意識と矛盾して，何らかの客観的に推論できる動機がなければならないが，この動機が具体的な場合に立法者が決定するための規準となることは〔憲法によって〕容認されていない」[15]のかどうかである。要するに，第109条第1項の意味における恣意概念は，そもそもの初めから共同体と関わりをもった概念であり，そこには法的安定性の考え方の諸要素が内在しているのである――もとより，その強さという点では，ひょっとすると，リューメリーンがこの考え方をその著作の前面に押し出しているほど強いものではないかもしれないが。

　以上のことから，要約すると，次のように言うことができる。リューメリーンのこの内容豊かな書物は，一連の新しい考え方や興味深い示唆によって，第109条第1項の分析についての貴重な貢献をするものであり，これによって同時に，平等条項の意味内容についての論議が――この論議は部分的には，制限，留保，付帯条件がたくさん付けられたために，不必要に複雑なものになったにもかかわらず――，一歩先へ進められることとなった。とはいえ，今日においては，平等条項の新たな解釈を求めるよりもさらに重要なことは，支配的学説からすれば立法や法適用にとってどういう帰結が生じる

---

[15] 私のGleichheit vor dem Gesetz, 1925, S. 98〔本書90-91頁〕を見よ。S. 77〔本書68-69頁〕も参照。

のかを指摘すること，とりわけ，恣意の禁止によって支えられている指導原理を明示してそれを的確に述べること——この点でもリューメリーンの為したことは重要である——，そして，平等条項とその他の基本権との間の関連性および第109条第1項とライヒ憲法の法律概念との間の関連性を解明することであるように私には思われる——こうした関連性は，ミュンヒェンでの国法学者大会においてもまだ十分明確に解明されはしなかった[16]。つまり，こうした関連性をさらに詳細に分析すれば，平等条項と矛盾することは，——少なくとも，法律には法　規(レヒツザッツ)が含まれていなくてはならないという，今日のわれわれの法治国家にいう意味での——法律でもありえないということが明らかになるであろう。というのは，ある規範が恣意的であれば，その規範は，たとえ外形的には法律の形式をまとっていようとも，まさしく不　法(ウンレヒト)であり，したがって法(レヒト)ならざるものなのだからである。その結果，そのような規範は実質的な意味での法律でもない。平等条項と法律概念は，その限りで相関概念なのである。またそのことによって，ここでもまた，ライヒ憲法の第109条第1項を解明することに意義があることが明白になるであろう。

---

(16) 市民的＝自由主義的法律概念と平等条項の間にあるこの重要な憲法理論上の関連性を特に力を込めて指摘したのは，私の見る限り，唯一シュミットだけである (C. Schmitt, Verfassungslehre, S. 139, 154 f.)。

第4章　最高裁判所〔訳注〕の裁判と平等条項[1]

今日，なお争いはあるものの圧倒的に支持されている学説によれば，ライヒ憲法第109条第1項に含まれている，法律の前の平等という条項は，立法者をも拘束する[2]。この条項は，立法機関による自由裁量の濫用，つま

〔訳注〕　ここにいう「最高裁判所」の意味については，本書v頁の訳注を参照。
[1]　初出は Archiv d. öffentl. Rechts N. F. 19 (1930) S. 428 ff.
[2]　平等条項が立法者をも拘束するという学説は，今日では支配的な学説といってよく，事柄の現状からして，この点について誠実に否認することはできない。支配的な学説というのは，通常は数の上で圧倒的に多数の文献の中で支持されている場合のことをいう。しかし支配的な学説だと言ったからといって，それでその学説が正しいということについて何かを言ったことにはならないのは，当然のことである。従前の一般的な平等条項解釈は，それが《支配的》だったがゆえに正しかったわけではないのであり，それと同様に，平等条項について今日圧倒的に支持されている解釈は，そうした《支配的》だとする指摘によって——管見に属する限り，ちなみにこういうことにはなっていないとしても——その正当性を実証することは可能である。
　第109条第1項についてのこの10年間の文献を可能な限り網羅的にまとめると，だいたい以下のようになる。
　平等条項のより広い解釈という趣旨で，現行のドイツ法による特別営業税の許容性に関する鑑定人としてのシュタムラーが1921年に行った意見表明（*Stammler* in „Rechtsphilosophische Abhandlung und Vorträge", 1925, Bd. 2, S. 272); *Hatschek*, Deutsches und Preußische Staatsrecht, 1922, Bd. 1, S. 196 および Reichsstaatsrecht, 1923, S. 116; *v. Jagemann*, Deutsche Juristenzeitung, 1924, Sp. 429 (gelegentlich); *Triepel*, Goldbilanzenordnung und Vorzugsaktien, 1924, S. 26 ff.; *Leibholz*, Die Gleichheit vor dem Gesetz, 1925 〔本書第I部から第III部まで〕，および Archiv des öffentl. Rechts, N. F., Bd. 12, S. 1 ff.〔本書第IV部第2章〕; *Aldag*, Die Gleichheit vor dem Gesetz in der Reichsverfassung, 1925; *Gabain*, Rechtshistorische Grundlagen und Bedeutung der Sätzen von der Gleichheit aller Deutschen vor dem Gesetz usw. Diss. 1925, S. 14 f.（裁判官の審査権を否定しつつ); *Daltrop*, Juristische Wochenschrift, 1925, S. 1714（《人格的な諸権利》に限定して); *Menzel*, Ausnahmegericht und gesetzlicher Richter, 1925, S. 77 ff.; *J. Goldschmidt*, Die Aufwertungskrise, 1925, S. 17 および Deutsche Juristenzeitung, 1926, Sp. 296 f.; *Zeiler*, Juristische Wochenschrift, 1925, S. 1740, および Die Rechtsgültigkeit der Aufwertungsgesetzgebung, 1925, S. 22, 34; *Krückmann*, Leipz. Zeitschr., 1926, S. 318: *von Hippel*, Archiv für öffentliches Recht, N. F., Bd. 10, S. 124 ff.（《人格的な諸権利》に限定して); *Behncke*, Die Gleichheit der Länder im deutschen Bundesstaatsrecht, 1926, S. 15 ff.; 一定の留保をつけて, *Hofacker*, Grundrechte und Grundpflichten der Deutschen, 1926, S. 15; *E. Kaufmann*, Veröffentlichungen der Vereinigung der deutschen Staatsrechtslehrer, H. 3, 1927, S. 2 ff.; *Nawiasky* ebenda, S. 25 ff およびすでにそれ以前に

Bayerisches Verfassungsrecht, 1923, S. 261(《人格的な諸権利》に限定して). ミュンスターでの学会での議論の中でのトリーペル, ホルシュタイン, ヘラー, ヘンゼル, イェリネクの発言, およびおそらくラウンも同意見; *Holstein*, Archiv des öffentlichen Rechts, N. F., Bd. 11, S. 3 ff.; *Arndt*, Kommentar zur Reichsverfassung, 2. Aufl., 1927, zu Art, 109 Abs. 1; *Kern*, Der gesetzliche Richter, 1927, S. 206; *Friedrichs*, Juristische Wochenschrift, 1927, S. 425 f., および Das Recht der öffentlichen Gewalt, 1930, S. 114 f., *C. Schmitt*, Unabhängigkeit der Richter, Gleichheit vor dem Gesetz usw., 1926, S. 20 ff., および Verfassungslehre, 1928, S. 153 ff. (支配的学説とは異なる表現であるが); *Denz*, D. Jur.-Zeit., 1928, Sp. 1522; *Fleiner*, Institutionen des deutschen Verwaltungsrechts, 8. Aufl., 1928, S. 134; *W. Jellinek*, Verwaltungsrecht, 1928, S. 155 f., *Tatarin-Tarnheyden*, Zeitschrift für öffentliches Recht, Bd. 7 (1928), S. 43 (どうやら裁判官の審査権を否定しているらしい); *Poetsch-Heffter*, Handkommentar zur Reichsverfassung, 3. Aufl., 1928, zu Art 109 Abs. 1 (同時にライヒ参議会も新学説に与した旨を指摘している); 支配的学説に, 限定的ながら反対する趣旨なのが *Rümelin*, Die Gleichheit vor dem Gesetz, 1928 (これについては Archiv für Rechts- und Wirtschaftsphilosophie, Bd. 22 (1920), S. 489 ff. 収載の筆者による書評〔本書第4部第3章〕); どうやら以下のものも同旨らしい: *Jahrreiss*, Jur. Woch., 1928, S. 1023 f.; *Isay*, Rechtsnorm und Entscheidung, 1929, S. 221 f.; *Bühler*, Die Reichsverfassung, 1929, S. 124; *Smend*, Die Verfassung des Deutschen Reichs, Taschenausgabe, 1929, Einleitung, S. 21; *Heller*, Die Gleichheit in der Verhältniswahl, 1929, S. 11 ff.; *Stier-Somlo* in „Die Grundrechte und Grundpflichten der Deutschen" 〔正しくは Die Grundrechte und Grundpflichten der Reichsverfassung〕, herausgegeben von Nipperdey, Bd. 1, 1929 zu Artikel 109 Abs. 1; *Jerusalem*, Die Staatsgerichtsbarkeit, 1930, S. 37 ff. (外形的にのみ支配的学説と異なる言い回しをしている); *Lehmann*, Die „Grundrechte und Grundpflichten der Deutschen", Bd. III (1930), S. 138 ff.

従前の支配的学説の趣旨で, *Hubrich*, Das demokratische Verfassungsrecht, 1921, S. 200; *Freytagh-Loringhoven*, Die Weimarer Verfassung, 1924, S. 296; *Breiholdt*, Preußisches Verwaltungsblatt, 1925, S. 110 ff.; *Thoma*, Festgabe für das OVG., 1925, S. 217 ff.; *Giese*, Kommentar zur Reichsverfassung, 7. Aufl., 1926 zu Artikel 109 Abs. 1; *Schelcher*, Fischers Zeitschrift für Verwaltungsrecht, Bd. 58, S. 171, Bd. 59, S. 130 f.; ミュンスターでの国法学者大会におけるアンシュッツ, トーマ, ケルゼンの発言; *von Jan*, Verfassungsurkunde des Freistaates Bayern, 1927 zu § 15, S. 46 f.; *Anschütz*, Kommentar zur Reichsverfassung, 10. Aufl., 1929 zu Artikel 109 Abs. 1; *Mainzer*, Gleichheit vor dem Gesetz, Gerechtigkeit und Recht, 1929 (これについては Archiv für öffentliches Recht, N. F. Bd. 18,〔1930〕S. 254 ff. 収載の筆者による書評); 全般的には *Kurtzig* in Hatschek, Deutsches und Preußisches Staatsrecht, 1930, Bd. 1, S. 243 f.

まだ決まってはいないが, どうやら出版が待たれているのが, 例えば *Morstein-Marx* in Zeitschrift für die gesamte Staatswissenschaft, Bd. 86, S. 544 f., Bd. 89, S. 365 f. である. また *Dessauer*, Recht, Richtertum und Ministerialbürokratie, 1928, S. 6 ff., *Kirchheimer*, Die Grenzen der Enteignung, 1930, S. 33 f. キルヒハイマーは法適用平等説を拒否しつつ, 同時に, 平等条項の広い解釈に対して反論し, このような解釈は昨今の経済の現状を担保することにつながるとする. 同様に, 今となってはもう, 比較的強い――しかし実質的には理由づけられない――政治的色彩をもっているにすぎないものとはいえ, *Sinzheimer*, Die Justiz, Band IV (1929), S. 642 f. 実際, 第109条第1項は, それ自体として切り離して単独で見ることは許されず, 基本権の中に含まれるすべての文化価値体系の文脈の中で

り，恣意的な行いを法命題として排除している。今や裁判ではこの数年間に，幾度かの機会を利用して，この新学説に対する立場が明らかにされた。それゆえ，国家法上，興味を引かないではおれないのは，この立場表明がどのようにしてなされたのかをつきとめることである。

現存するこの論争について，裁判所の側で初めてその立場がかなり詳しく表明された最も初期の裁判例は，1925年末のことであり，この時期には国家法の文献においてはすでに，平等条項に関わる複合した問題群が事細かに論じられていた。民事第3部が，1925年11月27日の時点でもまだ，公式判例集には登載されなかったある裁判において，従前は支配的であった伝統的学説の趣旨に沿って，平等原則は単に法適用機関である司法および行政のみを拘束するにすぎないと判示した[3]のに対し，他方で第5民事部は，1925年11月4日に，平価切上法[訳注]の法的有効性に関する周知の裁判で，初めて，仮定的ながら新しい見解を判断の基礎においたのである[4]。

この判決では次のように判示されている。すなわち，この紛争は，学説自

のみ見ることができるのであり，この趣旨における平等は，全くもって社会的関連性のある平等なのである。それゆえ，例えば合衆国とは非常に違って，立法者が社会的な観点によって公民を別異に取り扱う権限の正当性は——たしかに若干の利益集団によって争われたことはあったが——，決して本気で学問や裁判によって争われたことはない。

マインツァー(Mainzer a. a. O. S. 18)は，例えばアルント，ビューラー，シュティーア=ゾムロ，ポェチュ=ヘフターのように，第109条第1項についての見解を後になって平等条項の広い解釈の趣旨に沿って修正した著者のことを，彼らがかつては一度《法適用平等》の趣旨で見解を表明したことがあるとし，その限りで彼らはやはり依然としてこの見解の支持者に算入されるとしているが，こうした複数の著者の見解が実際には相互にどういう関係にあるのかについては，決して正確なイメージを得ることはできない。

ちなみに，ドイツの国法学では次第にこうした見解に変化が生じてきており，最近では本国ドイツ領域の外でも，とりわけチェコ・スロヴァキアやドイツ領オーストリアにおいて，この変化が表面化してきている。立法者が平等条項に拘束されているという趣旨でのものとして，今では例えば，*Adamovich*, Grundriß des tschechoslowakischen Staatsrechts, 1929, S. 61; *Wittschieben*, Vierteljahresschrift für Steuer- und Finanzrecht, 1930, Bd. 4, S. 425 ff. しかし特に鋭く価値の高い研究書として，*Krejči*, Základní práva občanská a rovnost před zákonem, 1929. クレイチーは，外国の文献(特にフランス語のものも)とチェコスロヴァキアの国家法に関する裁判を渉猟して，ほとんどあらゆる点において第109条第1項に関する今日のわが国の支配的な学説と同一の結論に達している。

(3) Juristische Rundschau, 1926, II, Nr. 396.
〔訳注〕「平価切上法」については，本書183頁訳注を参照。
(4) RGE. i. ZS., Bd. 111, S. 320 ff.

身も態度を決めかねているが，ライヒ憲法第109条第1項のより広い解釈の立場からしても，平価切上法の法的有効性に反対する根拠のある抗弁を導き出すことはできない。なぜならば，「法律の前の平等という原則が持ちうる意義は，事実の内容が同じであれば法律によって平等に扱われるべきであり，それを不平等に扱うことは恣意を意味することになろう，ということだけである」からである。しかし，ライヒ裁判所によれば，「合理的な考慮に基づくいかなる理由によっても正当化することのできないような別異の取扱い」は，恣意的であろうとされる[5]。このような立場からすれば——しかも正当に——，平価切上法の内容と目的とを全体として斟酌したうえで，同法を「全くもって合理的な考慮」に基づいている旨を判示しているのであり，その区別は「第109条第1項の原則に違反する恣意的な区別ではない」とみなされることとなる。もとより，「この平価切上法には，しばしば大いなる厳しさや悲しむべき不当性が伴って」おり，「同法の個々の規定の合目的性または必要性について争うこと」ができることは認められるが。

　この判決は，ある意味で後の諸判決にとっての基礎となったものであり，それも次の2つの方向においてである。まず第一に，この近時の広い解釈の立場からしても，そのつどに争われている規定の法的有効性に反対して抗弁を持ち出すことができないことを確認することができるために，後の判決でも平等条項の広い解釈が，単に仮定にであるとはいえ，好んで用いられている。しかも，それらの判決がさらにその出発点としているのは，裁判官が審査しえない立法者の自由裁量の領域と，その他の裁判官が審査しうる領域との根本的な区別であり，後者の領域は，自由裁量の限界の彼方にあるもので，その領域においては，ライヒ憲法第109条第1項の禁止規範の趣旨における立法者の恣意的なやり方がなされないとも限らないのである。

　ライヒ裁判所がまず最初にこのような態度をとったのは，金貸決済命令に関する第二施行令の諸規定，特にその§28——この規定では，普通株と，いわゆる債務証券類似の株とが別異のものとして取り扱われていた——を法的に有効だと宣告した事例[6]である。というのは，——実質的に結果にお

---

[5]　BGE. 111, S. 329.

いて当を得たものかどうかについては措いておく[7]が、——「このような規律の仕方をする際に問題になるのは何らかの恣意的な措置なのであるとか、別異の取扱いが……合理的で経済的な考慮に基づくものではない、などとは、いかなる場合であっても決して言いえないからである」とした[8]。同じように、——先に述べた平価切上決定にぴったりと準拠して——プロイセンの上級行政裁判所は、1926年2月16日の決定において、狩猟税規則の規定が、狩猟を認められた者がその行政区(クライス)の中に住んでいるか外に住んでいるかによって税率に段階の違いを設けていたのを、合憲であるとする態度をとった[9]。というのは——裁判所の言うところによると——平等条項についてより広い解釈を基礎とするとしても、「その別異取扱いの正当性を根拠づけるために、理性を基礎としても否認することのできないさまざまな種類の考慮があることを引き合いに出すことができる……」がゆえに、やはりかかる別異取扱いを恣意的だとは言えないだろうからである[10]。そして最後に、ライヒ裁判所の近時の2つの判決は、同様のやり方で処理している。一つめは、1930年2月19日の第5部の決定[11]で、そこでは伝統的なやり方で、ドイツとスイスの金抵当協定が恣意的であるとの非難に対して同協定が擁護されている。もう一つは、1929年9月17日の第3部の決定[12]で、裁判所は、同時に同法廷の以前の立場を修正したうえで、既婚の官吏と独身の官吏とで異なる取扱いをすることが許容されるとし宣告して、次のように判示している。いわく「ここでは恣意は問題にならない。なぜならば、住宅手当の保障を与えるに際して、既婚の官吏と独身の官吏との間で区別を設けることは、注意を払うべき社会的考慮に基づくものだからである」[13]。

いちばん最後に挙げた判決は、ある点では、これまでの裁判の枠を超えて

---

(6) RGE. vom 29. Januar 1926, Bd. 113, S. 6 ff.
(7) この点については *Hensel*, Grundrechte und Rechtsprechung i. d. Festgabe f. d. Reichsgericht, Bd. I, 1929, S. 27 f.
(8) Bd. 113, S. 13.
(9) OVG, Bd. 80, S. 42 ff.
(10) A. a. O. S. 45.
(11) Jur. Woch., 1930, S. 2949.
(12) RGE. in ZS., Bd. 125, S. 369 ff.
(13) A. a. O. S. 372.

いるとさえ言ってもよい。それというのも，この判決の中では，はっきりと，「平等条項は人格的な諸権利に限定されるものではなく，財産的な諸権利にも及ぶものである」と言われているからである。この問題は，それ自体としては，この判決においてもなお未解決のままにされている基本問題，つまり，そもそも平等条項には立法者への拘束が含まれているのか否かという問題について判断がなされていた場合にのみ，決定されなければならなかったはずのものである。なぜといって，この問題に決着がついた場合にのみ，平等条項が財産的な諸権利にも及ぶものであって，単に人格的な諸権利に限られるものではない，という論争についての決定が，意味をもつのだからである。従来の支配的学説の言うように，平等条項が単に法適用にのみ関わるものであるというのであれば，この条項は用済みである。なぜなら，この事例において，平等条項が財産的な諸権利にのみ及ぶものか人格的な諸権利にまで及ぶのかということについては，全く何の争いも存在していないからである。

　これまでに言及してきた諸判決[14]とは距離を置いて，ライヒ裁判所は，――詳細な理由づけはしていないものの――何らの留保もつけずに，しかも単に仮定的にではなく，今日の支配的な学説の立場に立った判断を下した。それは，1929年11月30日に同裁判所第6部が，仲裁法廷として，1929年7月6日の〔年金〕禁止法[15]の法的有効性が問われた事件において下したものである。この法律の法的有効性は，いろいろな理由の中でも特に，ライヒ憲法第109条第1項に抵触するという理由でも否認されたのであるが，しかも，その理由は，この法律は，「もっぱら2つの個別事例を当て込んだ」「特定の2人の人物……に対する例外法律」だとするものであった[16]。

　これと対照的に，そのすぐ後になって民事第7部は，同じ年金禁止法を有

---

(14) ここでの関連ではさらに，刑事事件(刑法§175〔下記訳注〕とライヒ憲法第109条との関係)でのライヒ裁判所の判断(D. Jur.-Ztg., Bd. 32 (1927), Sp. 230 f.)を参照。
　〔訳注〕　ドイツ刑法§175(1871年5月15日制定当時)は「自然に反するわいせつ行為は，男性どうしの人の間でなされるものであると獣との間で人が行うものであるとを問わず，禁錮刑に処する。これに加えて，公民権の剥奪を言い渡すこともできる。」という規定であった。
(15) RGE. i. ZS., Bd. 126, S. 161 ff.
(16) S. 163/164.

効だと宣告した[17]。この判決の理由づけは，この年金禁止法には事柄に即した諸考慮に基づいて，許容される一般的規律が含まれており，特定の個別事例に向けられた例外法律ではない，というものであった。その際，ライヒ裁判所は，法律が一般的な表現の仕方をしていても，場合によっては，そこに憲法違反の介入が含まれていることもありうることを認めた。つまり，「特定の個別事例に向けられた干渉意思」を覆い隠すためだけにそうした表現様式が選ばれているような場合である。——しかしライヒ裁判所は，同裁判所の認識している本事例においては，そうした法律形式の濫用はなかったと思料する，としたのである。この立場から，ライヒ裁判所は，従前の諸判決の場合と同様に，ここでもまた次のような命題にたどりついている。いわく，「たしかに中間措置の必要性，合目的性および公正性（ビリヒカイト）については議論はありうるが，本件措置に対して挙げられている理由が不合理であると主張することはできない。」その結果，第7民事部にとって明らかになる結論は，本件措置が恣意であるとか，——この判決においても単に仮定的にのみ用いられている——平等条項に違反するとか言うことはできない，というのである。

年金禁止法についてのこれら2つの異なる判決の中に，根本的にまったく対立する見解が表明されていると人々は考えようとしたが，それは当を得ていない。両者の見解の相違は何かというと，実は，——ライヒ裁判所が，一方では，平等条項のより広い解釈を積極的にその判決の基礎とし，もう一方の判決では，単に仮定的にのみその基礎としている，という点を度外視すれば——，決定的に，しかももっぱら次の問題が，その核心となっているのである。すなわち，当該禁止法が，客観的な動機づけにおいて一般的に支持されている法律なのか，それとも特定の個人に向けられた個別法律なのかという問題，したがって，その法律の事態評価の領域，つまり法的なものの領域というよりも，事実的なものの領域に存するものの問題である。ところが，先の民事第7部の2つの判決は，その内容には違いがあるにもかかわらず，その法律の基礎にあるもろもろの合目的性についての考慮が正当かどうかに

---

[17] RGE. i. ZS., Bd. 128, S. 165 ff.

ついて裁判官が審査することは許されないという点——そしてこの点こそ根本的に重要なことなのであるが——では一致しているのである。民事第7部の判決では，「裁判所が法律を必要性，合目的性，および公正性の観点から審査しようと試みたり，人々がそうした審査を裁判所に要請したりするのであれば，それは裁判所の任務とか立法者に対する裁判所の地位というものを完全に見誤るものであろう」と述べられており，そうであれば，この文章は，先に挙げた，内容の点では正反対の第6部の判決の基礎にあるものに劣るものとは言えない。これら両判決のあいだの違いは，ただ以下の点にあるにすぎない。すなわち，一方の〔第6〕部は，年金禁止法を例外法律とみなし，それだけですでに，もはや合目的性によってではなく，明らかに不合理な考慮によって動機づけられた恣意行為だとみなしているのに対して，第7部は，その法律に別種の特徴づけをした結果，同法はたしかに，もしかすると合目的的であるとは言えないかもしれないが，やはりいずれにせよまだ，明らかに不合理であり恣意的だとまでは言えないと見ているのである。要するに両判決は，軌を一にして，裁判をもっぱら，立法者が仮にも裁量の濫用をするようなことがあればそれを正すことのみに限定し，立法者の自由裁量について裁判官が審査することを排除することによって，裁判を立法の領域から一線を画しているのである。そうすることによって，ライヒ裁判所の立ち位置は，平等条項を立法に関係づける支配的学説と完璧に一致している。この学説はつねに，裁判官の審査権を，立法者によって仮にも恣意行為がなされた場合にその行為を審査することに限定し，立法者の自由裁量の領域にまでは広げはしなかったのである。

　ライヒ裁判所とは別の態度をとったのが，ドイツ・ライヒ国事裁判所である。同裁判所は，第109条第1項に対する態度決定をすることとなった初めての機会であるビール税判決[18]に際して，——ライヒ裁判所が正当にも付け加えて述べている[19]ように——ライヒ裁判所の判断それ自身にとってはまったく重要でないある文章の中で，平等条項について，単刀直入に，次の

---

(18)　*Lammers-Simons*, Die Rechtsprechung des Staatsgerichtshofs usw., Bd. 1, 1929, S. 156 ff.
(19)　Bd. 128, S. 170.

ように宣告した。「ライヒ裁判所の裁判で確認されたように，……ライヒ憲法第109条第１項はただ，現存する法律を，個人(ペルゾーン)を問題とすることなくすべての当事者に規則正しく適用(グライヒメースィヒ)すべきだという，裁判官への指示を含むにすぎない」(20)。しかし，この確認は，上述したライヒ裁判所の判決の概要から明らかなように，どうやら法律の錯誤らしく思える。国事裁判所が関連させている(21)ライヒ裁判所の判決や同裁判所のその他の判決からしても，むしろ正反対の推定が，むしろ国事裁判所の態度決定としてその正当性を証明できるからである(22)。それゆえ，例えばアンシュッツ(23)やビルフィンガー(24)は，第109条第１項についての論争はすでに国事裁判所によって決着のついたものとして扱いたがっているが，決してそのように言うことはできない。国事裁判所自身が後の裁判で，先に言及したビール税判決の命題にはもはや拘束されるものではないと見なしているだけに，なおさらそのように言うことは許しがたい。すでに〔国事裁判所は，〕バイエルン政府が授与した名誉称号の許容性の問題についての判決において，ライヒ憲法第109条第１項を法適用平等の意味で解釈している判決を列挙する際に，ビール税協会の事例における同裁判所自身の判決にもはや言及していない(25)。むしろこの判決では，ライン＝ヴェストファーレン工業地域の市町村の再編成に関する1929年７月29日のプロイセンの法律が法的に有効かどうかという問題についての判決(26)の際と全く同様に，平等条項の意義と射程についての学問的論争については，白黒をつけないままにしておく旨を明言している。それどころかさらに，最後に言及した判決では，仮定的ながら，「第109条第１項は，いずれにせよ，決して際限のない平等を要求するものではない。平等が行き

---

(20) S. 168/169.
(21) Bd. 111, S. 329, および Bd. 113, S. 13.
(22) 同じ趣旨のものとして，すでに Deutsche Juristenzeitung, Bd. 34 (1929), Sp. 1119 f., および *Buschke*, Die Grundrechte der Weimarer Verfassung in der Rechtsprechung des Reichsgerichtes, 1930, S. 62 f. を参照。
(23) *Anschütz*, Handbuch des deutschen Staatsrechts, Bd. 1 (1930), S. 300, および Jur. Woch., 1930, S. 2915. ちなみに後者の文献では不当にも，後に言及する，いわゆる法適用平等の学説を支持する国事裁判所の《選挙権決定》(Titelentscheidung)も要求される。
(24) *Bilfinger*, Verfassungsfrage und Staatsgerichtshof in Zeitschrift für Politik, Bd. 20, S. 97.
(25) *Lammers-Simons* a. a. O. Bd. 2 (1930), S. 38.
(26) *Lammers-Simons* a. a. O. Bd. 2, S.99 ff.

過ぎると，平等とは全く正反対のものになってしまうこととなるであろう。むしろ，平等なものは平等に，しかし不平等なものは不平等に，扱われるべきだ」ということが確認されるとまで述べている[27]。最後に，1930年2月17日のプロイセン選挙法の法的有効性についての国事裁判所の判決[28]は，初めて，第109条第1項のより広い見方を「支配的解釈」だとした[29]が，この判決でも，同項の意義についてそれ以上言及することはしていない。

　特にこの最後に挙げた判決が，さらに意義深いのは，国事裁判所が，ライヒ裁判所と全く同様に，裁判所の審査しえない立法者の自由裁量の領域と審査しうる恣意領域とを区別しているということが，この判決から分かるからでもある。つまり，ライヒ憲法第17条および第22条の意味における平等選挙法は，その正しい把握の仕方からすれば，普通選挙の条項を形式化した適用事例のひとつにすぎない。第17条および第22条によれば，国全体の個々の構成員には価値の相違がある結果として，第109条からすれば，それ自体としては不平等に扱われることがありうる事柄であっても，平等に扱われることになる。そうなれば，選挙権の別異取扱いは，場合によっては，選挙権の形式的な平等と両立していなくてもよく，同時に第109条第1項に抵触しない可能性がある。しかし，選挙権の平等をこのように形式化することは，この概念の価値相関性を排除するわけでは決してない[30]。というのも，ここでの問題は，今や国事裁判所が正当に言い添えているように[31]，「論理的＝数学的概念ではなく，法的（つまり価値相関的）概念」なのだからである。したがって，事柄にそぐわない動機によって公民の選挙権を排除することは，決して許されない。裁判所が審査できる，選挙権の制限について許容しうる限界は，第109条第1項に照らせば著しく制限されている自由裁量を，立法者が濫用する場合，すなわち，恣意概念の通常の釈義の趣旨において，選挙権制限に「明らかに内在的正当性が欠けている」場合である。このことを，選

---

(27)　A. a. O. S. 106.
(28)　RGE i. ZS., Bd. 128, Anhang S. 1 ff.
(29)　A. a. O. S. 8.
(30)　詳しくは Jur. Woch., 1929, S. 3043 f. およびそこに挙げられているその他の文献を参照。
(31)　Bd. 128, Anh. S. 11.

挙権の制限に直面した国事裁判所が，比例選挙制の本質からして，次のような理由づけで否定したのは正当なことであった。いわく，「選挙の平等のあらゆる点で狭い限界を守ることについては立法者が決定すべきことであり……国事裁判所は，立法者が行った価値評価が正しいかどうかを事後審査するわけにはいかない……」(32)。

最後に，その他の最高裁判所が平等条項について出しているいくつかの判決についても多少触れておくこととする。1922年に——したがって平等条項の内容に関してまだまったく争われていなかった時期に——，当時は普通であった見解の趣旨にのっとって，第109条第1項をもっぱら法適用にのみ関連づけたライヒ経済裁判所〔訳注1〕の判決(33)があるが，これを別とすれば，特に考慮に値するのが，オーストリアの憲法裁判所，ダンツィヒの最高裁判所〔訳注2〕およびバイエルンの最高裁判所の判例である。

オーストリアの憲法裁判所は，第109条第1項と文言が一致している〔1920年の〕オーストリア憲法(第7条〔第1項〕)の平等条項およびサン・ジェルマン条約(第66条)の平等条項〔訳注3〕について内容豊かな判例を発展させてきた(34)。しかしながら，これらの裁判は，事実上，または執行官庁の側か

---

(32)　StGH, 128, Anh. S. 12.
〔訳注1〕　ライヒ経済裁判所(Reichswirtschaftsgericht)というのは，第一次世界大戦中の1917年4月26日に出された戦費(Kriegsbedarf)確保のための命令(RGBl. 1917, S. 375-378)に基づいて，同年にベルリーンにライヒ仲裁裁判所(Reichsschiedsgericht)として設置された裁判所で，戦後に「ライヒ経済裁判所」と改称され，その後，1941年にライヒ行政裁判所(Reichsverwaltungsgericht)に統合された。
(33)　Entscheidungen, Bd. 1, S. 290.
〔訳注2〕　ビスマルク帝国下には西プロイセンの(ベルリーンの北に位置する)マリーエンヴェルダーに上級地方裁判所(Oberlandesgericht Marienwerder)が設置されていた。第一次大戦後，1919年のヴェルサイユ条約により，ダンツィヒ(現在のポーランドのグダニスク)は自由都市(Freie Stadt Danzig)となってドイツから分離され，その周辺の大部分はポーラント領となったが，裁判管轄区域は従前のまま保持され，ダンツィヒには上級裁判所が設置された。その後，1939年のナチスのポーランド侵攻によりダンツィヒは自由都市ではなくなり，ダンツィヒの上級裁判所は「ダンツィヒ上級地方裁判所」となった。1944年にソ連の赤軍による西プロイセン占領によって，裁判所としての機能は失われ，第二次大戦後はポーランドの裁判所に取って代わられた。
〔訳注3〕　厳密には，これら両者の平等条項の文言は，「法律の前に平等である」(... sind vor dem Gesetz gleich)という部分のみ，ヴァイマル憲法と同一であるにすぎない。
(34)　1925年までの例証として，Archiv d. öffentl. Rechts, N. F., Bd. 12, S. 14, Anm. 36 参照。それ以降は S[amm]l[un]g d. Erk. des Verfassungsgerichtshofes, Heft 6 (1926), Nr. 650,

ら公民に対して，法的に不平等だとの理由で提起された事例に関わるものが〔数の上で〕圧倒的であった。とはいえ，法律が平等条項と一致するかどうかが審査された判決もいくつかあって，それらの中には，法律が有効だと判断されたものもあれば，無効だと判断されたものもあった。その際に，憲法裁判所にとっては，法の定立に携わる諸機関の拘束は——もとよりその頃まではいわゆる人格的な諸権利に限られてはいた[35]が——，全くもって議論の対象ではなく，それは自明のことであった。例えば，旧ライヒ国民学校法のある規定が，この条項によって「特定の宗教に対してはいかなる不利益取扱いも回避される」ことになるがゆえに，平等条項と両立しえないとされた[36]のも，その趣旨であった。これと全く同様に無効だと宣告されたのが，公立学校の教師が選挙資格を与えられていなかったティロール〔州〕地方自治体選挙法の規定[37]や，自動車の運転を男性にしか許可しないとされておいた別の〔法令の〕規定[38]であった。というのも，そうなれば，「不平等な取扱いが性という，人が持って生まれた特質によって正当化される場合」にのみ，「例外的に性別によって不平等に取り扱うこと」が許されることとなるからである。これに対して他方，使用賃貸人保護法については，ここでの「問題が，連邦市民が誰であるかによる違いではなく，客観的な法律関係」だからという理由づけで，法的に有効だとみなされた[39]。

　オーストリアの憲法裁判所よりもさらに先を行くのが，ダンツィヒ上級裁判所である。同裁判所は，すでに1926年1月18日の大法廷判決で，平等条項について，立法者は一般的にこの条項に拘束されていると考えるべきだとする解釈を信奉する旨を公言し，それ以来この解釈を常に実務の中で堅持した[40]。ライヒ裁判所と全く同様に，ダンツィヒ上級裁判所も，法律に対し

　　651; Heft 7 (1928), Nr. 879, 880, 914; Heft 8 (1928), Nr. 843, 995, 1040, 1118, 1123; Heft 9 (1929), Nr. 1141, 1226, 1230-1232, 1270, 1276, 1305a).
(35)　*Adamovich*, Grundriß des österreichischen Staatsrechts, 1928, S. 106.
(36)　1925, Nr. 449. この事例につき *Adamovich*, Zeitschr. f. öffentl. Recht, Bd. 6, S. 142 f.
(37)　1929, Nr. 1200 f.
(38)　1926, Nr .651.
(39)　1928, Nr. 365.
(40)　例えば Danziger Juristische Monatschrift, 1926, S. 5 ff., 39 ff., および1930, S. 41. これにつき, *Reiss*, Deutsche Juristen-Zeitung, 1928, Sp. 1580 ff.

てその合目的性を審査する地位にはないとし，単に，法の条文の内容が「法的かつ合理的に考えるすべての第三者の見方によれば十分な理由」で支えられていることのみを要求しているのであり，例えば同裁判所は，ダンツィヒの補償法いくつかの規定に対して，上記のような十分な理由がないとした。──ダンツィヒ上級裁判所と全く同様に，そしてプロイセン上級行政裁判所よりもさらに先を行ったのが，1927年12月3日のダンツィヒの上級行政裁判所の判決[41]であり，また，バイエルンの行政裁判所の1929年4月3日の判決も同様である。──前者の判決は，ダンツィヒ上級裁判所の上記の大法廷判決を援用して同裁判所が適用した型どおりの言い回しを受け継いでいるのに対して，後者の判決には特段の理由づけはされていないが──，これらの判決では平等条項を立法者を拘束するという意義が付与されている[42]。──最後の例として挙げると，同じことは，ハンブルクの上級行政裁判所が第109条第1項に関連して次のように確認したことである。いわく，「ライヒ憲法第109条の内容は，もろもろの最高裁判所の裁判で一般的に承認されているように，特権と恣意に対して制限を加えること，したがって，合理的考慮に基づくいかなる理由によっても正当化しえないような別異取扱いを禁止することである」[43]。あるいはまた，次のようにも言っている。「正しく考察すれば，法律の前の平等の意味するところは，同一の事実内容は同一に取り扱われなければならないということであって，それ以上でもそれ以下でもない」[44]と[45]。

　これと立場を異にしているのが，バイエルン州最高裁判所やバイエルン国事裁判所である。バイエルン州最高裁判所は，ライヒ憲法第109条第1項は

---

[41]　Danziger Juristische Monatsschrift, 1928, S. 112.
[42]　Sammmlung der Erkenntnisse des Bayerischen Verwaltungsgerichtshofes, Bd. 50, S. 18 ff., 特にS. 23. これにつき *Emig*, Deutsche Juristenzeitung, Bd. 35, Sp. 1025.
[43]　Jur. Woch., 1930, S. 2100.
[44]　Jur. Woch., 1930, S. 1630.
[45]　バーデン行政裁判所は，管見に属する限り，これまでのところ，そもそも平等条項が立法者を拘束するか，拘束するとすればどの程度か，という問いについて，判断をしないままにしている。同裁判所の判決は単に，平等条項の通用領域を法律適用のみに限定することが正当だとすれば，平等条項にはいかなる意義があるのかという問いを堂々巡りしているにすぎない。この点につき，*Glockner*, Badisches Verfassungsrecht, 2. Aufl., 1930 zu §9, S. 62, およびJur. Woch. 1930, S. 1777.

単に一般的なプログラム条項にすぎないと宣告した(46)ものの，その際，そうしたプログラム条項なるものをどのようなものと解しているのかについては未決定のままである。というのも，ある基本権のもつプログラムとしての意義についてそれ自体として語ることができるのは，当該の憲法規範に，そもそも何らかの積極的権利としての意義が認められる場合だけである。立法者が，ある基本権に対して好き勝手な態度をとるなら，その同じ基本権は，立法者にとって全く何の意義ももたないものであり，したがって，何のプログラム的意義ももたない。プログラム的意義があることを主張すれば，それは同時に，そのプログラムに将来の立法者が背くことが許されないことになるという意味で，立法者への一定の法的拘束力を主張することである——もっとも，このことはおそらく同時に，立法者があるプログラムを履行する中で行った決定を，後になってから裁判官が審査することはもはやできないという，もう一つ別の想定が，暗黙のうちに結びついてはいるのであるが。バイエルンの国事裁判所は，同州最高裁判所よりもさらに徹底していて，同国事裁判所は，平等条項は単に法適用の平等を保障しているにすぎないとしていた以前の態度(1923年2月21日判決(47))を後になっても維持した(1926年4月28日判決(48))(49)。

なお最後に，平等条項の持つ意義についての問題に関わらなければならなかった下級裁判所の判決がいくつかある。ここではその中でベルリーン地方裁判所IIIの判決(50)のみを挙げておく。この判決も，極めてまれなことではあるが，詳細で当を得た理由づけをもって，平等条項のより広い解釈に与する旨を公言した。

ここまで述べてきたことを要約すれば，次のように言うことができよう。

---

(46) D. Jur.-Ztg., 1926, Sp. 904.
(47) *Klee-Hechtel*, Ergänzungsband zu *Dyroff*, Verwaltungsgerichtsgesetz, 1928, S. 358, Nr. 7.
(48) *Klee-Hechtel* a. a. O. S. 365, Nr. 19 および1927年7月13日判決＝Bayerische Verwaltungsblätter, 1928, S. 17 f.
(49) もとより，最近ではバイエルン国事裁判所もその態度決定に疑問を抱くようになっているように思われ，バイエルン選挙法決定(例えばBayer. Verwaltungsblätter, 1930, S. 90)では，ヴァイマル憲法第109条第1項についての論争については態度を決めかねている旨を明言している，
(50) Zeitschrift für Beamtenrecht, Bd. 2, H. 4, 1920, S. 191 f.

すなわち，今日ではすでに諸々の最高裁判所による一連の重要な判決があり，これらの裁判所は，はっきりと平等条項のより広い解釈を受け入れて，この条項による立法者の拘束を肯定している。その他の裁判所は，依然として平等条項について従前の一般的な型どおりの解釈を固執している。しかし，こういう態度を取り続けている判決は，数の上では著しく少なくなってきている。その際に計算に入れておかなければならない点は，文献でまじめにこの問題が議論されるようになってきたのはようやく1924/25年以降の話であり，したがって裁判所も，この時点以降にやっとこの複合した問題全体と向き合う機会ができるようになったのだということである。ドイツ・ライヒの領域内での判決のみを考慮の対象とすれば，ライヒ裁判所，国事裁判所およびプロイセン上級行政裁判所の裁判のうちで，数の上では，支配的学説である平等条項のより広い解釈を単に仮定的に用いているものが圧倒的である。しかし，このように仮定的な用い方がされているということ自体が，すでに，裁判所が基本的な傾向においては第109条第1項のより広い解釈に否定的に向き合っているわけではないということの証左である。というのも，もし〔裁判所がこの広い解釈に否定的に向き合っていたというのが〕事実であれば，すでにそれだけで〔この文言をめぐる解釈〕論争は，はるかにもっと単純に，従前の支配的見解の趣旨に沿って決着をつけることができたはずであるし，今日では当たり前の面倒な手続は——この手続は絶えず〔裁判所に〕従うことを強いるのであるが——取られる必要はなかったであろうからである。

さらに，最後に言及した最高裁判所の諸判決を見て特に分かることは，ドイツの裁判官が，裁判官による審査権の性質に由来する当然の限界の範囲内にとどまるすべを心得ているということである。判決は，全体としてみれば，基本的には当を得た立場から出発している。それは，法律のある規定が合理的で，合目的的で，かつ必要なものであるか，という問題についてまじめに議論ができるのであれば，それだけですでにその規定は，もはや恣意的だとかライヒ憲法第109条第1項に違反するとか言うことはできないのであって，そうなれば，最終的な決定を下すことは，もはや司法ではなくて立法府のなすべきことであり，そうなればもう，もはや裁判官がライヒ憲法第

109条第1項の観点から審査することもできないのだ，という立場である。

　以上のように，最高裁判所による実務によって確認されることは，裁判官の事後審査に服するのは，立法者の自由裁量の判断ではなく，もっぱら，立法者によって場合によってはなされうる裁量権の濫用のみであるということである。このような実務は，およそヴァイマル憲法の構造である法治国家的基盤に対応するものではあるが，同時にこの実務によって，非常に頻繁に提起される，司法に対する——すでに幾度も退けられたとはいえ——公然たる不信から生まれた，時として政治的に偏った傾向のある次のような異論，すなわち，平等条項についての新しい，より広い解釈によって，現代国家の構造が変わってしまい，裁判官は基本的に法律に拘束されているとする，権力分立制に依拠する原則が廃棄され，裁判官が立法者になってしまう，とする異論は，最終的に論駁されているように，私には思われるのである。

第5章　さまざまな憲法の中で明文化されている，すべての人が法律の前に平等であるとする原則は，達成することのできる主観的権利を根拠づけるか？[1]

　法律の前の平等という条項は，現在のたいていの民主制的な成文憲法典に見られる。この条項の内容がもつ意義をめぐる周知の論争で問題となるのは，とりわけ，この条項が，単に執行つまり司法と行政にのみ向けられたもので，人が誰であるかを考慮に入れずに法律を均等に適用するべきことを要請しているにすぎないのか，あるいは，それだけでなくさらに広範な意義を有していて，この条項は立法者をも拘束するのかどうか，ということを知ることである。したがって，標語的に言うとすれば，この条項の第一義的な問題は，この条項が保障しているのは法適用の平等なのか，それとも法律の平等なのか，ということである。

　この点に即して言えば，いずれにせよ確かなことは——そしてこのことが理論と実務においてもほとんど異口同音に支持されている見解であることは当を得たことであるが——，平等条項が少なくとも法適用機関を拘束している，ということである。その限りでは，平等条項は，たしかに，その文言と意図からすれば，現実化が必要な，憲法上のプログラム条項の一つであるといえる。チェコの最高行政裁判所が[2]，平等条項は法適用にとっては意味を持っていないとする従前の，個々の点で詳細な根拠づけのない態度決定を，後になって補充された審査に際して，修正するかもしれないと期待され続けているのも，そのためである。

　しかし，平等条項の通用領域を法適用，つまり司法と執行のみに限定する

---

[1] これはもともと，1931年5月24日にフランツェンスバートで開催された第5回チェコ・スロヴァキア=ドイツ法律家大会で行った報告で，初出は Verhandlungen des V. Deutschen Juristengages in der Tschechoslowakei, 1931, S. 350-367 である。同書ではさらに，Schlußwort S. 383-385 も参照。

[2] Sammlung Bohuslav, A 4241.

ことは、決して許容できない。平等条項をそのように解釈することの結果は、つまるところ、法律が正しく適用されることの保障、つまり、さなきだに既に法治国家において通用している原理である、合法性の原理の確認という結果にほかならない。それというのも、法治国家においては——それも単に国民的に単一な法治国家においてのみならず——それ自体として自明なことは、いわゆる法拒絶なるものは存在しないし、——法律の特定の条項の解釈に関してであれ、自由裁量の行使に関してであれ——現に存在している法律は同一の事態に同じように適用されるのだということである。なぜといって、そうでなければ官庁は、その行動の適法性に対するコントロールをする任にある審級機関、とりわけ行政裁判所によって、官庁による自由裁量の濫用を理由として、官庁のなした措置に関して異議を唱えたり、それを破棄したりされる危険に身を晒すことになるであろうからである[3]。それはともかく、この法適用平等も国民的に単一でない国家においては、実際に、今日でもまだ必ずしも確実に担保されているわけではない。このことは、継承国家、特にこの近年のポーランドにおける度重なる出来事が示すとおりである[4]。

しかし、法治国家的構造ではなく独裁制的形態の構造をもった国家においても、事情によっては、いわゆる法適用平等を確実に担保することは可能である。というのは、執行官庁が現行法を不平等に適用することを禁止されている場合であっても、法律自体が執行官庁に禁じられている恣意的な別異取扱いを含むことを妨げるものは何もないからである。法律が規定する不法が依然として非常に大きいものであったとしても、平等条項のもつ意義が事実上単に法律執行に存するに過ぎないのであれば、平等条項は尊重されているということであろう。実際、立法者も理由なく不平等な区別をすることを禁

---

[3] 自由裁量の限界全般については、最近のものとして、Jöhr, Die verwaltungsgerichtliche Überprüfung des administrativen Ermessens, in den Züricher Beiträgen zur Rechtswissenschaft N. F., Heft 25, 1931, S. 96 ff. また、平等条項が刑法、特に刑事裁判官にとって持つ意義に関して、Fladrak, Österreichische Richterzeitung, Bd. 24 (1931), S. 97 ff.
[4] 平等条項が他ならぬ法適用に関して、特にオーバーシュレーズィエンにおいて持つ基本的な意義については、特に Warderholt, „Das Minderheitsrecht in Oberschlesien", 1930, zu Art. 75 und das dort angeführte umfängliche Material S, 141 ff.

じられている場合にはじめて，法的に平等な法律適用のための担保が与えられているのである。法律が平等であってはじめて，公民は法律の前に平等なのである。それゆえ，クレイチーが，法律の平等こそ法律適用の平等の必須条件(conditio sine qua non)だと称しているのは，正鵠を射ている。

　平等条項をこのように解釈して初めて，法治国家の要求するところも充足されるというものである。というのは，現実の法治国家において肝心なことは，形式的な法律適合性に従った統治がなされることではなく，法律が内容的に見て，法意識，法共同体の表現であること，つまり，法律が法理念，正義の発露であることだからである。法律は不動のものではないし，至るところで，その具体的な内容に関わりなく，同時に素材拘束的な法であるわけでもない。むしろ法律は，対外的な安全という意味で秩序維持的な作用をすることができるとしても，やはり第一義的には，国家共同体の行為，つまり，政治的権力行為にすぎず，その現実の通用力は，もっぱら権力に依存しているのである。その際，しばしば見られるように，特定の形式的意味において，法規(レヒツザッツ)と称されるかどうかは，所詮は専門的用語法の問題である。ただし，法的行為でもないのにそれを特定の意味では法的行為だと称すれば，現実の事態を解明しようと尽力している者たちの営みを，「種々の法概念を，あれこれと無批判的に巧みに操ること」(トーマ)だと非難するのは正しくない。事実，政治的権力行為としての法律は，具体的な国民共同体の法意識によって，法的に動機のあるものとして承認され，有効なものとして正統化されることによって初めて，実質的意味における法となるのである。この正統化過程は，頻繁に――例えば法治国家的民主制における過程がそうであるが――暗黙裡に行われる。法治国家的民主制においては，この正統化過程は，すでに立法手続の憲法適合性を通じて証明されるのである。注目すべきことに，この手続によって場合によっては法律と法とが乖離するのを避けるために，ドイツの国法学者の中で，立法者の無制限の規範定立権限を特に好んで強調することを常としているグループの指導者の一人であるリヒャルト・トーマが，しばらく前に[5]，この立法者の法への拘束を，単に倫理的な義務

---

(5) *Richard Thoma*, Handbuch des deutschen Staatsrechts, Bd. II, S. 140 ff.

にとどまるものではなく，法的な義務であることを，はっきりと強調した。そして事実，純粋に政治的権力行為としての法律によって，なお法共同体と国家共同体とが分裂される可能性が依然として存在する限り，政治的公共体の法治国家的基本構造が確保されているとは言えないのである。

　さて，ほかでもない，立法者の正義への拘束，さらに正確に言えば，ひとつの共同体の中にその時々に特定の理想の形態で息づいている具体的な——それ以上に一般的な形で合理的に形式化されない——正義への拘束を保障するものこそ，突き詰めれば，本書で論究の対象としている平等条項の憲法的要請なのである。事実，この一般的原理は，すべての法治国家における法的命令（インペラティーフ）の意味で通用しており，この原理が法秩序に内在する原理（例えばトリーペル）だと称されたのは，決して不当なことではない。しかしながら，このことは，基本法律において，平等条項のような実定的規定がこの原理を指示し，またそうすることによって，実証主義的にこの原理の基盤が作られることを排除するわけでは決してない。ただそうすることで，「成文法（lex scripta）に執着する実証主義的必要性から」（トーマの言）ではなく，この規定の解釈をめぐる論争に注意力が集中するからである。この平等条項には，民主制による法治国家への最上級の根本的承認が含まれている。それゆえ，現代の大衆民主主義において，この疑問を権威的に決定するのではなく，憲法の構造的基盤からして憲法制定者の法治国家への決然たる意思が明らかになるところであればどこにおいても，平等条項のこのような解釈が必要とされるのである。法命題からして，または事実上，独裁的形態の統治がなされているところでは，そのように立法者を拘束することは不可能である。というのは，独裁制は，たとえ形式的には行政の法律適合性の原理にのっとったやり方がなされようとも，政治の広い領域において法治国家的な統治を排除するからである。平等条項によって立法者をこのように拘束することは，直接的に法命題に即した拘束なのであって，チェコ・スロヴァキアにおいて，プラジャーク[6]に依拠して，特にチェコの最上級行政裁判所[7]が述べたよ

---

(6) *Pražák*, Rakouské právo ústavní, III, str. 49.
(7) Sammlung Bohuslav, 4241.

うな，単なる法原則上の拘束にすぎないものではないのである。総じて，基本権と同様に平等条項がもつ単なるプログラム的な意義についての具体的なイメージは，内的には明白なものとはいえない。プログラム的として，したがって将来的に立法者を拘束することになる基本権というものについて，それ自体として語りうるのは，当該の憲法規範に，そもそも一定のプログラムの意味において，即時的効力をもって機能する法的意義が与えられている場合のみである。そして事実，基本権がプログラム的意義しかもたないという主張の基礎には，このようなイメージが横たわっているのである。そうでなければ，当該の基本権に何らかの意義を，したがって，立法者を拘束する法原則的な意義も，認めることさえできないであろうし，立法者は，規範の存在には目もくれず，好き勝手に行動することができるであろう。

では，法律の平等の要請は，さらに内容的に見て，立法者にとってどういう意義を有するのであろうか？　この要請の意義は，絶対的平等ではなく相対的平等の意味において，条件が同じであれば，つまり事実内容(タートベシュテンデ)が同一であれば，立法者は法的平等に行動しなくてはならないということにある。平等なものは平等に，しかし不平等なものは不平等に取り扱われるべきであるが，そうすることによって例えば現状(status quo)が平等条項によって正当化されることのないようにすべきである。不平等なものは不平等に取り扱われるべきだという命題を根拠にすれば，例えば少数者は文化的自治を求める権利をもつことになる。つまり少数者は，宗教的および文化的な諸問題において，多数者とは別の法律に基づいて取り扱われることを要求することができるのである。それと同様に，ヴァイマル憲法によって，強度に社会的な影響を受けて作られた平等条項を根拠として——この点では，例えば，はるかに個人主義的なアメリカ合衆国憲法とは対照的であるが——下層の社会層が，自分たちの特別の保護と生活状況の改善のために，広い範囲で《社会的》動機をもった法律を要求することができるが，ヴァイマル憲法において社会的留保という負荷がかけられている自由主義的な自由思想では，これらの法律に首尾よく対抗することはできないであろう[8]。しかし逆に，平等条項に

---

(8)　ヴァイマル憲法の社会的正義の理想およびそれが平等条項の具体的な解釈にとって

よって憲法上保障されている《各人に彼のものを》(suum cuique)という命題があるからといって、そこからは、今や事実上の前提条件における不均等であって異なる法的取扱いでもすべて許容されることになるわけではない。むしろ、個々の事例において法的に異なる取扱いが許されることになるような事実状況は、まったく特別な性質のもの、つまり本質的な性質のものでなくてはならないのであって、スイスの連邦裁判所の趣旨に即して言えば、《重大な》(エアヘーブリヒ)ものでなくてはならないのである。

この重大性について、したがって法的に異なる取扱いが許容されるかどうかについては、原則として、議会内の諸団体の自由裁量によって決定される。この立法者の自由裁量の限界は、あまりに狭く設定しすぎるべきではない。その限界は、自由裁量が裁量濫用になるような場合である。そのような裁量濫用が、それと同時に、平等条項違反が存在するのは、以下のような場合である。すなわち、憲法によって詳細に規定された具体的な正義の理想の範囲内で、立法者による別異取扱いや平等取扱いに対する、事柄に応じた納得のいく合理的な根拠が全くもって見出されない場合、当該規定と立法者が規律すべき事柄の性質との間にまったく何の内的関連性が存在しない場合、スイスの連邦裁判所の言い方でいえば、その根拠が「……それ自身の性質の中に正当性が見出されず、その法律が規律しようとしている事柄との関連性がない」ような場合[9]、要するに、その規範を恣意的だと性格づけることができる場合である。恣意概念をここでの文脈で用いうるのは、恣意が、法律無視(ゲゼッツローズィヒカイト)、恣意的行為、法律無視の行為、つまり、法によって法律が拘束されるべき政治的領域において、無法(レヒトロース)な行為がなされることを意味するからである。私がかつて述べたことがあるように、ある規範が恣意的であるのは、「共同体の法意識と矛盾するすべての状況を客観的に評価すれば、何

もつ意義については、特に Neumann in „Die Arbeit", Bd. 7, 1930, S. 572 ff. ノイマンは、通常なされるネガティヴな平等条項の定式に基づいて、支配的学説を――それが自由の理念に即応したものだと言われているという、ただそれだけの理由で――ブルジョア的=自由主義的だと特徴づけているが、このような指摘はおよそ不当である。実際には、ヴァイマル憲法の平等条項の社会的内実が、従前の学問上の議論、特に公法学上の議論において否認されたことは一度たりともない。

[9] B.-G.-E. A. S., Bd. 6, S. 336 f. ブルクハルトの表現(Burckhardt, Kommentar d. schweiz. Bundesverfassung, 3. Aufl., 1931, S. 31)も参照。

らかの客観的に推論可能な動機が」その規範の「基礎になっていて，その動機には，具体的な場合において立法者が決定するための何らかの規準となるものが，憲法によって容認されていない」場合のことである。この意味において，法律の平等の要請には，一般的に言って，恣意の禁止(フェアボート)が含まれているのである。

その際，重要なのは，——このことは特に常設国際司法裁判所およびドイツ・ライヒ裁判所もはっきりと強調したことであるが——法律の外面的形式ではない。ある法律が，外に向かっては恣意的な差別を回避していて，その通用領域がすべての公民にまで及ぶものであっても，その実際上の効果からして，その法律が政治的偏向の性格をもち，また同時に恣意的な性格をもっていることが明らかな場合には，この法律は平等条項と相容れない。形式的平等ではなく，実際的・実質的な平等であることが決定的なのである。したがって，たとえ一般的な文言で表現された法律であっても，場合によっては——これを確定することは，特に少数者の権利に関して重要である[10]——平等条項に抵触することがありうるし，逆に，ある特定の人物に関わる法律，またはそうでなくとも，個々人を特定しうる人的集団に関わる法律であっても，平等条項に関しては法的有効性が要求されることがある。こうなれば，特権を与える規範は，確かに，たいていは恣意的な例外規範なのであるから，平等条項と相容れないのが普通であるが，平等条項と全く相容れないというわけではない。スイスの連邦裁判所の言い方をするなら，「特権が恣意的なものではなく，客観的な，状況の性質に根ざした要因に根拠づけられていれば」，要するに，その法律に含まれているのが一種の特別の規範であって例外規範ではなければ[11]，特別権を与える規範でも平等条項と相容れない規範ではないのである。

平等条項によって立法者が拘束されるのか，というこれまで検討してきた問題と，この拘束がどの程度のものなのかということについて，裁判官が法

---

(10) これについてはとりわけ *Balogh*, Der internationale Schutz der Minderheiten, 1928, S. 102 f. また Zeitschrift f. ausl. öffentl. Recht u. Völkerrecht, I, 1929, S. 111 f. も参照。

(11) B.-G.-E. A. S., Bd. 10, S. 318. 詳細は私の Gleichheit vor dem Gesetz, 1925, S. 108 f.〔本書 101-102 頁以下。〕また *Burckhardt* a. a. O. S. 29 も参照。

律と平等条項と一致するかどうかについて審査することはできるのかという、これとは別の問題とは、それ自体としては何の関係もない。立法者を平等条項に拘束することは、例えば憲法によって裁判官に審査権の行使が禁止されている場合であっても、そのことによって全く不可能だというわけではない。例えばフランスでは、裁判官には法律に対する実体的な審査権が実定法上認められていないし、理論によっても、このような審査権は単発的にしか承認されていないが、それにもかかわらず、理論上は、立法に携わる諸機関は、今日では支配的に、平等条項の趣旨に拘束されていると考えられている。そしてドイツの理論においても、平等条項をここで主張されている趣旨で解釈する一連の論者はいるし、あるいは、一般的な検討に基づいて、恣意的考慮によって動機づけられることのないような法的義務が立法府に課されているとする論者もいる。ただ、そういう論者も、同時に裁判官にそれに即した審査権を認めるまでの気はないのである。

それゆえ、法律が平等条項と一致するかどうかを裁判官が審査できるのかという問いは、裁判官は法律の実質的な憲法適合性について審査する権限をそもそも有するのか、という一般的な問いにどう答えるかにかかっているが、ここではこの問いについて詳細に論究することはしない。この問いは、先験的にも論理主義的にも、初めから何らか特定の意味で決定しえない問いであり、この問いに答えるための決め手となるのは、もっぱら憲法制定者の、主観論的には把握できない意思のみである。この意思が確実に突き止められないのであれば、決め手となるのは、憲法の一般的な構造的基盤である。そしてこうした構造的基盤は、徹底して最後まで考え抜かれた法治国家的民主制にあっては、裁判官の審査権の有利な証拠になりこそすれ、不利な証拠にはなるものではない。それゆえドイツのライヒ裁判所は正当にも、1925年に、形式的には法的に有効に成立した法律が実体的に憲法に適合しているかどうかを審査する権限を自らに要求した[12]。チェコ・スロヴァキア

---

[12] この関連では、例えばアメリカ合衆国において裁判官の審査権限を根拠づけるためにハミルトンが『ザ・フェデラリスト』の中で述べた次のような特徴的な発言 (Hamilton im „Federalist", Nr. 78, Philadelphia 1817) も参照。いわく、「もし両者(憲法と法律と)の間に調停がしがたい矛盾が生じたとすれば、優越する義務と効力とが優先すべき

では，法律に対するこの実体的な審査権限は憲法裁判所のみが有しており，おまけに憲法裁判所は，さらに——憲法上許容されるやり方でなされているのかどうかについてはここでは問わないでおくが——，提訴権を最高裁判所および議会内の諸団体に制限することによって，および，3年という期限を導入してその期限内に憲法裁判所に提訴しなければならないとすることによって，その職務の遂行に制限を設けている(13)。

これに従えば，裁判所は，ライヒの境界内においては一般的に，チェコ・スロヴァキアにおいては憲法裁判所に限定して，具体的に (in concreto)，例えば立法府が憲法上認められている自己の自由裁量を濫用したかどうかを審査する権限も有している。もっぱらこのような場合にだけ，しかしこの場合にはどんな場合でも，裁判官による修正が始まるのである。これに対して，平等条項を顧慮した立法者の自由裁量の決定の基礎になっている合目的性考慮については，裁判官による事後審査は排除されている。この事情は，ある意味で行政法の場合と類似している。すなわち，行政法においては，行政裁判所は行政官庁の自由裁量の事後審査をできず，審査できるのはただ，場合によっては起こりうるかもしれない裁量濫用のみである。最近のドイツのライヒ裁判所の決定のひとつにおいて，次のように判示されている。すなわち，「法律について，その必要性，合目的性および公正性の観点から，裁判

　　ことは当然であり，言い換えれば，憲法が議会制定法に優先し，人民の意思がその代理人の意思に優先すべきなのである。しかし，こう結論したからとて，それは裁判官が〔立法権に〕優位していることを意味するものでは決してない。ただ，人民の権力こそ，裁判官に対しても立法権に対しても，優位に立つべきことを意味しているにすぎず，制定法の形で表明された立法部の意思が，憲法の形で表明された人民の意思に反するときは，裁判官は，前者によってではなく，後者によって判決を下すべきなのである。」
(13) 憲法裁判所法のこのような制限は許されない，あるいは少なくとも憲法上疑義があると解する見解として，特に *Krejčí*, Promulgace zákonu, její vztah k sankci, vetu, publikaci a k soudcovskému skoumání zákonu, 1926, S. 265, *Adler*, Grundgedanken der tschechoslowakischen Verfassungsurkunde, 1927, S. 112, および Prager Juristische Zeitschrift, 1929, Sp. 274 f. 他方これに反対する見解として，*Hartmann*, Die Überprüfung der Gesetze nach tschechoslowakischem Recht, Prag, 1928, S. 35.——憲法裁判所の審査権限が法律の実質的な憲法適合性に限定されているのか，それとも立法手続の形式にも及ぶのかという争点についても，ここでは詳細に立ち入らない。これについては，例えば *Hartmann* a. a. O. 22 ff.

所によって事後審査がなされる場合，あるいは，そうした事後審査が裁判所に求められるなら，それは，裁判所の任務と裁判所が立法者に対して持っている立場の完全な誤解を意味するであろう。」そうなれば，この命題は，ここで提示した理解の仕方と完全に対応しているといえる。というのは，これまで常に力を込めて強調されてきているように，疑わしい事例であっても，ある規定の合理性，合目的性，必要性について真剣に議論することができるのであれば，当該規定はもはや恣意的で平等条項に違反するものと称することはできないのである。それゆえ，裁判で，立法に対してこの命題を実務的に利用する際には，つねに一定の自制が課されなくてはならないであろうし，先に言及したような意味で恣意的だということができるような極めて稀な事例においてのみ，その権限を用いることが許されるのである。アメリカ合衆国における一定の時期，19世紀の80年代に，労働と労働者に関する立法——ちなみに今日では，これはすでに久しく有効なものとみなされている——の場合が実際にそうであったように，もし裁判官がここで提示した学説によって，常に正当性が疑われている権限——すなわち立法者の自由裁量の決定の基礎にある合目的性考慮を，その根拠に照らして審査する権限——を自己のために要求することになれば，立法と裁判との間に存在する境界がぼやけてしまって，裁判官が立法者になってしまうことになろう。ここまで裁判官の審査権を広げるということになれば，近代国家の構造と，あるいはトーマがかつて言った表現を用いるならば，近代国家の「性質を規定する傾向」——この傾向からすれば，民主制においては裁判官ではなく議会内の諸団体が，国民共同体のあり方を決定しなければならないのだとされる——と矛盾することになろう。

　ここで明らかにした範囲での法律の審査は，実務上も問題なく可能であり，また政治的にも負担にならないものであって，そのことは，すでに今日において立法者を拘束する意義を平等条項に付与している諸裁判所の裁判によって示されているとおりである。いくつかの例を挙げるとすれば，——もとより，個々に見れば誤った決定もありうるとはいえ，その点を別とすれば——例えば，アメリカ合衆国の連邦最高裁判所，スイスの連邦裁判所，ダンツィヒの上級裁判所および上級行政裁判所，テューリンゲンの国事裁判所，

ならびにバイエルンの行政裁判所の裁判，そして最後に，ハーグの常設国際司法裁判所判による，一連の少数者保護条約の該当する諸規定を解釈するに際しての裁判である[14]。これらの裁判所のうちのほとんどすべての裁判所，とりわけアメリカの連邦最高裁判所——ここでは適正手続条項に関連してであるが——，およびスイスの連邦裁判所——ここでは1879年12月13日の判決以来，次第に増加している[15]——，また，仮定的ではあるが，わが国〔ドイツ〕の複数の最高裁判所[16]も，制定法が平等条項に一致するかどうかが問われた際に，この条項の重要性に鑑みて本稿で単に素描したにすぎない恣意概念を，同一のまたは類似した解釈[17]で用い，この趣旨で裁判官によるコントロールを，立法者が客観的にみて恣意的な振舞いをした場合に限定し——ごくわずかな決定においてのみ，恣意概念を主観的規準によって限定している——，そしてこれによって，自由裁量の決定ではなく，もっぱら，場合によっては起こりうる裁量濫用のみを裁判官の事後審査に服さしめているのである。

　ちなみにこの学説は，今日では第109条第1項についてのドイツの文献においては，まったくもって支配的な学説だと称しうる[18]し，チェコ・スロ

---

(14)　以上のほかにも，アレクサンドリア民事法廷の1927年3月1日の決定(Tribunal Civil d'Alexandrie i. Gazette des Tribunaux mixtes d'Egypte, 1926/27, Nr. 342)。なおこの決定はZeitschrift f. ausländ. öffentl. Recht und Völkerrecht, Bd. 1 (1929), Teil 2, S. 464 f. にも収載されている。

(15)　これについては *Jacob Fürer*, Willkür, ein Verstoß gegen die Rechtsgleichheit als Grund f. d. staatsrechtl. Rekurs an das Bundesgericht, Dissert. 1929, S. 55 ff.

(16)　これについては „Höchstrichterliche Rechtsprechung und Gleichheitssatz", Archiv f. öffentl. Rechts, N. F., Bd. 19, S. 428 ff.〔本書200頁以下〕，および *Lammers-Simons*, Die Rechtsprechung des Staatsgerichtshofes f. d. Deutsche Reich usw., Bd. 3 (1931), S. 325 ff. (Entsch. d. thüringischen Staatsgerichtshofes).

(17)　アメリカ合衆国における裁判と文献での慣用的な言い回しについては，*Leibholz*, Gleichheit, S. 79〔本書71頁〕，および *Rommen*, Grundrechte, Gesetz und Richter in den Vereinigten Staaten 1931, S. 58 ff.

(18)　Archiv f. öffentl. Rechts, N. F., Bd. 19, S. 428 f. Anm. 1〔本書200頁注(2)〕における立証を参照。さらに，同じ個所でドイツの文献において支配的と称されている学説の趣旨の文献として，*Schulte*, Preußisches Verwaltungsblatt, Bd. 51 (1930), S. 229; *Neumann* in „Die Arbeit", 1930, Bd. 7, S. 575 f., *Laforet*, Schriftenreihe des Landesverbandes der bayerischen Staatsbeamten, H. 13 (1931?), S. 8; *Loewenstein*, Erscheinungsformen der Verfassungsänderung, 1931, S. 182, Anm. 2; *Scheuner*, Prager Jurist. Zeitschrift, Bd. 11 (1931), Nr. 10, Sp. 391 ff., *Swoboda*, Österreichische Anwaltszeitung, Bd. 8 (1931), S. 205 ff.; *Bindewald*, Der Gleichheits-

ヴァキアの文献でも,何度か,特にクレイチーによって,きわめて強調して主張されたところであり(19),これに対する反論としてどのような実質的な異議を唱えることができると考えうるのかは,今なお疑わしいが,実際この数年,散発的ながら,さまざまな方向からの異議が唱えられてきている。

　第1に,平等条項の文言が,折に触れて拠り所とされてきた。しかしその仕方たるや,余りにも不当である！　実は逆に,平等条項を法適用平等という意味で解釈する学説によって「法律の前に」(vor dem Gesetz)の語が「法律を目の前にして」(angesichts des Gesetzes)の語に解釈し直されているのである(特にアンシュッツがそうである)。平等条項によって立法者を拘束することが現実に排除されるべきであったというのであれば,憲法制定者は明文で裁判官と行政官吏の前の平等を規定しなければならなかったであろう。実際にはこの条項には,平等はすべての法律にも内在する前提として考えられているのである。少なくとも憲法規定の文言は多義的である。そうでなければ,平等条項は決して——今日圧倒的にそうであるように——立法者を拘束するという趣旨で理解することはできないであろう。しかしそういう場合には——特別の理由があって,基本権規範の別の解釈が支持されるのではなければの話であるが——,その規範の法学的通用力を最大限に広げることのできるような解釈が憲法上命じられている(20)。このことは,基本権が創り出された

---

gedanke im Rechtsstaat der Gegenwart, 1931.
(19)　これについては,*Adamovich*, Grundriß des tschechoslowakischen Verfassungsrechts, 1929, S. 60 f., および特に *Krejčí*, Základní práva občanská a rovnost před zákonem, 1929. これに対して,ラオホベルクの態度は不明確である(*Rauchberg*, Bürgerkunde der Tschechoslowakischen Republik, 2. Aufl., 1925, S. 134)。さらに今日ではチェコ・スロヴァキアにおける文献の状況については,クレイチーの報告を参照(*Krejčí*, Archiv d. öffentl. Rechts, N. F., Bd. 21)。
(20)　トーマ(*Thoma* in Nipperdey, Die Grundrechte und Grundpflichten der Deutschen, Bd. 1 (1929)〔訳注：この文献引用は不正確で,正確な書名は,Nipperdey [hrsg.], Die Grundrechte und Grundpflichten der Reichsverfassung. Kommentar zum zweiten Teil der Reichsverfassung である。他の箇所にもこれと同じ文献への言及がある。〕は,スメント(*Smend*, Verfassung und Verfassungsrecht, 1928, S. 162 f.)に依りつつそれをさらに彫琢し,見事な理由づけで,基本権に関するこの解釈ルールを一般的に展開している(特に S. 9. *Hensel*, Grundrechte und politische Weltanschauung, 1931, S. 10 の解釈ルールもこれと同じ方向にある)が,このルールをほかならぬ平等条項に関連させて応用することに反駁している(例えば S. 13)。——しかし,私見ではこれは不当である。それというのも,さらに後述するように,平等条項の文言もその他の理由も,いずれもこの条項の限定的な

のには，立法者を拘束するという自覚的な意図もあったのであり，とりわけこのことを意図してのことであったのだ，ということをみただけでもすでに明らかである。この意図に対応する暗示的な文言は，例えばヴァイマル・ライヒ憲法には見られないが，それは，立法者が原則的に基本権によって拘束されることは自明の理であると考え，不必要な添え物で憲法に重荷を負わせたくなかったことに因るものである。チェコ・スロヴァキアの憲法には，このようにすべての国家機関を拘束するという思想が，憲法の冒頭に次のように明文で置かれていて有効に働いている（§1第1項第2文）。すなわち，「この憲法典は，諸機関（立法，司法及び行政）が憲法によって保障された市民的自由を侵害することのないように，これらの機関が踏み越えてはならない限界を設定するものである。」すでにクレイチーは，こうした限界設定的自由に当たるのは，特にチェコ憲法の主要部分である第5章および第6章の諸権利であり，こうした諸権利の中には，特に平等条項も含まれると指摘した。

　その他の点では，チェコ・スロヴァキアにおける平等条項の解釈についての論争は，他の諸国におけると同じほどの緊急性をもつものではない。というのは，典型的な少数者保護条約や，例えばオーバーシュレーズィエン協定〔訳注〕の場合と同様に(21)，〔1920年の〕チェコ・スロヴァキア憲法においては，すでに憲法§128の中の後に続く文および§106の中の後に続く文からして，平等条項によって立法者が拘束されていることが明らかになる。特にこれらの条文において，すべての公民はその言語，人種または宗教にかか

解釈には必要にはならないし，トーマが立てたこの解釈基準は，憲法自身によって一義的には規定されていない基本権規範の内容の解釈にはつながらないというのであれば，この解釈ルールはいったいどういう意味をもつことになるのか，正しく理解することはできないからである。すでにシュミットはこの趣旨のことを述べており（*C. Schmitt*, Jurist. Wochenschrift, Bd. 60 (1931), S. 1676），正当である。

〔訳注〕　この協定は，第一次世界大戦後の，オーバーシュレーズィエンのうちドイツからポーランドに割譲された領域における少数者保護と経済関係の規律に関してポーランドとドイツとの間に締結された二国間協定のことで，ヴェルサイユ条約の結果としてジュネーヴで締結された（1922年5月15日署名）ので，「ジュネーヴ協定」とも呼ばれる。

(21)　少数者の権利にとって平等条項がもつ原則的意義については，*C. G. Bruns*, Minderheitenrecht als Völkerrecht, 1928, S. 20 ff.，および *v. Balogh*, Der internationale Schutz der Minderheiten, 1928, S. 101 ff. また，*Wintgens*, Der völkerrechtliche Schutz der nationalen, sprachlichen und religiösen Minderheiten, 1930, S. 234 f.，および私の論攷（Zeitschrift f. ausl. öffentl. Recht und Völkerrecht, Bd. I, 1929, S. 109 ff.）も参照。

わらず平等な市民的および政治的な権利を享受する〔§128第1項〕とか，性，生まれおよび身分による特権は認められない〔§106第1項〕と謳われているので，少なくともその限りでいかなる例外立法も禁じられているのである。チェコ・スロヴァキア憲法の§128の中の後に続く文からしてもこの事情は変わらない。というのは，恣意的な例外法律が§128第2項および第3項の意味における一般的法律を意味することは決してありえないからである。とはいえ，これらの条項は実際には，もっぱら一般的な平等条項を特定の方向へ詳細に具体化するという意義にすぎない(22)。これらの条項によって，立法者に対する平等条項の通用領域を，例えば最近ザンダーが行ったように，生得の優先権の禁止に限定するわけにはいかない。もっともザンダーは，こうした生得の優先権に言語，宗教，人種，性を含めることによって，優先権の範囲を大いに拡大したのであるが(23)。そうでなければ，例えば，明らかに納得のゆかない次のような帰結に到達したりはしないであろう。すなわち，恣意的に人間をこうした基準によって取り扱う法律は憲法違反だと

---

(22) 異なる見解として，*Thoma* in Grundrechte und Grundpflichten der Deutschen, Bd. 1 (1929), S. 23, Anm. 18. トーマによれば，平等条項による立法者の拘束は，上に言及した〔「人種，言語または宗教の区別なく等しく市民的及び政治的諸権利を享受する」〕説明的な付加によってはじめて成立するに至るのだとされる。これに対して，ラシュホーファーによる以下のコメントは的を射ていた(*Raschhofer*, Hauptprobleme des Nationalitätenrechts, 1931, S. 94)。すなわち，このような見解は，少数者保護条約の本文も，常設国際司法裁判所の公刊物における意見(Serie B. n. 6)も引き合いに出すことはできない。この意見は，同裁判所の認識で想定されているポーランドの1920年7月14日の法律を，まったく一般的なものであって，決して少数者保護条約第7条と第8条のある特定の章句と一致しないとは言えないとした。それゆえ，チェコの憲法についていえば，立法者が平等条項によって拘束されるのかどうか，という根本的な問いは，本文におけるように，明らかにトーマによっても何ら答えられえないだろう。

(23) これについては，*Sander*, Prager Jur. Zeitschr., Bd. 11, 1931, Sp. 274 ff., 377, 特に Sp. 289, 378. 平等条項は，その成立史からして，生得の特権が排除されることになる限りにおいてのみ，立法者に向けられるものであり，ザンダーは，この成立史はこの条項の解釈にとって決め手となるべきだと言おうとしているのであるが，もしこのことが正しいとしても，依然として不可解なのは，その場合に，如何にすれば，ザンダーが個人の《言語》と《宗教》をもこれらの生得の特権と同様に扱い，この方向においても立法者の拘束を主張しうるのかということである。個人の法的平等に関する学説——この学説は，たしかにそれは単発的であるとはいえザンダーのように相当立派な根拠をもって——ドイツ・ライヒの国法学においても主張されている(最近では再び*Nawiasky*, Kritische Vierteljahresschrift, Bd. 24 (1931), S. 526 f.)が，これに反対する主張については，私の論攷(Archiv d. öffentl. Rechts, N. F., Bd. 12 (1927), S. 12 ff.〔本書169頁以下〕。

言わねばならないであろうが，たしかに別の動機によるものではあるが，それに劣らず〔政治的に〕偏向していて恣意的な法律，例えば，特定の政党に所属する者の権利を奪うような法律は憲法違反という必要はない，というような帰結である。そればかりか，そうなれば，すでにクレイチーがさらに指摘していた奇妙な帰結，すなわち，憲法が保障するのは，第一義的には裁判官と行政の前での平等であって，法律の平等の保障は二の次だ，というような奇妙な帰結も，解釈としては間違いではないということになってしまうであろう。

　平等条項の文言を検討したところで法適用平等説が導かれるわけでもないのと同様に，平等条項の成立・発展史を引き合いに出したり，憲法の他の基本権規定との内的関連を引き合いに出したところで，法適用平等の趣旨での平等条項の解釈が正当化できるわけのものでもない。平等条項の成立史，すなわち，とりわけ，大多数の国家の議会内の諸団体の審議〔の内容〕を，平等条項のより広い解釈を支持するための論拠として持ち出すことはできないのである。このことは，たいていの場合正しいが，チェコ・スロヴァキアに関してだけはそうは言えない。チェコ・スロヴァキアについては，政府の提案動機報告，とりわけ，チェコ・スロヴァキア国は少数者保護条約によって現に国際法的拘束を受けているとする憲法委員会の報告からは，まったく逆のことが明らかになる(24)。しかし，成立史というものは，規範の解釈にとっては全く何の決定的な重要性ももつものではない。そうでなければ，書かれた法の生き生きとした継続的発展はあり得ないであろう。法の条項というものは，裁判が繰り返し新たに教えてくれるように，その文言は数十年間ずっと変わらないままでいながら，内容の上ではきわめてさまざまに変遷することがある。法命題の解釈にとって決定的なことは，常に，特定の共同体が規範の意味内実とその実務上の確証についてどのような価値的信念をもっているかということであり，そうであり続けるのである。

---

(24) 特に *Scheuner*, Prag. Jur. Zeitschr., Bd.11, 1931, Sp. 398 f., 特に 400 も，この拘束のことを強調して指摘している。チェコ・スロヴァキアにおける平等条項の成立史については，近時ではさらに，ヴィーン＝クラウディ（*Wien-Claudi*）も法律家大会で行った報告の中で述べている。

その際に，成立史を引き合いに出すことは，平等条項を法律の平等の意味での解釈することに有利な，全くもって確固たる重要な理由が主張されるだけに，なおさら，目下の関連においては説得力がない。ひょっとすると従前は，例えばフランス革命の時代とかプロイセン憲法にとっては——論争の種となっていたのはここでも平等条項の制限的な解釈であったが——，平等条項の別の解釈が正当でありえたのかもしれないが，それが事実そうであったかどうかは，ここではそれ以上触れないでおく。今日，決定的なことは，憲法生活の基盤が一変し，立憲君主制から民主制に移行することによって，平等条項も基本権も，総じて，その意義の変化を被った。民主制は今日，法定立権力が議会内の諸団体に集中させており，民主制においては，基本権は憲法全体の正統化に関与している。それゆえに基本権は，一般的に言って，憲法によって保護された法益と制度のために，その機能と意義の強化を経験したのである[25]——もっとも，基本権の諸条項自体の文言や意味から何らか別のことが明らかになるわけではないことを前提としての話であるが。

また平等条項の理念史も，法適用平等についての学説に有利な証拠とはならない。たしかに，平等条項はある意味で「古き自由主義の遺産」である。しかし同時に，この条項の基本的意義はこれによって確立されているのである。というのは，自由主義と法治国家との間には，発展史的および理念史的な関連性があるからである。まさに，現在の形態における近代の法治国家は，——マンチェスター主義的とは言えないまでも——市民的な自由主義の産物であると，ある意味で正当に，称することができるのである。だから，自由主義思想の担い手たる，身分的差別を否定して向上せんと努力している市民層も，平等条項をまさしく，一般的な制定法（レヒツゲゼッツ）の支配と，立法者による恣意も含めたすべての人的恣意の排除という意味で理解したのである。

上述のような平等条項の解釈をすれば，憲法の多くの個別規定は，なくても済むものであるがゆえに余計なものになるではないか，だからこそ，平等条項は法適用に限定されるべきなのではないか，とする反論がありうるが，

---

(25) この点については，*Smend*, Verfassung und Verfassungsrecht, 1928, S. 166 f., および私の論攷（Archiv für Rechts- und Wirtschaftsphilosophie, Bd. 22 (1929), S. 493）〔本書 191 頁以下〕。*Scheuner*, Prag. Jur. Zeitschr., Bd. 11, 1931, S. 400.

このような反論も実質的な説得力をもつものではない。憲法は技術的な道具なのではない。事実，たいていの憲法において，しかも頻繁に見られることは，重要な事柄はさまざまな形でさまざまな箇所で言い表わされるということである。その上，憲法制定者にはそれなりの非常に立派な根拠がありえて，最初に一般的原理を根本的な形で宣言し，そのあとでこの一般的原理を，個々の規定によって一定の方向で特殊化するのだということである。平等条項は，一度きりの定まったやり方で形式上一義的に確定しうるものではないので，ほかならぬこのような平等条項にとっては，このような特殊化が実務上非常に重要な場合がしばしばである。例えば，一定の基準があればなお何らかの差別的な取扱いが許容されるのかどうかは，疑義がありうる。そこで，もし特定の憲法条項が，例えば公民を人種，職業，生まれ，地位，言語で別異取扱いをすることを禁止していれば，これらの条項は，平等条項の信頼すべき解釈の意義を有する。これらの憲法条項は，こうした視点による公民の別異取扱いは許されないのだということを端的に断言することによって，存在する疑問に権威をもって決断を下す。あるいは，憲法条項は平等条項の一般的な通用力を何らかの方向で制限し，それによって平等条項が即座に現実化しないようにする。そうした制限的な特殊化は，特定の，繰り返される言い回し（例えば「原則として」とか「〜される」[Werden] とか，あるいは「〜べきである」[Sollen] のように）で表現されるのである。

　最終的には，平等条項が立法者を拘束するという学説によって，平等と正義は相互に同一視されることになる。実際，このことは全く争いの余地がない。等しきものは等しく，等しからざるものは等しくなく，取り扱われるべきであるとすれば，このことは当然，正義の趣旨にかなっている。そして事実，平等条項に含まれているのは，すでに述べたように，つまるところ，立法者をも法理念に拘束するということにほかならないし，それと同時に，法をつねにその時々に詳細に具体化されるべき正義と内的に関連させるべきだとする命令以外の何ものでもないのである。

　そればかりかさらに，恣意的な立法に対して，場合によってはありうる裁判官の審査権に関して，時折，次のような主張がなされることがある。すなわち，この学説によれば，裁判官は立法者になってしまい，非民主的な裁判

官の絶対主義が議会絶対主義に取って代わることになるのではないか，とする主張である。しかしこのような異論については，この報告によってすでに論破できたのではないかと思っている。この報告で試みたように，裁判官の審査権を，立法者の単なる裁量濫用的にすぎない恣意的な振舞いの審査に限定することに限定すれば，それによって国家の政治的統一が脅かされることもなければ，多元主義的な国家否認が弁護されることにもならない。しかもその上，そのように限定した上での審査権であれば，さらに何らかの特別の審級機関を設置して，今度はこの特別の機関のほうで，《誰が番人の番をするのか》(Quis custodiet ipsos custodes)〔訳注〕という命題に従って，もう一度，裁判官の決定の正当性を事後審査しなくてはならなくなるようにする必要もない。というのも，このような要求は目下のところしばしばなされるが，その際に見落とされるのは，法的価値のみに目を向ける独立した司法によって，誤った決定がなされることを予期しうる可能性は，——そしてそれが原理的に重要な相違点を指し示しているのであるが——諸政党で組織された，第一義的に政治的な議会内の団体によってそうした誤った決定がなされることを予期しうる可能性よりも，はるかに少ないという点である。裁判官の審査権は，その性質上与えられている限界内に留まっているならば，そのコントロール機能と，いざという時の修正機能によって，実に，単に民主制の基盤と矛盾しないだけではなく，逆に，上述したように，民主制のもっとも法治国家的な表現とさえ言えるのである[(26)]。民主制的憲法の今日の構造からすれば，民主制，法律の前の平等および裁判官の審査権は，相互に補完しあって一つの全体を形づくっている。この意味で，ごく最近，ほかでもない，第2回チェコ・スロヴァキア＝ドイツ裁判官会議が，「民主制と法」に関してス

〔訳注〕　この格言は，ユウェナーリス(Juvenalis)の風刺詩第6巻346-348行に出てくる言葉である。ペルシウス／ユウェナーリス(作)／国原吉之助(訳)『ローマ諷刺詩集』(岩波書店，2012年)167頁を参照。なお，ロスコー・パウンドの記念論文集(*Paul Sayre* (ed.), Interpretations of Modern Legal Philosophies. Essays in Honor of Roscoe Pound, 1947)には，*Max Rheinstein*, Who watches the watchman? という論文が収録されている。

(26)　*C. Schmitt*, Der Hüter der Verfassung, 1931, S. 24 ff. が論じていることは，私の見方からすれば事実上存在している疑念を過剰に高めるものであるとはいえ，興味深いと同時に重要な指摘でもあるが，ここでは，シュミットのこの論説と向き合うことは，別の文脈のために留保しておく。

ヴォボダが行なった報告に基づいて，満場一致で，次のような指導原理を採択したことは，当を得たことであった。いわく，「近代の裁判官職の文化的使命は，正義のために奉仕することと，現代の民主制国家の諸憲法において確立された法律の前の平等の保護をすることにある」[27]。

以上述べてきて，なお残っているのは，上記の報告の基礎にある問い，つまり，平等条項は達成可能な主観的権利を根拠づけるのかどうか，という問いに答えるための結論を導き出すことである。

第一に，平等条項がそもそも主観的公権を根拠づけるのかどうかという問いが意味を持つのは，もっぱら支分邦の最高裁判所にとってだけであり，これらの裁判所は，例えばチェコ・スロヴァキアの最高行政裁判所のように，特に主観的権利の侵害もあったと主張される場合に初めて訴えることができる[28]。それに対して，裁判所が，自らその審査権限に基づいて，単純法律が平等条項と抵触するかどうかについて一般的に審査する権限があるのであれば，平等条項が主観的公権を根拠づけるかどうかという問いは，実務上は何らの役割も果たさない。個々の点では，まさしくこの問いは，レートリヒ〔訳注〕がその興味深い意見書の核心部分で提起したものである。それゆえ私は，この意見書にいくつかの点を付け加える形でコメントするに留めることとしたい。

主観的公権は，その理念史的基礎[29]に即していえば，自然権の趣旨において，いかなる国家権力によってもその存在を侵害されることのできない不可譲の前国家的人権として考えられていると言える。しかし，ここでの文脈では単に有力な立場だとみなされているに過ぎない実証主義的な立場からしても，主観的権利の概念はそれなりの独立した意義を有している。つまり，国家が定立した規範的素材は，主として一般的利益において作られている条

---

(27) *Swoboda,* Verhandlungen des II. Deutschen Richtertages in der Tschechoslowakei, 1930, S. 7 ff., 105.
(28) スイスにおける，憲法上の諸権利のさらに先を行く概念については，*Bernheimer,* Der Begriff und die Subjekte des verfassungsmäßigen Rechtes nach der Praxis des Bundesgerichts, Dissert. 1930, S. 123 ff.
〔訳注〕 J. レートリヒ (*Redlich*) は著者とともに本章と同じ表題で報告していた。
(29) これについては，*Planitz* in Nipperdey, Grundrechte und Grundpflichten der Deutschen, Bd. 3, 1930, insbes. S. 604 ff. も述べている。

項と，主として個人的利益において作られていて個人の意思領域を拡張する条項とに分解することができるのであり，この後者の条項は，法秩序によって承認された個人的利益を保護するものであって，これらを主観的権利と称することができる。だから，たしかに第一義的には，平等条項は一般的に法命題に即して義務を課する効力を有する，市民的=自由主義的な——今日では，強度に社会的に触発されたものではあるが——法治国家の実質的基盤である。もとより，法治国家は，ヴァイマル憲法も，たいていの〔第一次大〕戦後の憲法と同じく——そして特にチェコ・スロヴァキアの憲法もこれに属するが——，そうした法治国家に属することを公言している。しかし，平等条項はこのような，統一を基礎づける統合的意義を有するものであるとはいえ，基本権と同様に，平等条項の中にも，公権が成立するのに適した基盤があると見ることは，あながち不当だというわけではない。というのは，平等条項もその他の基本権もそうであるが——過去数世紀のヨーロッパ大陸の歴史に照らせば——，それらが保護すべき個々の共同体構成員に，それらが恒常的に本質的な場面で関わることによってはじめて，国家的な文化価値体系(ナツィオナール)にとって根本的な重要性を，決定的な形で獲得するのだということである。平等条項の理念史的基礎に照応すれば，平等条項の中に含まれている一般的な法治国家的原理について，このことは特によく当てはまるのである。

　この数十年のあいだ支配的であった国法学が，このような事態の真相を正しく見てこなかったとすれば，このことは，レートリヒが説得的に証明してみせたように，法学的実証主義の背後にある，この時期の学者世代の，たいていは善意から(bona fide)とられた政治的態度に起因する。この学者世代の者たちは，きわめて様々な社会的および政治的理由から，君主制的原理に有利な形で，他の憲法上の諸制度と同様に，基本権も，法的には全く重要でないものだということを証明して見せ，そうすることによって，立憲君主制を，外見的立憲主義の特徴を具えた絶対君主制に変容させることに関心を寄せていたのである。

　さて，平等条項から個々に生じてくる主観的公権によって，立法，執行および裁判による，公民の不平等でない取扱いが要求される。それゆえ，その要求は，憲法上の自由権の場合とまったく同様に，例えば法律を公布すると

いうような，国家の諸機関のポジティヴな作為ではなく，法的平等を違法に妨害しないことというネガティヴな方向性を持っている。こうしたネガティヴな方向の場合にも，個々に平等条項から生じてくる主観的公権は，自由権の場合とまったく同様に，さらにその時々に詳細に規定する必要があるのは確かである。主観的権利の主体と内容は一度に抽象的に決まるわけではなくて，違法な介入の種類と内容しだいで具体化されるものなのである。介入によって，まず，誰が個別の事例において侵害されたとみなすことができるのかが決まり，そして，国家自体から，内容に関してその時々に平等条項に基づいて何が要求しうるのかが決まるのである。

　この意味では，例えばスイスにおいては，理論でも実務でも，私の見る限り，圧倒的に，同権を求める市民の憲法上の主観的権利が受け入れられており，この権利はカントンにおいては国家の諸機関のすべての行為に対して，それゆえ立法，行政および司法の行為に対して，必要な場合に主張することができる。そして，レートリヒの言うように，基本権および自由権は，それゆえ法律の前の平等という条項も——何らかの自明のものとして——アングロ・サクソンのコモン・ロー法律家によって，訴えの原因となる主観的権利とみなされるのである。チェコ・スロヴァキアの場合は，憲法裁判所は，個人がその権利を侵害されても，その者が直接に憲法裁判所に訴えを提起することができず，行政裁判所も法律の合憲性を事後審査することができないのであって，憲法裁判所に訴えを提起することができるのは，法律の合憲性の問題が裁判活動の前提となる場合のみである。このことだけからしてもすでに，チェコ・スロヴァキアにおいては，先に述べたことに対応するような展開はあり得ないことが分かるであろう。

　従前から多種多様な形で問題にされてきたことは，平等条項から個々の場合に派生してくるこれらの主観的公権は達成しうるものでもあるのかどうか，ということである。これが具体的に達成しうるかどうかについて権威をもって決定するのは，もっぱらその時々の国法秩序のみである。したがって，主観的権利にそもそも何らかの法的保護が与えられるのかどうか，この法的保護が法治国家的欲求を充足するのかしないのか，ということは，議会制的法治国家の統治がなされている大衆民主制にとっても，一般的に答えら

れる問いではなく，単にその時々に，特定の国にとってのみ，答えうる問いである。ただ言えることは，個々に具体的な憲法上の規律がいかなるものであれ，例えば国法が主観的権利にまったく何の保護も与えない場合とか，そうではなくとも単に，そもそもこうした権利が存在しないと結論づけようとするものではないという不十分な保護しか与えないようなことは，正当ではないということである。

　このことを確認したからといって，次のように言い添えることができないわけではない。すなわち，平等条項から個々に派生するこうした主観的権利を，何らかの形で，国法によって達成することのできる権利でもあるとすることが，基本的に言って法治国家の理念に適合することは当然だということである。このような考え方の念頭にあるのは，特に，例えば次のようなことであると言ってよかろう。すなわち，特別の最高裁判機関が存在していて，これらの審級機関がこうした主観的権利の侵害について判定することができる——当該の上級裁判所が憲法違反の行為を直接に廃止する権限を認められているか，それとも単に付随的決定、つまり当該の行為を具体的に適用しないという権限を認められているにすぎないのかは別として——ということであり，さらには，自国の国籍保有者だけではなく外国人も，自然人だけではなく法人も平等条項を援用できる，ということである。しかし他方，同時に，そうした不服申立権から民衆訴訟を発展させることを阻止するのは，国法の決めるべき事柄であろう。例えば，ある種の除斥的効力をもつ期限の規定を導入するとか，現に存在している国法上の一連の審級手続を尽くすべきことを定めるなどすれば，こうした目的に役立つであろう。その上，この観点からすれば，異議申立権者の原告適格は，例えば次のようにすることによって，さらに制限されもするであろう。すなわち，例えばスイスにおけるように(30)，恣意的な立法，裁判および行政によって直接的に侵害された者のみが異議申立権や訴権を持つ（ただし，立法者が濫用的に間接的な行動をする場合については，実は平等条項の直接的な違反であるがゆえに，間接的に被害を受けた者にも，同様に異議申立権が認められるが）とか，例えば，客観的な憲法違

---

(30)　この点については，例えば，B.-G.-E., A. S., Bd. 5, Nr. 93; Bd. 28 I, Nr. 38, 38 I, Nr. 69.

反以外に，基本権によって実体的に保護されている利益の侵害がさらに付け加わらなければならない，といった制限である。

　こうした細目にわたる純粋に実務上有用な諸問題を度外視すれば，この報告の内容は，例えば次のように，その趣旨を要約することができよう。

1. すべての公民が法律の前に平等であるという命題は，現代の法治国家的民主制においては，その法命題に即して，単に司法および行政のような法適用機関（法律解釈も自由裁量も）を拘束するだけでなく，立法者をも拘束する。
2. 立法者に対しては，平等条項には，本質的に等しきものは等しく，本質的に等しからざるものは等しくなく取り扱われるべきだという命令が含まれている。
3. 何が本質的に等しくまた等しくないのかという問いに関しては，これを決定するのは，法定立の権限を有する議会内の諸団体の自由裁量によってである。
4. 裁判官の審査権は，平等条項が立法者を拘束するかどうかという問いと必然的に結びつくわけではない。
5. とはいえ憲法が沈黙している場合には，法治国家的民主制においては，疑わしいときは，裁判官の審査権は，法律が実体的＝憲法適合的に成立したかどうかについても及ぶ。
6. 平等条項に鑑みれば，実質的な裁判官の審査権の行使には，裁判官にとっては，立法者がその自由裁量を濫用し恣意的な行動をしたかどうかを審査する権利が含まれる。恣意が存在すると言えるのは，立法者による別異取扱いまたは平等取扱いに，合理的な，事柄に即して納得のいく何らかの理由を突き止められない場合である。立法者の自由裁量による決定の基礎にある合目的性考慮は，審査できない。
7. 立法者が平等条項に拘束されることを受け入れたからといって，もろもろの解釈上の異論と矛盾しないし，平等条項の成立史および理念史がこのことと矛盾するわけではなく，最終的に，憲法の体系と矛盾するものでもない。

8. 平等条項は，その一般的意義にもかかわらず，個々人の主観的公権を根拠づけることができるが，そうした権利は，具体的に通用している国法秩序の枠内においてのみ，そうした問題を決定するなどの権限を有する裁判審級機関において主張することができる。

私は諸賢氏が，民主制のために，および法治国家のためにも，これらのテーゼを信じることを公言されることを願うものである。

第6章　法律の前の平等とボン基本法⁽¹⁾

I

　ボン基本法の第3条第1項は,「すべての人は法律の前に平等である。」という文言である⁽²⁾⁽³⁾。

　この条項は,アングロ・サクソンの諸国ではコモン・ローを構成する不文の不可欠な一部であるが,フランス革命以来,多くのヨーロッパ諸国と非ヨーロッパ諸国の憲法⁽⁴⁾の中に,これと同一の,また同一とは言わないまでもこれに類似した言い回しで見出される。ドイツにおいてはこの平等条項は,19世紀初頭からヴァイマル憲法に至るまで,――国法学がこの条項の詳細な解釈に携わってきた限りで言えば⁽⁵⁾――国法学によって,圧倒的に⁽⁶⁾

---

(1)　本章の論文の初出は,Deutsches Verwaltungsblatt, 1951, S. 193 ff. である。
(2)　ヘレンキームゼーの憲法制定会議の草案および議会評議会の基本原則委員会の最初の2回の読会でも,平等条項は内容の点でさらに詳細な規定にする試みがなされた。しかし中央委員会の最後の会議でも,また議会評議会でも,こうした詳細な条項案を削除し,伝統的で古典的な平等条項の言い回しを維持することが決定された。基本法第3条第1項の成立史についての詳細は,v. Mangoldt, Das Bonner Grundgesetz, Kommentar, 1950, S. 50/51, および Jahrbuch für Öffentliches Recht, N. F., 1 (Bd. 26), 1951, zu Art. 3 GG.
(3)　この条項は,およそ基本権カタログが含まれているほとんどのラント憲法において,同一のまたはそうでなくとも類似の言い回しでみられる。とはいえ,ロシア占領地域にあるドイツのラントの憲法においては,市民は,法律の定めるところにより,特に民族社会主義的または軍国主義的行動のゆえに,その公民としての諸権利を剥奪されていない限度でのみ平等な公民的権利を有する,という条項として見出されることが非常に多い。例えば〔1946年12月20日の〕テューリンゲン憲法第5条第2項,および〔1947年2月28日の〕ザクセン州憲法第8条を参照。
(4)　その例証は,Leibholz, Die Gleichheit vor dem Gesetz, 1925, S, 14 f., Anm. 2.〔本書2‐3頁注(3)。〕
(5)　例えば Laband, Das Staatsrecht des Deutschen Reiches, 5.Aufl., 1911 は,その4巻からなる著作において,この解釈作業を行っていない。
(6)　しかし重大な例外もあった。ここでの関連でいえば,例えば,v. Jhering, Geist des Römischen Rechts, 1874, 3. Aufl., Bd. II, S. 90; Mohl, Das Staatsrecht des Königreiches Württemberg, 1840, S. 338 を参照。

次のように理解されてきた。すなわち，憲法によって法律の適用の任に当たる者は，したがって司法および行政は，個人がだれであるかを見ずに法律を均等に適用するべきだ，という理解である。平等条項をこのように解釈すれば，平等条項が何らかの重大な政治的意義を発揮することができなかったのは，事の成り行き上，当然のことである。ただ，行政法にとっては，平等条項はそこから行政にとっての重要な制限が導き出された限りで，意味を持った。とりわけ，行政官庁がその自由裁量を運用するに際して，事柄の性質が同じなのに異なった取扱いをすることは，平等条項があるおかげで禁じられたのである[7]。

ヴァイマル憲法の下では，このイメージは根本的に変化していた。1920年代の半ばに実証されたように，ヴァイマル憲法第109条第1項において確認された平等条項は，さまざまな理由から，深刻な意義変化と構造変化を経験し，この意義変化と構造変化によって，それまでの通説，すなわち，例えば代表的には G. アンシュッツ[8]や R. トーマ[9]によって主張された，いわゆる法適用平等説は，根本的な修正を被ることを余儀なくされた[10]。この〔新〕学説によれば，法適用の権限をもつ司法と行政の諸機関のみならず，

---

[7] さらに法的平等の原理から行政官庁に対して導き出される別の制限に含まれるものとしては，官庁が命令の代わりに処分によって物事を規律することや，法律を適用する際に何らかの優先権や特権を付与することの禁止ということがあった。これについては，*F. Fleiner*, Institutionen des Deutschen Verwaltungsrechtes, 1919, S. 125 ff. さらにこれと関連する禁止は，特別の納得のいく理由なしに，行政官庁によって恒常的な実務において適用される法から逸脱することである。これについては *Leibholz*, Verwaltungsarchiv, Bd. 31, S. 234 ff.〔本書 155 頁以下。〕また，*Forsthoff*, Lehrbuch des Verwaltungsrechtes I, 1950, S. 389 も参照。

[8] *Anschütz*, Kommentar zur Weimarer Reichsverfassung, 14. Aufl., zu Art. 109, S. 522 ff.

[9] *Thoma*, Grundrechte und Polizeigewalt in Festgabe für das preußische Oberverwaltungsgericht, 1925, S. 127 ff., および *Der.*, Die juristische Bedeutung der grundrechtlichen Sätze in *Nipperdey*, Kommentar der Grundrechte und Grundpflichten der Deutschen, Bd. I, S. 23.

[10] この点については，例えば *Leibholz*, Die Gleichheit vor dem Gesetz, S. 30 ff.〔本書 19 頁以下〕，および同 S. 34〔本書 23 頁注(10)〕に挙げたそれ以外の文献のほか，*Aldag*, Die Gleichheit vor dem Gesetz in der Reichsverfassung, 1925; Veröffentlichungen der Vereinigung der deutschen Staatsrechtslehrer, Heft 3, 1927 に収載のカウフマン（*E. Kaufmann*）とナヴィアースキー（*Nawiasky*）の報告；*M. Rümelin*, Die Gleichheit vor dem Gesetz, 1928, およびこの本の書評（*Leibholz*, Archiv für Rechts- und Wirtschaftsphilosophie, Bd. 22, S. 489-495.〔本書第4部第3章〕）。さらにまた *Leibholz*, Archiv f. öffentl. Recht, N. F., 18, S. 254 ff.

立法者自身も平等条項に拘束されているとされた。この学説は，次のような洞察が増大するのと相俟って，ヴァイマル憲法の下で次第に根を下ろしていった。すなわち，法実証主義も形式主義も，国法学の中でもはや決定的な諸問題をコントロールしきれる状況ではなくなって，国の定立した規範に実際にも実体法が含まれていて正義の要請に対応するための保証を与えることができなかったという洞察である。この学説は，ヴァイマル憲法下で，時の経つうちに，ついには通説となり(11)，実務においても，いよいよその価値を認められることができた。かくしてこの学説は，例えばライヒ参議会によっても，また例えばダンツィヒの上級裁判所および上級行政裁判所，オーストリアの憲法裁判所，テューリンゲンの国事裁判所，およびハンブルクの上級行政裁判所といった多くの最高裁判所によっても受け入れられるようになっていた(12)。ライヒ裁判所，国事裁判所及びプロイセン上級行政裁判所といったその他の最高裁判所は，平等条項を広く解釈する学説を，言わば職務上，一括してその裁判の基礎に置く決心を固めることはできなかったが，この新学説に共感し，その共感を実務の中で，この学説を好意的・仮説的に用いることによって表現することをためらわなかった(13)。

　事態のこうした状況からすれば，例えばチェコ・スロヴァキアのようなドイツ・ライヒ以外の国においても，この新学説が徐々にその意義を認められることとなり，1931年に同地で行われた〔チェコ・スロヴァキア=〕ドイツ法律家大会で，すべての人が法律の前に平等であるとする命題は，法治国家においては，単に行政および裁判のみならず立法をも拘束するのだとする見解

---

(11)　これを例証するものとして，*Leibholz*, Archiv f. öffentl. Recht, N. F., Bd. 19, S. 428 f. Anm. 1〔本書200頁注2〕および1930年2月17日のプロイセン選挙法の法的有効性についての国事裁判所の決定(RGZ., Bd. 128, Anh. S. 8)。
(12)　個々の典拠は Archiv f. öffentl. Recht, N. F., Bd. 19, S. 438-440.〔本書210-212頁。〕ここで引用したオーストリアの憲法裁判所の裁判以外にも Erk. Slg. 1451.
(13)　ライヒ裁判所，国事裁判所およびプロイセンの上級行政裁判所の実務については，Archiv f. öffentl. Recht, N. F., 19, S. 431 ff.〔本書202頁以下〕に決定の詳細な例証がある。そこに個別に引用してある決定以外にも，さらに，RGZ, Bd. 136, S. 221 ff., 特に221; Bd. 139, S. 6 ff., 特に 11 ff.; 140, S. 430 を参照。ビール税共同体に関するライヒ法律が無効か否かという問題における1928年11月17日の国事裁判所の誤った決定については，DJZ., Bd. 34 (1929), Sp. 1119 において筆者が修正しているを参照。

が，異口同音に主張・支持された[14]ことは，何ら不思議なことではなかった。

　この論争は，ボン基本法第1条第3項によって，基本権が，したがって同時に法律の前の平等という条項も，「直接に適用される法として，立法，行政及び裁判を拘束する」[15]とされている今日となっては，何ら取るに足りないものとなってしまった。それに加えて，議会評議会〔＝制憲会議〕も，平等条項には高められた法治国家的意義があって立法者をも拘束するのだとする学説に対して従前なされてきた批判によって惑わされることはなかった，という言い方で，このことを暗示的に表現した。そしてこのことは当を得ている。なぜといって，ヴァイマル憲法の成立史および同憲法の内容から導き出された教義史的および解釈学的疑念には根拠がないことは，すでにヴァイマル憲法下でも仔細にわたって説明されていた[16]し，その点では，平等条項のこの新しい解釈には，言うところの危険な帰結が結びつくがゆえに，この新しい解釈は受け入れられないとして持ち出されるその他の反論も，同程度に根拠のないものだからである。こうした状況の下では，ヴァイマル憲法の時代にはこの新しい学説は受け入れられない，または留保を付けてでなければ受け入れられない，と思っていた論者も，今では，その従前の見解を修正したのは偶然ではないし，また今日ではほとんど誰もが，立法者が平等条項によって拘束されているとする説を異口同音に唱えるようになっ

---

[14] これについては，「すべての人が法律の前に平等であるとする，さまざまな憲法の中で明文化されている原則は，達成することのできる主観的権利を根拠づけるか」というテーマで1931年の第5回チェコ・スロヴァキア＝ドイツ法律家大会の報告書におけるヴィーン＝クラウディ（*Wien-Claudi*）とライプホルツ（*G. Leibholz*）の報告（S. 338 ff., 350 ff., 404 ff.）〔本書216頁以下〕を見よ。

[15] 同じ趣旨のブレーメン憲法（第41条），ヘッセン憲法（第26条）およびベルリーン憲法（第23条）も参照。これに対して，大多数のラント憲法は，この問題を明文では規律していない。しかしこのことは，これらのラントにおいて立法者の平等条項への拘束に疑いがさしはさまれたことを意味するものではない。バイエルンについては *Nawiasky-Leusser*, Die Verfassung des Freistaates Bayern v. 2. 12. 1946, 1948, zu Art. 118 BV., S. 200; ヴュルテンベルク＝バーデン憲法については，*Neubinger*, Kommentar zur Verfassung für Württemberg-Baden, 1948, Bem. 3 zu Art. 2; そしてラインラント＝プァルツ憲法については，*Süsterhenn-Schäfer*, Kommentar 1950, zu Art. 17, S. 128 を参照。

[16] *Leibholz*, Die Gleichheit vor dem Gesetz. Ein Nachwort zur Auslegung des Art. 109 Abs. 1 in Archiv f. öffentl. Recht, N. F., 12, S. 1-36.〔本書159頁以下。〕

ている(17)のも,何ら偶然ではない。それは,立法者といえども根拠のない不平等な決定をすることが禁じられている場合であって初めて,あるいは——別の言い方をすれば——法律の平等が法適用の平等よりも優先する場合であって初めて,ボン基本法の採用している類の法治国家的民主制において法的に平等な法律適用のための担保について語りうるのだ,という正しい認識のしからしむるところなのである。

ひとりひとりの個人(ボン基本法では人間とされていて,ヴァイマル憲法でドイツ人とされていたのとは異なる)(18)がもっている,立法者による法的に平等な取扱いを求めるこの権利は,主観的公権(19)である。同時にこの権利は,すべての自由権を確かなものにするのに役立ち(20),したがって,自由を求める一般的な人格的権利,つまり,個々人の一般的な自由権と切り離すことのできないものである。この権利は憲法上の強い力をもつ権利であって,憲法改正法律の助けを借りて除去することさえできないのである(基本法第1条

---

(17) 例えば,*Giese*, Grundgesetz für die Bundesrepublik Deutschland, 1949, zu Art. 3, S. 10; *v. Mangoldt,* Kommentar a. a. O. zu Art. 3, S. 51; *Wernicke* im Kommentar zum Bonner Grundgesetz, Anm. II 1b) zu Art. 3; *H. P. Ipsen*, Über das Grundgesetz, 1950, S. 15; *Jerusalem*, Die Grundrechte der Bonner Grundgesetzes und ihre Durchsetzung in der Rechtsprechung in SJZ, 1950, S. 6; *E. Friesenhahn*, Die politischen Grundlagen des Bonner Grundgesetzes in Recht, Staat und Wirtschaft, Bd. II, 1950, S. 175.

管見に属する限りでは,1945年以降で,立法者が平等条項に拘束されているとすることに異論を唱えたのは,*Riezler*, Das Rechtsgefühl, 1946, S. 109 と *Apelt*, Geschichte der Weimarer Verfassung, 1947, S. 305 のみである。しかし,これらの著作はいずれも,ボン基本法〔の成立〕以前に出たものである。

(18) ヴァイマル憲法第109条第1項参照。外国人も平等条項を援用できるかどうかという点についてのヴァイマル憲法下での論争については,*Leibholz*, Gleichheit a. a. O. S. 84 ff.〔本書76頁以下〕。法人がどの程度この保護に与るのか,という論争についても,同箇所を参照。法人についてのこの問いも,ボン基本法第19条第3項によって実定的な意味で決定された。

(19) この点については特に1931年のチェコ・スロヴァキアで開催された第5回ドイツ法律家大会での討論についてのJ.レートリヒ(*Redlich*)の意見の中で,彼は次のような趣旨を述べる至った。すなわち「さまざまな憲法の中で明言されている法律の前の平等という原則は,直接的に実効性のある,それゆえに公法に関わる問題において判断する権限のある最高裁判所によって貫徹される主観的権利とみなされるべきものである」と。さらにこの法律家大会での討論(A. a. O., 364 ff.)を参照。これ以前でもすでに *Leibholz*, Gleichheit a. a. O. S. 11 ff.

(20) *Ruck* in Die Freiheit des Bürgers im Schweizerischen Recht, 1948, S. 96; *G. D. Cole*, Essays in Social Theory, 1950, S. 154; *Lauterpacht*, International Law and Human Rights, 1950, S. 338.

第3項および第3条第1項と結びついた第79条）。この権利が平等条項と相いれない法律によって無視される場合には，連邦憲法裁判所は，基本法第100条によって定められている手続の枠内で，憲法違反と認識される規範として，その適用を拒む権限があり，またそうする義務がある[21]。そればかりか，公行政の担い手（政府機関や行政機関）がそのような憲法違反の法律を根拠として行為し，個人の領域に介入するならば，自己の権利を侵害された個人は，ボン基本法第19条第4項の枠内で，管轄の行政裁判所または通常裁判所に訴え，それによって，基本法の定めている訴訟手続を発動させて，求められている連邦憲法裁判所の判断を引き出すことができるのである[22]。

II

以上のことからすれば，今日では問題はもはや，立法者が平等条項に拘束されているかどうか，さらには，裁判官が法律の平等条項と一致しているかどうかを審査することができるかどうか[23]，ということではなく，立法者が平等条項によって拘束されているという場合に，われわれがそれをどういう内容のものとして理解しうるのか，ということである。

この問題は，すでにヴァイマル憲法下において，非常に詳しく取り扱われていた。すでに当時特に強調されていた[24]ように，ここでの文脈において平等という概念で理解されるべきものは，各人に彼のものを与える，というアリストテレス的な相対的な正義にかなった平等(ゲレヒティヒカイツグライヒハイト)[25]，つまり，不平等と

---

(21) ボン基本法第100条については，*H. P. Ipsen*, Die Nachprüfung der Verfassungsmäßigkeit von Gesetzen in Deutsche Landesreferate zum III. Internationalen Kongreß für Rechtsvergleichung in London, 1950, S. 808 ff. = Beiträge zum Öffentlichen Recht, S. 36 f.

(22) 第19条第4項については，*Friesenhahn*, Der Rechtsschutz im öffentlichen Recht in Deutsche Verwaltung, 1949, S. 481 ff.; *C. H. Ule*, Die neue Verwaltungsgerichtsbarkeit und das Verhältnis von Justiz und Verwaltung in DRZ., 1949, 10. Beiheft; *F. Klein*, Tragweite der Generalklausel im Art. 19 Abs. 4 des Bonner Grundgesetzes in Veröffentl. der Vereinigung Deutscher Staatsrechtslehrer, Heft 8 (1950), S. 66-122.

(23) 裁判所（下級の審級機関も含めて）は，1945年以来，広い範囲において裁判官による審査権限を自らに要求してきた。*Ipsen*, Nachprüfung a. a. O. S. 23, Anm. 6 がこれについて個別に実証している。

(24) 詳細は *Leibholz*, Gleichheit a. a. O. S. 45 ff.，およびそこに挙げられているその他の文献〔本書35頁以下〕。

(25) *Aristoteles*, Nikomachische Ethik, V. Buch, 6. Kapitel, 1131b: Politik, III, 1280a, 1282b,

いう相補的概念なくしては考えられない平等(26)のことであって，立法者が平等なものを平等に，不平等なものは不平等に扱えばそれで充足されたことになる(27)。これによれば，自然によって存在している事実上の不平等は，社会生活上に現に存在している多くの不平等と同様に，立法者によって考慮されることになる。しかし他方——すでに先に個々の点について詳細に述べたように——，今や，事実上の前提条件における不均等はどんなものであれ，立法者が法的に異なる取扱いをすることが正当化される，ということにはならない。むしろ，何らかの異なる法的取扱いが許容されるための前提条件は，まったく特殊な，つまり《本質的な》性質のものでなくてはならないのである。こうした前提は，スイスの連邦裁判所の裁判に言うところの《重大な》ものでなくてはならないのである(28)。

では，個々の場合にいつの時点でそうした相違を著しいあるいは本質的なものだと称することができるのか，ということについては，見解は——特に，今日の世界のようにイデオロギーの点で分裂している世界においてはなおさらのことであるが——当然のことながら，広く分かれる。その限りでは，さまざまな価値観や世界観が侵入してくることは，不可避である。ただ，こういったからと言って，こういう事情によって先に述べた基準がその重要性をまったく失ってしまうことにはならないし，個人が好き勝手に，何かを著しく重大だとかそれほど重大ではないとか称することができる，ということにもならない。というのも，ある共同体の諸々の価値観は，——それらが全体国家によって倒錯した異常なものになることを度外視すれば——そうした分裂した状況にもかかわらず，それらには同時にそうした相違を超越

1283a. それ以前にもすでに *Platon*, Gesetze, VI. Buch, 757. 最近の文献としてはさらに，*Nef*, Gleichheit und Gerechtigkeit, 1941; *Radbruch*, Rechtsphilosophie, 1950, 4. Aufl., S. 289, 353.

(26) *Schindler*, Verfassungsrecht und soziale Struktur, 1932, S. 153 は，歯に衣着せず，平等は不平等を自らのうちに受容している，と述べている。またすでにカルヴァン(*Calvin*)が，平等（神の前の平等）と不平等（階層的に分けられた秩序全体の中に自然に根拠づけられた社会的相違）は，いずれも神の配置意思によるものであるとしているのも参照。

(27) 議会評議会の原則問題委員会では，次のような——のちには再び削除されることになる——文言が挿入されていた。「法律は，同じものは同じように取り扱わなければならないが，異なるものはその特性に応じて取り扱うことができる。」

(28) 詳細な実証は *Leibholz*, a. a. O. S. 48.〔本書 38 頁。〕

した，何か共通するものが含まれているがゆえに，今日でもなお，事実上の実体的な素材を評価するためのひとつの確かな拠りどころを提供しうるものである——ことも稀ではない——からである。

　それはそれとして，ここでの関連では，次のように言い添えておけば十分であろう。すなわち，現代の政党国家においては一般的にいって，立法者は事実上の前提条件の相違が著しく重大であるかどうかを決定しなくてはならないのだということである。立法者の自由裁量に何らかの限界があるとすれば，それは，立法者がその自由裁量を濫用することが許されない限度においてである。平等条項と相容れない裁量濫用だと言うことが許されるのは，次のような場合である。すなわち，〔第一に〕法律上の別異取扱いまたは平等取扱いについて，事物の本性[29]からして明らかで合理的な，またはそうではなくとも実質的に見て納得のいく理由が見出されない場合，〔第二に〕法律上の規定と立法者によって規律されるべき素材との間に何らの内的な関連性がない，あるいは，関連性はあってもやはり明らかに全く不十分な関係にしかない場合，そして〔第三に〕スイスの連邦裁判所が判示したように[30]，「それ自身の性質の中に正当性が見出されず，その法律が規律しようとしている事柄との関連性がない場合」，要するにその規範が恣意的なものと性格づけることができる場合，である。

　したがって，ここでの文脈で恣意概念が特に重要であるのは，この概念が，恣意的に活動する者は誰であれ法と正義の外にわが身を置くこととなるのが必定であることを，他のどんな概念よりもよく明らかにするからである。そうした規範を正当化するために，さまざまな種類の政治的考慮が持ち出されるかもしれない。そうした規範はまた，ある共同体の枠内においても秩序と安全を維持する機能を果たしうるかもしれない。しかしながら，その規範は，実際の領域においては，国家内に組織された強制力の手を借りて自

---

(29) 事物の本性の概念について詳細は *Radbruch* in der Festgabe für Rudolf Laun, 1947, S. 157 ff.——アメリカの裁判における合理性(reasonableness)の概念については，平等条項についての合衆国最高裁判所の判例に関連して，*Leibholz*, Gleichheit a. a. O. S. 79 ff., 113 f.〔本書71頁以下および105頁以下。〕

(30) Entscheid. des Bundesgerichts A. S., Bd. 6, S. 336 f. さらに，ブルクハルトの表現(*Burckhardt*, Kommentar der schweizerischen Bundesverfassung, 1931, 3. Aufl., S. 31)も参照。

己を貫徹し主張することができるのだという事実だけでは，その規範が法＝正義の前で法規範として正統性を有するにはまだ十分ではない。そのためには，その規範が同時に正義という基準に即しており，かつ，法的に意味のある理由に支えられていることが必要なのである。もしこれが事実そうでなければ，その規範が審査されるべき特定の観点の下において，その規範から，客観的に推論可能な動機——そこに具体的な事例において立法者が決定するための決め手が認められるのであるが——を引き出すことはできず，それゆえ，そうした規範は恣意的なものである。この意味において法律の平等という要請(ゲボート)には，実は，立法者に向けられた恣意の一般的な禁止(フェアボート)が含まれているのである。

その際には，すでに先ほど別の関連で常設国際裁判所とライヒ裁判所について述べたとおり，法律の外的形式は重要な問題ではない。対外的には恣意的な差別を避けて抽象的・一般的な通用領域を持っている法律であっても，その法律の実際上の効果からして，それが政治的に偏った，そして同時に恣意的な性格のものであることが露呈すれば，やはりその法律は平等条項と矛盾するのである。形式的な平等ではなく，現実的・実質的な平等かどうかが決定的要素なのである。そうなれば，事情によっては，一般的に作られた法律であっても平等条項と抵触することがありえないわけではないし，逆に，個人を特定できる程度の人数に関わる法律であっても，平等条項の観点からすれば，法としての有効性を要求しうる場合もないわけではない[31]。すでに1931年のチェコ・スロヴァキアでのドイツ法律家大会で，恣意が存在するかどうか，つまり，「なにがしか合理的な，事実に即した理由があれば，別異取扱いまたは平等取扱いは正当化されるのか」という問いが出された折に，「問題は表現の仕方とか根拠づけがどうかではなく，実際の事情がどう

---

(31) こうなれば，特権を与える規範は恣意的な例外命令とみなされるのが通例である。しかしこうした規範でも，まったくもって平等条項と両立しえないものだ，と称しうるわけではない。スイスの連邦裁判所が言うように，「特権は恣意的だというわけではなく，状況の性質に存する客観的な動機に根拠づけられている」場合には，特権を与える規範は恣意的なものではないのである。BGE. A. S., Bd. 10, S. 318.
　イギリスにおいても，《法の支配》の一部である平等原理には，一定の例外や違反が許容されている。例えば，議会の構成員や裁判所の構成員の免責特権，および特に「国王は悪を為しえない」(the King can do no wrong)という格言を考えてみればよい。

かなのだ」と言われた(32)のも，この趣旨に出たものであるといえる。

　こう見てくれば，恣意の概念が中心概念であって，この概念を用いれば，何が平等条項と両立しえないことなのかの範囲を詳細に限定できるのである。この概念については，別の関連で詳細に検討したし，そこで述べた点について繰り返す必要はないので，ここでの関連でも，そこで詳述したことを参照されたい(33)。ここでは，以前に出されていた，または今でもまだ存在している誤解を解くために，若干の補足的な説明を加えるにとどめることとする。

Ⅲ

　まず最初に主張されたことは，恣意概念は形式的な概念であり，それゆえ実務的に有用な概念ではない，とするものである。実のところ，恣意概念を詳細に分析する際につねに決定的な重点が置かれたのは，今世紀の初めの何十年のあいだ支配的であった抽象的・哲学的形式主義のしがらみから解放することであった。このことが特に当てはまるのが，シュタムラーの形式主義であった。シュタムラーは，法概念を形式概念としか見ておらず，したがって，法的な行いの形式的基本原則と，正しい法のありかとして考えうる形式とを展開することしかできなかった(34)。これに対して恣意概念は，内容的に豊かな価値概念として展開され，この価値概念は——裏を返せば——実質的な正義概念それ自体と同じ平面に存するのである。その結果，正義それ自体を実質的に規定しうる限り，恣意概念も内容的にさらに別の言葉で言い換えることができる，ということになる。

　その上，恣意の実質的内容を別の言葉で言い換えるのは，正義の内容をそうするより簡単でもある。というのも，恣意は単純に《正義に反する法》の同義語ではなく（恣意行為はもちろんつねにそうであるが），同時にそれ以上のものだからである。つまり，論理的には，正義に適った《法》か正義に反する《法》のどちらかしかありえないとしても，そうした論理のためにではな

---

(32)　Verhandlungen des Jur. Tages a. a. O. S. 404/405.
(33)　*Leibholz*, Gleichheit a. a. O. S. 72 ff., 88 ff. 〔本書63頁以下，80頁以下〕
(34)　Gleichheit a. a. O. S. 53 ff. 〔本書44頁以下。〕

く，合目的性の理由からして，法が正しくないということと，法が恣意的であるということとは，区別されてきた。すなわち，理由づけは確かに事実に即しているとは言えるが，やはり正しくない命題と，よく見てみれば別異取扱いまたは平等取扱いを法的に支えている納得のゆく理由が全くもって見出されず，その規範が把握する事情がそれと結びつけられている法的効果とは，全くもって両立しえないような命題との間の区別である。前者の場合であれば，まだ法律による規律の正義の内実について争いうるし，それについて種々の意見がありうるであろう。これに対して後者の場合は，正義の要求するところとの深刻な衝突があるために，合理的に考えるすべての人々の間で，その法律による規律には正義の内実が欠如していることについて意見が一致するであろう。ラートブルフはその『法哲学』の中で，生についての社会的な対立を詳細に根拠づけられた理論的相対主義によって克服しようと努力し，全く異なる社会秩序を法と正義の視点から許容したが，そのラートブルフでさえ，いかなる事情があっても「正義の本質を規定する要請」，つまり法的観念の「不可欠な構成要素」(eiserner Bestand)と相容れないがゆえに，「法たること」を要求しえないような，立法者の特殊な恣意行為があることを疑う余地はなかった[35]。このことはとりわけ——ラートブルフの言うように——「正義の核心をなす平等が実定法の制定に際して否認される場合」に当てはまる。こうした場合には，「法律は，単に《正しくない》法であるばかりでなく，むしろそもそも法たる性質を欠くもの」[36]なのである。混ぜ物のない法意識が，今日においてもなお，共同体の中で確かな信頼をもって受け止められ，現実に機能している精神的な力として本領を発揮することができるのは，こういう場合においてである。

　同時に，ここから明らかになるように，不正義という概念と恣意という概念

---

[35] *Radbruch*, Rechtsphilosophie, 4.Aufl., S. 336 und 353 ff.
[36] *Jhering*, Zweck im Recht, Bd. 1, S. 351 が次のように言っていることも参照。「その（立法権力の）すべての濫用が恣意であるというわけではない。それゆえ，拙劣な法律，誤りのある法律であっても，それだけではまだ恣意的な法律とはいえない。われわれが後者の表現を用いるのは，法律の規定が，われわれがに心の中に抱いている法の一般原則，あるいは，立法自身がすでに実現している法の一般原則と一致しないということを，われわれが言明しようとする場合のみなのである。」

とを同義語として用いる傾向が広く蔓延しているが，こうした傾向に理由がないのは，そういう態度をとれば，あたかも，《正しくない》法律はそれだけですでに恣意的なものであって，平等条項とは相容れないものと言いうるかのような印象，また，裁判官は特殊な立法者としての役目を行使する権限があるかのような印象が呼び起こされるからである。

　しかし，恣意概念を，形式概念ではなく，特定の内容をもった実質的な価値概念なのだと見る場合であっても，やはり，ひょっとすると，恣意概念には内容的に確固たるものが欠けているがゆえに，実務上の利用可能性がないのではないか，との疑念が出てくる可能性があるように，思われる。事実，特定の歴史的状況の中で恣意的だとみなすことができるものの内容を，始めから先験的に，一般的通用性をもって確定することなどできないのである。恣意概念は，歴史的な変遷可能性の空間に住まっているのである。この概念をさらに詳細に規定するには，時代と状況に制約された具体的な状況の認識が必要である[37]。われわれが，例えば旧来の自然法の趣旨に沿って，恣意概念から具体的な禁止規範の何らかの確固たる体系を導き出し，およそありうるあらゆる生活関係にそうした禁止規範を一義的に適用することを許容するようなことなど，できない相談である。恣意概念がこうした運命を分かち合うのが，実質的正義の概念[38]であり，恣意概念は実質的正義の根底からの絶対的な否認を内包しているのである。そればかりか，恣意概念は，一般条項やそれと同じように構成された一連の概念(例えば公共の福祉とか，善良な風俗とか信義誠実といった概念)とも，この運命を分かち合うのであり，これらの概念もまた，一般的通用性の要請を有するものとして一義的に定義することはできないが，それでも，裁判と行政によって，恒常的な実務の中で有意義に適用されるのである[39]。

---

[37]　*Leibholz*, Gleichheit a. a. O. S. 59 ff.〔本書 50 頁以下〕
[38]　この概念についての詳細は，今日では，ヴェルツェルの著書(*Hans Welzel*, Naturrecht und materielle Gerechtigkeit, 1950)である。
[39]　その上またここでは，すべての法で用いられ，次のような言い回しで否定形で表現される，流動的で合理的には把握できない限界概念も想起されよう。例えば，「明らかに正しくない」「全く目的に反する」「絶対に適していない」といった用い方である。ドイツ法に関しては，Gleichheit a. a. O. S. 82, Anm. 2〔本書 74 頁注(97)〕の詳細な例証を参照。

このことを明確にするためには，ここでの関連では，例えば選挙権の平等の概念が，過去150年間の経緯の中で被ってきた変遷を想起しさえすればよい。この概念は過激化の漸進的過程の荒波に晒されてきたのである[40]。例えば19世紀には，すべてのヨーロッパの国々で金権政治や教育の程度によって制限された選挙権が，依然として選挙の平等とまったく両立するものとして通用していた。今日では，そうした19世紀的な趣旨で選挙権を，例えば財産，収入，納税，あるいは教育と結びつけているような法律は，平等選挙と普通選挙という形式化された概念と相容れないであろう。ちょうど同様に，われわれは，従前には一般の慣例であった，女性の選挙権からの排除が許されるとするわれわれの考え方を根本的に修正しようとしている。19世紀や20世紀初頭の観念とは対照的に，今日では，女性を選挙権から排除するようなことは，平等選挙と普通選挙の概念と両立しえないとする見方が強まっている。その結果，例えばスイスが，このような見方の変化を目のあたりにして，この問題に対するこれまでの保守的な例外的立場をいつまでも主張し続けることができる状況にあるかどうかは，疑わしいように思われる〔訳注〕。選挙権を今日一般に普通に行われているよりも高い選挙資格年齢と結びつけるような選挙法も，今日では，ともすれば平等選挙と普通選挙の原則に違反しかねない。それどころか選挙制度自体さえ，多数決選挙制に代わるものとして，比例選挙制がますます多くの国で取り入れられてきている傾向が示すように，平等の観念と正義観念のこのような変遷に触発されるかもしれない。しまいには，社会的・経済的領域が——今日すでにそうなっているがそれ以上に——著しく広い範囲で，平等の観念の変遷に巻き込まれるかもしれないし，これらの領域においても，19世紀という時代の経つうちに政治的なものの分野で起こっていたように，次第次第に，純然たる形式的平等が達成

---

(40) この点についてはまた，*D. Thomson*, Equality, 1949, S. 60 ff., 79 ff.
〔訳注〕 スイスに関するこの部分の叙述は，1874年のスイス連邦憲法を基礎としている。その第74条第1項の文言は「すべてのスイス人」(jeder Schweizer)となっており，この語は男性名詞で，そこには女性は含まれないものと解されていたが，その後，1971年2月7日の国民投票による改正で，「スイス人男性及びスイス人女性」(Schweizer und Schweizerinnen)という文言に改正された。なお，この憲法を全面改正した1999年4月19日の現行憲法でも，男女を問わず，すべてのスイス人に，同様の文言で選挙権を保障している（第136条）。

されるかもしれない。

あるいは，古典的自由主義の支配下で——例えば合衆国において——連邦最高裁判所が，社会的な下層の人々の有利になる保護法律——今日のわれわれにとってみれば，こうした法律はまさしく真の平等と正義の思想の表現そのものであるように思われるが——について，19世紀に合衆国で支配的であった平等の観念と一致するのかどうかについて，否定的な判断を下したことを考えてみればよかろう。

こう考えると，今日でなら平等条項と両立しうるように思われる行為であっても，過去には別の判断がなされただろうし，また将来にもさらに別の判断がなされるかもしれないのである。この意味では，平等の理念の歴史は，すでに述べたように，実は法の歴史の，もっと適切な言い方をすれば，文化の歴史の一部分なのである[41]。

このように，ある特定の具体的な状況において恣意だと言いうるものの内容を，一般的通用性を求めつつ包括的に釈義することを諦めることには，恣意概念のもつその時々の歴史的な基盤と限定とを顧慮する必然的な自己抑制があるのである。しかし，こう言ったからといって，——許しがたい方法で言われたような——勝手な価値相対主義を弁護するわけではない。すなわち，このような価値相対主義は——このことはすでにヴァイマル憲法の時代に指摘されていたことであるが——「批判的・合理的な主知主義と形式主義とによってメタ法学的な諸要素を崩壊し，相対化が進行する過程において，そもそも実定法の基盤として用いられる力を正義の概念から奪わざるをえない」のである[42]。一定の基本的な原理や国家を超えた規範が存在し，そうした原理や規範は，いかなる法秩序——いやしくも法秩序とう名称を正当に使うべきであるとすれば——も，その存在を無視してはならない。ヴァイマル憲法の時代に，平等条項の中にここで釈義したような意味での立法者の拘束があると理解していた論者たちの中で，このような原理や規範の存在を否定したものは一人もいなかった。すでに当時，どんな法秩序であっても，そ

---

(41) *Leibholz*, Gleichheit a. a. O. S. 73/74.〔本書 64-65 頁〕
(42) Gleichheit a. a. O. S. 60.〔本書 51 頁。〕相対主義を克服する必要性については，最近のものとして，*Wein*, Das Problem des Relativismus, 1950 を参照。

こには一定の直接的に義務づける命題が内在しており，そうした命題によって，同時に，恣意概念も，一定の内容を与えられた実質的法概念となるのだ，と言われていたのである。

　このような時代を超えた命題に属するものは，例えば——アリストテレス的な相対的平等を，すべての人間の絶対的平等と結びつける，キリスト教的人道的伝統[43]に従うならば——，ひとりひとりの人間の生命への基本的権利である。何人も基本的にその固有の価値と尊厳を奪われてはならないし，純粋に道具的に，他の人の単なる手段として使われることは許されないのである[44]。自己の倫理的人格を発展させるこの権利は，失われることのない不可譲の権利であって，過ぐる数十年の間には冒瀆されたが，その後になって，憲法上効力ある基本権として，ボン基本法と一連のラント憲法に盛り込まれたのは，なんら偶然ではない[45]。

---

(43)　この結びつきは，ウルフ（*Woolf*, After the Deluge, Bd. I [1931], S. 260）によって次のように見事に描かれている。「民主制は，キリスト教と同じく，すべての人類が全く同じであれば無意味であろう。キリスト教の核心（the whole point）は，事実としては人は道徳的にも知的にも，身体的にも違いがあるが，それにもかかわらず，神によって平等のものとして扱われ，平等な宇宙的価値をもったものとされるということである。民主制の核心は，人は，肉体的，精神的，道徳的な素質では不平等であるのは事実であるが，国家によって平等な社会的政治的価値のあるものとして取り扱われるべきであるということである。」

(44)　その限りで，平等条項には，自然法的な思想の所産が含まれていると言ってもよい。自然法の視点からこれと同じ結論に至っているのは，例えば *H. Mitteis*, Über das Naturrecht, Deutsche Akademie der Wissenschaften zu Berlin, Vorträge und Schriften, Heft 26, Berlin, 1948; *H. Rommen*, Die ewige Wiederkehr des Naturrechts, 1947; *Spranger*, Zur Frage der Erneuerung des Naturrechts in Universitas, Tübingen 1948, Heft 4 である。シュプランガーも時代を超えた一定の自然法命題の存在を肯定している。さらに *Fechner*, DRZ., 1949, S. 79 ff. とそこに挙げられているその他の文献も参照。

(45)　ボン基本法の第1条は，このことを「不可侵にして譲り渡すことのできない人権」と述べている。ボン基本法はまた，「人間の尊厳は不可侵である」と宣言し，第2条は，すべての人に「自己の人格を自由に発展させる権利」を保障している。この点について詳細は，*v. Mangoldt* im Archiv f. öffentl. Recht, N. F., 36 (Bd. 75), S. 279 ff. ラント憲法の中では，特に1947年5月18日のラインラント＝プァルツ憲法に，これとよく似た規定が含まれている。この憲法は，おそらく自然法の思想の流れをもっとも身近なものとした憲法といってよかろう。また，*Isele* in „Kultur und Wirtschaft im Rheinischen Raum", Festschrift für Christian Eckert, 1949, S. 181 も参照。

　自由主義的民主制が今日では新たな正当化を必要とし，そうした民主制の存在を，宗教的なものの存在から改めて確認されなければならないということについては，私が Deutsche Verwaltung, 1948, S. 74 で詳述を試みたことがある。事実，ボン基本法には，一

第6章 法律の前の平等とボン基本法　255

　それゆえ，ヴァイマル憲法下で平等条項と恣意概念の内容と意義について言われていたことは自由主義的であり形式主義的であるとして，これに失格宣告を下す試みが，第三帝国においてなされ，民族社会主義には，この学説に人種意識に依拠した新しい《実質的》正義概念を充填する課題が与えられた[46]のであってみれば，これは真実のあからさまな倒錯であり，そこでは，権力を信じきったニヒリズム的実証主義[47]の趣旨にのっとって，法が恣意に取って代えられてしまったのである。

　実質的な中身のない相対主義の，このようなジャコバン的論理の助けを借りれば，どんな政治権力保持者でも，自己の目標をいとも簡単に達成することができるが，この論理をもってすれば，単に，ニュルンベルク法［訳注］と何百万もの人々の《虐殺（リクヴィダツィオーン）》が平等条項および正義と両立しえたことを《実証（ベヴァイゼン）する》ことが可能である[48]ばかりでなく，東側における政治的恣意

連のラント憲法と同様に，特にその前文において，政治的状況が根本的に変化したことを自覚したことの認識がはっきりと吐露されている。このことは，さまざまな憲法において，《神への呼びかけ》(Invocatio Dei)の形式で表現されている。この点について詳しくは, *Süsterhenn*, Der Durchbruch des Naturrechtes in der deutschen Verfassungsgesetzgebung in Gegenwartsprobleme des Rechtes (Publik. Der Görresgesellschaft), Heft 1 (1950), S. 43 ff.

(46)　平等条項は，その当然の担い手，つまり，個々の人間と，内的関連性を有するはずのものであるが，国法学上の文献の中で，平等条項をこうした内的関連性から引き離そうとする試みがなされ，平等条項をもって，その具体的内容が国家によってはじめて獲得される，論者の言うところの客観的基本権のひとつだと宣言された時から，本文で述べたような事態の展開が始まったのである。この趣旨を述べるものとして, *Huber*, Bedeutungswandel der Grundrechte im Archiv f. öffentl. Recht, N. F., 23, S. 1 ff. および *Ders.*, Verfassungsrecht des Großdeutschen Reiches, 2. Aufl., S. 361. しかしここでの関連では，特に, *Poetzsch-Heffter*, Vom Deutschen Staatsleben im Jahrb. d. öffentl. Rechts, Bd. 22 (1935), S. 33 ff., および *Scheuner*, Der Gleichheitsgedanke in der völkischen Verfassungsordnung in der Zeitschrift f. d. ges. Staatswissenschaft, Bd. 99 (1939), S. 245-278, 特に 253, 265 ff. を参照。

(47)　政治的および法的実証主義のもつニヒリズム的性格については，最近のものとして, *Thielicke*, Nihilismus, 1950, S. 75 ff.――この試みは，平等条項を曲解するものであるが，実証主義的形式主義に反対する論者たちからも支持されていただけに，なおさら恥ずべきものであった。

［訳注］　ニュルンベルク法(Nürnberger Gesetze)というのは，1935年9月15日にニュルンベルクで開催されたナチスの党大会でヒトラーが発布した2つの法律(RGBl. I, S. 1146)のことで，これによって，ユダヤ人はドイツ人との婚姻が禁止され，市民権を剥奪されたほか，事実上すべての権利が奪われることとなった。さしあたり *Zentner/Bedürftig* (Hrsg.), Das Grosse Lexikon des Dritten Reiches, München 1985, S. 423 f. 参照。

(48)　というのも，血統による同種(Artgleichheit)を法律の前の平等の実質とみなすのであれば，《ドイツ人》と《非アーリア人》との間の人種的な違いは，平等原理(!)からす

〔=横暴〕で起こったことを，平等条項に具現された正義の表われだと称し，民族社会主義による政治的差別取扱いをもって，実質的な法的別異取扱いだと言ってのけることもできるのである。〔しかし，〕論者の言うところの形式化された西側の自由主義的平等条項は，実質的な法的別異取扱いによってはじめて，それを支える法的基盤が与えられるのである。

IV

　平等条項のこのような政治的に偏った解釈を度外視すれば，以上で述べてきたことから明らかになることは，平等条項には一定の時代を超えた基本的な命題が含まれており，それらの命題は，暴力と恣意とで法を取って代えるつもりがないのであれば，いかなる法秩序といえども無視することのできないものだということである。しかし，そればかりでなく，平等条項の内容は変遷しうるものであることも明らかになる。

　したがって，国法学には次のような二重の課題があることになる。すなわち一方で，いかなる法律的秩序であっても，それが正義に適ったものであることを主張する以上は放棄することのできない，一般的な法原則を詳細に説明しなくてはならない[49]。さらに国法学は，平等条項が置かれている全憲法的な文脈から，平等条項に組み込まれる一般的な諸原則を取り出して明示しなければならない。こうすることによって同時に，恣意概念が明確化(ポジティヴィーレン)され，また実務にとっての具体的な規準が与えられることとなり，この規準を用いれば，その時々の法的素材に判断を下し精査することができるようになる。〔実は〕この主張も，ヴァイマル憲法の時代にすでに力説されていたのであった[50]。すでにその当時において，「支配的な学説からすれば，法律や法適用にとってどういう帰結が生じるのかを指摘すること，とりわけ，

　　れば不平等に取り扱うことも許される，不平等な事態を生じさせることになるからである。
(49)　こうした原則には，例えば，契約は守られるべし(pacta sunt servanda)とか裁量権濫用の禁止なども含まれる。このような濫用が問題になるのは，ある法律が，例えばまったく異なる重さの犯罪行為を死刑によって威嚇している場合である。このことについては，Radbruch a. a. O. S. 354 を参照。
(50)　例えば [Leibholz in] Archiv f. öffentl. Recht, N. F., 12, S. 32.〔本書187頁。〕

恣意禁止によって支えられている指導原理を明示してそれを的確に述べること，そして，平等条項とその他の基本権の間の関連性およびヴァイマル憲法第109条第１項と法律概念の間の関連性を解明すること」[51]こそが，国法学の任務だと言われていたのではなかったか。

　この試みは，民族社会主義体制の崩壊後，個々の法秩序，例えば民法に関しては着手されていた[52]。また，ボン基本法第３条第２項および第117条第１項（男女の同権）を履行するための，第38回ドイツ法律家大会に備えるべく指定された膨大な文献的資料も，ここでの関連で言及しておくべきである[53]。この方法を憲法に適用するならば，何ゆえ，例えば1848年に人々が平等条項と恣意概念によって理解していたことが，ヴァイマル憲法下でこの条項と概念によって理解していたこと，そして今日ボン基本法の下でますますそう理解されている[54]ことと，内容的に著しく違っているのかも理解できる。ただし，見落としてはならないのは，そうした実務を導く基本方針を際立たせることは，それ自体としては必要なことであり，また有意義なことであるとはいえ，それがいつでも，何となく十分に満足のいくものではないことが実証されるかもしれないし，何が恣意的なことであるかを具体的な歴史上の秩序の枠内で，十分に満足のいく形で定式化し実体化することは決してできないがゆえに，単に相対的な通用性しか要求しえないかもしれないということである。それというのも，そうした具体的な秩序の枠内では，「法理念が無限であることは，いくらそのことを否定したところで，特定の形式

---

(51)　Archiv f. Rechts- und Wirtschaftsphilosophie, Bd. 22, S. 494.〔本書199頁。〕
(52)　例えば，*Raiser*, Der Gleichheitsgrundsatz im Privatrecht in Zeitschrift f. Handelsrecht, 1947, S. 75 ff. それ以前にもすでに，*Aldag*, Gleichheit vor dem Gesetz, S. 42
(53)　数多くの文献のうち，例えば，*Beitzke-Hübner*, Die Gleichberechtigung von Mann und Frau, 1950, H. 14 der Beifhefte der DRZ. 公務員法における両性の同権については，Archiv f. öffentl. Recht, N. F., 76, S. 137 ff. に所収のイェリネク（*W. Jellinek*），ケメラー（*E. v. Caemmerer*），グレーヴェ（*W. Grewe*）の立場表明を見よ。
(54)　ヘッセがゲッティンゲン大学に提出した博士論文「ドイツ国家法における法律の前の平等の原則」（*K. Hesse*, Der Grundsatz der Gleichheit vor dem Gesetz im deutschen Staatsrecht [1950]）の功績は，ヘッセが，こうして，ひとつひとつのドイツの憲法を手掛かりに平等条項と恣意概念の歴史的変遷と，これらの憲法においてそれぞれの時代にこの概念の基礎に置かれていたさまざまな考え方を際立たせたことである。――さらに，*David G. Ritchie*, Natural Rights, 1916, S. 295 も参照。

的=内容的に不変な命題の中に詰め込んでしまう」わけにはいかない[55]からである。

V

このように，民族社会主義体制の崩壊後，すでに先に何度も引用した平等条項に関して言われたり書かれたりしたことを要約すれば，根本的な問題に関して言えることは，次の点のみである。すなわち，議論はさほど深まっていないか，そこまでは言えないとしても，単に，1933年以前にすでにドイツで確固たる思想となっていたことについて，その本質的な点の仕上げがなされたにすぎない，ということである[56]。

これに対して，ドイツの裁判に祝辞を述べるべきは，ドイツで諸ラントの憲法とボン基本法が施行された後，立法者が平等条項によって拘束されていることを肯定し，立法行為が平等条項と一致するかについて審査する権利を要求したことである[57]。そして——すでに述べたように——ヴァイマル憲

---

[55] すでに [Leibholz in] Archiv f. öffentl. Recht, N. F., 12, S. 32/33. 〔本書188頁〕

[56] この点に関して特徴的なのは，1945年以降にヘッセ(Hesse a. a. O.)によって，ここで議論の的になっている問題の検討に費やされた，管見に属する限りもっとも網羅的な叙述である。ヘッセは一方で，ここで提示した学説を批判的に解明しつつ，次のような結論に至っている。すなわち，「平等条項の内容を規定せんとするこれまでの試みのうちでおそらくもっとも有意義な試みは，平等条項を恣意の禁止として定義するものであるが，この試みは客観的で実質的な正義をめぐる問いに何らの解答も与えることはできない。この試みは，《正義とは何か？》という問いについての問題を，ただ単に《恣意とは何か？》という問いに置き換えているだけである」(152頁)。しかし他方で著者は，自身の側では，平等条項を別の言葉で詳しく言い換えるための何ら積極的な寄与をすることはできておらず，無理をして平等条項を全く支配的学説の意味で解釈している。だから次のように述べているのである(S. 155-156)。「たしかに，恣意の禁止というだけでは正義とか恣意の内容は何ら規定されたことにはならないが，恣意概念が，今日においてもなお恣意行為に対してある程度確実に反応する法意識と関連づけられれば，この概念は価値の高い貢献をすることができるであろう。さらには，法意識の評価基準として役に立つことができるのが，憲法の基本権部分である。」

こうして，本文で述べたことと，すでにヴァイマル憲法の時代に述べたことが，基本的に正しいことが確認されたことは，きわめて心強いかぎりである。

[57] この関連では特に1948年10月15日のバイエルン憲法裁判所の決定(Vf. 2, 24, VII., 48 in Verwaltungsrechtsprechung in Deutschland, 1949, Bd. 1, Nr. 82, S. 265)，および1949年6月10日の決定(Vf. 52 VII 47 in Verwaltungsrechtsprechung 1950, Nr. 2, S. 5)を参照。さらに1949年11月21日のバイエルン憲法裁判所の決定(Vf. 20., VII-49 in Verw.RSPR., 1950, Nr. 41, S. 170)，および1949年6月9日の決定(Vf. 30, V II-47 in Verw.RSPR., 1950, Nr. 42, S.

法の時代にいくつかの最高審級の裁判所が，頻繁に，依然として，平等条項には恣意的な別異取扱いや同等取扱いの禁止が含まれているとする学説を，慎重に用心深く，しかも，もっぱら仮定的にのみ使用していたのに対して，今や，最高裁判機関（国事裁判所〔訳注〕，憲法裁判所，上級行政裁判所）は，もはや躊躇することなく，平等条項の視点から，そのもっとも重要な法治国家的機能を果たしたのである。

　事態のこうした状況からすれば，恣意概念と，それを明確化して詳細に別の言葉で言い換えるために用いられる言い回しが，今や一般的に裁判に受け入れられたのは，何ら不思議なことではない。

　すでにヴァイマル憲法下で，ライヒ裁判所は次のように明言していた。すなわち，「法律の前の平等という原則が持ちうる意義は，事実の内容が同じであれば法律によって平等に扱われるべきで，それを不平等に扱うことは恣意を意味することになろう，ということだけであり」，「合理的な考慮に基づくいかなる理由によっても正当化することのできないような別異の取扱い」は恣意的であるように思われる(58)と。そしてこのような基本的立場から，ライヒ裁判所は，この新学説が裁判を拘束するものだとはまだ受け止めていなかった他の最高裁判所と全く同様に，次のような結論に達していた。すなわち，──「（問題になっている）法律のいくつかの規定の必要性が目的に適

---

187)を参照。〔訳注：Verwaltungsrechtsprechung in Deutschland の略語として，以下の原注では，Verw.RSPR., VRSP, VRS のように異なる表記が用いられている〕

　さらに，1950年4月14日のヘッセンの国事裁判所の決定（VRSP., 1950, Nr. 68, S. 308），1950年6月19日のリューネブルクの上級行政裁判所の決定（DVBl., 1950, S. 534）および1950年7月4日の決定（DVBl., 1950, S. 571）を参照。──バーデンの国事裁判所，ヴュルテンベルク＝バーデンの国事裁判所，およびハンブルクの上級地方裁判所の平等条項についての決定について詳細に紹介するのが，*Mallmann* in DRZ., 1950, S. 411 である。──バイエルンの憲法裁判所の裁判については，さらに *Roemer*, Süd. Jur. Zeit., 1949, Sp. 243 ff. も参照。

〔訳注〕　基本法下で各ラントに設置されている憲法裁判所（Verfassungsgericht）は，ラントによって名称が異なり，バイエルンのように Verfassungsgerichtshof という名称のラントと，ヘッセンやバーデン＝ヴュルテンベルクのように，ヴァイマル憲法下での通称であった Staatsgerichtshof（国事裁判所）という名称をそのまま用いているラントなどがある。詳細は，初宿正典『日独比較憲法学研究の論点』（成文堂，2015年）50頁注(23)を参照。

(58)　RGZ., Bd. 111, S. 329.

っているかどうかについて争うことはできる」としても——やはり，立法者による別異取扱いは，少なくとも「第109条第1項の原則に違反する恣意的な区別に基づくものではない」ため，これらの法律を平等条項と相容れないものとすることはできない(59)，と。あるいは裁判所はまた，次のようにも言った。すなわち，問題となっている別異取扱いが正当であるというために「合理性に基礎づけられていることを否定しえない，さまざまな考慮がなされたことを挙げる」ことができ，あるいはこうした考慮は「顧慮すべき社会的性質」のものである，と。

　最高裁判所の今日の裁判においても，同一のまたは類似の形でこのような言い回しが再び見られる。とりわけ，管見に属する限りすべての最高裁判所は，法律が平等条項と一致するかどうかについて審査する際に，立法者に禁じられていることを別の言葉で詳しく言い換えるために，恣意概念を用いているが，そのやり方たるや，ヴァイマル憲法下において支配的学説に倣ってなされたのと正確に同じである(60)。だから，例えばバイエルンの憲法裁判

---

(59) 詳しくはArchiv f. öffentl. Recht, N. F., 19, S. 432 ff. およびそこに挙げられているその他の文献〔本書203-204頁〕。

(60) これについては，VRSP., 1949, Bd. I, Nr. 82, S. 266; Bd. II (1950), Nr. 2, S. 5, Nr. 42, S. 188, およびNr. 68, S. 308（平等条項は「公民を立法者の恣意から保護している」のであり，この条項には「恣意的な規範定立の一般的禁止が含まれている」）。またDVBl., 1950, S. 534, 551 も参照。

　フライブルクのバーデン上級行政裁判所は(DRZ., 1950, S. 410-411)，たしかに，立法者が恣意の禁止によって拘束されていることを疑ってはいないものの，この拘束を平等条項から導き出しているわけではない。この決定によると，平等条項の観点において立法者に禁止されているのは，単に，立法者がその権力を濫用して「一般的通用力のある法命題に，特別の事例において，ある個人または人的集団に有利または不利になるように穴をあける(durchbrechen)が，これに対する，事項的関連性によって正当化される理由が存在しない」場合のみであるとされる。あるいは次のような，さらにはっきりとした言い方もされる。「基本法上の平等条項が禁止しようとしているのは，何はさておき，権利の担い手をその人的状況を理由として，許容できない仕方で有利または不利に扱うような個別的決定であって，一般的な法確信からすれば，法的に重大な同一の事態について適用される法的ルールの例外とみるべき個別的決定である」と。

　こうした言葉で裁判所が表現することを試みたことが，ヴァイマル憲法下では，個人的法的不平等の禁止と呼ばれたのである。この学説はすでに当時，ナヴィアースキー(Nawiasky)やフォン・ヒッペル(v. Hippel)によって主張されていたものである。しかしこの学説は支持できない。なぜなら，人的な法的不平等な取扱いの禁止は，立法者がこうした場合において，そもそも恣意的な行動をすることを前提としてのみ，有効性を要求しうるものだからである。それというのも，法律の中には，種々の住民集団を区別し

所が行った基本的な決定によれば，ある法律が「事柄の性質からして，また正義の観点からしても，明らかに同様の取扱いが求められているような同一の事態を，恣意的に，つまり十分な実質的な理由もなく，また正義の理念を十分指向せずに，不平等に取り扱う」[61]場合は，同一の事態は平等に取り扱われるべきだという命題が立法者によって侵害されることになるのである。「それゆえ，実質的に十分な，法の考え方に準拠した，かつそれに照らして責任を負いうるような，何らかの理由を見出さなければならない」[62]のである。あるいは，リューネブルクの上級行政裁判所の決定において言われるように，「基本法第3条の平等思想には，実質的に正当化されない理由に基づいて不平等を生み出すことの禁止が含まれている」[63]のである。あ

て取り扱っているが，平等条項に含まれる別異取扱い禁止には該当しないものが多くあるからである。だから，人的に法的不平等な法定立の禁止と称されるものを，恣意概念なしで考えることはできず，それはまさに恣意概念をこそ前提としているのであり，したがって，人的な法的不平等を事項的な法的平等の対極に置くことなど，どうしたってできるはずないである。平等条項を人的な法的不平等の禁止という意味で解釈することに反対する主張について詳しくは，[*Leibholz*,] Archiv f. öffentl. Recht, N. F., 12, S. 16 ff.〔本書 173 頁以下。〕およびそれ以前にもすでに *Triepel* in den Veröffentlichungen der deutschen Staatsrechtslehrer, Heft III (1926), S. 50 ff. ちなみにナヴィアースキーは，今日では従前の見解をみずから修正している。*Nawiasky-Leusser* a. a. O. S. 200 を参照。また，事実に即さない例外的立法の禁止は単に恣意禁止の一断面にすぎない，とするマルマン (*Mallmann*, DRZ., 1950, S. 412) の指摘も参照。

　マルマン自身によれば，憲法の不文の規範からしてもすでに，恣意禁止は明らかであり，それゆえこの禁止は，平等条項との結びつきから解き放たれるべきであるという。事実，つまるところ，恣意の禁止は，すべての法治国家秩序に内在する原理なのであり，このことは，すでに以前から再三再四，力を込めて強調したことであり，また先にも縷々述べたとおりである。しかし，そういったからといって，恣意の禁止を憲法に即して承認することが排除されるわけではない。そして，もしこれが事実そうであれば，何ゆえ，恣意の禁止という命題を憲法に基づいて根拠づけることは放棄するべきで，それと同一の命題は，一般的な不文の憲法条項から導き出されるものだとされるのか，理解に苦しむ。この見解は，法的・法律的平等の要請は恣意禁止と同一ではないとする前提に立つものであろう。しかし，両者が同一でないことの立証は，これまでのところまだなされていない。

(61)　VRS., Bd. I, Nr. 82, S. 265-266; Bd. II, Nr. 42, S. 188; Bd. II, Nr. 3, S. 12.
(62)　VRS., Bd. I, S. 266. さらに，VRS., Bd. II, Nr. 5, S. 5/6 が次のように述べているのも参照。すなわち，それらの規定は「全くもって事柄に即した正当な理由のある考慮に」依拠している，「つまり，実質的にみて正当化された区別を行ったものであり，したがって平等条項に抵触するものではない。」
(63)　DVBl., 1950, S. 534. さらに，ヘッセンの国事裁判所の次のような言い回し (VRSP., 1950, Bd. II, Nr. 68, S. 311-312) も参照。それによれば，「実際には何らの十分な実質的理

るいは，これまた同様に，別の決定で言われるように，立法者は「正義のために，事柄の特定の関連性において合理的な仕方で本質的に平等に評価するべきことを不平等に取り扱ったり，不平等なものを平等に取り扱うことは許されない」(64)のである。

　ドイツの最高裁判所のこのような裁判がきわめて熱烈に歓迎されるのは，単に，この裁判がヴァイマル憲法下での最高裁判所の裁判の基本的な路線をさらに追求し，それを拡充し，ボン基本法の拠って立つ構造上の法治国家的諸原理を正当に評価しているという理由だけではなく，これによって同時に，将来のドイツの連邦憲法裁判所〔訳注〕が，基本的にはスイスの連邦裁判所やアメリカの連邦最高裁判所の地位と異ならない地位を持つようになるであろうという理由からでもある。

　これまでの裁判によって判断できるのは，その際にドイツの司法が，一貫して，こうした大きな新たな任務から自らに次第に生じてくる一段と高い責任を自覚している，ということである。それは，裁判所がこれまで，飽きることなく，法律が恣意の禁止の要請と一致するかどうかについて審査する際に，繰り返し繰り返し，次のように強調してきたことの，よい兆候である。すなわち，憲法裁判所の任務は，「裁判所自身の，政治的な事実に即した考慮を，理屈抜きに立法者の，それとは幾分異なる政治的な事実に即した考慮に取って代える」(65)ということではありえない，ということである。憲法裁判権は，「立法者と裁判官の間に存在する既存の秩序をひっくり返してはならないし，立法者に固有の任務をわがものにしてはならない」のである。その種の審査を行う権限を憲法裁判所に無制限に認めることは決して許されない。単に「特定の極限の違反のみを憲法裁判官が咎めることが許されるのである(66)。」

　　由もないのになされた区別は，なされることが許されないものである」。「立法者のとっ
　　た措置が，実質的に完全に正当化される，民主制の自己保存にのみ奉仕するものである
　　こと」が問題なのであれば，恣意行為がなされたと言うわけにいかないとされる。
(64)　DRZ., 1950, S. 410.
〔訳注〕　ドイツの連邦憲法裁判所は，基本法施行後約2年経った1951年3月12日の法律で
　　カールスルーエに設置されたので，この論文が書かれた時期とほぼ重なっている。
(65)　VRSP., Bd. I, Nr. 82, S. 265; Bd. II, Nr. 42, S. 188.
(66)　VRSP., Nr. 68, S. 309. また *E. Kaufmann*, Veröffentl. d. Ver. deutschen Staatsrechtslehrer,

こう見てくると，裁判所が自らの審査に委ねられた法律の規定のうち，圧倒的な数の規定については法的有効性を確認し，単に散発的な例外事例においてのみ，法律の規定の法的実効性を否認してきた[67]ことも，説明がつく。

それと同時に，ドイツの司法によって立証されたように，司法は，法律の前の平等という命題を運用することができ，十分に，裁判官の審査権のもつ避けがたい限界を尊重できる状況にある。裁判官は「言ってみれば，法律を議決するわけではなく」，単に，立法者の恣意行為，つまり，法的に考える人であればどんな人でも，問題の条項には明らかに正義に即した内容が欠如していることについて，意見の相違が存在しないであろうと思われるような条項を，実務上，適用することのないよう配慮しているにすぎないのである。法律の規定の合理性，合目的性，必要性という問題について真剣に議論ができるところでは，恣意の観点と平等条項の観点からその規定を審査することは排除されている。この場合には最終的な決定権を有するのは立法府であって司法ではない[68]。この範囲内であれば，法律が平等条項と一致する

H. 3 (1926), S. 19, 23 も参照。
[67] 実際に法的に有効であることが否認された例は，管見に属する限り，これまででたった2つの事例に過ぎない。すなわちバイエルンの憲法裁判所は，1946年8月2日のバイエルンの命令第83号§3を無効と宣告し，これによって，自動車の引渡しについての争いがあるときは，通常の立証責任の分担が逆転され，差押えの規則違反の立証は従前の所有者がこれをするべきであることが確認された。VRSP., 1949, Nr. 82, S. 264 ff.——同様に，住居差押えの利用権に関する1948年11月17日のバイエルンの法律は，この法律が，特定の比較的少数の人的集団が，住居差押えに係るその他の関係者に対して，さらにこれらの者の権利への特別の犠牲，すなわち付加的な経済的不利益を受けるものとする旨を規定している限度において，平等条項と両立しえないと宣告した。詳細は VRSP., 1950, Nr. 3, S. 12 ff. さらに *Schäfer*, Jur. Zeit., 1951, S. 90 に収載されているラインラント゠プァルツの憲法裁判所の決定も参照。
[68] 立法者が平等条項に拘束されているという学説は，今日では一般的に受け入れられているし，ギーゼ自身も受け入れているところであるが，ギーゼは従前は，この学説に対してきわめて断固たる反対の立場であった。ギーゼによれば，今日では，平等条項は「平等に取り扱われるべき事情の単なる恣意的な区別でなく，動機からしてもすでに不十分な区別」も禁じているとされる。*Giese*, Kommentar a. a. O., Anm. 3 zu Art. 3 GG を参照。明らかに同趣旨だと思われるものとして，*Süsterhenn-Schäfer*, Kommentar a. a. O. S. 129. このように裁判官の審査権を拡大することは，支配的学説に反するだけでなく，最高裁判所による今日の十分な根拠のある実務とも相容れないであろうが，このような審査権の拡大に対しては，すでにヴァイマル憲法の時代に，特に強調的に，かつ立派な根拠をもって，警告がなされていたところである。

かどうかの審査には，近代国家の一元的な構造を危機に晒すほどの力が含まれているわけではないし，この審査によって多元主義的な国家の否定が促進されるわけのものでもなく，また，つまるところ，この審査権によって，裁判官の審査権そのものよりもさらに大規模に，裁判官が基本的に法律に拘束されているという権力分立制に依拠する原理が脅かされるわけでもないのである[69]。裁判官の審査権はその宿命的な限界を超えられはしないが，実は，この審査権がコントロールし，また必要とあらば修正する機能を有することによって，立法者および官僚政治に対して全く有益で効きめのよい効果をもっているのである。かつて，フランスのコンセイユ・デタは「公務の順調な進行の調整役のひとつ」であると呼ばれたことがあるが，事実，「コンセイユ・デタの唯一の影響力は，国務において，可能なコントロールという観点を保持することであり，市民の間では，権利と自由への信頼を保持することである。」ドイツの憲法裁判についても，いつかこれと幾分似たことが言える時がくるかもしれない。この広い裁判官の審査権には，ある種の貴族主義的な原理が見られると言ってもよいかもしれない。いずれにせよ，この審査権は，国家の憲法の今日的基礎と両立しうる原理であり，ボン基本法の最も重要な法治国家的基礎が事実上も尊重されるための保証を与えるものと言えるのである。

---

[69] すでに Archiv f. öffentl. Recht, N. F., 12, S. 30 ff.〔本書185頁以下〕を参照。

【附　録】　参考条文

＊本書中で言及されている条文（ただし憲法および一部の条約に限る）を，便宜のために示す。
＊概ね制定年代の古いものから順に配列してある。
＊著者が本書執筆当時に参照したと思われる条文であって，現行憲法はこれと異なっている点が多い。

1　人及び市民の権利の宣言（1789年）

第6条　法律は，一般意思の表明である。すべての市民は，みずから又はその代表者を通じて，法律の制定に参与する権利を有する。法律は，保護を与えるものと処罰を加えるものとを問わず，すべての者に対して同一でなければならない。すべての市民は，法律の前に平等であるから，その能力に従い，かつ，その徳行及び才能による区別を除いて，等しく，すべての公の位階，地位及び職務に就くことができる。

第13条　公的強制力を維持するため，また行政の諸費用のために，共同の租税が不可欠である。共同の租税は，すべての市民の間で，その能力に応じて，平等に分担されなければならない。

2　アメリカ合衆国憲法（1788年）

修正第14条（1868年）

第1節　合衆国において出生し，又は合衆国に帰化し，その管轄権に服する者は，すべて合衆国及びその居住する州の市民である。いかなる州も，合衆国市民の特権又は免除特権を制約する法律を制定し又は執行してはならない。いかなる州も，法の適正な手続によらずに，何人からも，生命，自由又は財産を奪ってはならない。また，その管轄内にある何人に対しても法の平等な保護を拒んではならない。

修正第15条（1870年）

第1節　合衆国市民の選挙権は，合衆国又はいかなる州も，人種，皮膚の色又は以前において強制により苦役に服していたことを理由として，これを否定し又は制約してはならない。

3　フランクフルト憲法(1849年)

§126②　政府がラント憲法を侵犯したことを理由とする，個々の邦に属する者の政府に対する訴えは，ラント憲法の中に与えられた救済手段を用いることができない場合にのみ，これをライヒ裁判所に提起することができる。

g)　ライヒ憲法によってドイツの公民に保障された諸権利が侵害されたことを理由とする公民の訴え。この訴権の範囲及びこれを主張する方法に関する詳細の規定は，ライヒの立法に留保されている。

4　旧帝国憲法(=ビスマルク憲法)(1871年)

第3条①　ドイツ全体を通して共通する国籍が存在する。それゆえ，各邦の所属員(臣民，市民)は，他のどの邦においても，同国人として取り扱われなければならず，それに応じて，定住地を定め，営業活動を行い，公職に就任し，不動産を取得し，公民権を獲得し，その他すべての市民的権利を享受する場合も，その土地の人と同じ条件で認められなければならない。また法的訴追及び権利保護においても，平等に取り扱われなければならない。

②　いかなるドイツ人も，その本国の官憲によって又は他の邦の官憲によって，これらの権能の行使を制限されることはない。

③　貧民の扶助及び，地方の市町村組合への加入に関する規定は，第1項に述べられた原則の影響を受けない。

④　同様に，亡命者の引受け，病人の世話と死亡した国民の埋葬に関する各邦間の条約は，当分の間，効力を存続する。

⑤　本国との関係での兵役義務の履行について，必要な事項は，帝国の立法がこれを定める。

⑥　すべてのドイツ人は，外国に対する帝国の保護を平等に請求することができる。

第78条①　憲法の改正は，法律制定の方法により行う。連邦参議院で14票の反対があるときは，改正は否決されたものとみなされる。

②　「帝国憲法の規定のうちで，全体との関係における個々の支分邦の一定の権利を定めているものについては，関係する支分邦に同意があった場合にのみ，これを変更することができる」

5　スイス連邦憲法(1874年)〔1913年改正前のもの〕

第4条　すべてのスイス人は法律の前に平等である。スイスにおいては，いかなる臣従関係もなく，場所，生まれ，家柄又は人についてのいかなる優先権もな

い。
第31条　取引及び営業の自由は，連邦全体でこれを保障する。〔ただし，〕以下のことは留保されている。
  a) 塩及び粉薬の専売，連邦関税，ワイン及びにその他のアルコール飲料の入荷手数料，並びに第32条による連邦によって明文で承認されたその他の消費税
  b) 第32a条及び第32b条による蒸留酒の製造販売
  c) 各カントンが，立法によって，アルコール飲料を提供する飲食店の営業行為，アルコール飲料を小売販売する行為を，公益の要請のために制限する趣旨におけるアルコール飲料を提供する飲食店及び小売店
  d) 人及び家畜の伝染病，感染力の強い疾病，又は悪性の疾病を撲滅するための公衆衛生に関する措置
  e) 取引及び営業に関する行為，取引及び営業に対する課税，商業に対する課税，並びに公道の利用に関する処分
  これらの処分は，取引及び営業の自由の原則を侵害してはならない。
第74条(1)　スイス連邦の投票及び選挙に際しては，スイス人の男女は平等の政治的権利及び義務を有する。
第113条(3)　これらすべての場合において，連邦議会によって出された法律及び一般的拘束力を有する議決並びに連邦議会が批准した条約は，連邦裁判所にとっての判断の基準である。

6　ブラジル合衆国憲法(1891年2月24日)

第90条　憲法は，国民議会(Nationalkongresses)あるいは各州の議会(Versammlungen der Einzelstaaten)の発議によって改革される。
§4　連邦的で共和的な形態，または元老院における各州の代表の平等に反対する提案は，これを検討してはならない。

7　オーストラリア連邦憲法(1900年7月9日)

第128条(憲法改正の手続)　この憲法は，以下の方法によらなければ改正できない。〔(1)～(4)略〕
(5) 議会の各院における州から選出された〔人口に〕比例した議員，または代表院における州から選出された議員の最低定数を削減する改正案，あるいは州の区域を拡大し，縮小し，またはその他の方法で変更する改正案，あるいはこれらに関する憲法の条項にいかなる方法でも影響する改正案は，当該州におい

て投票者の過半数が法律案に賛成しない場合，法律とならない。

8　ヴァイマル憲法（ドイツ・ライヒ憲法）（1919年）

第7条　ライヒは，次の事項について立法権を有する：

14.　商業，度量衡制度，紙幣発行，銀行制度及び証券取引所制度

17.　保険制度

第8条　ライヒはさらに〔前2条のほか〕，租税及びその他の収入について，その全部又は一部がライヒの目的のために必要である場合には，その限りにおいてそれらについて立法権を有する。ライヒが，従前ラントに属していた租税又はその他の収入をライヒの収入に充てる場合には，ライヒは各ラントがその存在を保持できるように配慮しなければならない。

第12条　①　ライヒがその立法権をまだ行使しない間及び行使しない事項について，各ラントは立法する権利を保有している。〔ただし〕このことは，ライヒが専属的立法権を有している事項についてはその限りでない。

②　ライヒ政府は，第7条第13号に掲げる事項に関わるラントの法律に対し，それらがライヒにおける全体の福祉に触れるものである限りにおいて，拒否権を有する。

第13条①　ライヒの法はラントの法に優先する。

②　ラントの法の規定がライヒの法と両立するかどうかについて，疑義又は意見の相違があるときは，ライヒ又はラントの所轄の中央官庁は，ライヒ法律の詳細な規定に基づき，ライヒ最高裁判所の決定を訴求することができる。

第15条①　ライヒ政府は，ライヒに立法権が帰属している事項について，監督権を有する。

②　ライヒ法律がラントの官庁によって執行されるものとされている限度において，ライヒ政府は一般的な指令を発することができる。ライヒ政府は，ライヒ法律の執行を監督するため，ラントの中央官庁に対し，及びその同意を得て下級官庁に対し，委員を派遣する権限を有する。

③　ラント政府は，ライヒ政府の要求があれば，ライヒ法律の執行に際して生じた欠陥を除去する義務を負う。意見の相違がある場合には，ライヒ政府及びラント政府は，ライヒ法律により他の裁判所が指定されている場合は別として，国事裁判所の決定を訴求することができる。

第17条①　各ラントは自由国家の憲法を持たなければならない。その人民代表議会は，普通，平等，直接及び秘密の選挙において，ライヒのドイツ人のすべて

の男女により，比例代表の諸原則に従い，選出されなければならない。ラント政府は人民代表議会の信任を必要とする。

② 人民代表議会の選挙に関する諸原則は，市町村における選挙にもこれを適用する。ただし，ラント法律により，1年を超えない期間について，その市町村に引き続き滞在していることを選挙権の資格要件とすることができる。

第19条① あるラント内の憲法紛争について，そのラントにこれを解決すべき裁判所が存在しないとき，及び，異なるラント間又はライヒとラントとの間の，非私法的な性質の紛争については，紛争当事者の一方の申立てにより，ライヒの他の裁判所が〔これについて〕管轄を有しない限りにおいて，ドイツ国国事裁判所がこれを決定する。

② ライヒ大統領は，国事裁判所の判決を執行する。

第22条① 議員は，普通，平等，直接及び秘密の選挙において，比例代表の諸原則に従い，満20歳以上の男女によってこれを選出する。選挙の期日は，日曜日又は公の休日でなければならない。

② 詳細は，ライヒ選挙法でこれを定める。

第48条① あるラントが〔この〕ライヒ憲法又はライヒ法律によって課せられた義務を履行しないときは，ライヒ大統領は，武装兵力を用いてこの義務を履行させることができる。

② ドイツ国内において，公共の安全及び秩序に著しい障害が生じ，又はその虞れがあるときは，ライヒ大統領は，公共の安全及び秩序を回復させるために必要な措置をとることができ，必要な場合には，武装兵力を用いて介入することができる。この目的のために，ライヒ大統領は，一時的に第114条〔＝人身の自由〕，第115条〔＝住居の不可侵〕，第117条〔＝信書・郵便・電信電話の秘密〕，第118条〔＝意見表明等の自由〕，第123条〔＝集会の権利〕，第124条〔＝結社の権利〕，及び第153条〔＝所有権の保障〕に定められている基本権の全部又は一部を停止することができる。

③ ライヒ大統領は，本条第1項又は第2項に従ってとった措置について，これを遅滞なくライヒ議会に報告しなければならない。これらの措置は，ライヒ議会の要求があれば，失効するものとする。

④ 危険が切迫している場合には，ラント政府は，その領域について，第2項に定められているような態様の暫定的措置をとることができる。それらの措置は，ライヒ大統領又はライヒ議会の要求があれば，失効するものとする。

⑤ 詳細は，ライヒ法律でこれを定める。

第51条（1932年12月17日の改正前のもの）　ライヒ大統領に事故あるときは，さしあたり，ライヒ首相がこれを代理する。事故が長期に及ぶことが予見されるときは，代理については，ライヒ法律でこれを規律するものとする。

第61条①　ライヒ参議会において，各ラントは少なくとも1票を持つ。大きなラントにあっては，人口70万ごとに1票を持つ。少なくとも35万を超える端数については，これを70万として計算する。いずれのラントも，全票数の5分の2以上の票数を持つことは許されない。

②　ドイツ領オーストリアは，ドイツ国に加盟した後に，その住民数に相当する票数をもってライヒ参議会に参加する権利を有する。それまでは，ドイツ領オーストリアの代表は，〔単に〕発言権のみを有する。

第62条　ライヒ参議会がその構成員で組織する諸委員会においては，いずれのラントも，1票以上を持つことはできない。

第72条　ライヒ法律の公布は，ライヒ議会〔構成員〕の3分の1が要求するときは，2ヵ月間延期されるものとする。〔ただし〕ライヒ議会及びライヒ参議会が緊急と認める法律は，この要求があっても，ライヒ大統領はこれを公布することができる。

第76条①　憲法は，法律制定の方法でこれを改正することができる。ただし，憲法の改正を求めるライヒ議会の議決は，法律の定める議員定数の3分の2〔の構成員〕が出席し，少なくとも出席者の3分の2がこれに賛成する場合のみに成立する。憲法の改正を求めるライヒ参議会の議決も，投票数の3分の2の多数を必要とする。国民請願に基づき，国民投票によって憲法改正が決定される場合には，有権者の過半数の同意を必要とする。

②　ライヒ議会がライヒ参議会の異議に反して憲法改正を議決した場合に，ライヒ参議会が2週間以内に国民投票を要求したときは，ライヒ大統領は，この法律を公布してはならない。

第77条　ライヒ法律の執行に必要な一般行政規則は，その法律に特別の定めがある場合を除いては，ライヒ政府がこれを発布する。ライヒ法律の執行がラントの官庁の権限に属する場合には，ライヒ政府は，その行政規則の発布について，ライヒ参議会の同意を必要とする。

第78条④　個々のラントが，諸外国に対して特別な経済的関係にあるか，又は，諸外国と隣接している状況にあるかによって生じる利益を主張するのを保障するために，ライヒは，関係するラントの協力を得て，必要な備えをし処置をとる。

第83条② ライヒの諸官庁が，ライヒの関税を処理するに当たっては，諸ラントにその農業，商業及び工業の領域における特殊な利益の保護を可能にするような施設をあらかじめ整えておくものとする。

第97条③ 水路の管理，拡張又は新設に関しては，ラントと協議して，土地改良及び水利経済に関する要求が尊重されるものとする。〔以下略〕

第105条 例外裁判所は，許されない。何人も，その法律の定める裁判官を奪われない。〔以下略〕

第109条① すべてドイツ人は，法律の前に平等である。
② 男性と女性は，原則として同一の公民的権利及び義務を有する。
③ 出生又は門地による公法上の特権及び不利益取扱いは，廃止されるものとする。貴族の称号は氏名の一部としてのみ通用し，かつ，今後これを授与することはもはや許されない。
④ 称号は，官職又は職業を表示するときにのみ，これを授与することが許されるが，学位はこれによって影響を受けない。
⑤ 勲章及び栄誉記章は，これを国が授与することは許されない。
⑥ いかなるドイツ人も，外国政府から称号又は勲章を受けてはならない。

第110条① ライヒ及びラントにおける国籍は，ラント法律の規定によって，これを取得し喪失する。あるラントに所属する者は，同時にライヒに所属する。
② 各ドイツ人は，ライヒ内のどのラントにおいても，そのラントに所属する者と同一の権利及び義務を有する。

第111条 すべてドイツ人は，ライヒ全土において移転の自由を享有する。各人は，ライヒ内の任意の場所に滞在し定住し，土地を取得し，及びあらゆる種類の生業を営む権利を有する。これを制限するにはライヒ法律を必要とする。

第119条① 婚姻は，家庭生活及び民族の維持・増殖の基礎として，憲法の特別の保護を受ける。婚姻は，両性の同権を基礎とする。
② 家族の清潔を保持し，これを健全にし，これを社会的に助成することは，国及び市町村の任務である。子どもの多い家庭は，それにふさわしい扶助を請求する権利を有する。
③ 母性は，国の保護と配慮とを求める権利を有する。

第127条 市町村及び市町村連合は，法律の制限内で自治の権利を有する。

第128条① すべて公民は，等しく，法律の定める基準により，その能力と資格に応じて，公職に就任することができるものとする。
② 女性の官吏に対するあらゆる例外規定は，これを廃止する。

③　官吏関係に関する基礎は，ライヒ法律でこれを規律する。

第129条①　官吏の任用は，法律に特別の定めがある場合を除いては，終身とする。恩給及び遺族扶助料は，法律によってこれを規律する。官吏の既得権は，これを侵すことができない。官吏の財産法上の請求権については，裁判で争う途が開かれている。

②　官吏は，法律の定める条件及び形式によるのでなければ，一時的にその職を免ぜられ，一時的又は永続的に解職され，又は以前よりも少ない額の俸給を受ける他の職に転任させられることはない。

③　いかなる職務上の懲罰に対しても，訴願の途が開かれ，かつ再審手続の可能性が開かれていなければならない。公務員の身分に関する証明書にその公務員に不利な事実を記載することは，あらかじめその官吏にその事実について発言する機会が与えられていた場合に限り許されるものとする。官吏には，自己の身分証明書を閲覧する機会が与えられるものとする。

④　既得権が不可侵であること，及び財産法上の請求権に関する出訴の途が開かれていることについては，とくに職業軍人に対しても保障される。その他，職業軍人の地位については，ライヒ法律でこれを規律する。

第134条　すべて公民は等しく，その資力に応じて，法律の定める基準に従い，すべての公の負担に寄与する。

第153条①　所有権は，憲法によって保障される。その内容及び限界は，諸法律に基づいてこれを明らかにする。

②　公用収用は，公共の利益のために，かつ，法律上の根拠に基づいてのみ，これを行うことができる。公用収用は，ライヒ法律に別段の定めのない限り，正当な補償の下に，これを行う。補償の額について争いのあるときは，ライヒ法律に別段の定めのない限り，通常裁判所への出訴の途が開かれているものとする。ラント，市町村及び公益団体に対してライヒが行う公用収用は，補償を与えてのみ，これを行うことができる。

第156条①　ライヒは，法律により，補償を与えたうえで，公用収用に適用される諸規定を準用して，社会化に適した私的・経済的企業を共同所有に移すことができる。ライヒ自身，ラント又は市町村は，経済的企業・団体の管理に参加し，又はその他の方法で，これに決定的な影響力を確保することができる。

第170条①　バイエルン及びヴュルテンベルクにおける郵便行政及び電信行政は，遅くとも1921年4月1日までに，ライヒに移管される。

②　1920年10月1日までに引渡しの条件についての協議が整わないときは，国事

裁判所がこれを決定する。
③　引渡しに至るまでは，バイエルン及びヴュルテンベルクの従来の権利及び義務は，引き続きその効力を継続する。ただし，隣接する諸外国との郵便業務及び電信業務については，ライヒがこれを専属的に規律する。

第178条①　1871年4月16日のドイツ帝国憲法〔ビスマルク憲法〕及び1919年2月10日の暫定的ライヒ権力に関する法律は，廃止されたものとする。

②　ライヒのその他の法律及び命令は，この憲法がそれらに抵触しない限り，引き続き有効とする。1919年6月28日にヴェルサイユで署名された講和条約の諸規定は，この憲法によって影響を受けない。ヘルゴラント島における生業に際しての討議を考慮して，同島の原住民のために，第17条第2項と異なる規律をすることができる。

③　諸官庁の命令のうち，従来の諸法律に基づいて適法に発布されたものについては，他の命令又は法律制定の方法による廃止まで，引き続きその効力を有する。

9　プロイセン憲法(1920年)

第54条(1)　国の官庁は，国民の名で恩赦の権利を行使する。

10　オーストリア連邦憲法(Bundes-Verfassungsgesetz)(1920年)

第7条(1)　すべての連邦市民は法律の前に平等である。生まれ，性別，地位，階級及び宗派による優先権は，排除されている。〔第2項略〕

第131条　行政裁判所の権限には，次の各号の事項は含まれていない。
 1．憲法裁判所の権限に属する事項，
 2．通常裁判所が裁判する権限を有する事項，〔第3号略〕

第144条(1)　憲法裁判所は，行政官庁の決定又は処分によって，憲法上保障された諸権利の侵害を理由とする異議申立てについては，行政審級順序を尽くした後に，裁判する。

第149条(1)　この法律によって限定された改正を考慮しつつ，この法律と並んで，以下の各法律も，第44条の第1項の意味において憲法法律としての効力を有する。

　ライヒ参議会において代表されている王国及びラントに係る公民の一般的諸権利に関する1867年12月21日の国家基本法律(RGBl. Nr. 142)*

　　*　1867年12月21日の国家基本法律
　　第2条　すべての公民は法律の前に平等である。

11 チェコ・スロヴァキア憲法(1920年)

§106(1) 性別,生まれ,及び職業に関する優先権は認めない。

(2) チェコ・スロヴァキア共和国のすべての住民は,当共和国の公民として当共和国の領土では,いかなる家系,国籍,言語,人種,又は宗教に関わりなく,平等な範囲で生命及び自由の完全かつ無条件な保護を享受する。ただし,国際法の認める限りでしか,この原則からの逸脱は許されない。

(3) 称号は,公職又は職業を示す限りでのみ,授与されることが許される。この規定は,学術上の褒章には関わらない。

§128(1) チェコ・スロヴァキア共和国のすべての公民は,人種,言語又は宗教に関わりなく,法律の前に完全に平等であり,平等な市民的及び政治的な諸権利を享受する。

(2) 宗教,信仰,信条及び言語の区別は,チェコ・スロヴァキア共和国のいかなる公民に対しても,一般法律の定める範囲において,特に,公の官職,公職及び褒章に関する限り,又は何らかの営業若しくは職業に関する限り,障害とならない。

(3) チェコ・スロヴァキア共和国の公民は,一般法律の定める範囲において,私的及び業務上の関係,宗教に関する事項,プレス及びあらゆる出版又は公の集会において,いかなる言語でも自由に話すことができる。

(4) ただし,前項によって,有効な法律又は将来制定される法律により,公の秩序並びに国家の安全及び有効な監督を理由として国家機関に認められた権限は妨げられない。

12 ヘッセン憲法(1946年)

第26条 これらの基本権は,不可侵であって,立法者,裁判官及び行政を直接に拘束する。

13 テューリンゲン憲法(1946年)

第5条(1) テューリンゲン国のすべての住民であって,ドイツ国籍を有する男性及び女性は,市民である。これらの者は,生まれ,社会的身分,職業及び信仰の如何を問わず,平等の権利を有する。

(2) すべての市民は平等の公民権を有する。ただし,法律の規定に基づき,特にその民族社会主義的又は軍国主義的行動を理由として,認められず又は剥奪された場合は,この限りでない。〔第3項略〕

(4) 公民としての権利を有しているすべての市民は,区別なく,その能力に応

じて公務に就任することが許される。〔第5項略〕

14 ザクセン憲法(1947年)
第8条(1) 法律の前ですべての者は平等である。
(2) すべての市民は平等の公民としての義務及び権利を有する。ただし，公民としての権利が，犯罪を理由として，又はナチス的，ファシズム的若しくは軍国主義的行動を理由とその者から剥奪された場合はこの限りでない。〔第3項および第4項略〕

15 ブレーメン憲法(1947年)
第20条(2) 基本権及び基本義務は，立法者，行政官吏及び裁判官を直接に拘束する。

16 ベルリーン憲法(1950年)〔＊当時の西ベルリーンにのみ通用していた憲法〕
第23条(1) 憲法によって保障された基本権は，立法，行政及び裁判に対して拘束力を有する。〔第2項および第3項略〕

17 ドイツ連邦共和国基本法(1949年)
第1条(1) 人間の尊厳は不可侵である。これを尊重し，かつ，これを保護することは，すべての国家権力の義務である。
(2) それゆえに，ドイツ国民は，世界のすべての人間共同体，平和及び正義の基礎として，不可侵にして譲り渡すことのできない人権を信奉する。
(3) 以下の基本権は，直接に適用される法として，立法，執行権及び裁判を拘束する。
第2条(1) 何人も，他人の権利を侵害せず，かつ，憲法適合的秩序又は道徳律に違反しない限りにおいて，自己の人格を自由に発展させる権利を有する。
第3条(1) すべての人は法律の前に平等である。
(2) 男性と女性は同権である。国は，女性と男性の同権が現実的に達成されることを促進し，現に存する不利益の除去を目指す。
(3) 何人も，その性別，生まれ，人種，言語，故郷及び家柄，その信仰，宗教上及び政治上の見解を理由として，不利益を受け，又は優遇されてはならない。何人も，その障害を理由として不利益を受けてはならない。
第6条(5) 非嫡出子に対しては，法律制定によって，肉体的及び精神的発達について，なら浴びに社会におけるその地位について，嫡出子に対すると同様の条件が作られなければならない。

第9条(3)　労働条件及び経済的条件を維持し促進するために団体を結成する権利は，何人にも，かついかなる職業に対しても保障されている。この権利を制限し，又は妨害することを企図する協定は無効であり，これを目的とする措置は違法である。第12a条，第35条第2項及び第3項，第87a条第4項，及び第91条による措置は，第1文の趣旨における団体が労働条件及び経済的条件を維持し促進するために行う労働争議に対してこれをとることは，許されない。

第19条(1)　この基本法によって基本権が法律により，又は法律の根拠に基づいて制限されうる限度において，その法律は，一般的に適用されるものでなければならず，単に個々の場合にのみ適用されるものであってはならない。さらにその法律は，〔制限する〕基本権を条項を示して挙げなければならない。

(2)　いかなる場合でも，基本権はその本質的内容において侵害されてはならない。

(3)　基本権は，その本質上内国法人に適用しうる限りにおいて，これにも適用される。

(4)　何人も，公権力によって自己の権利を侵害されたときは，裁判で争う途が開かれている。他の〔機関の〕管轄が認められていない限度において，通常裁判所への出訴の途が与えられている。第10条第2項第2文は〔これによって〕影響を受けない。

第21条(1)　政党は，国民の政治的意思形成に協力する。政党の結成は自由である。政党の内部秩序は，民主制の諸原則に合致していなければならない。政党は，その資金の出所及び用途について，並びにその財産について，公に報告しなければならない。

第28条(1)　ラントにおける憲法適合的秩序は，この基本法の趣旨に即した共和制的・民主的及び社会的な法治国家の諸原則に適合していなければならない。ラント，郡及び市町村においては，国民は普通・直接・自由・平等及び秘密の選挙に基づいて構成されている議会を有していなければならない。郡及び市町村における選挙に際しては，欧州共同体を構成するある国家の国籍を有している者も，欧州共同体法の基準に従って，選挙権及び被選挙権を有する。市町村においては，選挙された団体の代わり市町村総会を設けることができる。

第100条(1)　裁判所が，決定に際してある法律の効力が問題となっている場合に，その法律が違憲であると考えるときは，その〔裁判〕手続を中止し，かつ，あるラントの憲法に対する違反が問題となっているときは憲法紛争につい

て管轄を有するラント裁判所の決定を，また，この基本法に対する違反が問題となっているときは連邦憲法裁判所の決定を，求めるものとする。このことは，ラントの法によるこの基本法の違反，又は，ラントの法律と連邦法律との不一致が問題となっている場合にも，同様とする。

(2) ある法的紛争において，国際法上のある原則が連邦法の構成部分であるかどうか，及びそれが個々人に対して直接に権利・義務を生ずるもの（第25条）であるかどうかについて疑義があるときは，裁判所は連邦憲法裁判所の決定を求めなければならない。

(3) ラントの憲法裁判所が，基本法の解釈に際して，連邦憲法裁判所又は他のラントの憲法裁判所の裁判と異なる〔裁判をしようとする〕ときは，連邦憲法裁判所の決定を求めなければならない。

第117条(1) 第3条第2項に反する法は，それがこの基本法のこの規定に適合するに至るまで効力を有するが，その効力は，長くとも1953年3月31日までとする。〔第2項略〕

第131条 引揚者及び難民を含めて，1945年5月8日の時点で公務に従事していた者であって，官吏法上又は賃率法上以外の理由で退職し，かつ，現在まで使用されず，又は，以前の地位に準じて任用されない者の法律関係は，連邦法律によってこれを規律するものとする。引揚者及び難民を含めて，1945年5月8日において年金受給権を有していて，官吏法上若しくは賃率法上以外の理由で，もはや何らの年金も受けず，又は，何らの年金相当の扶助も受けていない者についても，同様とする。連邦法律が施行されるまでは，ラントの法に特別の定めがある場合を除き，法律上の請求権を主張することはできない。

18 国際聯盟規約（1919年）

第17条 国際連盟規約第17条 聯盟國ト非聯盟國トノ間又ハ非聯盟國相互ノ間ニ紛争ヲ生シタルトキハ，此ノ種紛争解決ノ爲聯盟國ノ負フヘキ義務ヲ該非聯盟國カ聯盟理事會ノ正當ト認ムル條件ヲ以テ受諾スルコトヲ之ニ勸誘スヘシ，勸誘ノ受諾アリタル場合ニ於テハ，第12條乃至第16條ノ規定ハ，聯盟理事會ニ於テ必要ト認ムル修正ヲ加ヘテ，之ヲ適用ス。

(2) 前項ノ勸誘ヲ爲シタルトキハ，聯盟理事會ハ直ニ紛争事情ノ審査ヲ開始シ，當該事情ノ下ニ於テ最善且最有効ト認ムル行動ヲ勸告スヘシ。

(3) 勸誘ヲ受ケタル國カ此ノ種紛争解決ノ爲聯盟國ノ負フヘキ義務ノ受諾ヲ拒

ミ,聯盟國ニ對シ戰争ニ訴フル場合ニ於テハ,第16條ノ規定ハ,該行動ヲ執ル國ニ之ヲ適用ス。

⑷　勸誘ヲ受ケタル紛争當事國ノ雙方カ此ノ種紛争解決ノ爲聯盟國ノ負フヘキ議務ノ受諾ヲ拒ム場合ニ於テハ,聯盟理事會ハ,敵對行爲ヲ防止シ紛争ヲ解決スヘキ措置及勸告ヲ爲スコトヲ得。

【引用／参照文献】

＊本訳書の訳出に当たって参照した主な邦訳文献は以下のとおりである。
＊ドイツ語以外の各国語については、以下の邦訳から引用した。ただし、引用に際しては、訳語等を一部変更した個所がある。

〖邦訳文献一覧〗(50音順)

アリストテレス／山本光雄(訳)『政治学』(岩波書店，1961年)
同／高田三郎(訳)『ニコマコス倫理学〈上〉』(岩波書店，1971年)
G. イェリネック／美濃部達吉(監訳)『公権論』(中央大学，1906年)(近代デジタルライブラリー〔http://kindai.ndl.go.jp/〕から閲読可)
同／芦部信喜・阿部照哉ほか(訳)『一般国家学』(学陽書房，1976年)
同／初宿正典(編訳)『イェリネック対ブトミー 人権宣言論争』(みすず書房，1995年)
M. ウェーバー／中村貞二・山田高生(訳)「新秩序ドイツの議会と政府」阿部行蔵(編)『世界の大思想23　ウェーバー　政治・社会論集』(河出書房新社，1965年)
同／世良晃志郎(訳)『法社会学』(創文社，1974年)
E. カッシーラー／門脇卓爾(訳)『カントの生涯と学説』(みすず書房，1986年)
I. カント／平田俊博(訳)「人倫の形而上学の基礎づけ」『カント全集7』(岩波書店，2009年)
同／加藤新平・三島淑臣(訳)「人倫の形而上学〈法論〉」野田又夫(編)『世界の名著32　カント』(中央公論社，1972年)
H. ケルゼン／法思想21研究会(訳)『社会学的国家概念と法学的国家概念』(晃洋書房，2001年)
同／長尾龍一(訳)「デモクラシーの本質と価値(初版)」長尾ほか(訳)『ハンス・ケルゼン著作集Ⅰ　民主主義論』(慈学社，2009年)1-36頁。
シエイエス／大岩誠(訳)「特権論」(『第三階級とは何か　他二篇』岩波書店，1950年)
C. シュミット／田中浩・原田武雄(訳)『大統領の独裁　〔付〕憲法の番人(1929年版)』(未来社，1974年)
同／阿部照哉・村上義弘(訳)『憲法論』(みすず書房，1974年)
同／川北洋太郎(訳)『憲法の番人』(第一法規，1989年)
同／樋口陽一(訳)『現代議会主義の精神史的地位』(岩波書店，2015年)

同 / 服部平治・宮本盛太郎（訳）「法・国家・個人——『国家の価値と個人の意義』・緒言——（1914四年）」『政治思想論集』（筑摩書房，2013年）

G. ジンメル / 石川晃弘・鈴木春男（訳）「社会分化論」尾高邦雄（編）『世界の名著58 デュルケーム・ジンメル』（中央公論社，1980年）381-537頁

同 / 居安正（訳）『社会学（上巻）』（白水社，1994年）

R. スメント / 手塚和夫（訳）「資料：ルードルフ・スメント 総合理論の展開(1)憲法国家における政治権力ならびに国家形態の問題」『三重大学教育学部研究紀要 社会科学』第30巻第3号（1979年）75-92頁（http://miuse.mie-u.ac.jp/bitstream/10076/4957/1/AN002342130300307.PDF から閲読可）

F. テンニエス『ゲマインシャフトとゲゼルシャフト』（岩波書店，1957年）

A. de トクヴィル / 松本礼二（訳）『アメリカのデモクラシー 第1巻（上）』（岩波書店，2005年）

R. トーマ / 服部平治・宮本盛太郎（訳）「議会主義と独裁のイデオロギーについて」カール・シュミット / 同（訳）『現代議会主義の精神史的地位』（社会思想社，1972年）105-114頁

A. ハミルトン・J. ジェイ・J. マディソン（著）/ 斎藤真・中野勝郎（訳）『ザ・フェデラリスト』（岩波書店，1999年）

J. ブライス / 松山武（訳）『近代民主政治』（岩波書店，1950年）

プラトン / 藤沢令夫（訳）『国家〈上〉』（岩波書店，1979年）

同 / 森進一・加来彰俊・池田美恵（訳）『法律〈上〉』（岩波書店，1993年）

同 / 水野有庸（訳）「ポリティコス（政治家）」『プラトン全集〈3〉ソピステス・ポリティコス（政治家）』（岩波書店，1975年）

Th. ホッブズ / 本田裕志（訳）『市民論』（京都大学学術出版会，2008年）

H. ヘラー / 安世舟（訳）『ドイツ現代政治思想史』（御茶の水書房，1981年）

同 / 今井弘道・山崎充彦・大野達司（訳）『国家学の危機——議会制か独裁か』（風行社，1991年）

Ch. de モンテスキュー / 野田良之ほか（訳）『法の精神（上）』（岩波書店，1989年）

G. ラートブルフ / 田中耕太郎（訳）『法哲学』（東京大学出版会，1961年）

同 / 山田晟（訳）『法哲学綱要』（東京大学出版会，1963年）

J.-J. ルソー / 井上幸治（訳）「社会契約論」平岡昇（編）『世界の名著30』（中央公論社，1966年）

同 / 小林善彦（訳）「人間不平等起源論」平岡昇（編）『世界の名著30』（同上）

〚法令条文・判例〛

〈憲　法〉

美濃部達吉(訳)『欧洲諸国戦後の新憲法』(有斐閣，1922年)(近代デジタルライブラリー〔http://kindai.ndl.go.jp/〕から閲読可)

高木八尺・末延三次・宮沢俊義(編)『人権宣言集』(岩波書店，1957年)

京都大学憲法研究会(編)『世界各国の憲法典 新訂増補』(有信堂，1965年)

初宿正典・高田敏『ドイツ憲法集【第6版】』(信山社，2016年)

初宿正典・辻村みよ子『新解説 世界憲法集 第4版』(三省堂，2017年)

高橋和之(編)『新版　世界憲法集〔第2版〕』(岩波書店，2012年)

ドイツ憲法判例研究会(編)『ドイツの憲法判例　第2版』(信山社，2003年)

〈諸　法〉

神戸大學外國法研究會(編)『現代外國法典叢書(1)　獨逸民法〔I〕　民法總則』(有斐閣，1955年)

同(編)『現代外國法典叢書(2)　獨逸民法〔II〕　債務法』(有斐閣，1955年)

同(編)『現代外國法典叢書(3)　獨逸民法〔III〕　物權法』(有斐閣，1955年)

同(編)『現代外國法典叢書(4)　獨逸民法〔IV〕　親族法』(有斐閣，1955年)

同(編)『現代外國法典叢書(5)　獨逸民法〔V〕　相續法』(有斐閣，1955年)

同(編)『現代外國法典叢書(6)　獨逸商法〔I〕　商法總則, 會社法, 商行為法』(有斐閣，1956年)

同(編)『現代外國法典叢書(10)　獨逸民事訴訟法〔I〕　民事訴訟法總則及第一審手続』(有斐閣，1955年)

〚各国語の用語辞典・その他〛

山田晟『ドイツ法律用語辞典〔改訂増補版〕』(大学書林，2001年)

田沢五郎『ドイツ政治経済法制辞典』(郁文堂，1990年)

同『独・日・英ビジネス経済法制辞典』(郁文堂，1999年)

二宮恭二・東畑精一『独和経済語辞典』(有斐閣，1970年)

山口俊夫(編)『フランス法辞典』(東京大学出版会，2002年)

田中英夫(編)『英米法辞典』(東京大学出版会，1991年)

小山貞夫『英米法律語辞典』(研究社，2011年)

『聖書　新共同訳』(日本聖書協会，2000年)

Das Aussprachewörterbuch (6. überarbeitete und aktualisierte Auflage, Dudenverlag / Mannheim [usw.], 2005)

ゲーアハルト・ライプホルツ著作目録

Bibliographie Gerhard Leibholz

* 以下の文献目録は, „Bibliographie Gerhard Leibholz"., zusammengestellt und bearbeitet von *Franz Schneider*, Bibliotheksoberrat. Mit einem Geleitwort von Professor Dr. ERNST BENDA, Präsident des Bundesverfassungsgerichts, 2., neubearbeitete und erweiterte Auflage, J. C. B. Mohr (Paul Siebeck) / Tübingen 1981 に基づいて, 訳者が編集し直したものであり, 原典の文献番号とは異なる。また同書には, ライプホルツの著作に対する書評やライプホルツ記念論文集等についても記載があるが, ここでは略した。なお, 同書には日本語への翻訳文献の情報もあるが, 掲載雑誌等の巻号を含めて, かなり不正確であり, 原典に当たって確認した。
* abgedruckt in: として, 当該著作が同時にまたは後に収載された書物や雑誌・新聞等を示した。
* 頻出する雑誌等の名称は, 次のとおり略記した。

AöR = Archiv des öffentlichen Rechts〔なお本書の「凡例」も参照〕
ArchSozWiss = Archiv für Sozialwissenschaft und Sozialpolitik (1904-1933)
ARSP = Archiv für Rechts- und Sozialphilosophie (1933/34-1944, 1949/50 ff.) vorher ARWP
ARWP = Archiv für Rechts- und Wirtschaftsphilosophie (1907/08-1932/33; dann ARSP)
AVR = Archiv des Völkerrechts (1948/49 ff.)
DJZ = Deutsche Juristen-Zeitung (1896-1936)
DV = Deutsche Verwaltung (1948-1950)
DVBl = Deutsches Verwaltungsblatt (1950 ff); Fortführung v. DV (1947/48 ff.)
FAZ = Frankfurter Allgemeine Zeitung (1949 ff.)
JöR = Jahrbuch des öffentlichen Rechts der Gegenwart (1907-1938; N. F. 1951 ff.)
JW = Juristische Wochenschrift (1872 ff)
NJW = Neue Juristische Wochenschrift (1947/48 ff.)
PL = Politics and Law [=Nr. 17]
PVS = Politische Vierteljahresschrift (1960 ff.)
RVerwBl = Reichsverwaltungsblatt (1934-1943), dann DVBl; vorher Reichsverwaltungsblatt und Preußisches Verwaltungsblatt
VVDStRL = Veröffentlichungen der Vereinigung der Deutschen Staatsrechtslehrer (1924 ff.)
ZfP = Zeitschrift für Politik (1908 ff.; N. F. 1954 ff.)

I. Monographien

1 Fichte und der demokratische Gedanke. Ein Beitrag zur Staatslehre. Boltze / Freiburg i. B. 1921.

2 Die Gleichheit vor dem Gesetz. Eine Studie auf rechtsvergleichender und rechts-

philosophischer Grundlage. 1. Aufl., Liebmann / Berlin 1925 (Öffentlich-rechtliche Abhandlungen, 6.); 2., durch eine Reihe ergänzender Beiträge erweiterte Aufl, Beck / München und Berlin 1959.〔本訳書〕

3   Zu den Problemen des faschistischen Verfassungsrechts. (Akademische Antrittsvorlesung), Walter de Gruyter / Berlin u. Leipzig 1928.

4   Das Wesen der Repräsentation unter besonderer Berücksichtigung des Repräsentativsystems. Ein Beitrag zu allgemeinen Staats- und Verfassungslehre. Walter de Gruyter / Berlin u. Leipzig 1929; 2., durch einen Vortrag erw. Auflage unter dem Titel „Das Wesen der Repräsentation und der Gestaltwandel der Demokratie im 20. Jahrhundert"., Walter de Gruyter / Berlin 1960; 3., erweiterte Auflage, 1966; photomechanischer Nachdruck der 3. Auflage (1966) unter dem Titel „Die Repräsentation in der Demokratie". [Sammlung Göschen, Bd, 6001], Walter de Gruyter / Berlin und Leipzig 1973.〔小林昭三（訳）「ライプホルツ『代表論』から」（序章と第1章の訳）早稲田大学『比較法学』第14巻第2号（1980年）73頁以下；渡辺中・廣田全男（監訳）『代表の本質と民主制の形態変化』（成文堂，2015年）＝本文のみの全訳〕

5   Die Auflösung der liberalen Demokratie in Deutschland und das autoritäre Staatsbild. (Wissenschaftliche Abhandlungen u. Reden zur Philosophie, Politik u. Geistesgeschichte, 12.), Duncker & Humblot / München und Berlin 1933, abgedruckt in: PL)〔西村稔・初宿正典・宮本盛太郎（訳）「ドイツにおける自由・民主主義の崩壊と権威主義的国家像」宮本ほか訳『ヴァイマル民主主義の崩壊』（木鐸社，1980年）所収〕

6   Christianity, Politics and Power. With a foreword by Leonard Hodgson, (The Christian news-letter books, 15.) Sheldon / London 1942.

7   Ideologie und Macht in der zwischenstaatlichen Beziehungen des 20. Jahrhunderts. Vortrag, gehalten am 3. 8. 1949 in Göttingen aus Anlaß der Eröffnung des 3. Internationalen Ferienkursus der Universität Göttingen. (Göttinger Vorträge und Schriften, 4.) Fleischer / Göttingen 1949, abgedruckt in: „Strukturprobleme der modernen Demokratie"., 1. Auflage S. 232 ff. (2., unveränderte Auflage, 3., erweiterte Auflage 1967), abgedruckt auch in: Panorama des zeitgenössischen Denkens, S. Fischer / Frankfurt 1961, S. 232 ff (Auszug) sowie in: Mosaik, Heft 25: „Nationalismus". Texte zum Verständnis unserer Zeit, ihrer Gestalten und Probleme, Diesterweg / Frankfurt a. M. 1967.

8   Staat und Gesellschaft in England. Mohr / Tübingen 1950, abgedruckt in: Festschrift für Richard Thoma zum 75. Geburtstag zum 19. 12. 1949. Mohr / Tübingen 1950, S.

109 ff. und in: Strukturprobleme der modernen Demokratie, S. 206 ff. sowie in: Der öffentliche Dienst. Ausg. A. Jg. 3, 1950, S. 194 ff. (Auszug).

9   Der Strukturwandel der modernen Demokratie. Vortrag. (Schriftenreihe der juristischen Studiengesellschaft Karlsruhe, 2.), erweitert und abgedruckt in: Strukturprobleme der modernen Demokratie, S. 78 ff., abgedruckt auch in: Studium Generale, Jg. 4, 1951, S. 519 ff. (Auszug); in: Frankfurter Allegmeine Zeitung v. 13. 6.1952, v. 21. 6. 1952 und v. 28. 6. 1952 (Auszug); in: Deutsche Universitätszeitung, Jg. 8 (1953); in: Der freiheitliche Rechtsstaat. Grundlagen. Eine Quellensammlung. Zusammengestellt v. *Helmut Leichtfuss*, Westermann / Braunschweig, 1964.

10   Demokratie und Rechtsstaat. (Schriftenreihe der Landeszentrale für Heimatdienst in Niedersachsen, Reihe A, Heft 5), Landeszentrale für Heimatdienst / Hannover, 1957; 2., unveränd. Auflage, 1961; 3., unveränd. Auflage, 1967.

11   Strukturprobleme der modernen Demokratie. (Schriftenreihe der juristischen Studien-gesellschaft Karlsruhe, 2.), 1. Auflage, C. F. Müller / Karlsruhe 1958; 2., unveränd. Aufl. 1964; 3., erweiterte Auflage 1967; Neuausgabe der 3. Auflage (Fischer Athenäum Taschenbuch. 6012 = Rechtswissenschaft), Athenäum Fischer Taschenbuch Verlag / Frankfurt a. M. 1974.〔阿部照哉ほか(訳)『現代民主主義の構造問題』(木鐸社, 1974年)。〕

12   Volk, Nation und Staat im 20. Jahrhundert. Niedersächsische Landeszentrale für Heimatdienst / Hannover, 1958; 3. erweiterte Auflage, 1967; abgedruckt in: Schicksalsfragen der Gegenwart. Handbuch politisch-historischer Bildung, Bd. 1. Niemeyer / Tübingen 1957 u. in: Strukturprobleme (⇒Nr. 11).

13   Funk-Universität. Die institutionelle Organisation als Rechtsgewalt in Deutschland. RIAS / Berlin 1959.

14   Verfassungsrecht und Arbeitsrecht. Zusammen mit *Alfred Hueck* als Monographie unter dem Titel „Zwei Vorträge zum Arbeitsrecht"., gehalten anläßlich des zehnjährigen Wiederbestehens des Deutschen Arbeitsgeberverbandes e.V. am 1. 12. 1959. Beck / München 1960.

15   Conceptos fundamentales de la política y de teoría de la constitución. Instituto de Estudios Políticos / Madrid, 1964.

16   Das Verbot der Willkür und des Ermessensmißbrauchs im völkerrechtlichen Verkehr der Staaten. Sonderausgabe. Wissenschaftliche Buchgesellschaft /Darmstadt; C. F. Müller / Karlsruhe 1964; zuerst veröffentlicht in: Zeitschrift für ausländisches Recht und Völkerrecht, Bd. 1, 1929.

17 Politics and Law. Sythoff / Leyden 1965.
18 Grundgesetz für die Bundesrepublik Deutschland. Kommentar an Hand der Rechtsprechung des Bundesverfassungsgerichts. In Zusammenarbeit mit *Hans-Justus Rinck* unter Mitwirkung von *Klaus Helberg*. O. Schmidt / Köln-Marieburg 1966; 2. unveränderte Auflage 1966; 3., durchgesehene und durch einen Nachtrag ergänzte Auflage, 1968; 4., überarbeitete und erweiterte Auflage unter Mitwirkung von *Klaus Helberg* und *Horst Wuttke*, 1971; 5., überarbeitete und erweiterte Auflage unter Mitwirkung von *Dieter Hesselberger*, 1975 [Losebl. Ausgabe]; 6. Auflage unter Mitwirkung von *Dieter Hesselberger*, 1980 ff.
19 Die Stellung der Industrie- und Handelskammern in Gesellschaft und Staat. Festvortrag anläßlich des 100jährigen Bestehens der Industrie- und Handelskammer für die Regierungsbezirk Lüneburg am 26. Mai 1966, Pohl / Celle 1966
20 Demokratie und Erziehung. (Schriftenreihe der juristischen Studiengesellschaft Karlsruhe, Reihe A [Verfassungsrecht und Verfassungswirklichkeit], Heft 15), Niedersächsische Landeszentrale für Heimatdienst / Hannover 1967.
21 Bundesverfassungsgerichtsgesetz. Rechtsprechungskommentar, zusammen mit *Reinhard Rupprecht*. O. Schmidt / Köln-Marienburg 1968; Nachtrag1971.
22 Staatsgewalt, Verfassungsrecht und Radikalismus. Vortrag, gehalten am 4. März 1968 bei der Hochschulwoche für staatswissenschaftliche Fortbildung in Bad Nauheim. (Sonderdruck) Gehlen / Bad Homburg v. d. H., Berlin u. Zürich 1968.
23 Problemas fundamentales de la democracia moderna. Instituto de Estudos Politicos / Madrid 1971.
24 Eigentum und Sozialstaatsprinzip. Vortrag, gehalten in Hannover am 23. 2. 1972 vor Gästen der Stadtsparkasse Hannover, Göttingen 1972. [Masch. Schr.]
25 Rechtsgutachten über die Frage, ob ein Fall eines aus politischen Gründen abgelehnten Bewerbers für den öffentlichen Schuldienst unter Überprugung des verwaltungsgerichtlichen Instanzenzuges direkt dem Bundesverfassungsgericht unterbreitet werden kann. Göttingen 1972. [Masch. Schr.]
26 Rechtsgutachten zur verfassungsrechtlichen Problematik der Ausübung der Rechtsaufsicht gegenüber Rundfunk- und Fernsehanstralten im Bereich der Programmgestaltung. Erstattet im Auftrag des Zweiten Deutschen Fernsehens anläßlich des Bescheides der Hessischen Landesregierung vom 28. 2. 1972 [Schriftenreihe des ZDF, Heft 11]. ZDF – Informations- und Presseabteilung/Öffentlichkeitsarbeit / Mainz 1973.
27 Das Bundesverfassungsgericht, Zuflucht und Hürde für die Politiker. Vortrag

gehalten vor der Deutschen Vereinigung für Parlamentsfragen am 13. 6. 1973. ohne Ort 1973 [Masch. Schr.]

28　Rechtsgutachten zur Frage des Beschlagnahme-Verbots nach § 22 Abs. 2 des Hamburgischen Pressegesetzes v. 29. 1. 1965 (GVBl. S. 15) mit dem Beschlagnahmeverbot des § 97 Abs. 5 StPO (Vorlagebeschluß des Amtsgerichtes Hamburg v. 25. 10. 1972 – 162 GS 1198/72 –). Erstattet im Auftrag des Heinrich-Bauer-Verlages, Hamburg, Göttingen 1973. [Masch. Schr.]

29　Verfassungsstaat, Verfassungsrecht. (Urban-Taschenbücher, Bd. 825 = R. 80), Kohlhammer / Stuttgart 1973.〔清水望・渡辺重範（訳）『現代政党国家』（早稲田大学出版部，1977年）；部分訳：G. ライプホルツほか（著）・竹内重年（訳）『二〇世紀における民主制の構造変化』（木鐸社，1983年）〕

30　An der Schwelle zum gespaltenen Europa. Der Briefwechsel zwischen *George Bell* und *Gerhard Leibholz* 1939-1951. Hrsg. v. *Eberhard Bethge* und *Ronald C. D. Jasper*. (Übertragung aus dem Englischen von *Käthe Gregor-Smith*), Kreuz-Verlag / Stuttgart u. Berlin 1974.

31　Arzneimittelsicherheit und Grundgesetz. Zur Rechtslage der Naturheilmittel in der Reform des deutschen Arzneimittelgesetzes. Rechtsgutachten. Ärztliche Aktionsgemeinschaft für Therapiefreiheit e. V. [im Komm.] / Göttingen, Pforzheim 1974.

32　Das Bundesverfassungsgericht. Eine Institution im Schnittpunkt von Politik und Recht. Rundfunksendung am 18. 1. 1974. Norddeutscher Rundfunk, Drittes Programm, Hauptabteilung Politik / Hamburg 1974 [Masch. Schr.]; abgedruckt in: DVBl, 1974, S. 396 ff. und Μνήμη. Mélanges à la mémoire de Michel Athanase Dentias. Athènes 1978.

33　Rechtsgutachten über die Verfassungsmäßigkeit des Beschlusses des Bundesarbeitsgerichts vom 21. März. 1974 – 1 ABR – und des ihm vorausgegangenen Beschlusses des Landesarbeitsgerichts Niedersachsen / Göttingen 1974. [Masch. Schr.]

34　Rechtsgutachten zur Frage dert Vereinbarkeit des Nachtbackverbots nach § 5 des Gesetzes über die Arbeitszeit in Bäckereien und Konditoreien i. d. F. des Änderungsgesetzes vom 23. 7. 1969 (BGBl. I 937) mit dem Grundgesetz (Vorlagebeschluß des Amtsgerichts Essen vom 8. 6. 1973 – 55 Owi 29a/73 –), Göttingen 1974. [Masch. Schr.]

35　Die Regionalstadt. Zur verfassungsmäßigen Problematik einer Gebietsreform im großstädtischen Ballungsraum. Zusammen mit *Dieter Linke*. (Schriften des Deutschen Instituts für Urbanistik, Bd. 48), Kohlhammer / Stuttgart 1974.

36 Zum 65. Geburtstag von Willi Geiger am 22. 5. 1974. Göttingen 1974. [Masch. Schr.]

37 Der Status der Stadt Göttingen. Rechtsgutachten zum Entwurf eines niedersächsischen Achten Gesetzes zur Verwaltungs- und Gebietsreform. Göttingen 1975. [Masch. Schr.]

38 Interview im Deutschland-Funk am 9. März 1976. [Stellungnahme zum Fernseh-Interview von Walter Scheel am 5. März 1976.] Göttingen 1976. [Masch. Schr.]

39 Die Kreisfreiheit der Stadt Cuxhaven. Rechtsgutachten 〈Vorgutachten〉, zusammen mit *Klaus Lange*. Göttingen 1977. [Masch. Schr.]

40 Rechtsgutachten zur Frage der Verfassungsmäßigkeit des § 40a des Hessischen Landes-Wahlgesetzes. Insbesondere: Das Ruhen des Mandats unter dem Blickpunkt der parteienstaatlichen Demokratie. Göttingen 1977. [Masch. Schr.]

II. Aufsätze in Zeitschriften und Zeitungen, Beiträge in Festschriften, Nachschlagswerken und Sammelwerken

41 Kabelrecht. In: Wörterbuch des Völkerrechts und der Diplpmatie, hrsg. von *Karl Strupp*, Bd. 1. Walter de Gruyter / Berlin u. Leipzig 1924, S. 607 ff.

42 Namensrecht und Personendarstellung. In: DJZ, Jg. 30, 1925, Sp. 1426 ff.

43 Sklavenhandel. In: Wörterbuch des Völkerrechts und der Diplomatie, hrsg. von *Karl Strupp*, Bd. 2., Walter de Gruyter / Berlin u. Leipzig 1925, S. 542 ff.

44. Staatsangehorigkeite und Naturalisation. In: Wörterbuch des Völkerrechts und der Diplomatie, hrsg. von *Karl Strupp*, Bd. 2., Walter de Gruyter / Berlin u. Leipzig 1925, S. 588 ff.

45 Sujets mixtes. In: Wörterbuch des Völkerrechts und der Diplomatie, hrsg. von *Karl Strupp*, Bd. 1., Walter de Gruyter / Berlin u. Leipzig 1924, S. 698 f.

46 Aufwertung und vorbehaltlose Zahlungsannahme. In: Juristische Rundschau, Jg. 2, 1926, Sp.152 f.

47 Bemerkungen zum Urteil des Schweizerischen Bundesgerichts v. 18. 5. 1923: Verletzung der Rechtsgleichheit. In: Verwaltungsarchiv, Bd. 31, 1926, S. 234 ff.; abgedruckt in: Die Gleichheit vor dem Gesetz (⇒Nr. 2)〔本訳書第Ⅳ部第１章〕

48 Zum Begriff der Vereinbarung im Sinne des § 67 AufwG. In: Deutsche Steuerzeitung, Jg. 15, 1926, Sp. 565 ff.

49 Die Gleichheit vor dem Gesetz. Ein Nachwort zur Auslegung des Art. 109 Abs. 1 RV. In: AöR, N. F., Bd. 12, 1927, S. 1 ff.; Abgedruckt in: Die Gleichheit vor dem

Gesetz (⇒Nr. 2)〔本訳書第Ⅳ部第2章〕

50 Art. 109 Abs. 1 RVerf. und die „Biersteuerentscheidung" des Staatsgerichtshofs. In: DJZ, Jg. 34, 1929, Sp. 1119 f.

51 Gleichheit und Allgemeinheit der Verhältniswahl nach der Reichsverfassung und die Rechtsprechung des Staatsgerichtshofs. In: JW, Jg. 58, 1929, S. 3042 ff.; Abgedruckt in: Strukturwandel der modernen Demokratie, 1958, S. 1 ff.

52 Staatsangehörigkeit und Friedensvertrag. In: Wörterbuch des Völkerrechts und der Diplomatie, hrsg. von *Karl Strupp*, Bd. 3. Walter de Gruyter / Berlin u. Leipzig 1929, S. 122 ff.

53 Anmerkung zum Beschluß des LG. III Berlin 26 – As 880/30 – (Gleichheit vor dem Gesetz). In: Zeitschrift für Beamtenrecht, Bd. 2, 1930, S. 191 ff.

54 Hochstrichterliche Rechtsprechung und Gleichheitssatz. In: AöR, N. F., Bd. 19, 1930, S. 428 ff.; abgedruckt in: Die Gleichheit vor dem Gesetz (⇒Nr. 2)〔本訳書第Ⅳ部第4章〕

55 Juristische Studienreform und akademische Lehrfreiheit. In: Die Hilfe, Hg. 36, 1930, S. 858 ff.

56 Reichsregierung und Reichsministergesetz. In: DJZ, Jg. 35, 1930, S. 156 ff.; abgedruckt in: Strukturprobleme (⇒Nr. 11).

57 Übersicht über die Zuständigkeit der Landesparlamente. In: Handbuch des deutschen Staatsrechts, hrsg. v. *Gerhard Anschütz* und *Richard Thoma*, Bd.1. Mohr / Tübingen 1930, S. 630 ff.

58 Begründet der in den verschiedenen Verfassungen ausgesprochene Grundsatz der Gleichheit aller vor dem Gesetze durchsetzbares subjektives Recht? In: Verhandlungen des 5. Deutschen Juristentages in der Tschechoslowakei, Eger-Franzbad 1931, S. 350 ff., 383 ff.; abgedruckt in: Die Gleichheit vor dem Gesetz (⇒Nr. 2).〔本訳書第Ⅳ部第5章〕

59 Holstein und die deutsche Staatslehre. In: *Günther Holstein*. Erinnerungsheft. Nachrufe von Greifswalder Kollegen und Schülern. L. Bamberg / Greifswald, 1931, S. 13 ff.

60 Les tendence actuelles de la doctrine du droit publique en Allmagne. In: Archives de philosophie du droit et de sociologie juridique, T. 1, 1931, S. 207 ff.; abgedruckt in: Revista de drept public (Rumänien), An. 8, 1932, S. 15 ff.

60a Die Lage der deutschen Staatsrechtslehre der Gegenwart, 1931〔木村亀二（訳）「ドイツに於ける国法学の近況」（『法学志林』第33巻〔1931年〕929頁以下）。〕

61　Zur Begriffsbildung im öffentlichen Recht. In: Blätter für deutsche Philosophie, Bd. 5, 1931, S. 175 ff.; abgedruckt in: Strukturprobleme (⇒Nr. 11).

62　Der Abschluß und die Transformation von Staatsverträgen in Italien. In: Zeitschrift für Völkerrecht, Bd. 16, 1932, S. 353 ff.

63　Regierung und Parlament. In: RVerwBl, Bd. 53, 1932, S. 21 ff.; abgedruckt in: Strukturprobleme (⇒Nr. 11).

64　Die Verfassungsdurchbrechung. Betrachtungen aus Anlaß der geplanten parlamentarischen Reichspräsidentenwahl vom Januar 1932. In: AöR, N. F. Bd. 22, 1932, S. 1 ff.; abgedruckt in: Strukturprobleme (⇒Nr. 11).

65　Die Wahlrechtsreform und ihre Grundlagen. 2. Mitbericht. In: VVDStL, Heft 7, 1932, S. 159 ff., 199 ff. Neudruck 1966; abgedruckt in: Strukturprobleme (⇒Nr. 11).

66　Die Wahlreform im Rahmen der Verfassungsreform. In: RVerwBl, Bd. 53, 1932, S. 927 ff.

67　Parlamentarische Demokratie und Wahlrecht. In: Mélanges Paul Negulesco. Bukarest / Impr. Nationalá 1935, S. 445 ff. (Mit Résumé in französischer Sprache. S. 465 ff.). 1935. (Auch als Sonderdruck erschienen); abgedruckt in: Der junge Rechtsgelehrte, Jg. 8, 1932, S. 193 ff.

67a　Demokratie und Wahlrecht, 1933〔木村亀二（訳）「民主政治と選挙法（上）（下）」（『法学志林』第35巻［1933年］922頁以下，1077頁以下。〕

68　La nature et les formes de la démocratie. In: Archives de philosophie du droit et de sociologie juridique, An. 6, 1936, S. 126 ff.; abgedruckt in: Revista de drept public (Rumänien), An. 12, 1937, S. 424 ff.

68a　Das Wesen und die verschiedenen Erscheinungsformen der Demokratie, 1936〔宮澤俊義（訳）「民主政の本質とその諸発現形態（1）（2・完）」（『国家学会雑誌』第50巻［1936年］421頁以下，575頁以下）。〕

69　Die Problematik des berufsständischen Staatsgedankens. In: Schweizerische Juristenzeitung, Jg. 33, 1937, S. 372 ff.: abgedruckt in: Prager juristische Zeitschrift, Jg. 17, 1937, S. 481 ff. und in: Der junge Rechtsgelehrte, Hg. 10, 1934, S. 321 ff. sowie in: Strukturprobleme (⇒Nr. 11).

70　Der Zweck des Rechtes. In: Prager juristische Zeitschrift, Jg. 17, 1937, Sp. 481 ff.; abgedruckt in: Der junge Rechtsgelehrte, Jg. 12, 1936, S. 193 ff. und in: Strukturprobleme (⇒Nr. 11)

71　Le but de droit: Bien commun, justice, sécurité juridique. Communication. In: Annuaire de l'institut internationale de philosophie du droit de sociologie juridique, T.

3, 1938, S. 75 ff.

72 The nature and various forms of democracy. In: Social research, Vol. 5, 1938, S. 84 ff.; abgedruckt in: PL (⇒Nr. 17), S. 24 ff.

73 Il secolo XIX e lo stato totaritario del presente. In: Rivista internazionale di filosofia del diritto, An. 18, 1938, S. 1 ff. (auch als Sonderdruck erschinen).

74 National-Socialism and Church. By Spectator (d. i. Gerhard Leibholz). In: The contemporary review, Nr. 886, October 1939, S. 473 ff.; abgedruckt in: PL (⇒Nr. 17), S. 201 ff.

75 Syndicalisme, corporatisme et Etat corporatif. In: Revue du droit public et de la science politique en France et à l'étranger, T. 56, 1939, S. 65 ff.; Spätere veränderte Fassung in: Les cahiers de Bruges, An. 8, 1958, S. 4 ff.

76 Germany, the West and the possibility of a new international order. Report on behalf of the Study Department of the Universal Christian Council of Life and Work (under the auspices of the Provisional Committee of the World Council of Churches). 1940 (Hektogr. Manuskript); abgedruckt in: PL (⇒Nr. 17), S. 154 ff.

77 Christianity and World Order. By Spectator (d. i. Gerhard Leibholz). Zugleich Besprechung von: „Christianity and World Order". by *George A. Bell*, Bishop of Chichester, 1940. In: Christian fellowship in wartime. Bulletin, Nr. 2 v. 15. 2. 1941, S. 1 ff.: abgedruckt in: PL (⇒Nr. 17), S. 133 ff.

78 Christianity, justice and modern society. In: The Christian News-Letter, Suppl. No. 162 v. 2. 12. 1942.

79 Germany between West and East. By S. H. Gerard (d. i .Gerhard Leibholz). In: The fortnightly, October 1942, S. 252 ff.; abgedruckt in: Christian fellowship in wartime, Bulletin No. 9, February 1942, S. 5 ff. und PL (⇒Nr. 17), S. 174 ff.

80 Democracy and the electoral issue. In: The Dublin review, October 1943, S. 121 ff.; abgedruckt in: PL (⇒Nr. 17), S. 49 ff.

81 The essence of politics. In: Blackfriars, Vol. 24, 1943, S. 453 ff.; abgedruckt in: PL (⇒Nr. 17), S. 13 ff.

82 The foundations of justice and law in the light of the present European crisis. In: The Dublin review, January 1943, S. 32 ff.; abgedruckt in: PL (⇒Nr. 17), S. 253 ff.

83 Nationality in international law. In: Transactions of the Grotius Society, Vol. 28, 1943, S. 161 ff.; abgedruckt in: PL (⇒Nr. 17), S. 320 ff.

84 Unconditional surrender and Central Europe. By *S. H. Gerard* (d. i. *Gerhard Leibholz*). In: Christian International Service. Bulletin, Nr. 11, September 1943, S. 1

ff.

85 Education in Post-War Germany. In: The Hibbert journal, Vol. 42, 1944, S. 316 ff.; abgedruckt in: PL (⇒Nr. 17), S. 194 ff.; abgedruckt auch unter dem Titel: Re-educating Germans? A discussion by the National Peace Council. In: Peace Aims Pamphlet, Nr. 27, 1946, S. 10 ff.

86 Ideology in the post-war policy of Russia and the western powers. In: The Hibbert journal, Vol. 42, 1944, S. 116 ff.; abgedruckt in: PL (⇒Nr. 17), S. 182 ff.

87 The opposition movement in Germany. In: The new English weekly, Vol. 26, 1944, S. 5 f. u. S. 44 sowie in: Christian fellowship in wartime. Bulletin, Nr. 21, January 1945; abgedruckt in: PL (⇒Nr. 17), S. 210 ff.

88 Public opinion. In: The fortnightly, August 1944, S. 107 ff.; abgedruckt in: PL (⇒Nr. 17), S. 81 ff. und in: Die Zeitung v. 15. 12. 1944, S. 4.

89 The unity of Europe. In: Blackfriars, Vol. 25, 1944, S. 445 ff.; abgedruckt in: PL (⇒Nr. 17), S. 214 ff. und in: Die Zeitung v. 13.10. 1944, S. 4.

90 Civilising Germany? In: Strand, July 1945, S. 26.

91 Nationality in history and politics. [Besprechung zu: *Frederick Hertz*: Nationality in history and politics, 1944] In: The Hibbert journal, Vol. 43, 1945, S. 118 ff.; abgedruckt in: PL (⇒Nr. 17), S. 72 ff.

92 Parliamentary representation. In: The University of Chicago law review, Vol. 12, 1945, S. 429 ff.; abgedruckt in: PL (⇒Nr. 17), S. 64 ff.

93 The possibility of a European settlement. Address delivered at Birmingham on 22. Nov. 1945. Issued bu the National Peace Council 1945, S. 1 ff.

94 Sovereignty and peace. In: Blackfrairs, Vol. 26, 1945, S. 326 ff., abgedruckt in: PL (⇒Nr. 17), S. 235 ff.

95 Two types of democracy. In: The Hibbert journal, Vol. 44, 1945, S. 35 ff.; abgedruckt in: PL (⇒Nr. 17), S. 37 ff.

96 Politics and natural law. In: Natural law. Ed. By Alexander Roper Vidler and Walter Alexander Whitehouse, S. C. M. Press / London 1946, S. 31 ff.; abgedruckt in: PL (⇒Nr. 17), S. 20 ff.〔初宿正典(訳)「政治と自然法」同『カール・シュミットと五人のユダヤ人法学者』(成文堂，2016年)所収。〕

97 Das Ende Preußens. In: Göttinger Universitäts-Zeitung, Jg. 2, No. 11 v. 9. 5. 1947, S. 9.

98 Das Wesen der Demokratie. In: Neues Europa, Jg. 2, 1947, S. 4.; abgedruckt in: Die Zeitung v.. 25. 5. 1945, S. 4.

99 Wiederbegegnung. In: Göttinger Universitäts-Zeitung, Jg. 2, No. 14 v. 20. 6. 1947, S. 1 ff.

100 Memoir of Dietrich Bonhoeffer. In: Bonhoeffer, Dietrich: The cost of discipleship. S. C. M. Press / London u. Macmillan / New York 1948, S. 9 ff.; abgedruckt in: PL (⇒Nr. 17), S. 139 ff.; Bonhoeffer, Dietrich: Einführung in seine Botschaft. Hrsg. .v. Presseverband der Ev. Kirche in Rheinland, 1955, S. 3 ff.; The Guardian, Nr. 5230 v. 8. 3. 1946; The Bulletin of the German-British Christian Fellowship, 1966, Nr. 29, S. 1 f.

101 Die Struktur der neuen Verfassung. In: DV, Jg. 1, 1948, S. 73 ff.; abgedruckt in: Strukturprobleme (⇒Nr. 11).

102 Zur gegenwärtigen Lage des Völkerrechts. Referat zur Tagung der deutschen Völkerrechtslehrer in Hamburg am 15. 4. 1948. In: AVR, Bd. 1, 1948/49, S. 415.

103 Die Brückentheorie. In: Göttinger Universitäts-Zeitung, Jg. 4, 1949, No. 6, S. 7 f.

104 In memoriam Heinrich Triepel (12. 2. 1868 – 23. 11. 1946). In: DV, Jg. 2, 1949, S. 141 f.

105 Die völkerrechtliche Stellung der „Regugees". im Kriege. Eine Begtrachtung der britischen Internierungspolitik während des letzten Krieges. [Der Beitrag zu der nicht im Druck erschienenen Festschrift für Ernst Rabel zum 70. Geburtstag am 28.. 1. 1944]. In: AVR, Bd. 2, 1949, S. 129 ff.; abgedruckt in: Christian fellowship in wartime. Bulletin, 1948, Nr. 18, S. 2 ff.; auch in: PL (⇒Nr. 17), S. 314 ff.

106 Die Organisation der „Vereinten Nationen". und die Strukturprinzipien des modernen Vökerrechts. In: Festschrift für Julius von Gierke. Zu seinem goldenen Doktorjubiläum am 25. 10. 1948. Walter de Gruyter / Berlin 1950, S. 163 ff.

107 Volk und Partei im neuen deutschen Verfassungsrecht. In: DVBl, Jg. 1950, S. 194 ff.; abgedruckt in: Strukturprobleme (⇒Nr. 11).

108 Der Begriff der freiheitlichen demokratischen Grundordnung und das Bonner Grundgesetz. In: DVBl, Jg. 1951, S. 554 ff.; abgedruckt in: Strukturprobleme (⇒Nr. 11) u. Schicksalsfragen der Gegenwart. Handbuch politisch-historischer Bildung, Bd. 5: Lebensbereiche und Lebensordnungen. Niemeyer / Tübingen 1960, S. 18 ff.

109 Die Gleichheit vor dem Gesetz und das Bonner Grundgesetz. In: DVBl, 1951, S. 193 ff.; abgedruckt in: Die Gleichheit vor dem Gesetz (⇒Nr. 2)〔本訳書第Ⅳ部第6章〕

110 Der Parteienstaat des Bonner Grundgesetezes. In: Recht, Staat, Wirtschaft, Bd. 3. Schwann / Düsseldorf 1951, S. 99 ff.; abgedruckt in: DVBl, Jg. 1951, S. 1 ff. u. in: Die

Polizei, Jg. 6, 1953, S. 77 ff.
111 Der Parteienstaat des Bonner Grundgesetezes und das Beamtentum. In: Der Beamtenbund, Jg. 2, 1951, S. 6 ff.
112 Vefassungsrechtliche Stellung und innere Ordnung der Parteien. Ausführung und Anwendung der Art. 21 u. 38 I 2 des Grundgesetzes. In: Verhandlungen des 38. Deutschen Juristentages. Staatsrechtliche Abteilung. Mohr / Tübingen 1951, S. C2-C29.
113 Zur Lehre und Forschung der Wissenschaft von der Politik. Diskussionsbeitrag. In: Über Lehre und Forschung der Wissenschaft von der Politik. Hess. Ministerium f. Erziehung u. Volksbildung / Wiesbaden 1951, S. 81 ff.
114 Echte Wahlen gibt es nicht mehr. In: FAZ v. 28. 6. 1952, S. 4.
115 The Federal Constitutional Court in Germany and the „Southwest Case". In: The American political science review, Vol. 46, 1952, S. 723 ff.; abgedruckt in: PL (⇒Nr. 17), S. 286 ff.
116 Heute ist die Demokratie Herrschaft der Parteien. Damit verändern die Wahlen ihren Charakter. In: FAZ v. 21. 6. 1952, S. 4.
117 Der Strukturwandel der Demokratie. In: FAZ v. 13. 6. 1952, S. 2.
118 Die Dreiteilung der Gewalten. In: Wetzlarer Neue Zeitung v. 16. 6. 1953; abgedruckt in: Schwäbische Haller Tageblatt v. 23. 6. 1953 und Südost-Kurier v. 11. 7. 1953.
119 Geleitwort zu: Hermann von Mangoldt: Das Bonner Grundgesetz. Vahlen / Berlin u. Frankfurt 1953, S. V ff.
120 Hermann von Mangoldt†. In: JöR, N. F. Bd. 2, 1953, S. III f.
121 Equality as a principle in German and Swiss constitutional law. In: Journal of public law, Vol. 3, 1954, S. 156 ff.; abgedruckt in: PL (⇒Nr.17), S. 302 ff.
122 Das Phänomen des totalen Staates. In: Mensch und Recht und Geschichte. Festschrift für Herbert Krauss. Holzner-Verlag / Kitzingen 1954, S. 156 ff.; abgedruckt in: Strukturprobleme (⇒Nr. 11) und in: Wege der Totalitarismus-Forschung. Wissenschaftliche Buchgesellschaft / Darmstadt 1968, S. 121 ff.
123 Der Supreme Court of the Unites States und die amerikanischen Bundesgerichte. Rundfunkvortrag. Gesendet im Süddeutschen Rundfunk in der Sendereihe „Aus der Residenz des Rechts".. 1954 (Hektogr. Manuskript).
124 Les partis et le Tribunal constitutionnel de la République Fédérale. In: France-Europe, 1955, Numéro spécial: Allemagne 55, S. 19 ff.

125 Verfassungsstaat und Verfassungswirklichkeit. In: Vorträge, gehalten anläßlich Der Hessischen Hochschulwoche f. Staatswissenschaftliche Fortbildung, Bd. 8, 1955, S. 34 ff.; abgedruckt in: Die Dritte Gewalt, Jg. 3, 1953, S. 8 f. u. in: Strukturprobleme (⇒Nr. 11).

126 Zur Gestaltung des künftigen Bundeswahlrechts, Halbzeit – und noch kein Wahlgesetz? In: Der Wähler, Jg. 5, 1955, S. 432 ff.; abgedruckt in: Strukturprobleme (⇒Nr. 11).

127 Demokratisches Denken als gestaltendes Prinzip im europäischen Völkerleben. In: Veröffentlichungen des Instituts für europäische Geschichte Mainz, Bd. 13, 1956, S. 120 ff.; abgedruckt in: Das Wesen der Repräsentation (⇒Nr. 4).

128 Verfassungsgerichtsbarkeit im demokratischen Rechtsstaat. In: ZfP, N. F. Bd. 3, 1956, S. 1 ff.; auch in: Vorträge, gehalten anläßlich der Hessischen Hochschulwoche f. staatswissenschaftliche Fortbildung, Bd. 2, 1953, S. 334 ff.; abgedruckt in: Strukturprobleme (⇒Nr. 11).

128a Verfassungsgerichtsbarkeit im demokratischen Rechtsstaat nach dem Bonner Grundgesetz. 1954.〔大串兎代夫訳「ボン基本法における民主法治国の憲法裁判権」(『名城法学』第4巻第3・4合併号〔1954年〕117頁以下，第5巻第1号〔1955年〕100頁以下，第6巻第1・2号〔1956年〕55頁以下，第6巻第3・4号〔1957年〕87頁以下)。〕

129 Vorwort zu: *Leo Strauß*, Naturrecht und Geschichte. Koehler / Stuttgart, 1956, S. VII ff.

130 Wahlrechtsreform und Verhältniswahl. In: FAZ v. 2. 2. 1956, S.2.

131 Die kritische Punkte des Grundgesetzes. In: Deutsche Universitätszeitung, Jg. 12, Nr. 13/14, 1957, S. 18 ff.; abgedruckt in: Bundesländerdienst, Jg. 9, Nr. 19, S. 3 ff.

132 Die politischen und juristischen Hauptformen der Demokratie. In: Vorträge, gehalten anläßlich der Hessischen Hochschulwoche f. staatswissenschaftliche Fortbildung, Bd. 14, 1957, S. 7 ff.; abgedruckt in: Strukturprobleme (⇒Nr. 11) u. in: Vefassungsstaat, Verfassungsrecht [Nr. 29], S. 48 ff.〔竹内重年訳・前掲(⇒Nr. 29)所収〕

133 Der Status des Bundesverfassungsgerichts. Mit Einleitung. In: JöR, N. F., Bd. 6, 1957, S. 110 ff., 120 ff., 142 ff. [⇒Nr. 165]〔和田英夫・廣田健次訳「ライプホルツ『西ドイツ連邦憲法裁判所の地位』の紹介によせて——翻訳と解説」(日本法学第44巻第1号〔1978年〕39頁以下)。〕

134 „Aggression". im Völkerrecht und im Bereich ideologischer Auseinandersetzung.

In: Vierteljahreshefte für Zeitgeschichte, Jg. 6, 1958, S. 165 ff.
135 Die Bedrohung der Freiheit durch die Macht des Gesetzgebers. In: Freiheit der Persönlichkeit. Kröner /Stuttgart 1958, S. 67 ff.; abgedruckt in: Universitas, Jg. 14, 1959, S. 459 ff.
136 Die Problematik unserer staatsbürgerlichen Verantwortung. In: Die 10. Niederrheinische Universitätswoche, Duisburger Univ. Gesellschaft / Duisburg 1958, S. 41 ff.
137 Sperrklausel und Unterschriftsquoren nach dem Bonner Grundgesetz. (Ein Gutachten, das der vom Bundesminister des Innern eingesetzten Wahlrechtskommissionen im Jahre 1954 erstattet worden ist), in: Strukturprobleme (⇒Nr. 11).
138 Schutzt das Grundgesetz die Demokratie? Vortrag. In: Rechtsstaat und Freiheit. Tagung der Evangelischen Akademie Loccum v. 19.-22. September 1959, S. 10 ff.
139 Bundesverfassungsgericht und Kommunalwahlrecht. In: PVS, Jg. 1, 1960, S. 73 ff.
140 Gleichheit der Staaten. In: Wörterbuch des Völkerrechts. Hrsg. v. *Karl Strupp*, 2. Auflage, hrsg. v. *Hans-Jürgen Schlochauer*, Bd. 1, Walter de Gruyter / Berlin 1960, S. 694 ff. [⇒Nr. 287]
141 Mißverstandener Parlamentarismus. In: Süddeutsche Zeitung v. 21. 1. 1960, S. 14.
142 Nachwort zu: *Yavuz Abadan*: Die Entstehung der Türkei und ihre verfassungsrechtliche Entwicklung bis 1960. In: JöR, N. F. Bd. 9, 1960, S. 417 f.
143 Das Parlament im modernen Staat. In: Deutsche Rundschau, Jg. 86, 1960, S. 491 ff.
144 Sovereignty and European integration. Some basic considerations. In: Sciences humaines et intégration européenne, 1960, S. 156 ff.; abgedruckt in: PL, S. 214 ff.; in: Probleme der Einigung Europas. (Schriftenreihe zur europäischen Integration, 1) Hermes / Düsseldorf 1959, S. 5 ff.; in Universitas, Jg. 13, 1958, S. 449 ff.
145 Strukturprinzipien des modernen Verfassungsstaates. In: Franz-Lieber-Hefte, 1960, Heft 4, S. 22 ff. Zuvor gesendet als: Radio Courses of the College of Europe 1959/60. Progr. 119, 122, 125, 128, 131, 134.; Auszug abgedruckt in: *Christian von Ferber*, Individuum und Gemeinschaft. Die liberale Konzeption. Niedersächsische Landeszentrale für politische Bildung / Hannover 1965, S. 69 ff. [⇒Nr. 172]
146 Bundesverfassungsgericht und Parteienfreiheit. Zum Urteil des Bundesverfassungsgerichts vom 21. 3. 1961. In: PVS, Jg. 2, 1961, S. 174 ff.
147 Dienen ist kein Luxus. In: Woher – wohin. Bilanz der Bundesrepublik. M. Du Mont Schauberg / Köln 1961, S. 24 f.
148 Freiheit und Planung in der Demokratie. In: Universitas, Jg. 16, 1961, S. 1293 ff.

149　Max Huber†. In: JöR, N. F. Bd. 10, 1961, S. 1 f.
150　Der moderne Parteienstaat. In: Vorträge, gehalten anläßlich der Hessischen Hochschulwoche f. Staatswissenschaftliche Fortbildung, Bd. 30, 1961, S. 29 ff.
151　Preface zu: *Wolfgang Birke*, European elections by direct suffrage. Sythoff / Leiden 1961, S. 7 ff.
152　Rudolf Katz zum Gedenken. (Gedenkrede gehalten bei der Trauerfeier des Bundesverfassungsgerichts am 30. 9. 1961.). In: Deutsche Rundschau, Jg. 87, 1961, S. 1121 ff.
153　Sovereignty and the world problems of today. In: Universitas (Engl. Ed.), Vol. 4, 1961, S. 281 ff. u. S. 395 ff.
154　Volk, Nation, Reich. Wandlung der Begriffe und Deutung für die heutige Zeit. Mit Diskussionsbeitrag. In: Was bedeuten uns heute Volk, Nation, Reich? (Schriftenreihe d. Friedrich Naumann Stiftung z. Politik u. Zeitgeschchite, Nr. 3). Deutsche Verlags-Anstalt / Stuttgart 1961, S. 151 ff, S. 203 ff. In erweiterter Fassung in: Das Parlament, B 7-1962, S. 49 ff.; abgedruckt in: Geistige Strömungen der heutigen Weltpolitik. 6. Außenpolitische Woche. Kulturamt / Dortmund 1962, S. 37 ff. 〔林田和博（訳）「フォルク（Volk），ナチオーン（Nation），ライヒ（Reich）——その概念と今日の意味の変化」(『法政研究』第32巻第1号［1965年］1頁以下）。〕
155　Geleitwort zu: Edward McWhinney, Föderalismus und Bundesverfassungsrecht. Quelle & Meyer / Heidelberg 1962, S. 6 ff.
156　Legal philosophy and the Federal Constitutional Court. In: Edward McWhinney: Constitutionalism in Germany and the Federal Constitutional Court. Sythoff / Leyden 1962, S. 11 ff.; abgedruckt in: PL (⇒Nr. 17), S. 296 ff.
157　Neues deutsches Verfassungsrecht. In: Vorträge, gehalten anläßlich der Hessischen Hochschulwoche f. Staatswissenschaftliche Fortbildung, Bd. 32, 1962, S. 126 ff.; abgedruckt in: Verfassungsstaat, Verfassungsrecht [Nr. 29], S. 31 ff. 〔竹内重年訳「新しいドイツの憲法」(『自治研究』53巻5号3頁以下（1977年）; 前掲（⇒Nr. 29）所収）〕
158　Die Situation des Richters in der Problmatik der Urteilsfindung. In: Die 14. niederrheinische Universitätswoche. Duisburger Univ.-Gesellschaft / Duisburg 1962, S. 51 ff.
159　Stellung und Aufgaben der Arbeitgeber- und Arbeitnehmer-Vereinigungen in unserer Gesellschaftsordnung aus staatsrechtlicher und staatspolitischer Sicht. In: Schriftenreihe der Bundesvereinigung der Dt. Arbeitgeberverbände, Heft 29, 1962, S.

17 ff.

160   Das Bundesverfassungsgericht und die richterliche Beurteilung der Politik. In: Universitas, Jg. 18, 1963, S. 1283 ff.〔小林直樹（訳）「ドイツ連邦共和国の憲法裁判所と政治に対する司法的判断」国家学会雑誌第79巻［1966年］633頁。〕

161   Demokratie und Erziehung. Festvortrag, gehalten auf dem Kongress der deutschen Lehrer und Erzieher am 14. 6. 1962 in Wiesbaden. In: Die deutsche Schule, Jg. 55, 1963, S. 57 ff.; abgedruckt in: Demokratie und Erziehung [⇒Nr. 20] und in: Freiheit und Verantwortung in Gesellschaft und Erziehung. Festschrift für Erwin Stein. Gehlen / Bad-Homburg v. d. Heide, Berlin Zürich 1969, S. 217 ff.

162   The Federal Constitutional Court in the constitutional system of the Federal Republic of Germany. In: Legal Essays. Festskrift til *Frede Castberg* i anledning av hans 70 arsdag 4. 7. 1963. Univestitetsforlaget / Oslo 1963, S. 495 ff.; abgedruckt in: PL (⇒Nr. 17).

163   Prinzipien der Verfassungsinterpretation. Diskussionsbeitrag zu dem am 5. 10. 1961 in Freiburg erstatteten Berichten von *P. Schneider* und *H. Ehmke*. In: VVDtSRL, Heft 20, 1963, S. 117 ff.; abgedruckt in: Strukturprobleme (3. Aufl.) (⇒Nr. 11).

164   Rechtsgewalt und Staatsgewalt in der Bundesrepublik Deutschland. In: Journal der Internationalen Juristenkommission, Bd. 4, 1963, S. 252 ff.; abgedruckt in: Deutsche Rundschau, Jg. 85, 1959, S. 875 ff.; übersetzt auf französisch unter dem Titel: La justice et le pouvoir dans la République Fédérale d'Allemagne. In: Revue de la Commission Internationale de Juristes, T. 4, 1963, S. 253 ff.

165   Der Status des Bundesverfassungsgerichts. In: Das Bundesverfassungsgericht. C. F. Müller / Karlsruhe 1963, S. 61 ff.; Das Bundesveffassungsgericht. 1951-1971. C. F. Müller / Karlsruhe 1971, S. 31 ff.; abgedruckt auch in: PVS, Jg. 3, 1962, S. 13 ff. [⇒Nr. 133].

166   Der Einfluss der Fachleute auf politische Entscheidungen. In: Die politische Verantwortung der Nichtpolitiker. Piper / München 1964, S. 81 ff.; abgedruckt in: Strukturprobleme (3. Aufl.) [⇒Nr. 11].

167   Fragen der Parlamentsreform. In: Interparlamentarische Arbeitsgemeinschaft. Protokoll Nr. 35 über die Vollversammlung am 3. 11. 1964 im Bundeshaus in Bonn, S. 21 ff.

168   Die freiheitliche und egalitäre Komponente im modernen Parteienstaat. In: Führung und Bildung in der heutigen Welt. Festschrift f. *Kurt Georg Kiesinger* zum 60. Geburtstag am 6. 4. 1964. Deutsche Verlags-Anstalt / Stuttgart 1964, S. 247 ff.

169 Gesellschaftsordnung, Verbände, Staatsordnung. In: Die unternehmerische Verantwortung in unserer Gesellschaftsordnung. (Veröffentlichungen der Walter-Raymond-Stiftung, 4). Westdeutscher Verlag / Köln u. Opladen 1964, S. 215 ff.; abgedrucakt in: Strukturprobleme (3, Aufl.) [⇒Nr. 11].

170 Parlamentarische Regierung und parlamentarische Kontrolle. Diskussionsbeitrag auf der Tagung der Deutschen Vereinigung für politische Wissenschaft vom 23.-25. 4. 1963 in Heidelberg. In: PVS, Hg. 5, 1964, S. 36 ff.

171 Verfassungsrechtliche Strukturprobleme im neuen deutschen Verfassungsrecht. In: Vorträge der Tagungen des Jahres 1963 der deutschen Sektion der Internationalen Juristenkommission, 1964, S. 6 ff.

172 Strukturprinzipien des modernen Verfassungsstaates. In: Vorträge, geh. an. d. Hessischen Hochschulwoche f. staatswissenschaftliche Fortbildung, Bd. 44, 1965, S. 17 ff. [⇒Nr. 145]. Abgedruckt in: Verfassungsstaat, Verfassungsrecht [⇒Nr. 29], S. 10 ff.〔竹内重年(訳)「現代立憲国家の構造的諸原理」(『熊本法学』第26巻〔1977年〕154頁以下); 前掲(⇒Nr. 29)所収。〕

173 Vorwort zu: *Sigismund Buerstedde*: Der Ministerrat im konstitutionellen System der europäischen Gemeinschaften. De Tempel / Bruges 1964, S. 5 f.

174 Blutzeuge des anderen Deutschlands (Dietrich Bonhoeffer zum 20. Todestage). In: Badische Neueste Nachrichten v. 4. 2. 1965; in: Wertheimer Zeitung v. 3. 2. 1965; in: Main-Post v. 3. 2. 1965; Fränkische Nachrichten v. 3. 2. 1965; Schwarzwälder Bote v. 8. 4. 1965.

175 Die Kontrollfunktion des Parlaments. In: Macht und Ohnmacht der Parlamente. Vorträge und Diskussionen auf der vom 1.-3. 4. 1965 in Baden-Baden von der Friedrich Naumanns-Stiftung veranstalteten Arbeitstagung. Dt. Verlags-Anstalt / Stuttgart 1965, S. 57 ff., 93 ff., 139 ff.; abgedruckt in: Neue Zürcher Zeitung (Fernausgabe), Nr. 138 v. 21. 5. 1965, Bl. 4, Nr. 139 v. 22. 5. 1965 Bl. 13; in: Badische Neueste Nachrichten v. 8. 2. 1966; v. 30. 3. 1966 unter dem Titel: Wirklichkeit „Sitzungszimmer-Parlamentarismus".; abgedruckt auch in: Strukturprobleme (3. Aufl.) [⇒Nr. 11].

176 Mindsudsuiwoa bobgwoa dsilo. (Democracy and law and order in developing societies.). In: Dong-A-Il-Bo v. 3. 4. 1965, S. 3.

177 Verfassungsrecht und politische Wirklichkeit. Vortrag, gehalten anläßlich des 40jährigen Bestehens des Max-Planck-Instituts f. ausländisches öffentliches Recht und Völkerrecht. In: Mitteilungen aus der Max-Planck-Gesellschaft zur Förderung der

Wissenschaften, 1965, Heft 1/2. S. 35 ff.; abgedruckt in: Das Wesen der Repräsentation (3. Aufl.) [⇒Nr. 4].〔佐藤功（解説）／小林宏晨（訳）「憲法と政治的現実」（『法学セミナー』第147号14頁以下，第148号63頁以下［1968年］）。〕

178 Hüter des Grundgesetzes. In: Die Welt, 1966, Nr. 270 v. 19. 11. 1966 (Forum der geistigen Welt), S. 11.

179 Nation. In: Evangelisches Staatslexikon. Kreuz-Verlag / Stuttgart u. Berlin 1966, Sp. 1331 ff.

180 Repräsentation. In: Evangelisches Staatslexikon. Kreuz-Verlag / Stuttgart u. Berlin 1966, Sp. 1859 ff.

181 Das Spannungsverhältnis von Politik und Recht und die Integrationsfunktion des Bundesverfassungsgerichts. In: Integritas. [Holzamer-Festschrift], Wunderlich / Tübingen 1966, S. 211 ff.; abgedruckt in: Timetikos tomos hyper Elia G. Kyriakopulu. Tom B. Thessalonike 1966-1969. = Jahrbuch der Rechts- und Wirtschaftswissenschaftlichen Fakultät der Universität Thessaloniki, Bd. 13, 1966, S. 849 ff.

182 Staat und Verbände. In: VVDtSRL, Heft 24, 1966, S. 5 ff.; abgedruckt in: Recht der Arbeit, Jg. 19, 1966, S. 281 ff.

183 Volksvertretung. In: Evangelisches Staatslexikon. Kreuz-Verlag / Stuttgart u. Berlin 1966, Sp. 2454 ff.

184 Arnold Köttgen. In: JöR, N. F. Bd. 16, 1967, S. 1 f.

185 Nationalstaatliches und ideologisches Denken. In: -mosaik-Texte unserer Zeit, ihrer Gestalt und Probleme, zusammengestellt von Jakob Lehmann u. Hermann Glaser, Nr. 25: Nationalismus. Diesterweg / Frankfurt a. M. (usw.) 1967, S. 19 ff.

186 Parteien, Wahlrecht, Demokratie. In: Schriftenreihe der Friedrich-Naumann-Stiftung zur Politik und Zeitgeschichte, Bd. 12, Westdeutscher Verlag / Köln u. Opladen 1967, S. 40 ff., 72 ff.

187 Repräsentativer Parlamentarismus und parteistaatliche Demokratie. In: Parlamentarismus. Kiepenheuer & Witsch / Köln u. Berlin 1967, S. 349 ff.

188 Die Zukunft der nationalstaatlichen Souveränität im 20. Jahrhundert. In: Die Entstehung des modernen souveränen Staates (hrsg. v. *Hans Hubert Hofman*n), Kiepenheuer & Witsch / Köln u. Berlin 1967, S. 377 ff.

189 Parteienstaat und repräsentative Demokratie. Eine Betrachtung zu Art. 21 und 38 des Bonner Grundgesetzes. In: Zur Theorie und Geschichte der Repräsentation und Repräsentativverfassung (hrsg. v. *Heinz Rausc*h), Wissenschaftliche Buchgesellschaft / Darmstadt 1968, S. 235 ff.〔竹内重年（訳）「政党国家と代表民主制」（『自治研究』

第57巻第 8 号［1981年］ 3 頁以下）；前掲（⇒Nr. 29）所収。］

190　Phänomen des totalen Staates. In: Wege der Totalitarismusforschung. Wissenschaftliche Buchgesellschaft / Darmstadt 1968, S. 123 ff. [⇒Nr. 122].

191　Repräsentation und Identität. In: Theorie und Soziologie der politischen Parteien, hrsg. und eingeleitet von *Kurt Lenk* und *Franz Neumann*. Luchterhand / Neuwie u. Berlin 1968, S. 153 ff.

192　Zum Begriff der Suranationalität. In: Recueil d'études de droit international. En hommage à *Paul Guggenheim*. Imprimerie de la tribune / Genève 1968, S. 814 ff.

193　Zum 70. Geburtstag von Dr. *Robert Müller-Wirth*. In: Begegnungen – Begebenheiten. Briefe zum 70. Geburtstag des Verlegers Dr. *Robert Müller-Wirth*. C. F. Müller / Karlsruhe 1968.

194　20 Jahre Deutsches Verwaltungsblatt. In: DVBl, Bd. 83, 1968, S. 769.

195　In: Dokumente zur Bonhoeffer-Forschung. 1928-1945. (Die mündige Welt. 5) Hrsg. v. Jørgen Glenthøj, Chr. Kaiser / München 1969, S. 318 ff. [2 Briefe von Gerhard Leibholz an Direktor *Harry Johansson* v. 21. 4. 1943 u. 22. 6. 1943.]

196　Bürgertum. In: Politik für Nichtpolitiker. Bd.1, Kreuz-Verlag , Stuttgart 1969, S. 68 ff.

197　Geleitwort zu: *Franz Schneider*: Bibliographie der Veröffentlichungen von *Willi Geiger*. Mohr / Tübingen 1969.

198　Parlamentarismus. In: Wörterbuch der Soziologie, 2. Neubearb. u. erw. Auflage, Enke / Stuttgart 1969, S. 785 ff.; abgedruckt in: Fischer Handbücher, Bd. 6132. Fischer / Frankfurt a. M. 1972, S. 603 ff.

199　Repräsentation. In: Wörterbuch der Soziologie, 2. neubearb. u. erw. Auflage, Enke / Stuttgart 1969, S. 893 ff.; abgedruckt in: Fischer Handbücher, Bd. 6132. Fischer / Frankfurt a. M. 1972, S. 669 ff.

200　Zum Parteiengesetz von 1967. In: Festschrift für *Adolf Arndt* zum 65. Geburtstag. Europ. Verlagsanstalt / Frankfurt 1969, S. 179 ff.〔竹内重年（訳）・前掲（⇒Nr. 29）所収。〕

201　Beratung des Entwurfs eines Vierten Gesetzes zur Änderung des Gesetzes über das Bundesverfassungsgericht – Aussprache mit dem Bundesverfassungsgericht – am 23.. 4. 1970 in Karlsruhe, Drucksache VI/388. In: Dt. Bundestag. 6. WP, 5. Ausschuß. Wortprotokoll Nr. 13, S. 17 f, 23, 27, 33, 52 f., 74 f., 108 ff., 127 f.

202　Bruno Seidel†. 21. August 1970. In: PVS, Jg. 11, 1970, S. 510 f.

203　Das Vermächtnis des 20. Juli 1944. In: Festschrift für *Gebhard Müller*. Mohr /

Tübingen 1970, S. 185 ff. [Aussprache, gehalten bei der Gedenkfeier im Rathaus in Karlsruhe am 25. Jahrestag der Aufstandes gegen das nationalsozialistische Regime. Karlsruhe 1969.

204 Zur Rechtsprechung des Bundesverfassungsgerichts zum Erlaß einstweiliger Anordnung nach § 32 des Bundesverfassungsgerichtsgesetzes vom 12. März 1951. In: Scritti in onore di *Gaspare Ambrosini*, Vol. 2. Giuffré / Milano 1970, S. 1163 ff.

205 Constitutional law and constitutional reality. In: Festschrift für *Karl Löwenstein*. Mohr / Tübingen 1971, S. 305 ff.: abgedruckt in: Law and state, Vol. 1, 1970, S. 7 ff.

206 Diskussionsbeitrag auf der Tagung der Vereinigung der Deutschen Staatsrechtslehrer in Speyer am 8. 10. 1970 zu: Das demokratische Prinzip im Grundgesetz. In: VVDStRL, H. 29, 1971, S. 103 ff.

207 Ernst Friesenhahn zum 70. Geburtstag (26. 12. 1971). In: NJW, Jg. 24, 1971, S. 2295 f.

208 Herrschende Eigentumsordnung nicht sakrosankt. In: Vorgänge 1971, S. 22.

209 Mehr Freiheit durch den Sozialstaat. „Eigentum verpflichtet". – Interpretation zu einem Grundgesetzartikel. In: Die Zeit. Wochenzeitung für Politik, Wirtschaft, Handel und Kultur, 1971, Nr. 21 v. 21. 5. 1971, S. 56.; abgedruckt in: Vorgänge, Jg. 10, 1971, S. 22 und in: Bodenrecht (Aktuelle Dokumente), Walter de Gruyter / Berlin u. New York, 1972, S. 86 ff.

210 Verfassungsschutz für Richtertitel. In: FAZ, 1971, Nr. 296 v. 22. 12. 1971, S. 8. [⇒Nr. 217]

211 Wandlung des Autoritäts- und Souveränitätsbegriffs. In: Vorträge, gehalten anläßlich der Hessischen Hochschulwoche f. Staatswissenschaftliche Fortbildung, 5.- 11. 4. 1970 in Bad Nauheim. Gehlen / Bad Homburg v. d. H. und Berlin 1971, S. 93 ff.

212 Dürfen Abgeordnete ihr Mandat behalten, wenn sie zu einer anderen Partei übertreten? Interview mit *Günther Schwarberg*. In: Stern. Magazin v. 7. 5. 1972, S. 145 f.

213 Festrede zum 90. Geburtstag von *Rudolf Smend* am 15. Januar 1972 in Göttingen. Karlsruhe 1972. (Hektogr. Manuskript).

214 Gehalt statt Diäten. Abgeordneter ist ein Beruf. In: Deutsche Zeitung. Christ und Welt. Wochenzeitung für Deutschland, 1972, Nr. 3 v. 21. 1. 1972, S. 5.

215 Ostverträge und das Bundesverfassungsgericht. Interview gesendet am 19. 1. 1972 im Rias Berlin. (Hektogr. Manuskript).

216 Some remarks on the protection of racial and linguistic minorities in Europe during

the nineteenth century. (A Memorandum for the Royal Commission of Inquiry into the position of the French language in Quebec [1971], Canada.) In collaboration with *Dieter Lincke*. In: Internationales Recht und Diplomatie. (Festschrift für *Rudolf Laun* zu seinem 90. Geburtstag.) 1972, S. 119 ff.; abgedruckt in: Report of the Commission of Inquiry on the position of the French language and on language rights in Quebec. Book 2: Language rights. 1972, S. 115 ff.

217   Das Verfassungsrecht und die Richtertitel. In: FAZ, 1972, Nr. 6 v. 8. 1. 1972, S. 12 [⇒Nr. 210].

218   Zur Frage der „verfassungsfeindlichen Kräfte im öffentlichen Dienst".. In: Analysen, Jg. 2, Heft 4, S. 17 f.

219   Verfassungsgerichtsbarkeit im Schnittpunkt von Recht und Politik. Vortrag, gehalten am 14. April 1972. In: Vorträge, gehalten anläßlich der Hessischen Hochschulwoche f. Staatswissenschaftliche Fortbildung v. 9.-15. 4. 1972 in Bad Nauheim, 1972, S. 158 ff.

220   Zusätzlich hausgemachte Inflation. In: FAZ v. 16. 9. 1972, S. 10.

221   Eigentum und das Sozialstaatsprinzip im Rahmen des Grundgesetzes. In: Zeitschrift für Vermessungswesen, Bd. 98, 1973, S. 93 ff.

222   Entwicklungstendenzen in der modernen Demokratie. In: Gesellschaft und Politik. Schriftenreihe des Dr. Karl Kummer-Institutes für Sozialpolitik und Sozialreform. N. F. Bd. 4, 1973, S. 6 ff.

223   Grenzen der staatlichen Rechtsaufsicht gegenüber Rundfunk und Fernsehanstalten. In: Festschrift für *Urlich Scheuner* zum 70. Geburtstag. Duncker & Humblot / Berlin 1973, S. 303 ff.

224   Die Haltung Carl Schmitts. In: FAZ v. 24. 7. 1973, S. 9.〔初宿正典（訳）「カール・シュミットの態度――ライプホルツのシュミット批判――」同『カール・シュミットと五人のユダヤ人法学者』(成文堂，2016年)所収。〕

225   Ist Karlsruhe entbehrlich? In: Konkret v. 28. 6. 1973, S. 9 f.

226   Das Prinzip der Selbstverwaltung und der Art. 28 Abs. 2 Grundgesetz. In: DVBl, Bd. 88, 1973, S. 715 ff.

227   The West German Federal Constitutional Court. In: Federalism and Supreme Courts and the Integration of legal systems. Ed. UGA / Heule [usw.] 1973, S. 55 ff.

228   Bundesverfassungsgericht und Rundfunkfreiheit. Bemerkungen zu BVerfGE Bd. 12, S. 205 und Bd. 31, S. 314. In: Menschenwürde und freiheitliche Rechtsordnung. Festschrift für *Willi Geiger* zum 65. Geburtstag. Mohr / Tübingen 1974, S. 9 ff.; abge-

druckt in: Funk-Korrespondenz, 1974, Bd. 39, S. 1 ff.

229 Hans von Dohnanyi. In: Der zwanzigste Juli: Alternativen zu Hitler? Hrsg. von *Hans-Jürgen Schulz*. Kreuz Verlag . Stuttgart u. Berlin 1974, S. 139 ff.

230 Das Mehrheitswahlsystem bewährt sich nicht. In: FAZ v. 8. 3 .1974, S. 19.

231 § 150 BEG und das Grundgesetz. Bemerkungen zu der Entscheidung des Bundesverfassungsgerichts (BVerfGE 30, 367 = RzW 1971, 309). Nach einem im Sommer 1973 abgeschlossenen Gutachten, das der Arbeitsgemeinschaft für Wiedergutmachungsrecht im Deutschen Anwaltsverein erstattet worden ist. Zusammen mit *Gerd Sturm*. In: Rechtsprechung zum Wiedergutmachungsrecht, 1974, Bd. 6, S. 161 ff.

232 Die Stellung des Bundesrates und das demokratische Parteiensystem in der Bundesrepublik Deutschland. In: Der Bundesrat als Verfassungsorgan und politische Kraft. Beiträge zum 25jährigen Bestehen des Bundesrates der Bundesrepublik Deutschland. Neue Darmstädter Verlagsanstalt / Bad Honnef, Darmstadt 1974, S. 99 ff.

233 An den Grenzen des Rechts. Maßt sich Karlsruhe politische Entscheidungsgewalt an? In: Ein Interview von *Hans Schueler* mit Prof. *Gerhard Leibholz* über Funktion und Grenzen der Verfassungsgerichtsbarkeit. In: Die Zeit vom 14. 2. 1975, S. 9.

234 Anwaltspflichten gröblichst mißachtet. In: Heilbronner Stimme v. 9. 7. 1975, S. 7 ff. [Betr. Rechtsanwalt *Manfred Roeder* wegen des Verdachts der Verunglimpfung des Andenken von Dietrich Bonhoeffer.]

235 Bemerkungen zum Karlsruher Urteil. Warum auch Abgeordnete in Zukunft Steuern zahlen müssen. [Betr. Schlusurteil 2 BvR 193/74 v. 5. 11. 1975.]. In: Deutsche Zeitung – Christ und Welt v. 14. 11. 1975 S. 6; abgedruckt in: Zum Nachdenken. Hrsg. Hessische Landeszentrale für Politische Bildung, Heft 63, 1976, S. 34 ff.

236 Denkmalschutz und Eigentumsgarantie. Zusammen mit *Dieter Linck*. In: DVBl, Bd. 90, 1975, S. 933 ff.; abgedruckt in: Die Kunst eine Stadt zu bauen. 5. Kunstkongreß v. 20.-22. 6. 1975. Göttingen 1975, S. 273 ff.

237 25 Jahre Grundgesetz. Festvortrag, gehalten am 15. Mai 1974 aus Anlaß des 25jährigen Bestehens des Grundgesetzes in der Stadthalle in Göttingen. In: Fragen der Freiheit, Folge 113, 1975, S. 3 ff.; abgedruckt in: Statsvetenskaplig Tidskrift, 1975, S. 1 ff.

238 Gewandelte Demokratie in England. In: FAZ v. 23. 6. 1975, Nr. 141, S. 7.

239 Koalitionsaussage und FDP. In: FAZ v. 29. 9. 1975, S. 6.

240 § 150 BEG: „Rechtswirklichkeit" und das Grundgesetgz. Replik auf *Richard Hebenstreit*: § 150 BEG und die Rechtswirklichkeit. In: RzW 1974, Heft 7, S. 198 ff.

Zusammen mit *Gerd Sturm*.; abgedruckt in: Rechtsprechung zum Wiedergutmachungsrecht, 1975, Bd. 2, S. 40 f.

241 Verhältniswahl und Proporz. In: FAZ v. 17. 7. 1975, S. 15.

242 Anmerkung zu Verfassungsmäßigkeit des Nachtbackverbotes – BVerfG Beschluß v. 25. 2. 1976. In: NJW, Jg. 29, 1976, S. 2121 f.

243 Das Arzneimittelgesetz. In: Fragen der Freiheit. Mai/Juni 1976, S. 167 ff.

244 Bericht des Berichterstatters an das Plenum des Bundesverfassungsgerichts zur „Status-Frage".. In: Verfassungsgerichtsbarkeit, hrsg. v. *Peter Häberle*, Wissenschaftliche Buchgesellschaft / Darmstadt 1976, S. 224 ff.

245 Dietrich Bonhoeffer als eine Vermächtnis des 20. Juli 1944. In: Kirche und Staat. Fritz Eckert zum 65. Geburtstag, hrsg. v. *Herbert Schambeck*. Duncker & Humblot / Berlin 1976, S. 129 ff. [Momoir schon erschinen in: The Guardian, Nr. 5230 v. 8. 3. 1946; The Bulletin of the German-British Fellowship, 1946, Nr. 29, S. 1 f.; Bonhoeffer, Dietrich: Einführung in seine Botschaft, hrsg. v. Presseverband der Evangelischen Kirche im Rheinland, 1955, S. 3 ff.; auch in: PL, S. 139 ff.

246 Die Deutschlandpolitik Englands im Zweiten Weltkrieg und der Widerstand. In: Widerstand, Kirche, Staat. Festgabe für Eugen Gerstenmaier zum 70. Geburtstag (Hrsg. v. Bruno Heck). Propyläen / Frankfurt/M., Berlin, Wien 1976, S. 40 ff.

247 Englisches Wahlrecht ersichtlich besser? In: FAZ v. 12. 11. 1976, S. 9.

248 Grundadresse an die Abgeordneten des Deutschen Bundestages anläßlich des Gesprächs zwischen den Mitgliedern des Bundestagsausschusses für Jugend, Familie und Gesundheit und Juristen, Ärzten und Naturwissenschaften über das geplante Arzneimittelgesetz und unsere Grundrechte am 10. 3. 1976. In: Fragen der Freiheit. Folge 120, Mai/Juni 1976: Das Arzneimittelgesetz – Prüfstein der Demokratie, S. 175 f.

249 Müssen wir die Geldeintreiber von Rundfunk in unsere Wohnung lassen? Der aktuelle Streit um Gebühren für Zweitgeräte. In: Fernsehwoche, 1976, Nr. 36, S. 8 f.

250 Rudolf Smend. Gedenkrede, gehalten am 17. 1. 1976 in der Aula der Georg-August-Universität in Göttingen. In: In memoriam Rudolf Smend. Gedenkfeier am 17. 1. 1976. Vandenhoeck & Rupprecht / Göttingen 1976, S. 15 ff.

251 Abgeordnetenstatus und Kontaktsperre-Gesetz [Leserbrief]. In: FAZ v. 24. 10. 1977, Nr. 247, S. 9.

252 Die abwehrbereite Demokratie im Grundgesetz konzipiert. „Grundgesetz, Grundrecht und inner Sicherheit.". In: Göttinger Tageblätter v. 30. 11. 1977.

253 Demokratieverständnis und Bundesverfassungsgericht. In: FAZ v. 26. 3. 1977, Nr. 72, S. 9 [Betr.: Urteil des BVerfG v. 2. 3. 1977 über die Verfassungswidrigkeit von Wahlwerbung mit Haushaltsmitteln.]

254 Das „Mindestmaß". an Ausgewogenheit. „Die Möglichkeiten einer anderen Wertung mit zum Gegenstand der Darstellung zu machen.". Interview mit *Werner Hill*. In: Funk-Korrespondent 1977, Nr. 31, S. 3.

255 „Moderne Rattenfänger.". In: Selecta vom 23. 12. 1977, S. 4468.

256 Der Rechtsstaat und die Freiheit des Individuums. In: Meyers Enzyklopädisches Lexikon, Bd. 19, 1977, S. 677 ff.

257 „Abgeordnete sind der Partei verpflichtet.". Staatsrechtler Gerhard Leibholz über Gewissensfreiheit und Fraktionszwang. In: Der Spiegel, 1978, Nr. 9 v. 27. 2. 1978, S. 36 ff.

258 Nicht Herr, aber Hüter des Grundgesetzes. Kritik am Bundesverfassungsgericht darf dessen Unabhängigkeit nicht berühren. In: FAZ v. 8. 11. 1978, S. 10.

259 Die sechs FDP-Rebellen. In: FAZ v. 30. 12. 1978, S. 9.

260 Vorbemerkung zu: *Hans Trossmann*: Der Bundestag: Verfassungsrecht und Verfassungswirklichkeit. In: JöR, N. F. Bd. 28, 1979, S. 3.

261 Vorwort zur 6. Auflage des Grundgesetzes für die Bundesrepublik Deutschland. Kommentar an Hand der Rechtsprechung des Bundesverfassungsgerichts [Nr. 18]. Schmidt / Köln 1980, S. VII ff.

262 Nobelpreisträger Max Delbrück. In: FAZ v. 12. 5. 1981, S. 19.

263 Wenn Gleichheit der Freiheit bedroht ... 32 Jahre Grundgesetz. Gespräch mit Professor Gerhard Leibholz. Von *Peter Gartz*. In: Die Rheinpfalz, Nr. 119 v. 23. 5. 1981 (Umschau).

264 Zum Strukturwandel der modernen Demokratie. Aus: Gerhard Leibholz: Strukturprobleme der modernen Demokratie, C. F. Müller / Karlsruhe 1958 [⇒Nr. 11]. In: *Wilfried Röhrich*: Die repräsenative Demokratie. Westdeutscher Verlag / Opladen 1981, S. 112 ff. u. 187 ff.

III. Besprechungen

265 *Max Rümelin*, Die Gleichheit vor dem Gesetz. Mohr / Tübingen 1928. In: ARWP, Bd. 22, 1928/29, S. 489 ff.; abgedruckt in: Die Gleichheit vor dem Gesetz, 2. Aufl. 1959 [⇒Nr. 2]〔本訳書第Ⅳ部第3章〕

266 *Emil Gerber*, Der staatstheoretische Begriff der Repräsentation in Deutschland

zwischen Wieder Kongreß und Mätzrevolution. Verl. d. Neukirchener Zeitung / Neukirchen/Saar, 1929. In: JW, Jg. 58, 1929, S. 2320.

267 *Wilhelm F. Schubert*, Völkerbund und Staatssouveränität. Eine rechtspolitische Studie. Heymann / Berlin 1929. In: JW, Jg. 58, 1929, S. 3469.

268 *Gustav Seidler*, Grundzüge des allgemeinen Staatsrechts. Stilke / Berlin 1929: in ArchSozWiss, Bd. 62, 1929, S. 217 ff.

269 *Joseph T. Delos*, La société internationale et les principes du droit public. Pedone / Paris 1929. In: AöR, N. F., B. 19, 1930, S. 312 ff.

270 *Oto Mainzer*, Gleichheit vor dem Gesetz, Gerechtigkeit und Recht. Springer / Berlin 1929. In: AöR, N. F., Bd. 18, 1930, S. 254 ff. und in: Deutsche Literaturzeitung, Folge 3, Jg. 1, 1930, Sp. 663 f.

271 *Heinrich Balthasar Gerland*, Der Rechtsschutz gegen politische Unehrlichkeit. Beck / Berlin u. München 1931. In: Zentralblatt für die juristische Praxis, Bd. 49, 1931, S. 682 ff.

272 *Wilhelm Jöckel*, Hans Kelsen's rechtstheoretische Methode. Mohr / Tübingen 1930. In: DJZ, Jg. 36, 1931, Sp. 717.

273 *Hans Kelsen*, Der Staat als Integration. Springer / Berlin 1930. In: JW, Jg. 61, 1932, Sp. 3754 f.

274 *Karl Braunias*, Das parlamentarische Wahlrecht, Bd. 1: Das Wahlrecht in den einzelnen Staaten. Walter de Gruyter / Berlin u. Leipzig 1932. In: Juristische Blätter, Jg. 62 1933, S. 67.

275 *Sergio Panunzio*, Allgemeine Theorie des faschistischen Staates. Walter de Gruyter / Berlin 1934 unter dem Titel: Zur Theorie des Faschismus. In: ARWP, Bd. 28, 1934-35, S. 570 ff.

276 *Giuseppe Lo Verde*, Die Lehre vom Staat im neuen Italien, hrsg.v. Ernst von Hippel. Junker u. Dünnhaupt / Berlin 1934. In: Niemeyers Zeitschrift für internationales Recht, Bd. 50, 1935, S. 166 ff.

277 *Kurt Stavenhagen*, Das Wesen der Nation. Engelmann / Berlin 1934. In: Göttingische Gelehrte Anzeigen, Jg. 197, 1935, S. 427 ff.

278 *Renato Treves*, Il fondamento filosofico della dottrina pura del diritto di Hans Kelsen. Torino 1934. In: ARSP, Bd. 39, 1935/36, S. 532.

279 *Ignace de Koschembahr-Lyskowski*, Les dispositions de la loi et le droit. Société des Sciences et de Lettres / Varsovie 1933. In: Göttingische Gelehrte Anzeigen, Jg. 198, 1936, S. 162 ff.

280 *Giuseppe Domenico Ferri*, Sui caratteri giuridici del regime toralitario. Cremonese / Roma 1937. In: Revue internationale de la théorie du droit, Vol. 12, 1938, S. 84.

281 *George A. Bell*, Christianity and World Order, 1940. [⇒Nr. 77]

282 *Eustace Lord Percy*, The Unkown State (1945). In: Theology, Vol. 48, 1945, S. 45 f.

283 *J. S. F. Ross*, Parliamentary representation: A survey of our methods of obtaining members for parliament and an analysis of their results. Yale Uni. Press / New Haven 1943. In: The University of Chicago law review, Vol. 12, 1945, S. 429 ff.; abgedruckt in: PL, S. 64 ff.

284 Yearbook on human rights for 1947. United Nations / Law success, New York 1949. In: AöR, N. F., Bd. 37, 1950/51, S. 127 f.

285 *Boris Mirkine-Guetzevitch*, Le constitutions européennes, 2 Bde., Presses Univ. De France / Paris 1951. In: AöR, N. F., Bd. 39, 1952/53, S. 252 ff.

286 *Jean Touchard*, Histoire des idées politiques, 2 Bde. Presses Univ. De France / Paris 1959. In: Historische Zeitschrift, Bd. 191, 1960, S. 163 f.

287 *Wilfried Schaumann*, Die Gleichheit der Staaten. Springer / Wien 1957. In: AVR, Bd. 10, 1962, S. 69 ff. [⇒Nr. 140].

事項索引

＊この事項索引は，原著者が拾っている事項に限って作成したものである。
＊原著者は，該当する用語を本文で用いていない場合でも，本文の内容から判断して本文の内容の簡略に示すものとして用語を事項索引に列挙していることがある。

い
一般意思（Volonté générale）……………………………………………………………142

え
越権訴訟（Revours pour excès de pouvoir）…………………………………34注(14)

お
恩赦（Begnadigung）………………………………………………………………………102

か
解釈（Auslegung）…………………………………………………………………………231
概念形成（Begriffsbildung）…………………………………………………………33, 129
革命（Revolution）……………………………………………………………………58-59
瑕疵ある国家行為（Fehlerhafter Staatsakt）……………………………………………69

き
議会制（Parlamentarismus）……………………………………………………………130
議会の地位（Stellung des Parlaments）……………………………………………………1
既得権（Wohlerworbene Rechte）……………………………………………………61注(65)
基本権（Grundrechte）
　〜の意義（Bedeutung）……………………………………1, 23, 227, 231, 244, 254
行政裁判権（Verwaltungsgerichtsbarkeit）……………………………………………113
　帝国＝王国〜（k. u. k）………………………………………………………124-125
行政法（Verwaltungsrecht）
　フランス〜と平等概念（französisches 〜 und Gleichheitsbegriff）………………34

け
憲法紛争（Verfassungsstreitigkeit）…………………………………………119注(32), 122
権力分立制（Gewaltenteilungssystem）……………178-179, 215, 224-225, 232-233, 262-263
権利＝法意識（Rechtsbewußtsein）……………………………………………………52, 69
権限濫用（Détournement de pouvoir）………………………………………………82-83

こ
交代制（Turnus）……………………………………………………………………………141
公平性（Billigkeit）………………………………………………………………………59注(64)
口実（Vorwand）……………………………………………………………………………86
国際聯盟（Völkerbund）…………………………………………………………………136

国籍（Staatsangehörigkeit）……………………………………………… 60-61注(65)
個体権（Jura singulorum）………………………………………………………… 143-144
個別法律（Einzelgesetz）………………………………………………… 188-189, 222

さ

裁判（Rechtsprechung）………………………………………… 225, 242, 258以下
 アメリカ合衆国最高裁判所（Supreme Court of the United States）……… 71-72, 105-107, 253
 オーストリア憲法裁判所（Österr. Verfassungsgerichtshof）……………… 210-211
 国事裁判所（Staatsgerichtshof）………………………………………… 207-209
 上級行政裁判所（Oberverwaltungsgericht）……………………………… 204, 261
 スイス連邦裁判所（Schweizerisches Bundesgericht）………………… 71-72, 105
 ダンツィヒ上級裁判所（Danziger Obergericht）………………… 184-185, 211-212
 バイエルン憲法裁判所（Bayer. Staatsgerichtshof）…………………………… 260-261
 バイエルン国事裁判所（Bayer. Verwaltungsgerichtshof）…………………………… 213
 バイエルン州最高裁判所（Bayer. Oberstes Landesgericht）………………… 212-213
 ライヒ裁判所（Reichsgericht）…………………………… 183-184, 203以下
裁判官の審査権（Richterriches Prüfungsrecht）………………… 116-117, 222-223
裁量濫用（Ermessnsmißbrauch）………………………… 20, 80-81, 196, 221

し

恣意概念（Willkürbegriff）……… 63以下, 174, 180-181, 189-190, 193, 198, 221, 247以下, 251, 259
 外的形式（äußere Form）……………………… 85, 104, 172, 222, 248
 実務上の利用可能性（praktische Verwertbarkeit）……………… 73-75, 150, 249
 〜と権限濫用（〜 und detournement de pouvoir）…………………… 82-83
 〜と個別化（〜 und Individualisierung）………………………… 98-99, 188-189
 〜と裁量濫用（〜 und Ermessensmißbrauch）………………… 80-81, 196, 221
 〜と正しくないこと（〜 und Unrichtigkeit）………………… 67-68, 224, 250
 〜と法適用（〜 und Rechtsanwendung）……………………… 89, 156-157
 〜と有責（〜 und Schuld）………………………………………………… 88
 〜と立法（〜 und Gesetzgebung）…………………………………………… 90-91
自然法（Naturrecht）………………………………………………………… 251, 254
指導者選出（Führerauslese）………………………………………………………… 29
支分邦の存在権（Existenzrecht der Staaten）……………………………………… 128
司法（Justiz）……………………………………………………………… 112-113
社会契約論（Contrat social）………………………………………………………… 142
自由裁量（Freies Ermessen）……………………… 21, 64, 80-81, 224-225
自由（Freiheit）……………………………………………………………… 13注(20)
自由主義（Liberalismus）………………………………………………………… 231
自由と平等（Freiheit und Gleichheit）
 社会学的〜（soziologisch）…………………………………………… 6-7
 法的〜（rechtlich）……………………………………………………… 12-13
 倫理的〜（ethisch）……………………………………………………… 9-10
主観的諸権利（Subjektive Rechte）…………………………… 108-109, 234-235

準全会一致（Quasiunanimität, Prinzip）……………………………………135注(22)
上院（Senat）………………………………………………………………………138
少数派保護（Minderheitenschutz）………………………… 61-62注(65)，140-141
人格的権利（Persönlichkeitsrecht）……………………………………………254
信義誠実（Treu und Glauben）………………………………………… 60注(64)
純粋法学（Reine Rechtslehre）…………………………………………………132

せ

正義（Gerechtigkeit）……………………………………48-49，219，232，251
選好（Belieben）……………………………………………………………… 64
全州議会（Ständerat）……………………………………………………………138

そ

相対主義（Relativismus）………………………………………………………255
租税に関する特権（Steuerprivileg）……………………………………………102

た

第三租税緊急命令（Steuernotverordnung, dritte）……………………………… 91
多数決原理（Mehrheitsprinzip）
　限界（Schranken）………………………………………………………………142
　～と平等原理（~ und das Gleichheitsprinzip）………………………………140
　内的正当化（innere Rechtfertigung）…………………………………………141
　民主制における～（~ in der Demokratie）……………………………………140
　連邦国家における～（~ im Bundesstaat）…………………………………139-140
正しい法（Richtiges Recht）
　原則（Grunsdätze）……………………………………………………………… 46
　シュタムラーの言う意味での～の概念（Begriff im Sinne Stammlers）……44-45，249
　批判（Kritik）…………………………………………………………46-47，249
単一国家主義（Unitarismus）………………………………………………175-176
団体理論（Korporationstheorie）………………………………………………141

つ

追放（Ausweisung）……………………………………………………… 61注(65)
通用(性／力)（Geltung）概念（Begriff）……………………………………54-55
通用根拠（Geltungsgrund）
　法の～（des Rechts）………………………………………………………56-57
　協約遵守の～（der Vertragstreue）………………………………………148-149

て

帝国＝王国ライヒ裁判所（Reichsgericht k. u. k.）……………………………124

と

統合（Integration）………………………………………………………191，195
独裁権（Diktaturgewalt）…………………………………………………… 96-97

特別権(Sonderrechte) ……………………………………………………………… 150
特権(Privileg) ………………………………………………………… 101-102, 222
特権および免除特権(Privileges and immunities) ……………………………… 95-96

な

南北戦争(Sezessionskrieg) …………………………………………………………… 140

ひ

比較法(Rechtsvergleichung) ……………………………… 39-40, 70-71, 164-166
平等選挙法(Gleiches Wahlrecht) ………………………… 15-16, 79-80, 252-253
平等(Gleichheit)
 機械的〜(mechanische) ……………………………………………………… 28-29
 急進主義とその歴史(Radikalismus und seine Geschichte) ……………14-15, 137
 教区の〜(der Kirchenprovinzen) ………………………………………149注(55)
 国際法における諸国家の〜(〜 der Staaten im Völkerrecht) ………… 134-135
 自治団体の〜(〜 der Selbstverwaltungskörper) ………………………147注(48)
 相対的〜と絶対的〜(relative und absolute Gleichheit) ………133, 138-139, 145-146
 〜と自由(Gleichheit und Freiheit)　⇒自由(Freiheit)を見よ
 〜と民主制(Gleichheit und Demokratie) ……………………………………… 14-15
 平等原理(Prinzip der Gleichheit)
  ヴァイマル憲法による〜(nach der Weimarer RV) ……………………… 146-147
  ラーバントによる〜(nach Laband) …………………………………………143以下
 比例的〜(verhältnismäßige 〜) ………………………… 35以下, 220-221, 245-246
 連邦国家における支分邦の〜(〜 der Staaten im Bundesstaat)………133以下, 177-178
平等概念(Gleichheitsbegriff)　⇒平等(Gleichheit), 法律の前の平等(Gleichheit vor dem Gesetz)を見よ

ふ

複数選挙制(Pluralwahlrecht) ……………………………………………… 15-16注(30)
プロイセン=ドイツ問題(Preußisch-deutsches Problem) ………………………… 137
分離同盟戦争(Sonderbundskrieg) ………………………………………………… 140

ほ

法概念(Rechtsbegriff) ………………………………………………………… 53, 244
法拒絶(Rechtsverweigerung) ………………………………………………… 42-43, 89
法原則(Rechtsgrundsätze) ………………………… 156-157, 187-188, 198-199, 256
法実証主義(Rechtspositivismus) ……………………………… 159-160, 242, 255
法人と法的平等(Juristische Personen und Rechtsgleichheit) ……………………… 76-77
法治国家(Rechtsstaat) ………………………………… 218-219, 231, 235, 244, 264
法秩序(Rechtsordnung)実定〜(positive 〜) ………………………………………… 51
法的安定性(Rechtssicherheit) ……………………………………………… 189, 197
法の適正手続(Due process of law) …………………………………… 42注(37), 94-95
法の反射 ………………………………………………………………………………… 110
法の理想(Rechtsideal) ………………………………………………………………… 50

法理想主義（Rechtsidealismus） ……………………………………………… 159-161
法律概念（Gesetzesbegriff） …………………………………………199, 218, 248
法律の前の平等（Gleichheit vor dem Gesetz）
  アメリカ合衆国憲法修正第14条（das XIV. Amendment der Verf. D. Verein. Staaten）
  …………………………………………………………………………… 25-26, 71-72
    具体例（Beispiele） ……………………………………………………… 105-106
  意義変化（Bedeutungswandel） ………………………… 3, 165, 196-197, 231
  外国人の～（Ausländers） ……………………………………………………77-78
  権利保護（Rechtsschutz） …………………………………………………111以下
    法適用に対する～（Rechtsschutz gegenüber der Rechtsanwendung） …… 111-112
    補充性（Subsidiarität） ……………………………………………………… 114
    ライヒ法に対する～（Rechtsschutz gegenüber dem Reichsrecht）……… 121-122, 176
    ラント法に対する～（Rechtsschutz gegenüber dem Landesrecht） ……… 116-117, 175-176
  拘束（Bindung）
    法適用の～（der Rechtsanwendung） ……… 20, 155-156, 162-163, 216-217, 240-241
    立法者の～（des Gesetzgebers） ……………23-24, 200-202, 218-219, 241以下
  従前の支配的学説（früher herrschende Lehre） ………………………………… 19
  スイス連邦憲法第4条（der Artikel 4 d. Schweizer Bundesverf.） ……… 25, 70-71
    具体例（Beispiele） ……………………………………………………………105
  成立史（Entstehungsgeschichte） ……………………………………… 23, 166-167
  チェコスロヴァキアにおける～（in der Tschechoslowakei） ………228-229, 242
  定義（Definition） ………………………………………………………………… 79
  ドイツ＝オーストリアにおける～（in Deutsch-Österreich） ……………… 123-124
  内容上の規定（inhaltliche Bestimmung）……63-64, 76-77, 149, 179-181, 189-190, 247-248
  バイエルンにおける（憲法典§93）（in Bayern [§93 VU]） ……………………… 112
  フランスの近時の文献における～（in der neueren Literatur von Frankreich） ……… 34-35
  フランスの従前の文献における～（in der älteren Literatur von Frankreich） ……… 83-84
  法人（juristische Personen） ……………………………………………………76-77
  法的不平等（Rechtsungleichheit）
    形式的な～（formelle） ……………………………………………………… 39-41
    人にかかわる～（personelle） ……………………………………………… 169-170
  ボン基本法（Bonner Gtrundgesetz） ………………………………240以下, 243以下
  文言（Wortlaut） ………………………………24, 164, 168-169, 174-175, 227-228
  歴史的（Geschichtliches） ……………………………………………………2注(3)
法理念（Rechtsidee） ……………………………………………………………… 48-49
ポリスパワー（Police Power） …………………………………………………… 72-73
（ボン）基本法（[Bonner] Grundgesetz） ………………………………………240以下

み

民族社会主義（Nationalsozialismus） ……………………………………… 255-256

ゆ

優先権（Vorrechte）　⇒特権（Privileg）を見よ

ら

ライヒ監督（Reichtsaufsicht） ……………………………………………………… 112，118

り

立法と裁判（Gesetzgebung und Rechtsprechung） ……182，185-186，193，214-215，224-225，
232-233，262-263
留保権（Reservatrechte） ……………………………………………………………………150
倫理（Sitte） ……………………………………………………………………………53-54

れ

例外権（Jura singularia） …………………………………………………………… 143-144
例外裁判所（Ausnahmegericht） ……………………………………99-101，180-181注（62）
例外状態（Ausnahmezustand） …………………………………………………………… 96-97
例外法（ライヒ憲法第128条第2項）（Ausnahmerecht [Art. 128 Abs. 2 RV.]） ……………… 38
連邦憲法裁判所（Bundesverfassungsgericht） ……………………………………………245
連邦国家（Bundesstaat）
　〜概念（Begriff） ………………………………………………… 127-128，131-132
　〜の理念（Idee） ……………………………………………………………………… 133
連邦主義（Föderalismus） ……………………………………………………133-134，148
連邦法における協約遵守義務（Vertragstreue im Bundesstaat） ………………………………147
　ヴァイマル憲法における〜（〜 in der Weimarer RV） ……………………………147-1487

人名索引

*この人名索引の作成にあたっては、ハイデルベルク大学附属図書館(HEIDI)をはじめとする各大学図書館，Deutsche Biographie (www.deutsche-biographie.de/home)，Historisches Lexikon der Schweiz (http://www.hls-dhs-dss.ch/)，http://www.reichstag-abgeordnetendatenbank.de/index.html の他，*Michael Stolleis* (Hrsg.) Juristen. Ein biographisches Lexikon: Von der Antike bis zum 20. Jahrhundert, C. H. Beck 2001, Deutsche Biographische Enzyklopädie (Hrsg. v. *Walther Killy und Rudolf Vierhaus*, 13 Bde., K.G. Saur / München 1995-2000)，石川敏行(著)『ドイツ語圏公法学者プロフィール——国法学者協会の1003人』(中央大学出版部、2012年)、ドイツ憲法判例研究会(編)『ドイツの憲法判例』各巻に付録されている「現代ドイツ公法学者系譜図」などを参照した。

A

Adamovich, Ludwig ············ 202, 211, 227
Adler, Franz ································ 224
Affolter, Albert ······················ 89, 115
Aldag, Heinrich ·· 155, 164, 187, 200, 241, 257
Anschütz, Gerhard ······ 19, 23, 24, 30, 77, 78,
　　　　　　　　100, 134, 138, 147, 150, 162, 163,
　　　　　　　　164, 166, 167, 168, 174, 175, 179,
　　　　　　　　180, 197, 201, 208, 227, 241,
Anzilotti, Dionisio ························ 134
Apelt, Willibalt ······················ 80, 244
Ἀριστοτέλης ············ 35, 36, 48, 245, 254
Arndt, Adolf ···························· 192, 201
Arndt, Ernst Moritz ················ 192, 201
Aucoc, Jean-Léon ·························· 83

B

Babeuf, François Noël ······················ 15
Bachof, Otto ································ vi, ix
Balogh Artúr (Arthur von) ············ 222, 228
Barth, Georg ································ 185
Becker, Enno ······················ 29, 74, 103
Behnke, Kurt ·························· 177, 200
Beitzke, Günther ····················· xi, 257
Beling, Ernst von ······················ 53, 61
Bendix, Ludwig ···························· 91

Bergbohm, Karl ···························· 54
Bernatzik, Edmund ························ 21
Bernheimer, Ruth ························ 234
Berthélemy, Henry ························ 83
Beyerle, Konrad ···························· 134
Bierling, Abbott Lawrence ·············· 57
Bilfinger, Karl ·········· 133, 134, 146, 147, 208
Binder, Julius ···················· 28, 44, 48, 49,
　　　　　　　　　　　　　　54, 59, 132
Bindewald, Helmut ······················ 226
Blumer, Johann Jakob ·················· 31, 36
Bluntschli, Johann Caspar ·············· 28, 36
Böckenförde, Werner ····················· xii
Bockshammer, Otto ······················· 77
Bogs, Walter ································· vi
Bois, H ·· 14
Bott-Bodenhausen, Manfred ··········· 160
Bouglé, Célestin ····························· 7
Boutmy, Emil ······························ 15
Bouvier, John ············ 77, 94, 96, 106, 107
Brauchitsch, Max Carl Ludwig von ········ 22
Breiholdt, Hermann ··············· 163, 168, 201
Brie, Siegfried ····························· 131
Brinkmann, Carl ·························· 133
Brunet, René ·············· 15, 29, 34, 36, 79
Bruns, Carl Georg ···················· 85, 228
Bryce, James ············ 9, 14, 16, 79, 85, 138

Budwinski, Adam von ·············· 124
Bühler, Ottmar ·········· 21, 80, 87, 109, 185,
193, 201, 202,
Bülow, Bernhard Wilhelm von ············ 136
Bülow, Oskar von ················· 178
Burckhardt, Walter ····· 32, 39, 40, 41, 42, 43,
44, 56, 57, 68, 77, 87, 94, 103,
110, 111, 155, 221, 222, 247,
Buschke, Albrecht ·················· 208

C

Caemmerer, Ernst von ··············· 257
Cahen ························· 34
Calhoun, John C. ·················· 141
Calvin, Jean ····················· 246
Campanella, Tommaso················ 15
Carrard, A ······················ 32
Cassirer, Ernst··················· 11, 12
Cohn, Leonhard··················· 44
Cohn, Rudolf···················· 119
Cole, George Douglas Howard ············ 244
Cole, Robert Taylor ················· xii
Curti, Eugen ················ 28, 30, 32, 76

D

Daltrop ····················· 169, 200
Dambitsch, Ludwig ················· 143
Darmstae(ä)dter, Friedrich ············· 53
De Witt Dickinson, Edwin ·············· 136
Del Vecchio, Giorgio················48, 52
Delbrück, Hans ··················· 141
Denz························· 201
Dessauer, Friedrich················· 201
Dibelius, Wilhelm ··················· 8
Dohna, Alexander Graf ··············· 66
Duguit, Léon ············· 14, 29, 36, 62, 82,
86, 108, 135
Düringer, Adelbert················· 23

E

Egger, August ···················· 77
Ehrlich, Eugen ···················· 179
Emig························· 212
Endemann, Wilhelm ················ 24
Errera, Paul····················· 37
Erythropel, Hermann················ 186
Esmein, Adhémar··············29, 79, 102

F

Fauchille, Paul ·················· 136
Fechner, Erich··················· 254
Federer, Julius···················vi, viii
Fichte, Johann Gottlieb················ 10
Finger, August ····················· 2
Fladrak······················· 217
Fleiner, Fritz······ 21, 22, 41, 42, 65, 114, 115,
139, 156, 187, 201, 241,
Fleischmann, Max ·················· 61
Forsthoff, Ernst ···················241,
Fouques-Duparc, Jacques ·············· 62
Frank, Reinhard··················· 66
Frantz, Constantin················· 134
Freund, Ernst·············26, 73, 75, 95, 107
Freytagh-Loringhoven, Axel von···· 2, 78, 201
Friedrichs, Karl·················81, 201
Fries, Jakob Friedrich ················ 12, 14,
Friesenhahn, Ernst·················244, 245,
Fürer, Jacob ···················· 226

G

Gabain, Hans ···················· 200
Geiger, Willi···················· xii
Genzmer, St.···················· 22
Gerber, Carl Friedrich Wilhelm von ··· 61, 117
Gerber, Emil ····················· 167
Gide, Charles···················· 15
Gierke, Otto von ····51, 59, 131, 141, 142, 144
Giese, Friedrich ······ xii, 19, 109, 110, 164, 201,

                                                    244, 263
Glockner, Karl   212
Gmelin, Hans   184
Gneist, Rudolf   21, 99
Goldschmidt, James Paul   60, 117, 184, 185,
                              186, 189, 190, 197, 200
Grau, Richard   97, 168
Grau, Walter   117
Grewe, Wilhelm Georg   257
Guggenheim, Paul   61
Gumplowicz, Ludwig   124
Gurw(v)itch, Georges   13, 51
Gysin, Arnold   12, 64

H

Hamann, Andreas   xii
Hamilton, Alexander   223
Hanemann, Alfred   185
Hare, John   42, 75
Hartmann, Paul   224
Hasbach, Wilhelm   79, 130
Hatschek, Julius   23, 41, 73, 152, 165, 200
Hauriou, Maurice   11, 14, 34, 79, 83
Hausmann,   131
Haußmann, Frederick (Fritz)   38
Hechtel, Otto   213
Heck, Philipp Nicolai von   132
Heinsheimer, Karl   77
Held, Joseph   36
Heller, Hermann   159, 167, 201
Helvetius, Claude-Adrien   15
Hensel, Albert   22, 187, 201, 204, 227
Herrnritt, Rudolf Herrmann   21, 124
Hesse, Konrad   xii, xiv, 257, 258,
Heusler, Andreas   28
Hippel, Ernst von   132, 163, 164, 166, 167,
                        169, 170, 175, 176, 178,
                        185, 191, 192, 200, 260
His, Eduard   139
Hofacker, Wilhelm   164, 200

Holst, Hermann von   26, 104
Holstein, Günter   159, 160, 161, 165, 166,
                       177, 186, 192, 201
Holtzendorff, Franz von   102
Huber, Ernst Rudolf   255
Huber, Eugen   36
Huber, Max   61, 109, 128, 131, 136
Hubrich, Eduard   19, 78, 201
Hugo, Gustav   36
Hye, Anton   124
Hänel (Haenel), Albert   77, 131, 143,
                                 145, 150, 164
Hübner, Konrad   257

I

Ipsen, Hans-Perter   xii, xiv, 244, 245,
Isay, Hermann   201
Isele, Hellmut Georg   254

J

Jacobi, Erwin   97, 117, 143, 144, 145
Jagemann, Eugen von   23, 200
Jahrreiß(ss), Hermann   201
Jan, Heinrich von   201
Jellinek, Georg   9, 36, 58, 59, 109, 110,
                        124, 134, 141, 138, 150,
Jellinek, Walter   21, 22, 69, 81, 87, 157,
                       169, 197, 201, 257
Jerusalem, Franz Wilhelm   201, 244,
Jesch, Dietrich   vi, ix
Jèze, Gaston   33, 34, 35, 62
Jhering, Rudolf von   64, 65, 68, 240, 250,
Joerge(s), Rudolf   49, 53
Jöhr, Eduard   217
Jung, Erich   59

K

Kahl, Wilhelm   185
Kaiser, Simon   36
Kant, Immanuel   10, 11, 12, 51

Kantorowicz, Hermann Ulrich ············ 44, 52
Kaufmann, Erich ······· 23, 44, 47, 49, 99, 100, 109, 132, 137, 147, 161, 166, 167, 175, 176, 178, 180, 181, 182, 200, 241, 262
Kaufmann, Felix ································ 132
Kelsen, Hans ········· 8, 13, 30, 124, 131, 132, 135, 161, 201
Kent, James ······································ 73
Kern, Eduard ······························ 101, 201
Kirchheimer, Otto ······························ 201
Kißling, Carl von ································ 99
Klee, Heinrich ································· 213
Klein, Friedrich ···························· xii, 245,
Klüber, Johann Ludwig ······················ 167
Kohlrausch, Eduard ······················· 99, 180
Kormann, Hans Friedrich ····················· 69
Krabbe, Hugo ·································· 135
Krejčí, Jaroslav · 202, 218, 224, 227, 228, 230,
Kronheimer, Wilhelm ·························· 98
Krückmann, Paul ·························· 184, 200
Kurtzig, Paul ···································· 201

L

Laband, Paul ······ 77, 143, 144, 145, 149, 240,
Laforet, Wilhelm ······························· 226
Lammers, Hans Heinrich ··· 119, 207, 208, 226
Lampert, Ulrich ································· 68
Lansing, Robert ································ 137
Laski, Harold J. ································ 187
Lassar, Gerhard ···························· 103, 120
Lasson, Adolf ···································· 36
Laun, Rudolf von ·········· 21, 82, 124, 167, 201
Lauterpacht, Hersch ··························· 244
Lawrence, Thomas Joseph ···················· 137
Lebon, André ···································· 79
Lefébure ··· 34
Lehmann, Heinrich ····························· 201
Leibholz, Gerhard ········ xii,xiv, 2, 10, 61, 156, 167, 168, 174, 176, 177, 179, 180, 183, 187, 189, 190, 192, 194, 195, 196, 197, 198, 200, 201, 222, 226, 229, 231, 240, 241, 242, 243, 244, 245, 246, 247, 249, 251, 253, 254, 256, 257, 258, 260, 261, 264
Leusser, Claus ·································· 243
Lindeiner-Wildau, Hans Erdmann von ····· 185
Lobe, Adolf ······································ 98
Loening, Edgar ······················· 143, 149, 150
Loewy (Löwy), Walter ·························· 73
Lohmann, Karl ································· 185
Lowell, Abbott Lawrence ······················ 55
Löwenstein (Loewenstein), Karl ············ 226
Lucien-Brun, Jean ······························· 62
Lukas, Josef ···································· 127
Luzzatti, Luigi ···························· 181, 189

M

Mably, Gabriel Bennot de ····················· 15
Mainzer, Otto ·····························201, 202,
Mallmann, Walter ······················· 259, 261
Mangoldt, Hermann von ······ xii, 240, 244, 254
Marcic, René ···································· xii
Maunz, Theodor ································ xii
Mayer, Max Ernst ··························· 59, 82
Mayer, Otto ····································· 147
Mejer, Otto ····································· 143
Menzel, Adolf ···················· 36, 180, 181, 200
Meyer, Georg von ····················· 77, 147, 150
Meyer, Paul ····································· 155
Mitteis, Heinrich ······························· 254
Mohl, Robert von ······························ 240
Montesquieu, Charles-Louis de ················ 1
Moore, John Bassett ···························· 133
More, Thomas ··································· 15
Morel, Josef K ·································· 31
Morelly, Étienne-Gabriel ······················ 15
Morstein-Marx, Fritz ············· 2, 19, 120, 121, 165, 201,

N

Nägeli, Elisabeth ························ 114, 115,

Nawiasky, Hans···· 23, 42, 113, 131, 160, 162,
  163, 164, 168, 169, 170, 171, 172, 178, 182,
  187, 191, 192, 200, 229, 241, 243, 260, 261
Nebinger, Robert ·····························243
Nef, Hans ·····································246
Nelson, Leonard ············· 12, 63, 64, 137,
Neumann, Franz ······················221, 226,

O

Ofner, Julius ·································· 125
Oppenheim, Lassa ···························136
Orlando, Vittorio Emanuele ················ 36

P

Pfleger, Franz Josef ························185
Philippow(v)ich, Eugen von ················ 15
Pignet ··· 42
Pillet, Max ···································· 61
Piloty, Robert····························112, 117,
Planck, Gottlieb······························· 88,
Planitz, Hans ································234
Πλάτων ······························ 35, 36, 52, 246,
Poetzsch-Heffter, Friedrich ······· 192, 201, 202,
  255,
Posadowsky-Wehner, Arthur (Adolf) Graf
  von ······································178
Pražák, Jiří··································219,
Preuß, Hugo ··························· 97, 152
Pufendorf, Samuel···························· 14

Q

Quarck, Max ································· 30

R

Radbruch, Gustav ··········· 47, 49, 246, 247,
  250, 256,
Raiser, Ludwig······························257
Rapisardi-Mirabelli, Andrea ···············136
Raschhofer, Hermann ······················229
Rauchberg, Heinrich ·······················227

Rauschenberger, Walther ··················128
Redlich, Josef ················234, 235, 236, 244
Redslob, Robert·····························130
Rehm, Hermann ························· 28, 62
Reichel, Hans Friedrich················· 69, 74
Reiss / Reiß, Hans ·····················192, 211
Renner, Karl································· 13
Richter, Carl (von)···························· 15
Richter, Lutz ··························109, 110
Rickert, Heinrich John ························ 10
Riezler, Erwin··················· 19, 53, 244,
Rist, Charles································· 15
Ritchie, David George ·····················257
Rivier, Alphonse ····························136
Roemer, Walter ·····························259
Roffenstein, Gaston ···························· 8
Romagnosi, Giandomenico ················· 12
Rommen, Heinrich ···················226, 254
Rönne, Ludwig ······························· 19
Rousseau, Jean-Jacques ··········· 15, 16, 142
Ruck, Erwin ································244
Rukser, Udo··································62
Rümelin, Max························· 48, 59, 165,
  191-199, 201, 241,
Rüttimann, Johann Jakob ···················· 31

S

Saint-Simon, Claude Henri de Rouvroy
  comte de ································ 15
Sander, Fritz ·························133, 229
Sauer, Wilhelm······························· 53
Schelcher, Walter ·········· 52, 148, 164, 201
Scheuner, Ulrich ··········· 226, 230, 231, 255,
Schiffer, Eugen ······························ 74
Schindler, Dietrich Senior ······ 109, 143, 246,
Schmidt, Richardt ··················· 28, 36, 79
Schmitt, Carl ········· 5, 24, 25, 97, 108, 132,
  167, 168, 179, 185, 188, 189,
  192, 193, 199, 201, 228, 233,
Schoen, Paul ································ 74

Schoenborn, Walther ················· 110
Schollenberger, Johann Jacob ············· 38
Schulte, Alios ····················· 226
Schäfer, Hans ················· 243, 263
Schücking, Walther ············· 135, 136
Scialoja, Vittorio ···················· 52
Seydel, Max von ··············· 28, 131
Sieyès, Emmanuel Joseph ············· 101
Silbernagel, Alfred ·················· 32
Simmel, Georg ·········· 7, 9, 14, 50, 141
Simons, Walter ············· 207, 208, 226
Sinzheimer, Hugo Daniel ·············· 201
Smend, Rudolf ·········· 5, 30, 147, 191, 195,
197, 201, 227, 231
Soldan, Charles ···················· 42
Somló, Bódog (Felix) ············ 131, 137
Spann, Othmar ····················· 30
Spiegel, Ludwig ···················· 179
Spranger, Franz Ernst Eduard ············ 254
Ssolowjew, Wladimir ················· 12
Stahl, Friedrich Julius von ············· 102
Stammler, Rudolf ······· 44, 45, 46, 47, 66, 67,
101, 190, 200, 249,
Starossolskyj(i), Wolodymyr ·········· 9, 143,
Staub, Samuel Hermann ··············· 77
Steffen, Gustaf ····················· 30
Stein, Lorenz von ··················· 14
Stier-Somlo, Fritz ··· 19, 73, 74, 169, 201, 202,
Stimson, Frederic Jesup ················ 2
Story, Joseph ···················· 26, 73
Strecker, Otto ····················· 88
Swoboda, Ernst ················ 226, 234
Süsterhenn, Adolf ············ 243, 255, 263

T

Tatarin-Tarnheyden, Edgar ············· 201
Tezner, Friedrich ··········· 82, 88, 124, 125,
Thayer, James Bradley ············· 26, 29
Thielicke, Helmut ·················· 255
Thoma, Richard ··· ix, xii, 5, 17, 59, 60, 87, 97,
116, 161, 162, 163, 168, 173, 175, 178, 193,
201, 218, 219, 225, 227, 228, 229, 241,
Thomasius, Christian ·················· 7
Thomson, David ··················· 252
Tocqueville, Alexis Clérel de ········ 14, 131
Tönnies, Ferdinand ·················· 63
Treitschke, Heinrich von ·············· 19
Triepel, Heinrich ······· xviii, 23, 56, 61, 63, 68,
73, 90, 103, 112, 117, 118, 119, 120,
121, 134, 148, 153, 160, 164, 173,
177, 191, 194, 200, 201, 219, 261
Tuhr, Andreas von ·············· 77, 109

U

Ulbrich, Joseph ···················· 36
Ule, Carl Hermann ················· 245
Ulpian/Ulpianus, Domitius ············· 14

V

Verdroß-Droßberg, Alfred ·········· 23, 135
Vermeil, Edmond ··················· 30
Voltaire: François-Marie Arouet ········ 14-15

W

Waitz, Georg ····················· 131
Walker Timothy ···················· 36
Warderholt, J. P ··················· 217
Weber, L. ······················ 36, 38
Weber, Max ············· 30, 44, 51, 55, 132
Wehberg, Hans ················ 135, 136
Wein, Hermann ··················· 253
Welcker, Carl-Theodor ··············· 167
Welzel, Hans ····················· 251
Wendt, Otto ···················· 24, 36
Wenzel, Max ····················· 128
Wernicke, Kurt Georg ················ 244
Wien-Claudi ················· 230, 243
Wieser, Friedrich ··················· 30
Willoughby, Westel Woodbury ··········· 72
Wintgens, Hugo ··················· 228

Wintrich, Josef ·················· vi
Wittmayer, Leo ········ 82, 126, 132, 138, 148
Wittschieben, Otto ··················· 202
Wodtke, Fritz ··················· 82, 83
Wolff, Bernhart ··················· vi
Wolff, Christian ··················· 12, 14
Wolff, Martin ··················· 67, 88, 93
Wolzendolff, Kurt ··················· 62
Woolf, Leonard ··················· 254

Z

Zeidler, Wolfgang ··················· xii
Zeiler, Alois ··················· 184, 200
Zetter, Hans ··················· 38
Zitelmann, Ernst ··················· 61, 179
Zorn, Philipp ··················· 19, 131, 134, 143

訳者紹介

初宿 正典（しやけ まさのり）
 1947年　滋賀県に生まれる
 1971年　京都大学法学部卒業
    京都大学大学院法学研究科修士課程修了
    愛知教育大学助教授，京都大学教養部（当時）助教授，京都大学大学院法学研究科教授，京都産業大学大学院法務研究科客員教授（2018年3月契約期間満了退職）
 現　在　京都大学名誉教授，博士(法学)（京都大学）

柴田 尭史（しばた たかふみ）
 1983年　大阪府に生まれる
 2006年　関西学院大学法学部卒業
    大阪大学大学院法学研究科博士後期課程修了，ベルリーン自由大学法学部客員研究員等を経て
 現　在　徳島大学社会産業理工学研究部講師，博士(法学)（大阪大学）

ライプホルツの平等論

2019年4月30日　初版第1刷発行

著　者	ゲーアハルト・ライプホルツ
訳　者	初宿　正典
	柴田　尭史
発行者	阿部　成一

〒162-0041　東京都新宿区早稲田鶴巻町514番地
発行所　　株式会社　成文堂
電話 03(3203)9201(代)　FAX 03(3203)9206
http://www.seibundoh.co.jp

印刷　藤原印刷　　製本　弘伸製本　　　検印省略
©2019 M. Shiyake　T. Shibata　　Printed in Japan
☆乱丁・落丁本はおとりかえいたします☆
ISBN978-4-7923-0645-8　C3032

定価（本体7500円＋税）